LETTRES ÉCRITES A UN PROVINCIAL

BLAISE PASCAL

LETTRES ÉCRITES
A
UN PROVINCIAL

Chronologie et introduction

par

Antoine Adam
professeur à la Sorbonne

FLAMMARION

© 1981, FLAMMARION, Paris.

CHRONOLOGIE

1620 : Naissance de Gilberte Pascal, fille d'Etienne Pascal, deuxième président à la Cour des Aides de Montferrand, et d'Antoinette Begon.

1623 (19 juin) : Naissance de Blaise Pascal.

1625 (5 octobre) : Naissance de Jacqueline Pascal.

1626 : Mort d'Antoinette Begon.

1631 : Etienne Pascal quitte Clermont et s'installe à Paris avec ses enfants.

1638 : Etienne Pascal est impliqué dans l'agitation des rentiers.

1640 : Etienne Pascal, rentré en grâce, est nommé commissaire député par S. M. en la Haute-Normandie pour l'impôt et levée des tailles. — L'*Augustinus* de Cornelius Jansenius paraît posthume à Louvain.

1641 : Une édition de l'*Augustinus* paraît à Paris.

1642 (6 mars) : La bulle *In eminenti* condamne l'*Augustinus*.

1643 : Antoine Arnauld publie la *Théologie morale des Jésuites extraite fidèlement de leurs livres.*

1644 : Le P. Caussin publie l'*Apologie pour les religieux de la Compagnie de Jésus.* Une édition du *Liber theologiae moralis* d'Escobar paraît à Lyon.

1646 : En janvier, à Rouen, Etienne Pascal fait une chute et se démet la cuisse. Il est visité par deux Messieurs sympathisants de Port-Royal.

1647 : Blaise et Jacqueline Pascal rentrent à Paris.

1648 (19 septembre) : Florin Périer, mari de Gilberte Pascal, réalise l'expérience du Puy-de-Dôme.

1649 (1er juillet) : Sur proposition de son syndic Nicolas Cornet, la Sorbonne décide d'examiner pour censure sept propositions qui résument la doctrine exposée dans l'*Augustinus*.

1651 (24 septembre) : Mort d'Etienne Pascal.
Une édition d'Escobar paraît à Bruxelles. C'est elle que Pascal a eue entre les mains quand il a écrit *les Provinciales*.

1652 (4 janvier) : Jacqueline Pascal entre à Port-Royal.

1653 (31 mai) : La bulle *Cum occasione* condamne cinq des sept propositions dont la Sorbonne s'était saisie en 1649. Jacqueline Pascal fait profession à Port-Royal.

1655 (en février) : M. Picoté, vicaire à Saint-Sulpice, refuse l'absolution au duc de Liancourt sans autre motif que sa sympathie déclarée pour Port-Royal.
(24 février) : Antoine Arnauld, à propos de cet incident, publie une *Lettre d'un Docteur de Sorbonne à une personne de condition*.
(10 juillet) : Arnauld publie une *Seconde lettre à un duc et pair*.
(4 novembre) : Sur proposition de son syndic Claude Guyart, la Sorbonne décide de faire examiner par une commission les deux *Lettres* d'Arnauld.
(1er et 2 décembre) : La Sorbonne délibère sur les *Lettres* d'Arnauld et en retient pour examen deux propositions.

1656 (14 janvier) : La Sorbonne condamne la première des deux propositions.
(23 janvier) : Pascal intervient dans la polémique et écrit la première *Provinciale*.
(29 janvier) : Deuxième *Provinciale*, donnée à l'impression le 1er février.
(31 janvier) : La Sorbonne exclut Arnauld de son sein.
(9 février) : Troisième *Provinciale*, mise en circulation le 12 février.
(25 février) : Quatrième *Provinciale*.
(20 mars) : Cinquième *Provinciale*.
(24 mars) : Miracle de la Sainte-Epine.
(30 mars) : Le lieutenant criminel Daubray perquisitionne à Port-Royal pour y découvrir des exemplaires de la cinquième *Provinciale*.
(10 avril) : Sixième *Provinciale*, mise en circulation vers le 15 avril.

(25 avril) : Septième *Provinciale*.

(28 mai) : Huitième *Provinciale*.

(3 juillet) : Neuvième *Provinciale*.

(2 août) : Dixième *Provinciale*.

(18 août) : Onzième *Provinciale*.

(fin août) : Le P. Nouet publie une *Réponse aux Lettres que les Jansénistes publient contre les Jésuites*.

(9 septembre) : Douzième *Provinciale*.

(30 septembre) : Treizième *Provinciale*, mise en circulation vers le 10 octobre.

(23 octobre) : Quatorzième *Provinciale*.

(25 novembre) : Quinzième *Provinciale*, mise en circulation vers le 12 décembre.

(26 décembre) : La seizième *Provinciale* est publiée.

1657 (janvier) : Le P. Annat, confesseur du roi, publie *la Bonne foi des Jansénistes en la citation des auteurs, etc.*

(23 janvier) : Dix-septième *Provinciale*.

(11 mars) : Le nonce remet officiellement au roi la bulle *Ad sacram beati Petri sedem*, qui définit que les Cinq propositions sont réellement dans l'ouvrage de Jansenius et qu'elles sont condamnées au sens qu'elles avaient dans son esprit.

(17 mars) : L'Assemblée du clergé décide d'imposer à tous les ecclésiastiques, aux religieux et religieuses, la signature d'un formulaire condamnant Jansenius et les Cinq propositions.

(6 mai) : La dix-huitième *Provinciale* commence à circuler, portant la date du 24 mars.

(6 septembre) : Les *Provinciales* sont mises à l'*Index*.

(Décembre) : Le P. Pirot publie l'*Apologie pour les casuistes contre les calomnies des jansénistes*.

1658 (25 janvier) : Premier *Ecrit des curés de Paris*.

(2 avril) : Second *Ecrit des curés de Paris*.

(printemps) : Nicole, sous le pseudonyme de Wendrock, publie une traduction latine des *Provinciales*.

(11 juin) : Cinquième *Ecrit des curés de Paris*.

(24 juillet) : Sixième *Ecrit des curés de Paris*.

1660 (septembre) : Sur le rapport d'une commission d'évêques et de théologiens, le Conseil du roi ordonne que les *Provinciales* seront brûlées par la main du bourreau.

(décembre) : Le roi convoque les présidents de l'Assemblée du clergé et leur déclare qu'il exige contre les jansénistes des mesures immédiates et décisives.

1661 (février) : L'Assemblée du clergé établit le texte du formulaire dont la signature sera exigée.

(mai) : Les vicaires généraux de Paris rédigent un mandement qui interprète le Formulaire de telle sorte qu'il puisse être signé de bonne foi par les Augustiniens. On pense généralement que Pascal avait collaboré à sa rédaction.

(22 juin) : Les religieuses de Port-Royal signent le Formulaire interprété dans le sens du mandement des Vicaires généraux.

(9 juillet) : Le Conseil du roi annule le mandement.

(1er août) : Un bref du pape flétrit le mandement.

(4 octobre) : Mort de Jacqueline Pascal.

(novembre) : Les vicaires généraux sont contraints de publier un deuxième mandement qui exige la signature pure et simple du Formulaire.

1662 (19 août) : Mort de Pascal.

INTRODUCTION

S'il existe une œuvre de circonstance qui s'est imposée par ses mérites à l'attention et à l'admiration des siècles, ce sont les *Provinciales* de Pascal. Nées d'un incident d'importance médiocre, écrites presque de semaine en semaine pendant quelques mois sans que leur auteur même sût combien de temps il poursuivrait son entreprise, elles restent pourtant l'une des plus grandes œuvres du siècle, l'une des plus lues et des plus admirées de toute notre littérature.

On sait comment Pascal fut amené à les écrire. En janvier 1656, Antoine Arnauld est sur le point d'être chassé de la Sorbonne par une majorité gagnée au parti moliniste. Il se cache et prépare une apologie. Il la lit à ses amis. Ils n'en sont pas satisfaits. Pascal, qui est là, se propose pour en écrire une, et huit jours après, la première *Provinciale* était prête.

Le succès fut foudroyant. Les Parisiens s'amusèrent de tant d'impertinence, de tant d'esprit, ils admirèrent une intelligence qui osait enfin porter la lumière là où les théologiens avaient accumulé les obscurités. Pascal fut donc conduit à continuer ses *Petites lettres*, comme on prit l'habitude de les appeler. Il en donna encore dix-sept autres. Non pas pour mener jusqu'au bout un projet d'avance établi. Il avait voulu s'arrêter à la huitième. Quand il écrivit la XVIIe, il crut, et ses amis de Port-Royal crurent aussi, que ce serait la dernière. Il publia la XVIIIe au mois de mai 1657, et il en prépara une XIXe, mais les péripéties de la querelle, qui avaient déterminé la publication successive des *Provinciales*, en décidèrent aussi l'interruption définitive.

Nées de la controverse soulevée par deux *Lettres* d'Antoine Arnauld, elles avaient eu d'abord, et tout naturelle-

ment, pour sujet la question de la liberté et de la grâce.
Mais ne disons pas que Pascal se laisse entraîner dans les
obscurités de la théologie dogmatique. C'est précisément
le contraire qu'il fait. Le parti moliniste mettait en avant
les notions de *grâce suffisante* et de *pouvoir prochain*.
Pascal se garde bien d'en discuter. Ce n'est à ses yeux que
pure logomachie. Que veut dire cette *grâce suffisante* qui
ne suffit pas ? Que peut signifier un *pouvoir prochain* qui
ne correspond pas à une véritable possibilité d'agir ? Mais
cette logomachie cache une réalité inavouable. Pascal
arrache le voile, et ce qu'il découvre, ce ne sont pas de
profondes spéculations. Ce sont de laides intrigues, ce
sont des vues « politiques », comme on appelait alors tout
ce qui s'inspirait d'une volonté de puissance.

Car les molinistes sont un parti, ou, si l'on veut, une
coalition de partis. Ce qui compte pour eux, c'est l'écrase-
ment de l'adversaire commun. Que leur importent les désac-
cords doctrinaux qui peuvent exister entre eux ? Les mots
sont d'une complaisance infinie et se prêtent à toutes les
manipulations. A s'en tenir au fond, les thomistes sont
d'accord avec Antoine Arnauld, et non pas avec les vrais
molinistes. Quelques formules adroitement imaginées
rendent cependant possible la coalition « politique » qui
permettra de faire condamner et de chasser de la Sorbonne
un adversaire détesté.

Et Pascal s'indigne. Il s'indigne parce que dans le
monde où il a vécu, on a pour la vérité un respect religieux.
Ce ne sont pas les mathématiciens de l'académie du
P. Mersenne qui auraient songé à la défigurer de la sorte,
ni les savants qui forment la société habituelle de Pascal.
Ces honnêtes gens savent que les mots doivent être pris
dans leur sens habituel et commun, que c'est là affaire de
loyauté, que le premier devoir est d'agir « sincèrement et
cordialement », que la connaissance de la vérité est à ce
prix. Dans ces querelles de théologiens Pascal apporte les
habitudes intellectuelles et morales d'un savant.

Quand on a compris l'originalité de l'attitude qu'il
adopte, on ne songe pas à reprocher aux premières *Provinciales* de se perdre dans les subtilités de la théologie.
Il reste vrai pourtant que le grand public, aujourd'hui
surtout, y trouve un intérêt moins vif que dans celles
qui suivent, et que pour le lecteur moderne les *Provinciales*
sont avant tout une diatribe contre les casuistes.

Ce n'était pas, de la part de Pascal, comme certains
voudraient nous le faire croire, un artifice de pure tactique.

Avec sa volonté d'aller au-delà des discussions de mots et d'atteindre les réalités du conflit, il était normal qu'il portât la controverse sur le terrain où apparaissait le plus nettement la volonté de puissance qui inspirait l'adversaire, c'est-à-dire sur le terrain de la casuistique. Non pas de toute casuistique, mais de celle que les théologiens modernes exploitaient. Et ces théologiens, Pascal ne craint pas de les nommer. Ce sont les moralistes jésuites et les auteurs qui, sans appartenir à la Compagnie, travaillent d'accord avec elle et pour elle.

Voilà le véritable objet de sa diatribe. Il est revenu plusieurs fois sur le sens qu'il lui donnait, avec une insistance que les commentateurs récents n'ont pas, semble-t-il, toujours remarquée. Il ne dit pas que les casuistes enseignent tous une morale relâchée. Il dit même précisément le contraire. Mais c'est là ce qui lui semble significatif dans la conduite de l'adversaire. Car tous ces ouvrages, écrits par des religieux, ont paru avec l'approbation des supérieurs. La Compagnie est donc responsable des opinions, sévères ou relâchées, qui s'y trouvent soutenues. Ce ne peut être qu'à dessein qu'elle autorise les unes et les autres. Ce qui lui importe, ce n'est pas la vérité, c'est la puissance. Aux âmes éprises de perfection, elle alléguera les opinions sévères de quelques-uns de ses moralistes. A la foule des autres elle apportera les opinions rassurantes de ses casuistes. Elle assurera de la sorte sa domination sur les consciences.

Nous n'avons pas à nous demander si Pascal ne prête pas aux chefs de la Compagnie un machiavélisme qui déforme leurs vraies intentions. Ce qui nous importe, c'est ce qu'il a mis dans ses *Provinciales*. Il suffit de les lire sans préjugé pour comprendre que le sens profond de sa diatribe est là.

Nous devons nous souvenir de cette vérité pour apprécier de façon juste les coups portés par Pascal à la théorie des opinions probables. Prise dans l'abstrait, cette théorie est conforme au plus simple bon sens. Il va de soi que si un « auteur grave », pour parler le langage des théologiens, soutient qu'une action est permise, s'il le fait dans un ouvrage revêtu de l'autorisation des autorités religieuses, son opinion est *probable*. Car ce mot, en théologie, ne veut pas dire, comme dans la langue courante, *probablement vraie*, mais, conformément à l'étymologie, *susceptible d'être approuvée*. Dès lors, l'opinion plus sévère devient douteuse, et par conséquent cesse d'être contraignante.

Stricte application d'un principe de droit, qui est aussi
un principe de bon sens, *Lex dubia non obligat*.

Mais Pascal n'entre pas dans cet ordre de considérations.
Ce qu'il voit, c'est que le *probabilisme* est, entre les mains
de ceux qui l'emploient, l'instrument d'une politique.
Pour séduire, pour dominer, les casuistes se laissent aller à
toutes les complaisances. Ils ont, pour tous les cas qui
leur sont soumis, une opinion *probable* à alléguer. Car il
n'existe pas de crime pour lequel l'un ou l'autre d'entre
eux n'aient trouvé une justification. Leur ingéniosité, en
ce domaine, est infinie, pour cette raison précisément que
la volonté de puissance de la Compagnie est insatiable.
Elle a trouvé le moyen de donner à chacun les apaisements
souhaités et de rassurer toutes les consciences. Elle peut
régner. Mais il n'est plus question de vérité. Si une
opinion est *probable*, son contraire ne l'est pas moins. Et
voilà le beau fruit de la « double probabilité », comme
Pascal fait dire à son jésuite.

Pour appuyer son réquisitoire, Pascal est allé chercher
chez les casuistes les exemples les plus extravagants et les
plus scandaleux. Il ne les a pas inventés. Lorsque Chateau-
briand le traite de « calomniateur de génie », il donne
seulement une preuve nouvelle de sa légèreté d'esprit
coutumière et de son goût pour les formules éloquentes.
Il suffit de lire, dans l'admirable édition des *Grands
Ecrivains de la France*, les passages des casuistes allégués par
Pascal pour comprendre qu'il ne déforme pas les textes et
qu'il les cite avec une parfaite loyauté. Il est vrai qu'il
n'avait pas lu tous les casuistes, mais la preuve a été faite
qu'il avait une connaissance personnelle de bon nombre
d'entre eux. Il a lu lui-même Escobar. Mis par lui sur la
piste des autres, il a lu, en tout ou en partie, Bauny,
Diana, Cellot, Filiucci. Pour l'ensemble, ses amis de
Port-Royal lui ont fourni des mémoires où il trouvait
les citations nécessaires. Il les a utilisées dans les *Petites
Lettres*.

Ne disons donc pas que Pascal se trompe ou nous
trompe sur le détail des faits. Ne croyons pas non plus
qu'en attaquant plus particulièrement la Compagnie de
Jésus, il ait obéi aux mots d'ordre d'une étroite coterie,
celle des théologiens de Port-Royal. Si les *Provinciales*
obtinrent, dès qu'elles parurent, un si extraordinaire
succès, c'est que toute une partie de l'opinion française y
trouvait exprimés, avec une force passionnée et une sorte
de violence magnifique, ses propres convictions, son

attachement à ses plus chères traditions, et du même coup son hostilité à l'égard des jésuites.

Depuis le début du siècle, les Français pouvaient observer l'emprise grandissante du catholicisme ultra-montain. Ils savaient que la politique d'équilibre pratiquée par Henri IV était depuis longtemps abandonnée, qu'Anne d'Autriche, espagnole et dévote, était entièrement dévouée au parti religieux, que le nonce du pape intervenait jusque dans le détail des affaires de France, que l'épiscopat était en grande partie asservi. De ce catholicisme venu de Rome et de Madrid, ils se faisaient une image, injuste peut-être, mais dont ils ne doutaient pas. Une religion de pompes extérieures, de rites, de dévotions. Un christia-nisme vidé de ce qui, aux yeux des Français, était son essence même, c'est-à-dire de ses vertus morales. Car il était, pour cette forme moderne du catholicisme, beaucoup moins important d'éviter le péché que d'en obtenir l'absolution. Il n'était même pas tout à fait nécessaire d'aimer Dieu puisque le sacrement de pénitence pouvait fort bien se passer de contrition, et que l'*attrition*, c'est-à-dire la honte du péché et la crainte du châtiment, y suffisait.

De nombreux Français, dans la bourgeoisie éclairée surtout, chez les gens de robe, les avocats, les médecins, dans le clergé des paroisses, n'avaient aucun goût pour ce catholicisme qui blessait nos traditions morales. Ils n'étaient pas moins hostiles à certaines valeurs nouvelles qui, dans la vie publique, tendaient à se substituer aux anciennes. Ils voyaient que la société française se réglait trop souvent sur les exemples venus d'Italie et d'Espagne, qu'une classe aristocratique se constituait avec d'autres droits que les autres classes de la nation. Ils observaient cette moderne religion du « point d'honneur », qui légi-timait jusqu'à l'assassinat. Ils comprenaient que pour les nouveaux moralistes la règle des mœurs cessait d'être considérée comme immuable, universelle, identique pour tous en ses exigences, et qu'elle s'adaptait au temps, aux circonstances, aux catégories sociales différentes.

De ce catholicisme moderne d'origine étrangère, les jésuites n'étaient sans doute pas, en France, les seuls représentants. La Cour y était gagnée, et l'épiscopat, dans sa majorité, lui était acquis. Mais la Compagnie de Jésus n'en était pas moins son principal appui et l'agent le plus actif de sa diffusion. C'est ce qui explique l'hostilité qu'éprouvaient à son égard tant de Français, très sincè-rement soumis à l'Eglise, mais qui ne reconnaissaient pas dans le catholicisme des jésuites la religion à laquelle ils étaient attachés.

Voilà la raison des polémiques qui, bien avant les *Provinciales*, avaient opposé aux auteurs de la Compagnie des écrivains fidèles à nos traditions. Jean-Pierre Camus, l'ami et le disciple de François de Sales, avait déjà, au temps de Richelieu, protesté contre les empiétements des « moines », c'est-à-dire, en fait, des jésuites. Il avait aussi rappelé, contre le P. Sirmond, l'importance centrale de l'amour de Dieu, que les novateurs réduisaient ou défiguraient jusqu'à l'anéantir. Une polémique s'en était suivie, qui avait fait apparaître la gravité du conflit entre deux conceptions différentes du christianisme. De même, l'Université de Paris, à une époque où les molinistes n'y faisaient pas la loi, avait condamné des propositions du P. Bauny et du P. Héreau sur la morale. Antoine Arnauld avait pris part à la polémique dans sa *Théologie morale des Jésuites extraite fidèlement de leurs livres*. L'Assemblée du clergé avait condamné le livre du P. Bauny. Elle l'avait fait d'ailleurs à la suite du Saint-Siège, qui ne pouvait laisser passer sans rien dire des propositions trop évidemment scandaleuses.

C'est donc d'un état d'esprit commun à toute une partie de l'opinion française que Pascal se faisait l'interprète, et nous pouvons nous étonner de voir tant de commentateurs parler des *Provinciales* comme s'il s'agissait de pures spéculations entre théologiens d'écoles différentes. Si elles méritent l'attention que nous leur portons, c'est précisément qu'il est magnifique de voir un homme qui ose arracher les masques, dénoncer les impostures, élever contre le parti au pouvoir une protestation passionnée. Il n'est pas un isolé. Il est l'interprète d'innombrables Français. Il pense ce qu'ils pensent. Mais ce qu'ils n'osent pas dire ou qu'ils disent mal, il le proclame dans ses *Provinciales* avec une force souveraine.

Dès le premier moment, le ton qu'il avait adopté fit scandale. Les molinistes lui reprochèrent de parler de la religion sur un mode indécent, de faire, en des matières si graves, le plaisant et le bouffon. Réaction injuste à coup sûr, mais significative. Elle nous aide à comprendre ce qu'il y avait d'inhabituel et d'audacieux dans l'attitude de Pascal, ce qui, dans les *Petites Lettres*, choquait les habitudes communes. C'est que Pascal ne ressemblait guère à l'image que donne de lui une littérature bien-pensante. Son dévouement à Port-Royal, la force de ses convictions religieuses n'empêchent pas qu'il garde certaines manières de penser et de s'exprimer qui ne sont pas celles des théologiens. Il n'écrit pas comme Arnauld et Nicole. Il a lu et goûté trop de livres profanes. Une très précieuse note d'un contemporain nous apprend qu'il « aimait les livres plaisants, comme Scarron. »

Il plaisante en effet. Il a le sens le plus aigu du ridicule et de la drôlerie involontaire. Il s'amuse à rapporter une énorme absurdité de l'adversaire, et à la présenter sur le ton le plus sérieux. Il sait que ses lecteurs saisiront cette cocasserie, et qu'ils la goûteront d'autant mieux qu'il leur aura laissé le soin de la découvrir. Une page de la *Sixième lettre* donne un excellent exemple du procédé. Escobar autorise le valet à porter les poulets de son maître, à lui ouvrir les portes et les fenêtres, à faciliter ses escalades. Il faut seulement, pour l'excuser dans cette belle besogne, qu'il en soit un peu pressé. Il peut même, en sûreté de conscience, tenir l'échelle tandis que son maître monte à la fenêtre de sa maîtresse. Il est vrai qu'en ce cas il faut qu'il ait été un peu plus fortement menacé de coups de bâton. Sait-on pourquoi ? Ce n'est pas parce qu'il se fait le complice d'une action sévèrement réprouvée par la loi de Dieu. Mais « c'est faire injure au maître d'une maison d'y entrer par la fenêtre ». Pascal cite et ne commente pas. Il ne prend pas la peine de relever la drôlerie de cette explication. Elle n'en apparaît que plus forte aux yeux du lecteur attentif.

Les *Provinciales* sont donc, très volontairement, un livre qui souvent fait rire. Elles sont, plus souvent encore, un livre qui inspire l'étonnement, l'indignation, la plus juste colère. Avec une application évidente, Pascal a groupé ce qui, parmi les opinions des casuistes, devait choquer le plus violemment des consciences françaises, les excuses trouvées à l'assassinat, à la simonie, à l'usure, à la prévarication, aux banqueroutes frauduleuses. Il accumule les traits, il tire un parti puissant d'une suite de citations plus scandaleuses les unes que les autres.

En présence de ces exemples extravagants, Pascal parfois ne retient plus son indignation. Il éclate, et c'est alors qu'il s'élève à la plus admirable éloquence. En un siècle où les orateurs de profession, avocats et prédicateurs, pratiquaient couramment la rhétorique la plus creuse, il ne cède pas à la tentation. Ni fausses symétries chez lui, ni redondances, ni antithèses harmonieusement balancées. C'est son indignation qui anime et échauffe ses phrases.

Comme le notait Guy Patin, il prend son adversaire à la
gorge. Il dénonce les mensonges, il démasque les ambitions
hypocrites, il fait éclater le scandale d'une morale qui
bafoue la vraie morale.

Voilà dans quel esprit Pascal a écrit ses *Provinciales*,
et voilà dans quel esprit nous devons les lire. De nos jours,
les historiens semblent souvent avoir pour principal souci
d'affaiblir la portée de ce formidable réquisitoire. Ils
enveloppent Pascal, Port-Royal et leurs adversaires dans la
même approbation onctueuse et fade. Ils trouvent le
moyen de louer à la fois les jésuites et Pascal, les uns pour
avoir été de si zélés serviteurs de l'Eglise, et l'autre pour
avoir défendu ce qu'ils appellent l'esprit chrétien. Mais
il n'est question, ni de plaider pour la Compagnie, ni de se
réjouir des coups que les *Provinciales* lui ont portés. Que
nous importe en effet, à moins que nous ne soyons nous-
mêmes des hommes de parti ? Ce qui doit retenir notre
attention, c'est le spectacle d'un grand esprit et d'une
âme passionnée, qui ose dénoncer et flétrir certaines
impostures et les abus de la force. Pascal était de ces
hommes qui, dans le monde où ils vivent, sont un signe
de contradiction, et qui, selon le mot du Christ, sont le
sel de la terre. Si nous voulons comprendre les *Provinciales*,
ne commençons pas par leur enlever leur saveur.

GUIDE POUR LA LECTURE
DES *PROVINCIALES*

Iʳᵉ PROVINCIALE (p. 35) *.

Pour comprendre les premières *Provinciales*, il faut
avoir dans l'esprit les notions de théologie dogmatique
sur lesquelles porte la controverse. Pour les jansénistes,
le monde est livré au péché, l'homme est corrompu.
Seuls quelques prédestinés sont sauvés par un décret de
Dieu. Si donc l'homme accomplit une bonne œuvre,
c'est par l'effet d'une *grâce efficace*. Faut-il en conclure
que l'homme n'a pas toujours le *pouvoir* d'éviter le péché
par cette simple raison que cette grâce peut lui faire
défaut ? Les molinistes soutiennent que tout homme a
toujours le *pouvoir prochain* de bien faire. Mais les jansénistes rejettent ce *pouvoir prochain* reconnu à tous parce
qu'il rend inutile la *grâce efficace* donnée à quelques-uns.
Les nouveaux thomistes ne l'admettent pas non plus.
Ils sont donc, sur le fond, d'accord avec les jansénistes.
Mais par haine de ceux-ci, ils acceptent la formule du
pouvoir prochain en lui donnant d'ailleurs un sens tel
qu'elle ne signifie plus rien. Le *pouvoir prochain*, pour eux,
ne donne la possibilité d'agir que si la *grâce efficace* vient
s'y ajouter.

Quand Pascal écrit la première *Provinciale*, la Sorbonne
se prépare à condamner Antoine Arnauld pour avoir
écrit dans sa seconde *Lettre à un duc et pair* que saint
Pierre, reniant le Christ, fut un juste à qui la grâce avait
manqué. La majorité qui va le condamner est formée de

* Il doit être entendu que dans cet exposé des notions théologiques
discutées par Pascal, on n'a pas prétendu reproduire les différentes
thèses avec les subtilités de formules qui sont habituelles chez leurs
auteurs, mais telles qu'elles devaient apparaître à un honnête homme
du xvɪɪᵉ siècle.

molinistes et de nouveaux thomistes. Pascal s'attache à
démontrer que leur coalition masque un désaccord total
sur le fond, et que le mot de *pouvoir prochain* n'a pas le
même sens chez les uns que chez les autres. Ils ne sont
d'accord que sur un point : ils détestent Antoine Arnauld
et ont décidé de le condamner.

IIe PROVINCIALE (p. 43).

Pascal aborde maintenant la discussion de la *grâce
suffisante*, liée étroitement à la notion de *pouvoir prochain*.
Les vrais molinistes ont une doctrine nette et claire : la
grâce est donnée à tous, et l'homme l'accepte ou la refuse.
Les jansénistes naturellement n'admettent pas cette grâce
donnée à tous. Les nouveaux thomistes ont, là encore,
imaginé un compromis, la *grâce suffisante*. Elle est donnée
à tous. Mais elle n'aboutit à rien si Dieu n'y joint la *grâce
efficace*, qui n'est donnée qu'à quelques-uns. Pascal met
en lumière la contradiction qu'implique cette *grâce suffisante* qui ne suffit pas.

Au moment où Pascal achevait la deuxième *Provinciale*,
la Sorbonne prononçait la censure et l'exclusion d'Antoine
Arnauld (29-31 janvier 1656). Pascal joignit à sa *Lettre*
quelques lignes qu'il convient de lire comme un *post-
scriptum*.

RÉPONSE DU PROVINCIAL (p. 52).

Les deux lettres d'écrivains reproduites ici ont paru à
certains historiens des lettres imaginaires. Mais nous
savons que la deuxième a été écrite par Mlle de Scudéry,
l'auteur du *Grand Cyrus*, qui avait alors, et avec raison, la
réputation d'être un excellent esprit. Il est donc raisonnable de penser que la première n'est pas non plus inventée.
On a prononcé les noms de Chapelain et du romancier
Gomberville, tous deux amis de Port-Royal.

IIIe PROVINCIALE (p. 54).

La censure d'Arnauld vient d'être prononcée. C'est à
elle que Pascal s'attaque. Il en fait d'abord apparaître le
caractère dérisoire. Le parti moliniste, depuis des années,
dénonçait dans le jansénisme une hérésie comparable à
celle de Luther, et qui allait mettre le feu à la chrétienté.
Il n'a réussi pourtant à découvrir dans toute l'œuvre
d'Arnauld que cette pauvre phrase sur le reniement de
saint Pierre. « Hérésie imperceptible », écrit Pascal.

Mais il y a mieux. La phrase d'Arnauld est très exactement semblable à des phrases de saint Augustin et de saint
Jean Chrysostome. Arnauld en a fait la démonstration.
Ses ennemis n'ont même pas pris la peine de lui répondre.
Ils ont préféré le condamner. Pascal reprend la démonstration d'Arnauld. Il analyse les phrases des deux Pères
et montre qu'Arnauld n'a pas dit autre chose. Dans le
cours de la *Lettre*, Pascal dit un mot rapide sur les moyens
qu'emploient les jésuites pour ameuter l'opinion contre
leurs adversaires. Ils faisaient intervenir jusqu'aux enfants
du catéchisme : « catéchismes comiques » où l'Impératrice
(la fillette qui occupait la première place) faisait renoncer
le jansénisme à ses compagnes. Processions-mascarades,
où un jeune homme bien fait, habillé en fille, représentait
la grâce suffisante, et traînait un évêque (Jansénius) lié
derrière lui. Comédies de collège, où les diables empor-
taient Jansénius. Almanachs bouffons et estampes sati-
riques. Aucun moyen ne semblait indigne aux jésuites,
pourvu qu'il fût efficace.

IVe PROVINCIALE (p. 61).

Poursuivant le mouvement amorcé dans la IIIe *Provinciale*, Pascal combat maintenant de façon directe la Compagnie de Jésus. Il met en scène un jésuite. Il feint qu'il va le
trouver pour l'interroger sur la *grâce actuelle*. La formule
était admise par l'ensemble des théologiens. Mais elle
prenait des sens différents selon les partis. Pascal presse le
jésuite de s'expliquer. Le Père est ainsi conduit à déclarer
qu'il ne peut y avoir péché que si par une *grâce actuelle* de
Dieu, nous avons vu clairement et accepté le caractère
coupable de l'acte que nous allons commettre. Il est clair
que pour le jésuite l'acte moral est un acte accompli en
toute lucidité et à la suite d'un choix pleinement libre.
Pascal entreprend de démontrer qu'avec cette définition il
devient très difficile de commettre le péché, et qu'il suffit
de ne jamais penser à Dieu pour ne pécher jamais.

Dans cette discussion, il allègue quelques noms de
théologiens qui vont revenir souvent dans la suite des
Provinciales.

Le P. Bauny, jésuite et professeur au collège de Clermont, avait publié sur la morale plusieurs ouvrages dont
les thèses avaient produit des remous. L'un d'eux avait
été mis à l'*Index*, et l'Assemblée du clergé de France
l'avait censuré.

Le P. Annat, jésuite également, était confesseur du roi depuis 1654. Il s'était mêlé et se mêlait encore activement à la controverse contre le jansénisme.

M. Le Moyne n'était pas jésuite. Il avait enseigné à la Sorbonne de 1642 à 1659. Il était regardé comme une des têtes du parti moliniste à la Sorbonne.

A la fin de sa *Lettre*, Pascal laisse entendre qu'il va maintenant porter le combat sur le terrain de la morale.

Ve PROVINCIALE (p. 72).

Pascal aborde maintenant la critique des moralistes modernes. Ils ne sont pas tous jésuites. Mais ils sont d'accord sur une manière moderne de comprendre la morale. L'un d'eux a donné la liste de ses auteurs : ils sont deux cent quatre-vingt-seize, et aucun n'a paru depuis plus de quatre-vingts ans. Ils remplacent les Pères et les Conciles.

Il est inutile au lecteur des *Provinciales* de s'informer de ces auteurs. Pascal lui-même, visiblement, ne les connaît pas. Il les énumère parce qu'il lui semble à la fois significatif et plaisant que tous ces illustres inconnus aient pris la place des saint Augustin, des saint Ambroise et des saint Jérôme. Un nom mérite pourtant d'être relevé, celui d'Escobar. C'était un jésuite espagnol. Il vivait encore à l'époque des *Provinciales*. Son traité de théologie avait eu, à la date de 1651, plus de quarante éditions. Il se donnait pour le condensé des opinions de vingt-quatre théologiens de la Compagnie. C'est donc à lui que pense le jésuite de Pascal chaque fois qu'il parle de « nos vingt-quatre ». Escobar avait comparé les quatre théologiens les plus illustres de la Compagnie aux quatre animaux de l'*Apocalypse*. C'est ce qui explique la plaisanterie de Pascal dans la VIe *Lettre* : « Valentia, l'un des quatre animaux d'Escobar... »

VIe PROVINCIALE (p. 84).

Pascal, qui a, dès la Ve Lettre, abordé la théorie de la *probabilité*, continue de la discuter. Il en démonte les mécanismes, il en met en lumière le résultat le plus certain, qui est « d'accorder les contradictions », c'est-à-dire de soutenir indifféremment les décisions de l'Eglise et des Pères qui interdisent un acte, et l'avis contraire d'un casuiste qui l'autorise.

Parmi les théologiens que Pascal cite le plus souvent, on

relève celui de Vasquez, un jésuite espagnol du XVIe siècle, l'un des « animaux d'Escobar », et Diana, qui n'était pas jésuite, mais religieux théatin, et qui vivait encore à l'époque des *Provinciales*.

VIIe PROVINCIALE (p. 96).

Pascal s'attache particulièrement à un aspect de la doctrine des casuistes, ce qu'ils appellent la *direction d'intention*. Il montre l'usage qu'il est possible d'en faire pour justifier les plus scandaleuses infractions à la morale et aux lois de l'Eglise.

VIIIe PROVINCIALE (p. 109).

Pascal met en lumière les aberrations des casuistes. On remarquera, à la fin de la *Lettre*, quelques lignes où l'écrivain annonce qu'il va aborder une nouvelle matière : les moyens que les auteurs spirituels de la Compagnie ont imaginés pour rendre la dévotion facile, et assurer le salut à peu de frais.

IXe PROVINCIALE (p. 122).

Pascal consacre une partie de cette *Lettre* à son nouveau sujet. Il discute notamment le livre du Père Barry, paru en 1636, et intitulé *le Paradis ouvert à Philagie*. Il attaque aussi le P. Le Moyne, jésuite et poète. Il s'en prend notamment à ses *Peintures morales* de 1640, et à sa *Dévotion aisée*, parue en 1652. Il revient ensuite aux casuistes, et montre qu'ils se sont eux aussi appliqués à rendre la vie chrétienne fort aisée.

Xe PROVINCIALE (p. 134).

Pascal fait d'abord le tableau des adoucissements que les casuistes ont apportés au sacrement de pénitence. Puis il arrive à une question d'un ordre plus grave et plus essentiel : celle de l'amour de Dieu. Elle avait été l'objet de controverses quinze ans plus tôt. Au dire de leurs adversaires, les jésuites avaient trouvé le biais pour dispenser les âmes d'aimer Dieu. Ils soutenaient en effet que la *contrition*, c'est-à-dire le regret du péché fondé sur cet amour, n'était pas nécessaire, et que l'*attrition*, c'est-à-dire le regret du péché fondé sur la crainte du châtiment, suffisait. Le chrétien pouvait donc se faire absoudre de ses péchés toute sa vie sans avoir jamais fait un acte d'amour de Dieu.

Pascal cite notamment l'ouvrage du Père Antoine Sirmond, *la Défense de la vertu*, paru en 1641, et qui avait été l'occasion de ces controverses.

XIe PROVINCIALE (p. 148).

On observera la méthode nouvelle qu'adopte Pascal. Il s'adresse directement aux jésuites. C'est que le P. Nouet vient de publier une *Réponse aux lettres que les Jansénistes publient contre les Jésuites*, et a commencé la série de ses *Impostures*, où il accuse l'auteur des *Provinciales* de forger les citations de ses casuistes. Pascal se défend donc, et d'abord il se justifie d'avoir traité en raillerie les choses saintes. Au cours de son plaidoyer, il évoque deux notables écrivains jésuites, le P. Le Moyne, déjà rencontré, et le P. Garasse, qui avait été jadis l'ennemi de Théophile de Viau. Ces pages de Pascal méritent notre attention, car elles nous font comprendre l'opposition du goût baroque, qui inspire Garasse et Le Moyne, et du goût classique, qui est celui de Pascal et de Port-Royal.

XIIe PROVINCIALE (p. 161).

Pascal continue de se défendre. Par des exemples précis, il montre qu'il n'a ni inventé, ni déformé les textes des casuistes qu'il a cités.

XIIIe PROVINCIALE (p. 174).

Le plaidoyer continue. Pascal s'attarde à la question de l'homicide, et aux excuses que les casuistes les plus fameux lui ont trouvées.

XIVe PROVINCIALE (p. 187).

Pascal discute encore les opinions des casuistes sur l'homicide.

XVe PROVINCIALE (p. 201).

Le P. Nouet ayant fait paraître une *Seconde partie des Impostures*, Pascal rapporte les opinions des casuistes sur la calomnie. Il en conclut qu'on peut tout attendre d'adversaires qui osent avec tant de cynisme justifier tous les mensonges quand il s'agit d'écraser un ennemi. Il cite plusieurs incidents survenus dans les vingt dernières années, où il est apparu que la Compagnie faisait usage de sa propre doctrine pour accabler ceux qui prétendaient lui résister.

XVIᵉ PROVINCIALE (p. 215).

Pascal continue de dénoncer les calomnies des jésuites. Il proteste avec une force particulière contre celle qui prétendait que les religieuses de Port-Royal ne croyaient pas au dogme de la Présence réelle. Cette accusation insensée avait paru dans l'ouvrage du Père Meynier, *Le Port-Royal et Genève d'intelligence contre le Très Saint Sacrement de l'Autel*, publié en 1656. Pascal fait aussi allusion à une calomnie lancée contre les jansénistes par l'avocat Filleau en 1654. Cet avocat prétendait tenir de source sûre que Jansénius, Saint-Cyran, Arnauld d'Andilly et deux évêques, Cospeau et Camus, avaient tenu des assemblées secrètes à Bourgfontaine en 1621, et y avaient préparé la ruine de l'Eglise et le triomphe du déisme.

XVIIᵉ PROVINCIALE (p. 234).

Cette fois, Pascal s'adresse directement au Père Annat, confesseur du roi. C'est que l'on prévoit que le gouvernement royal va exiger des ecclésiastiques la signature d'une déclaration qui ne se bornera pas à condamner les Cinq propositions, mais qui les attribuera à Jansénius comme si cette attribution était de foi. Pascal démontre que les questions de fait ne peuvent être articles de foi et qu'en ce domaine on peut bien pécher par témérité, mais non pas tomber dans l'hérésie.

XVIIIᵉ PROVINCIALE (p. 252).

Le 11 mars 1657, le nonce a remis au roi une bulle où le pape déclare et définit que les Cinq propositions sont tirées du livre de Jansénius, et qu'elles sont condamnées dans le sens qu'elles avaient dans l'esprit de l'auteur. Pascal entreprend de démontrer que la *grâce efficace* est un dogme catholique, qu'il ne se confond pas avec les dogmes calvinistes, et qu'en soutenant la *grâce efficace*, les jansénistes sont d'irréprochables catholiques.

PREMIER ÉCRIT POUR LES CURÉS DE PARIS (p. 270).

Le P. Pirot, professeur de théologie au collège de Clermont, eut l'idée d'écrire une *Apologie des casuistes*. Au lieu de nier que les casuistes eussent jamais soutenu les propositions scandaleuses dont ils étaient accusés, il entreprit hardiment de justifier ces propositions. Son *Apologie* commença à circuler à la fin de 1657. Les curés de Paris décidèrent d'y répondre. On peut considérer comme vraisemblable que cette réponse, le *Premier Ecrit*, est l'œuvre de Pascal (janvier 1658).

SECOND ÉCRIT (p. 282).

Les jésuites ayant répondu au *Premier Ecrit*, les curés de Paris décidèrent le 1er avril 1658 d'en faire paraître un second. Pascal se chargea de ce travail. Il le fit, dit-on, en une seule journée.

CINQUIÈME ÉCRIT (p. 292).

L'attribution à Pascal peut être raisonnablement considérée comme certaine. Il insiste dans cet *Ecrit* sur l'usage que les publicistes protestants peuvent faire des ouvrages des casuistes pour prouver la corruption de l'Eglise romaine.

SIXIÈME ÉCRIT (p. 303).

L'attribution à Pascal a été soutenue sans discussion par les anciens écrivains de Port-Royal. Un jésuite anonyme venait de publier une mince brochure, *Sentiments des Jésuites sur le livre Apologie des casuistes*. Il s'y refusait à condamner les casuistes. Pascal dénonce cette solidarité de tous les jésuites, moins soucieux de la vérité que des intérêts de la Compagnie.

BIBLIOGRAPHIE SOMMAIRE

L'édition des *Œuvres de Pascal* dans la collection des *Grands Ecrivains de la France* forme l'instrument de travail indispensable pour quiconque veut étudier *les Provinciales*. Celles-ci y occupent les volumes IV-VII.

Dans la collection des Classiques Garnier, l'édition des *Provinciales* par L. Cognet fournit une introduction et des notes abondantes.

Sur Pascal, voir J. Mesnard, *Pascal, l'homme et l'œuvre*, Paris, 1951.

L'*Histoire de la littérature française au XVIIe siècle* d'A. Adam contient un copieux chapitre sur Pascal, tome II, p. 179-295.

LES PROVINCIALES

PREMIÈRE LETTRE

ÉCRITE A UN PROVINCIAL

PAR UN DE SES AMIS, SUR LE SUJET
DES DISPUTES PRÉSENTES DE LA SORBONNE

De Paris, ce 23 janvier 1656.

MONSIEUR,

Nous étions bien abusés. Je ne suis détrompé que d'hier ; jusque-là j'ai pensé que le sujet des disputes de Sorbonne était bien important, et d'une extrême conséquence pour la religion. Tant d'assemblées d'une compagnie aussi célèbre qu'est la Faculté de théologie de Paris, et où il s'est passé tant de choses si extraordinaires et si hors d'exemple, en font concevoir une si haute idée, qu'on ne peut croire qu'il n'y en ait un sujet bien extraordinaire.

Cependant vous serez bien surpris quand vous apprendrez, par ce récit, à quoi se termine un si grand éclat ; et c'est ce que je vous dirai en peu de mots, après m'en être parfaitement instruit.

On examine deux questions : l'une de fait, l'autre de droit.

Celle de fait consiste à savoir si M. Arnauld est téméraire pour avoir dit dans sa Seconde Lettre : *Qu'il a lu exactement le livre de Jansénius, et qu'il n'y a point trouvé les propositions condamnées par le feu Pape ; et néanmoins que, comme il condamne ces propositions en quelque lieu qu'elles se rencontrent, il les condamne dans Jansénius, si elles y sont.*

La question sur cela est de savoir s'il a pu, sans témérité, témoigner par là qu'il doute que ces propositions soient de Jansénius, après que Messieurs les évêques ont déclaré qu'elles y sont.

On propose l'affaire en Sorbonne. Soixante et onze docteurs entreprennent sa défense et soutiennent qu'il n'a pu répondre autre chose à ceux qui, par tant d'écrits, lui demandaient s'il tenait que ces propositions fussent

dans ce livre, sinon qu'il ne les y a pas vues, et que néanmoins il les y condamne, si elles y sont.

Quelques-uns même, passant plus avant, ont déclaré
que, quelque recherche qu'ils en aient faite, ils ne les y
ont jamais trouvées, et que même ils y en ont trouvé de
toutes contraires. Ils ont demandé ensuite avec instance
que, s'il y avait quelque docteur qui les y eût vues, il
voulût les montrer; que c'était une chose si facile qu'elle
ne pouvait être refusée, puisque c'était un moyen sûr de les
réduire tous, et M. Arnauld même; mais on le leur a
toujours refusé. Voilà ce qui s'est passé de ce côté-là.

De l'autre se sont trouvés quatre-vingts docteurs séculiers, et quelque quarante religieux mendiants, qui ont
condamné la proposition de M. Arnauld sans vouloir
examiner si ce qu'il avait dit était vrai ou faux, et ayant
même déclaré qu'il ne s'agissait pas de la vérité, mais
seulement de la témérité de sa proposition.

Il s'en est de plus trouvé quinze qui n'ont point été
pour la censure, et qu'on appelle indifférents.

Voilà comment s'est terminée la question de fait, dont
je ne me mets guère en peine; car, que M. Arnauld soit
téméraire ou non, ma conscience n'y est pas intéressée. Et
si la curiosité me prenait de savoir si ces propositions sont
dans Jansénius, son livre n'est pas si rare, ni si gros que
je ne le pusse lire tout entier pour m'en éclaircir, sans en
consulter la Sorbonne.

Mais, si je ne craignais aussi d'être téméraire, je crois
que je suivrais l'avis de la plupart des gens que je vois,
qui, ayant cru jusqu'ici, sur la foi publique, que ces propositions sont dans Jansénius, commencent à se défier du
contraire, par le refus bizarre qu'on fait de les montrer,
qui est tel, que je n'ai encore vu personne qui m'ait dit
les y avoir vues. De sorte que je crains que cette censure
ne fasse plus de mal que de bien, et qu'elle ne donne à
ceux qui en sauront l'histoire une impression tout opposée
à la conclusion; car, en vérité, le monde devient méfiant
et ne croit les choses que quand il les voit. Mais, comme
j'ai déjà dit, ce point-là est peu important, puisqu'il ne
s'y agit point de la foi.

Pour la question de droit, elle semble bien plus considérable, en ce qu'elle touche la foi. Aussi j'ai pris un soin
particulier de m'en informer. Mais vous serez bien
satisfait de voir que c'est une chose aussi peu importante
que la première.

Il s'agit d'examiner ce que M. Arnauld a dit dans la

même lettre : *Que la grâce, sans laquelle on ne peut rien, a manqué à saint Pierre, dans sa chute.* Sur quoi nous pensions, vous et moi, qu'il était question d'examiner les plus grands principes de la grâce, comme si elle n'est pas donnée à tous les hommes, ou bien si elle est efficace; mais nous étions bien trompés. Je suis devenu grand théologien en peu de temps, et vous en allez voir des marques.

Pour savoir la chose au vrai, je vis M. N., docteur de Navarre, qui demeure près de chez moi, qui est, comme vous le savez, des plus zélés contre les Jansénistes; et comme ma curiosité me rendait presque aussi ardent que lui, je lui demandai d'abord s'ils ne décideraient pas formellement que *la grâce est donnée à tous*, afin qu'on n'agitât plus ce doute. Mais il me rebuta rudement et me dit que ce n'était pas là le point; qu'il y en avait de ceux de son côté qui tenaient que la grâce n'est pas donnée à tous, que les examinateurs mêmes avaient dit en pleine Sorbonne que cette opinion est *problématique*, et qu'il était lui-même dans ce sentiment : ce qu'il me confirma par ce passage, qu'il dit être célèbre, de saint Augustin : *Nous savons que la grâce n'est pas donnée à tous les hommes.*

Je lui fis excuse d'avoir mal pris son sentiment et le priai de me dire s'ils ne condamneraient donc pas au moins cette autre opinion des Jansénistes qui fait tant de bruit, *que la grâce est efficace, et qu'elle détermine notre volonté à faire le bien.* Mais je ne fus pas plus heureux en cette seconde question. Vous n'y entendez rien, me dit-il. Ce n'est pas là une hérésie; c'est une opinion orthodoxe : tous les Thomistes la tiennent; et moi-même je l'ai soutenue dans ma Sorbonique.

Je n'osai plus lui proposer mes doutes; et je ne savais plus où était la difficulté, quand, pour m'en éclaircir, je le suppliai de me dire en quoi consistait donc l'hérésie de la proposition de M. Arnauld. C'est, me dit-il, en ce qu'il ne reconnaît pas que les justes aient le pouvoir d'accomplir les commandements de Dieu en la manière que nous l'entendons.

Je le quittai après cette instruction; et, bien glorieux de savoir le nœud de l'affaire, je fus trouver M. N., qui se porte de mieux en mieux, et qui eut assez de santé pour me conduire chez son beau-frère, qui est janséniste, s'il y en eut jamais, et pourtant fort bon homme. Pour en être mieux reçu, je feignis d'être fort des siens et lui dis : Serait-il bien possible que la Sorbonne introduisît dans l'Eglise cette erreur, que *tous les justes ont toujours le*

pouvoir d'accomplir les commandements ? Comment parlez-
vous ? me dit mon docteur. Appelez-vous erreur un
sentiment si catholique, et que les seuls Luthériens et
Calvinistes combattent ? Eh quoi! lui dis-je, n'est-ce pas
votre opinion ? Non, me dit-il; nous l'anathématisons
comme hérétique et impie. Surpris de cette réponse, je
connus bien que j'avais trop fait le janséniste, comme
j'avais l'autre fois été trop moliniste; mais ne pouvant
m'assurer de sa réponse, je le priai de me dire confidem-
ment s'il tenait que *les justes eussent toujours un pouvoir
véritable d'observer les préceptes*. Mon homme s'échauffa
là-dessus, mais d'un zèle dévot, et dit qu'il ne déguiserait
jamais ses sentiments pour quoi que ce fût : que c'était
sa créance; et que lui et tous les siens la défendraient
jusqu'à la mort, comme étant la pure doctrine de
saint Thomas et de saint Augustin, leur maître.

Il m'en parla si sérieusement, que je n'en pus douter;
et sur cette assurance, je retournai chez mon premier
docteur, et lui dis, bien satisfait, que j'étais certain que la
paix serait bientôt en Sorbonne : que les Jansénistes
étaient d'accord du pouvoir qu'ont les justes d'accomplir
les préceptes; que j'en étais garant, et que je le leur ferais
signer de leur sang. Tout beau! me dit-il; il faut être théologien pour en voir la fin. La différence qui est entre nous
est si subtile, qu'à peine pouvons-nous la marquer nous-
mêmes; vous auriez trop de difficulté à l'entendre. Contentez-vous donc de savoir que les Jansénistes vous diront
bien que tous les justes ont toujours le pouvoir d'accomplir les commandements : ce n'est pas de quoi nous
disputons; mais ils ne vous diront pas que ce pouvoir
soit *prochain;* c'est là le point.

Ce mot me fut nouveau et inconnu. Jusque-là j'avais
entendu les affaires; mais ce terme me jeta dans l'obscurité, et je crois qu'il n'a été inventé que pour brouiller.
Je lui en demandai donc l'explication; mais il m'en fit
un mystère et me renvoya, sans autre satisfaction, pour
demander aux Jansénistes s'ils admettaient ce pouvoir
prochain. Je chargeai ma mémoire de ce terme, car mon
intelligence n'y avait aucune part. Et, de peur d'oublier,
je fus promptement retrouver mon Janséniste, à qui je
dis incontinent, après les premières civilités : Dites-moi,
je vous prie, si vous admettez le *pouvoir prochain* ? Il se
mit à rire et me dit froidement : Dites-moi vous-même
en quel sens vous l'entendez, et alors je vous dirai ce que
j'en crois. Comme ma connaissance n'allait pas jusque-là,

je me vis en terme de [ne] lui pouvoir répondre; et néanmoins pour ne pas rendre ma visite inutile, je lui dis au
hasard : Je l'entends au sens des Molinistes. A quoi
mon homme, sans s'émouvoir : Auxquels des Molinistes,
me dit-il, me renvoyez-vous? Je les lui offris tous
ensemble, comme ne faisant qu'un même corps et n'agissant que par un même esprit.

Mais il me dit : Vous êtes bien peu instruit. Ils sont si
peu dans les mêmes sentiments, qu'ils en ont de tout
contraires. Mais, étant tous unis dans le dessein de
perdre M. Arnauld, ils se sont avisés de s'accorder de ce
terme de *prochain*, que les uns et les autres diraient
ensemble, quoiqu'ils l'entendissent diversement, afin de
parler un même langage, et que, par cette conformité
apparente, ils pussent former un corps considérable, et
composer le plus grand nombre, pour l'opprimer avec
assurance.

Cette réponse m'étonna; mais, sans recevoir ces impressions des méchants desseins des Molinistes, que je ne
veux pas croire sur sa parole, et où je n'ai point d'intérêt,
je m'attachai seulement à savoir les divers sens qu'ils
donnent à ce mot mystérieux de *prochain*. Il me dit : Je
vous en éclaircirais de bon cœur; mais vous y verriez
une répugnance et une contradiction si grossière, que vous
auriez peine à me croire. Je vous serais suspect. Vous en
serez plus sûr en l'apprenant d'eux-mêmes, et je vous en
donnerai les adresses. Vous n'avez qu'à voir séparément
M. Le Moyne et le Père Nicolaï. Je ne connais ni l'un ni
l'autre, lui dis-je. Voyez donc, me dit-il, si vous ne
connaîtrez point quelqu'un de ceux que je vous vas
nommer, car ils suivent les sentiments de M. Le Moyne.
J'en connus en effet quelques-uns. Et ensuite il me dit :
Voyez si vous ne connaissez point des Dominicains qu'on
appelle nouveaux Thomistes, car ils sont tous comme le
Père Nicolaï. J'en connus aussi entre ceux qu'il me
nomma; et, résolu de profiter de cet avis et de sortir
d'affaire, je le quittai et allai d'abord chez un des disciples
de M. Le Moyne.

Je le suppliai de me dire ce que c'est qu'*avoir le pouvoir
prochain de faire quelque chose*. Cela est aisé, me dit-il :
c'est avoir tout ce qui est nécessaire pour la faire, de telle
sorte qu'il ne manque rien pour agir. Et ainsi, lui dis-je,
avoir le *pouvoir prochain* de passer une rivière, c'est avoir
un bateau, des bateliers, des rames, et le reste, en sorte
que rien ne manque. Fort bien, me dit-il. Et avoir le

pouvoir prochain *de voir*, lui dis-je, c'est avoir bonne vue
et être en plein jour, car qui aurait bonne vue dans
l'obscurité n'aurait pas le pouvoir prochain de voir, selon
vous, puisque la lumière lui manquerait, sans quoi on ne
voit point. Doctement, me dit-il. Et par conséquent,
continuai-je, quand vous dites que tous les justes ont
toujours le pouvoir prochain d'observer les commandements, vous entendez qu'ils ont toujours toute la grâce
nécessaire pour les accomplir, en sorte qu'il ne leur
manque rien de la part de Dieu. Attendez, me dit-il;
ils ont toujours tout ce qui est nécessaire pour les observer,
ou du moins pour la demander à prier Dieu. J'entends
bien, lui dis-je; ils ont tout ce qui est nécessaire pour
prier Dieu de les assister, sans qu'il soit nécessaire qu'ils
aient aucune nouvelle grâce de Dieu pour prier. Vous
l'entendez, me dit-il. Mais il n'est donc pas nécessaire
qu'ils aient une grâce efficace pour prier Dieu ? Non,
me dit-il, suivant M. Le Moyne.

Pour ne point perdre de temps, j'allai aux Jacobins et
demandai ceux que je savais être des nouveaux Thomistes. Je les priai de me dire ce que c'est que *pouvoir
prochain*. N'est-ce pas celui, leur dis-je, auquel il ne
manque rien pour agir ? Non, me dirent-ils. Mais, quoi!
mon Père, s'il manque quelque chose à ce pouvoir,
l'appelez-vous *prochain* ? et direz-vous, par exemple, qu'un
homme ait, la nuit, et sans aucune lumière, le *pouvoir
prochain de voir* ? Oui-da, il l'aurait, selon nous, s'il n'est
pas aveugle. Je le veux bien, leur dis-je; mais M. Le Moyne
l'entend d'une manière contraire. Il est vrai, me dirent-ils;
mais nous l'entendons ainsi. J'y consens, leur dis-je;
car je ne dispute jamais du nom, pourvu qu'on m'avertisse
du sens qu'on lui donne. Mais je vois par là que, quand
vous dites que les justes ont toujours le *pouvoir prochain*
pour prier Dieu, vous entendez qu'ils ont besoin d'un
autre secours pour prier, sans quoi ils ne prieront jamais.
Voilà qui va bien, me répondirent mes Pères en m'embras-
sant, voilà qui va bien : car il leur faut de plus une grâce
efficace qui n'est pas donnée à tous, et qui détermine
leur volonté à prier; et c'est une hérésie de nier la nécessité de cette grâce efficace pour prier.

Voilà qui va bien, leur dis-je à mon tour; mais, selon
vous, les Jansénistes sont catholiques, et M. Le Moyne
hérétique; car les Jansénistes disent que les justes ont le
pouvoir de prier, mais qu'il faut pourtant une grâce efficace, et c'est ce que vous approuvez. Et M. Le Moyne dit

que les justes prient sans grâce efficace; et c'est ce que vous condamnez. Oui, dirent-ils, mais nous sommes d'accord avec M. Le Moyne en ce que nous appelons *prochain*, aussi bien que lui, le pouvoir que les justes ont de prier, ce que ne font pas les Jansénistes.

Quoi, mes Pères, leur dis-je, c'est se jouer des paroles de dire que vous êtes d'accord à cause des termes communs dont vous usez, quand vous êtes contraires dans le sens. Mes Pères ne répondent rien; et sur cela, mon disciple de M. Le Moyne arriva par un bonheur que je croyais extraordinaire; mais j'ai su depuis que leur rencontre n'est pas rare, et qu'ils sont continuellement mêlés les uns avec les autres.

Je dis donc à mon disciple de M. Le Moyne : Je connais un homme qui dit que tous les justes ont toujours le pouvoir de prier Dieu, mais que néanmoins ils ne prieront jamais sans une grâce efficace qui les détermine, et laquelle Dieu ne donne pas toujours à tous les justes. Est-il hérétique ? Attendez, me dit mon docteur; vous me pourriez surprendre. Allons donc doucement, *distinguo;* s'il appelle ce pouvoir *pouvoir prochain*, il sera thomiste, et partant catholique; sinon, il sera janséniste, et partant hérétique. Il ne l'appelle, lui dis-je, ni prochain, ni non prochain. Il est donc hérétique, me dit-il; demandez-le à ces bons Pères. Je ne les pris pas pour juges, car ils consentaient déjà d'un mouvement de tête, mais je leur dis : Il refuse d'admettre ce mot de *prochain* parce qu'on ne le veut pas expliquer. A cela, un de ces Pères voulut en apporter sa définition; mais il fut interrompu par le disciple de M. Le Moyne, qui lui dit : Voulez-vous donc recommencer nos brouilleries ? ne sommes-nous pas demeurés d'accord de ne point expliquer ce mot de *prochain*, et de le dire de part et d'autre sans dire ce qu'il signifie ? A quoi le Jacobin consentit.

Je pénétrai par là dans leur dessein, et leur dis en me levant pour les quitter : En vérité, mes Pères, j'ai grand peur que tout ceci ne soit une pure chicanerie, et, quoi qu'il arrive de vos assemblées, j'ose vous prédire que, quand la censure serait faite, la paix ne serait pas établie. Car, quand on aurait décidé qu'il faut prononcer les syllabes *prochain*, qui ne voit que, n'ayant point été expliquées, chacun de vous voudra jouir de la victoire ? Les Jacobins diront que ce mot s'entend en leur sens. M. Le Moyne dira que c'est au sien; et ainsi il y aura bien plus de disputes pour l'expliquer que pour l'introduire :

car, après tout, il n'y aurait pas grand péril à le recevoir sans aucun sens, puisqu'il ne peut nuire que par le sens. Mais ce serait une chose indigne de la Sorbonne et de la théologie d'user de mots équivoques et captieux sans les expliquer. Enfin, mes Pères, dites-moi, je vous prie, pour la dernière fois, ce qu'il faut que je croie pour être Catholique. Il faut, me dirent-ils tous ensemble, dire que tous les justes ont le *pouvoir prochain*, en faisant abstraction de tout sens : *abstrahendo a sensu Thomistarum, et a sensu aliorum theologorum.*

C'est-à-dire, leur dis-je en les quittant, qu'il faut prononcer ce mot des lèvres, de peur d'être hérétique de nom. Car est-ce que ce mot est de l'Ecriture ? Non, me dirent-ils. Est-il donc des Pères, ou des Conciles, ou des Papes ? Non. Est-il donc de saint Thomas ? Non. Quelle nécessité y a-t-il donc de le dire, puisqu'il n'a ni autorité, ni aucun sens de lui-même ? Vous êtes opiniâtre, me dirent-ils : vous le direz, ou vous serez hérétique, et M. Arnauld aussi, car nous sommes le plus grand nombre; et, s'il est besoin, nous ferons venir tant de Cordeliers que nous l'emporterons.

Je les viens de quitter sur cette solide raison, pour vous écrire ce récit, par où vous voyez qu'il ne s'agit d'aucun des points suivants, et qu'ils ne sont condamnés de part ni d'autre : — *1. Que la grâce n'est pas donnée à tous les hommes. 2. Que tous les justes ont le pouvoir d'accomplir les commandements de Dieu. 3. Qu'ils ont néanmoins besoin pour les accomplir, et même pour prier, d'une grâce efficace qui détermine leur volonté. 4. Que cette grâce efficace n'est pas toujours donnée à tous les justes, et qu'elle dépend de la pure miséricorde de Dieu.* — De sorte qu'il n'y a plus que le mot de *prochain* sans aucun sens qui court risque.

Heureux les peuples qui l'ignorent! Heureux ceux qui ont précédé sa naissance! Car je n'y vois plus de remède, si Messieurs de l'Académie, par un coup d'autorité, ne bannissent de la Sorbonne ce mot barbare qui cause tant de divisions. Sans cela, la censure paraît assurée; mais je vois qu'elle ne fera point d'autre mal que de rendre la Sorbonne méprisable par ce procédé, qui lui ôtera l'autorité, laquelle lui est si nécessaire en d'autres rencontres.

Je vous laisse cependant dans la liberté de tenir pour le mot *prochain*, ou non; car j'aime trop mon prochain pour le persécuter sous ce prétexte. Si ce récit ne vous déplaît pas, je continuerai de vous avertir de tout ce qui se passera.

Je suis, etc.

SECONDE LETTRE
ÉCRITE A UN PROVINCIAL
PAR UN DE SES AMIS

De Paris, ce 29 janvier 1656.

MONSIEUR,

Comme je fermais la lettre que je vous ai écrite, je fus visité par M. N., notre ancien ami, le plus heureusement du monde pour ma curiosité; car il est très informé des questions du temps, et il sait parfaitement le secret des Jésuites, chez qui il est à toute heure, et avec les principaux. Après avoir parlé de ce qui l'amenait chez moi, je le priai de me dire, en un mot, quels sont les points débattus entre les deux partis.

Il me satisfit sur l'heure, et me dit qu'il y en avait deux principaux : le premier touchant le *pouvoir prochain;* le second touchant *la grâce suffisante.* Je vous ai éclairci du premier par la précédente; je vous parlerai du second dans celle-ci.

Je sus donc, en un mot, que leur différend, touchant la *grâce suffisante,* est en ce que les Jésuites prétendent qu'il y a une grâce donnée généralement à tous les hommes, soumise de telle sorte au libre arbitre, qu'il la rend efficace ou inefficace à son choix, sans aucun nouveau secours de Dieu, et sans qu'il manque rien de sa part pour agir effectivement; ce qui fait qu'ils l'appellent *suffisante,* parce qu'elle seule suffit pour agir. Et les Jansénistes, au contraire, veulent qu'il n'y ait aucune grâce actuellement suffisante, qui ne soit aussi efficace, c'est-à-dire que toutes celles qui ne déterminent point la volonté à agir effectivement sont insuffisantes pour agir, parce qu'ils disent qu'on n'agit jamais sans *grâce efficace.* Voilà leur différend.

Et m'informant après de la doctrine des nouveaux

Thomistes : Elle est bizarre, me dit-il. Ils sont d'accord
avec les Jésuites d'admettre une *grâce suffisante* donnée
à tous les hommes; mais ils veulent néanmoins que les
hommes n'agissent jamais avec cette seule grâce, et qu'il
faille, pour les faire agir, que Dieu leur donne une *grâce
efficace* qui détermine réellement leur volonté à l'action,
et laquelle Dieu ne donne pas à tous. De sorte que,
suivant cette doctrine, lui dis-je, cette grâce est *suffisante*
sans l'être. Justement, me dit-il : car, si elle suffit, il n'en
faut pas davantage pour agir; et si elle ne suffit pas, elle
n'est pas *suffisante*.

Mais, lui dis-je, quelle différence y a-t-il donc entre
eux et les Jansénistes ? Ils diffèrent, me dit-il, en ce qu'au
moins les Dominicains ne laissent pas de dire que tous
les hommes ont la *grâce suffisante*. J'entends bien, répondis-je, mais ils le disent sans le penser, puisqu'ils ajoutent
qu'il faut nécessairement, pour agir, avoir une *grâce
efficace, qui n'est pas donnée à tous;* et ainsi, s'ils sont
conformes aux Jésuites par un terme qui n'a pas de sens,
ils leur sont contraires, et conformes aux Jansénistes, dans
la substance de la chose. Cela est vrai, dit-il. Comment
donc, lui dis-je, les Jésuites sont-ils unis avec eux, et que
ne les combattent-ils aussi bien que les Jansénistes,
puisqu'ils auront toujours en eux de puissants adversaires, lesquels, soutenant la nécessité de la grâce efficace
qui détermine, les empêcheront d'établir celle que vous
dites être seule suffisante ?

Il ne le faut pas, me dit-il; il faut ménager davantage
ceux qui sont puissants dans l'Eglise. La Société est trop
politique pour agir autrement. Elle se contente d'avoir
gagné sur eux qu'ils admettent au moins le nom de *grâce
suffisante*, quoiqu'ils l'entendent en un autre sens. Par là
elle a cet avantage qu'elle fera passer leur opinion pour
insoutenable, quand elle le jugera à propos, et cela lui
sera aisé; car, supposé que tous les hommes aient des
grâces suffisantes, il n'y a rien de plus naturel que d'en
conclure que la grâce efficace n'est donc pas nécessaire,
puisque la suffisance de ces grâces générales exclurait
la nécessité de toutes les autres. Qui dit *suffisant* dit tout
ce qui est nécessaire pour agir; et il servirait de peu aux
Dominicains de s'écrier qu'ils prennent en un autre sens
le mot de *suffisant :* le peuple, accoutumé à l'intelligence
commune de ce terme, n'écouterait pas seulement leur
explication. Ainsi la Société profite assez de cette expression que les Dominicains reçoivent, sans les pousser davan-

tage; et si vous aviez la connaissance des choses qui se
sont passées sous les papes Clément VIII et Paul V, et
combien la Société fut traversée par les Dominicains
dans l'établissement de sa grâce suffisante, vous ne vous
étonneriez pas de voir qu'elle évite de se brouiller avec
eux, et qu'elle consent qu'ils gardent leur opinion, pourvu
que la sienne soit libre, et principalement quand les
Dominicains la favorisent par le nom de *grâce suffisante*,
dont ils ont consenti de se servir publiquement.

La Société est bien satisfaite de leur complaisance. Elle
n'exige pas qu'ils nient la nécessité de la grâce efficace;
ce serait trop les presser : il ne faut pas tyranniser ses
amis; les Jésuites ont assez gagné. Car le monde se paye
de paroles : peu approfondissent les choses; et ainsi le nom
de *grâce suffisante* étant reçu des deux côtés, quoique avec
divers sens, il n'y a personne, hors les plus fins théologiens, qui ne pense que la chose que ce mot signifie soit
tenue aussi bien par les Jacobins que par les Jésuites, et
la suite fera voir que ces derniers ne sont pas les plus
dupes.

Je lui avouai que c'étaient d'habiles gens; et, pour
profiter de son avis, je m'en allai droit aux Jacobins, où je
trouvai à la porte un de mes bons amis, grand Janséniste,
car j'en ai de tous les partis, qui demandait quelque autre
Père que celui que je cherchais. Mais je l'engageai à
m'accompagner à force de prières, et demandai un de
mes nouveaux Thomistes. Il fut ravi de me revoir :
Eh bien! mon Père, lui dis-je, ce n'est pas assez que tous
les hommes aient un *pouvoir prochain*, par lequel pourtant
ils n'agissent en effet jamais, il faut qu'ils aient encore une
grâce suffisante avec laquelle ils agissent aussi peu. N'est-ce
pas là l'opinion de votre école ? Oui, dit le bon Père;
et je l'ai bien dit ce matin en Sorbonne. J'y ai parlé toute
ma demi-heure; et, sans le *sable*, j'eusse bien fait changer
ce malheureux proverbe qui court déjà dans Paris : *Il
opine du bonnet comme un moine en Sorbonne*. Et que
voulez-vous dire par votre demi-heure et par votre sable ?
lui répondis-je. Taille-t-on vos avis à une certaine mesure ?
Oui, me dit-il, depuis quelques jours. Et vous oblige-t-on
de parler demi-heure ? Non, on parle aussi peu qu'on
veut. Mais non pas tant que l'on veut, lui dis-je. O la
bonne règle pour les ignorants! O l'honnête prétexte
pour ceux qui n'ont rien de bon à dire! Mais enfin, mon
Père, cette grâce donnée à tous les hommes est *suffisante* ?
Oui, dit-il. Et néanmoins elle n'a nul effet *sans grâce*

efficace ? Cela est vrai, dit-il. Et tous les hommes ont la
suffisante, continuai-je, et tous n'ont pas l'*efficace ?* Il est
vrai, dit-il. C'est-à-dire, lui dis-je, que tous ont assez
de grâce, et que tous n'en ont pas assez; c'est-à-dire
que cette grâce suffit, quoiqu'elle ne suffise pas; c'est-
à-dire qu'elle est suffisante de nom et insuffisante en
effet. En bonne foi, mon Père, cette doctrine est bien
subtile. Avez-vous oublié, en quittant le monde, ce que
le mot *suffisant* y signifie ? Ne vous souvient-il pas qu'il
enferme tout ce qui est nécessaire pour agir ? Mais vous
n'en avez pas perdu la mémoire; car, pour me servir
d'une comparaison qui vous sera plus sensible, si l'on ne
vous servait à table que deux onces de pain et un verre
d'eau par jour, seriez-vous content de votre prieur, qui
vous dirait que cela serait suffisant pour vous nourrir,
sous prétexte qu'avec autre chose qu'il ne vous donnerait
pas, vous auriez tout ce qui vous serait nécessaire pour
vous nourrir ? Comment donc vous laissez-vous aller à
dire que tous les hommes ont la *grâce suffisante* pour agir,
puisque vous confessez qu'il y en a un' autre absolument
nécessaire pour agir, que tous n'ont pas ? Est-ce que cette
créance est peu importante, et que vous abandonnez à la
liberté des hommes de croire que la grâce efficace est
nécessaire ou non ? Est-ce une chose indifférente de dire
qu'avec la grâce suffisante on agit en effet ? Comment,
dit ce bon homme, indifférente! C'est une *hérésie*, c'est
une *hérésie* formelle. La nécessité de la *grâce efficace* pour
agir effectivement est *de foi;* il y a *hérésie* à la nier.

Où en sommes-nous donc ? m'écriai-je, et quel parti
dois-je ici prendre ? Si je nie la grâce suffisante, je suis
Janséniste; si je l'admets comme les Jésuites, en sorte que
la grâce efficace ne soit pas nécessaire, je serai *hérétique*,
dites-vous. Et si je l'admets comme vous, en sorte que la
grâce efficace soit nécessaire, je pèche contre le sens
commun, et je suis *extravagant*, disent les Jésuites. Que
dois-je donc faire dans cette nécessité inévitable d'être ou
extravagant, ou hérétique, ou Janséniste ? Et en quels
termes sommes-nous réduits, s'il n'y a que les Jansénistes
qui ne se brouillent ni avec la foi ni avec la raison, et qui
se sauvent tout ensemble de la folie et de l'erreur ?

Mon ami Janséniste prenait ce discours à bon présage,
et me croyait déjà gagné. Il ne me dit rien néanmoins;
mais en s'adressant à ce Père : dites-moi, je vous prie,
mon Père, en quoi vous êtes conformes aux Jésuites.
C'est, dit-il, en ce que les Jésuites et nous reconnaissons

les *grâces suffisantes* données à tous. Mais, lui dit-il, il y a
deux choses dans ce mot de *grâce suffisante* : il y a le son,
qui n'est que du vent; et la chose qu'il signifie, qui est
réelle et effective. Et ainsi, quand vous êtes d'accord avec
les Jésuites touchant le mot de *suffisante*, et que vous leur
êtes contraires dans le sens, il est visible que vous êtes
contraires touchant la substance de ce terme, et que vous
n'êtes d'accord que du son. Est-ce là agir sincèrement et
cordialement ? Mais quoi! dit le bon homme, de quoi
vous plaignez-vous, puisque nous ne trahissons personne
par cette manière de parler ? car dans nos écoles, nous
disons ouvertement que nous l'entendons d'une manière
contraire aux Jésuites. Je me plains, lui dit mon ami, de
ce que vous ne publiez pas de toutes parts que vous entendez par grâce suffisante la grâce qui n'est pas suffisante.
Vous êtes obligés en conscience, en changeant ainsi le
sens des termes ordinaires de la religion, de dire que,
quand vous admettez une *grâce suffisante* dans tous les
hommes, vous entendez qu'ils n'ont pas des grâces suffisantes en effet. Tout ce qu'il y a de personnes au monde
entendent le mot de *suffisant* en un même sens; les seuls
nouveaux Thomistes l'entendent en un autre. Toutes les
femmes, qui font la moitié du monde, tous les gens de la
Cour, tous les gens de guerre, tous les magistrats, tous
les gens de Palais, les marchands, les artisans, tout le
peuple, enfin toutes sortes d'hommes, excepté les Dominicains, entendent par le mot de *suffisant* ce qui enferme
tout le nécessaire. Presque personne n'est averti de cette
singularité. On dit seulement par toute la terre que les
Jacobins tiennent que tous les hommes ont des *grâces
suffisantes*. Que peut-on conclure de là, sinon qu'ils
tiennent que tous les hommes ont toutes les grâces qui
sont nécessaires pour agir, et principalement en les voyant
joints d'intérêt et d'intrigue avec les Jésuites, qui l'entendent de cette sorte ? L'uniformité de vos expressions,
jointe à cette union de parti, n'est-elle pas une interprétation manifeste et une confirmation de l'uniformité de
vos sentiments ?

Tous les fidèles demandent aux théologiens quel
est le véritable état de la nature depuis sa corruption.
Saint Augustin et ses disciples répondent qu'elle n'a
plus de grâce suffisante qu'autant qu'il plaît à Dieu de lui
en donner. Les Jésuites sont venus ensuite qui disent
que tous ont des grâces effectivement suffisantes. On
consulte les Dominicains sur cette contrariété. Que font-

ils là-dessus ? ils s'unissent aux Jésuites; ils font par cette union le plus grand nombre; ils se séparent de ceux qui nient ces grâces suffisantes; ils déclarent que tous les hommes en ont. Que peut-on penser de là, sinon qu'ils autorisent les Jésuites ? Et puis ils ajoutent que néanmoins ces grâces suffisantes sont inutiles sans les efficaces, qui ne sont pas données à tous.

Voulez-vous voir une peinture de l'Eglise dans ces différents avis ? Je la considère comme un homme qui, partant de son pays pour faire un voyage, est rencontré par des voleurs qui le blessent de plusieurs coups et le laissent à demi mort. Il envoie quérir trois médecins dans les villes voisines. Le premier, ayant sondé ses plaies, les juge mortelles, et lui déclare qu'il n'y a que Dieu qui lui puisse rendre ses forces perdues. Le second, arrivant ensuite, voulut le flatter, et lui dit qu'il avait encore des forces suffisantes pour arriver en sa maison, et, insultant contre le premier, qui s'opposait à son avis, forma le dessein de le perdre. Le malade, en cet état douteux, apercevant de loin le troisième, lui tend les mains, comme à celui qui le devait déterminer. Celui-ci, ayant considéré ses blessures et su l'avis des deux premiers, embrasse le second, s'unit à lui, et tous deux ensemble se liguent contre le premier et le chassent honteusement, car ils étaient plus forts en nombre. Le malade juge à ce procédé qu'il est de l'avis du second, et, le lui demandant en effet, il lui déclare affirmativement que ses forces sont suffisantes pour faire son voyage. Le blessé néanmoins, ressentant sa faiblesse, lui demande à quoi il les jugeait telles. C'est, lui dit-il, parce que vous avez encore vos jambes; or les jambes sont les organes qui suffisent naturellement pour marcher. Mais, lui dit le malade, ai-je toute la force nécessaire pour m'en servir, car il me semble qu'elles sont inutiles dans ma langueur ? Non certainement, dit le médecin; et vous ne marcherez jamais effectivement, si Dieu ne vous envoie un secours extraordinaire pour vous soutenir et vous conduire. Eh quoi! dit le malade, je n'ai donc pas en moi les forces suffisantes et auxquelles il ne manque rien pour marcher effectivement ? Vous en êtes bien éloigné, lui dit-il. Vous êtes donc, dit le blessé, d'avis contraire à votre compagnon touchant mon véritable état ? Je vous l'avoue, lui répondit-il.

Que pensez-vous que dit le malade ? Il se plaignit du procédé bizarre et des termes ambigus de ce troisième médecin. Il le blâma de s'être uni au second, à qui il était contraire de sentiment et avec lequel il n'avait qu'une conformité apparente, et d'avoir chassé le premier, auquel il était conforme en effet. Et, après avoir fait essai de ses forces, et reconnu par expérience la vérité de sa faiblesse, il les renvoya tous deux; et, rappelant le premier, se mit entre ses mains, et, suivant son conseil, il demanda à Dieu les forces qu'il confessait n'avoir pas; il en reçut miséricorde, et, par son secours, arriva heureusement dans sa maison.

Le bon Père, étonné d'une telle parabole, ne répondait rien. Et je lui dis doucement pour le rassurer : Mais, après tout, mon Père, à quoi avez-vous pensé de donner le nom de *suffisante* à une grâce que vous dites qu'il est de foi de croire qu'elle est insuffisante en effet ? Vous en parlez, dit-il, bien à votre aise. Vous êtes libre et particulier; je suis religieux et en communauté. N'en savez-vous pas peser la différence ? Nous dépendons des supérieurs; ils dépendent d'ailleurs. Ils ont promis nos suffrages; que voulez-vous que je devienne ? Nous l'entendîmes à demi-mot; et cela nous fit souvenir de son confrère, qui a été relégué à Abbeville pour un sujet semblable.

Mais, lui dis-je, pourquoi votre communauté s'est-elle engagée à admettre cette grâce ? C'est un autre discours, me dit-il. Tout ce que je vous puis dire en un mot, est que notre ordre a soutenu autant qu'il a pu la doctrine de saint Thomas, touchant la grâce efficace. Combien s'est-il opposé ardemment à la naissance de la doctrine de Molina ! Combien a-t-il travaillé pour l'établissement de la nécessité de la grâce efficace de Jésus-Christ ! Ignorez-vous ce qui se fit sous Clément VIII et Paul V, et que, la mort prévenant l'un, et quelques affaires d'Italie empêchant l'autre de publier sa bulle, nos armes sont demeurées au Vatican ? Mais les Jésuites, qui, dès le commencement de l'hérésie de Luther et de Calvin, s'étaient prévalus du peu de lumières qu'a le peuple pour discerner l'erreur de cette hérésie d'avec la vérité de la doctrine de saint Thomas, avaient en peu de temps répandu partout leur doctrine avec un tel progrès, qu'on les vit bientôt maîtres de la créance des peuples, et nous en état d'être décriés comme des Calvinistes et traités comme les Jansénistes le sont aujourd'hui, si nous ne tempérions la vérité de la grâce efficace par l'aveu, au moins apparent, d'une *suffisante*. Dans cette extrémité, que pouvions-nous mieux faire, pour sauver la vérité sans perdre notre crédit, sinon d'admettre le nom de grâce suffisante, en niant néanmoins

qu'elle soit telle en effet ? Voilà comment la chose est
arrivée.

Il nous dit cela si tristement, qu'il me fit pitié, mais
non pas à mon second, qui lui dit : Ne vous flattez point
d'avoir sauvé la vérité; si elle n'avait point eu d'autres
protecteurs, elle serait périe en des mains si faibles. Vous
avez reçu dans l'Eglise le nom de son ennemi : c'est y
avoir reçu l'ennemi même. Les noms sont inséparables
des choses. Si le mot de grâce *suffisante* est une fois affermi,
vous aurez beau dire que vous entendez par là une grâce
qui est insuffisante, vous n'y serez pas reçus. Votre explication serait odieuse dans le monde; on y parle plus
sincèrement des choses moins importantes : les Jésuites
triompheront; ce sera en effet leur grâce suffisante qui
passera pour établie, et non pas la vôtre, qui ne l'est que
de nom, et on fera un article de foi du contraire de votre
créance.

Nous souffririons tous le martyre, lui dit le Père, plutôt
que de consentir à l'établissement de la *grâce suffisante au
sens des Jésuites,* saint Thomas, que nous jurons de suivre
jusqu'à la mort, y étant directement contraire. A quoi
mon ami lui dit : Allez, mon Père, votre ordre a reçu
un honneur qu'il ménage mal. Il abandonne cette grâce
qui lui avait été confiée, et qui n'a jamais été abandonnée
depuis la création du monde. Cette grâce victorieuse,
qui a été attendue par les patriarches, prédite par les
prophètes, apportée par Jésus-Christ, prêchée par
saint Paul, expliquée par saint Augustin, le plus grand
des Pères, embrassée par ceux qui l'ont suivi, confirmée
par saint Bernard, le dernier des Pères, soutenue par
saint Thomas, l'Ange de l'Ecole, transmise de lui à votre
ordre, maintenue par tant de vos Pères, et si glorieuse-
ment défendue par vos religieux sous les papes Clément
et Paul : cette grâce efficace, qui avait été mise comme en
dépôt entre vos mains, pour avoir, dans un saint ordre
à jamais durable, des prédicateurs qui la publiassent au
monde jusqu'à la fin des temps, se trouve comme délaissée
pour des intérêts si indignes. Il est temps que d'autres
mains s'arment pour sa querelle; il est temps que Dieu
suscite des disciples intrépides au docteur de la grâce,
qui, ignorant les engagements du siècle, servent Dieu
pour Dieu. La grâce peut bien n'avoir plus les Dominicains pour défenseurs, mais elle ne manquera jamais de
défenseurs, car elle les forme elle-même par sa force
toute-puissante. Elle demande des cœurs purs et dégagés,

et elle-même les purifie et les dégage des intérêts du
monde, incompatibles avec les vérités de l'Evangile.
Pensez-y bien, mon Père, et prenez garde que Dieu ne
change ce flambeau de sa place, et qu'il ne vous laisse
dans les ténèbres et sans couronne, pour punir la froideur
que vous avez pour une cause si importante à son Eglise.

Il en eût bien dit davantage, car il s'échauffait de plus
en plus; mais je l'interrompis, et dis en me levant : En
vérité, mon Père, si j'avais du crédit en France, je ferais
publier à son de trompe : ON FAIT A SAVOIR *que, quand les
Jacobins disent que la grâce suffisante est donnée à tous, ils
entendent que tous n'ont pas la grâce qui suffit effectivement.*
Après quoi vous le diriez tant qu'il vous plairait, mais non
pas autrement. Ainsi finit notre visite.

Vous voyez donc par là que c'est ici une *suffisance* politique pareille au *pouvoir prochain*. Cependant je vous dirai
qu'il me semble qu'on peut sans péril douter du *pouvoir
prochain*, et de cette grâce *suffisante*, pourvu qu'on ne soit
pas Jacobin.

En fermant ma lettre, je viens d'apprendre que la
censure est faite; mais comme je ne sais pas encore en
quels termes, et qu'elle ne sera publiée que le 15 février,
je ne vous en parlerai que par le premier ordinaire.

Je suis, etc.

RÉPONSE DU PROVINCIAL
AUX DEUX PREMIÈRES LETTRES DE SON AMI

2 février 1656.

MONSIEUR,

Vos deux lettres n'ont pas été pour moi seul. Tout le monde les voit, tout le monde les entend, tout le monde les croit. Elles ne sont pas seulement estimées par les théologiens; elles sont encore agréables aux gens du monde, et intelligibles aux femmes mêmes.

Voici ce que m'en écrit un de Messieurs de l'Académie, des plus illustres entre ces hommes tous illustres, qui n'avait encore vu que la première : *Je voudrais que la Sorbonne, qui doit tant à la mémoire de feu M. le Cardinal, voulût reconnaître la juridiction de son Académie française. L'auteur de la lettre serait content : car, en qualité d'académicien, je condamnerais d'autorité, je bannirais, je proscrirais, peu s'en faut que je ne die j'exterminerais, de tout mon pouvoir ce pouvoir prochain qui fait tant de bruit pour rien, et sans savoir autrement ce qu'il demande. Le mal est que notre pouvoir académique est un pouvoir fort éloigné et borné. J'en suis marri; et je le suis encore beaucoup de ce que tout mon petit pouvoir ne saurait m'acquitter envers vous, etc.*

Et voici ce qu'une personne, que je ne vous marquerai en aucune sorte, en écrit à une dame qui lui avait fait tenir la première de vos lettres.

« *Je vous suis plus obligée que vous ne pouvez vous l'imaginer de la lettre que vous m'avez envoyée; elle est tout à fait ingénieuse et tout à fait bien écrite. Elle narre sans narrer; elle éclaircit les affaires du monde les plus embrouillées; elle raille finement; elle instruit même ceux qui ne savent pas bien les choses, elle redouble le plaisir de ceux qui les entendent. Elle est encore une excellente apologie, et, si*

l'on veut, une délicate et innocente censure. Et il y a enfin
tant d'esprit et tant de jugement en cette lettre, que je vou-
drais bien savoir qui l'a faite, etc.

Vous voudriez bien aussi savoir qui est la personne qui
en écrit de la sorte; mais contentez-vous de l'honorer
sans la connaître, et, quand vous la connaîtrez, vous
l'honorerez bien davantage.

Continuez donc vos lettres sur ma parole, et que la
censure vienne quand il lui plaira : nous sommes fort
bien disposés à la recevoir. Ces mots de *pouvoir prochain*
et de *grâce suffisante*, dont on nous menace, ne nous
feront plus de peur. Nous avons trop appris des Jésuites,
des Jacobins et de M. Le Moyne, en combien de façons
on les tourne, et combien il y a peu de solidité en ces
mots nouveaux pour nous en mettre en peine. Cependant
je serai toujours, etc.

TROISIÈME LETTRE
POUR SERVIR DE RÉPONSE A LA PRÉCÉDENTE

De Paris, ce 9 février 1656

MONSIEUR,

Je viens de recevoir votre Lettre, et en même temps l'on m'a apporté une copie manuscrite de la censure. Je me suis trouvé aussi bien traité dans l'une, que M. Arnauld l'est mal dans l'autre. Je crains qu'il n'y ait de l'excès des deux côtés, et que nous ne soyons pas assez connus de nos juges. Je m'assure que, si nous l'étions davantage, M. Arnauld mériterait l'approbation de la Sorbonne et moi la censure de l'Académie. Ainsi nos intérêts sont tout contraires. Il doit se faire connaître pour défendre son innocence, au lieu que je dois demeurer dans l'obscurité pour ne pas perdre ma réputation. De sorte que, ne pouvant paraître, je vous remets le soin de m'acquitter envers mes célèbres approbateurs, et je prends celui de vous informer des nouvelles de la censure.

Je vous avoue, Monsieur, qu'elle m'a extrêmement surpris. J'y pensais voir condamner les plus horribles hérésies du monde; mais vous admirerez, comme moi, que tant d'éclatantes préparations se soient anéanties sur le point de produire un si grand effet.

Pour l'entendre avec plaisir, ressouvenez-vous, je vous prie, des étranges impressions qu'on nous donne depuis si longtemps des Jansénistes. Rappelez dans votre mémoire les cabales, les factions, les erreurs, les schismes, les attentats, qu'on leur reproche depuis si longtemps; de quelle sorte on les a décriés et noircis dans les chaires et dans les livres, et combien ce torrent, qui a eu tant de violence et de durée, était grossi dans ces dernières années, où on les accusait ouvertement et publiquement d'être non seulement hérétiques et schismatiques, mais apostats et infidèles, *de nier le mystère de la transsubstantiation, et de renoncer à Jésus-Christ et à l'Evangile.*

Ensuite de tant d'accusations si surprenantes, on a pris le dessein d'examiner leurs livres pour en faire le jugement. On a choisi la *Seconde Lettre* de M. Arnauld, qu'on disait être remplie des plus grandes erreurs. On lui donne pour examinateurs ses plus déclarés ennemis. Ils emploient toute leur étude à rechercher ce qu'ils y pourraient reprendre; et ils en rapportent une proposition touchant la doctrine, qu'ils exposent à la censure.

Que pouvait-on penser de tout ce procédé, sinon que cette proposition, choisie avec des circonstances si remarquables, contenait l'essence des plus noires hérésies qui se puissent imaginer ? Cependant elle est telle qu'on n'y voit rien qui ne soit si clairement et si formellement exprimé dans les passages des Pères que M. Arnauld a rapportés en cet endroit, que je n'ai vu personne qui en pût comprendre la différence. On s'imaginait néanmoins qu'il y en avait beaucoup, puisque, les passages des Pères étant sans doute catholiques, il fallait que la proposition de M. Arnauld y fût extrêmement contraire pour être hérétique.

C'était de la Sorbonne qu'on attendait cet éclaircissement. Toute la chrétienté avait les yeux ouverts pour voir dans la censure de ces docteurs ce point imperceptible au commun des hommes. Cependant M. Arnauld fait ses apologies, où il donne en plusieurs colonnes sa proposition et les passages des Pères d'où il l'a prise, pour en faire paraître la conformité aux moins clairvoyants.

Il fait voir que saint Augustin dit, en un endroit qu'il cite : *Que Jésus-Christ nous montre un juste en la personne de saint Pierre, qui nous instruit par sa chute de fuir la présomption.* Il en rapporte un autre du même Père, qui dit : *Que Dieu, pour montrer que sans la grâce on ne peut rien, a laissé saint Pierre sans grâce.* Il en donne un autre de saint Chrysostome, qui dit : *Que la chute de saint Pierre n'arriva pas pour avoir été froid envers Jésus-Christ, mais parce que la grâce lui manqua; et qu'elle n'arriva pas tant par sa négligence que par l'abandon de Dieu, pour apprendre à toute l'Eglise que sans Dieu l'on ne peut rien.* Ensuite de quoi il rapporte sa proposition accusée, qui est celle-ci : *Les Pères nous montrent un juste en la personne de saint Pierre, à qui la grâce, sans laquelle on ne peut rien, a manqué.*

C'est sur cela qu'on essaie en vain de remarquer com-

ment il se peut faire que l'expression de M. Arnauld soit
autant différente de celles des Pères que la vérité l'est de
l'erreur, et la foi de l'hérésie : car où en pourrait-on trouver
la différence ? Serait-ce en ce qu'il dit : *Que les Pères nous
montrent un juste en la personne de saint Pierre ?* Saint Augustin l'a dit en mots propres. Est-ce en ce qu'il dit : *Que la
grâce lui a manqué ?* Mais le même saint Augustin qui dit,
que saint Pierre était juste, dit *qu'il n'avait pas eu la grâce
en cette rencontre.* Est-ce en ce qu'il dit : *Que sans la grâce
on ne peut rien ?* Mais n'est-ce pas ce que saint Augustin
dit au même endroit, et ce que saint Chrysostome même
avait dit avant lui, avec cette seule différence, qu'il l'exprime d'une manière bien plus forte, comme en ce qu'il
dit : *Que sa chute n'arriva pas par sa froideur, ni par sa
négligence, mais par le défaut de la grâce, et par l'abandon
de Dieu ?*

Toutes ces considérations tenaient tout le monde en
haleine, pour apprendre en quoi consistait donc cette
diversité, lorsque cette censure si célèbre et si attendue a
enfin paru après tant d'assemblées. Mais, hélas ! elle a bien
frustré notre attente. Soit que les docteurs Molinistes
n'aient pas daigné s'abaisser jusqu'à nous en instruire,
soit pour quelque autre raison secrète, ils n'ont fait autre
chose que prononcer ces paroles : *Cette proposition est
téméraire, impie, blasphématoire, frappée d'anathème et
hérétique.*

Croiriez-vous, Monsieur, que la plupart des gens, se
voyant trompés dans leur espérance, sont entrés en mauvaise humeur, et s'en prennent aux censeurs mêmes ? Ils
tirent de leur conduite des conséquences admirables pour
l'innocence de M. Arnauld. Eh quoi ! disent-ils, est-ce là
tout ce qu'ont pu faire, durant si longtemps, tant de
docteurs si acharnés sur un seul, que de ne trouver dans
tous ses ouvrages que trois lignes à reprendre, et qui sont
tirées des propres paroles des plus grands docteurs de
l'Eglise grecque et latine ? Y a-t-il un auteur qu'on veuille
perdre, dont les écrits n'en donnent un plus spécieux
prétexte ? et quelle plus haute marque peut-on produire
de la foi de cet illustre accusé ?

D'où vient, disent-ils, qu'on pousse tant d'imprécations
qui se trouvent dans cette censure, où l'on assemble tous
ces termes, de *poison,* de *peste,* d'*horreur,* de *témérité,*
d'*impiété,* de *blasphème,* d'*abomination,* d'*exécration,* d'*anathème,* d'*hérésie,* qui sont les plus horribles expressions
qu'on pourrait former contre Arius, et contre l'Antéchrist

même, pour combattre une hérésie imperceptible, et encore sans la découvrir ? Si c'est contre les paroles des Pères qu'on agit de la sorte, où est la foi et la tradition ? Si c'est contre la proposition de M. Arnauld, qu'on nous montre en quoi elle en est différente, puisqu'il ne nous en paraît autre chose qu'une parfaite conformité. Quand nous en reconnaîtrons le mal, nous l'aurons en détestation ; mais tant que nous ne le verrons point, et que nous n'y trouverons que les sentiments des saints Pères, conçus et exprimés en leurs propres termes, comment pourrions-nous l'avoir sinon en une sainte vénération ?

Voilà de quelle sorte ils s'emportent ; mais ce sont des gens trop pénétrants. Pour nous, qui n'approfondissons pas tant les choses, tenons-nous en repos sur le tout. Voulons-nous être plus savants que nos maîtres ? N'entreprenons pas plus qu'eux. Nous nous égarerions dans cette recherche. Il ne faudrait rien pour rendre cette censure hérétique. Il n'y a qu'un point imperceptible entre cette proposition et la foi. La distance en est si insensible, que j'ai eu peur, en ne la voyant pas, de me rendre contraire aux docteurs de l'Eglise, pour me rendre trop conforme aux docteurs de Sorbonne ; et, dans cette crainte, j'ai jugé nécessaire de consulter un de ceux qui, par politique, furent neutres dans la première question, pour apprendre de lui la chose véritablement. J'en ai donc vu un fort habile que je priai de me vouloir marquer les circonstances de cette différence, parce que je lui confessai franchement que je n'y en voyais aucune.

A quoi il me répondit en riant, comme s'il eût pris plaisir à ma naïveté : Que vous êtes simple de croire qu'il y en ait ! Et où pourrait-elle être ? Vous imaginez-vous que, si l'on en eût trouvé quelqu'une, on ne l'eût pas marquée hautement, et qu'on n'eût pas été ravi de l'exposer à la vue de tous les peuples desquels on veut décrier M. Arnauld ? Je reconnus bien, à ce peu de mots, que tous ceux qui avaient été neutres dans la première question ne l'eussent pas été dans la seconde. Je ne laissai pas néanmoins de vouloir ouïr ses raisons, et de lui dire : Pourquoi donc ont-ils attaqué cette proposition ? A quoi il me repartit : Ignorez-vous ces deux choses, que les moins instruits de ces affaires connaissent : l'une, que M. Arnauld a toujours évité de rien dire qui ne fût puissamment fondé sur la tradition de l'Eglise ; l'autre, que ses ennemis ont néanmoins résolu de l'en retrancher à quelque prix que ce soit, et qu'ainsi les écrits de l'un ne donnant aucune prise aux desseins des autres, ils ont été contraints, pour satisfaire leur passion, de prendre une proposition telle quelle, et de la condamner sans dire en quoi ni pourquoi; car ne savez-vous pas comment les Jansénistes les tiennent en échec et les pressent si furieusement, que la moindre parole qui leur échappe contre les principes des Pères, on les voit incontinent accablés par des volumes entiers, où ils sont forcés de succomber ? De sorte qu'après tant d'épreuves de leur faiblesse, ils ont jugé plus à propos et plus facile de censurer que de repartir, parce qu'il leur est bien plus aisé de trouver des moines que des raisons ?

Mais, quoi! lui dis-je, la chose étant ainsi, leur censure est inutile. Car quelle créance y aura-t-on en la voyant sans fondement, et ruinée par les réponses qu'on y fera ? Si vous connaissiez l'esprit du peuple, me dit mon docteur, vous parleriez d'une autre sorte. Leur censure, toute censurable qu'elle est, aura presque tout son effet pour un temps; et quoiqu'à force d'en montrer l'invalidité il soit certain qu'on la fera entendre, il est aussi véritable que d'abord la plupart des esprits en seront aussi fortement frappés que de la plus juste du monde. Pourvu qu'on crie dans les rues : *Voici la censure de M. Arnauld, voici la condamnation des Jansénistes*, les Jésuites auront leur compte. Combien y en aura-t-il peu qui la lisent ? combien peu de ceux qui la liront qui l'entendent ? combien peu qui aperçoivent qu'elle ne satisfait point aux objections ? Qui croyez-vous qui prenne les choses à cœur, et qui entreprenne de les examiner à fond ? Voyez donc combien il y a d'utilité en cela pour les ennemis des Jansénistes. Ils sont sûrs par là de triompher, quoique d'un vain triomphe à leur ordinaire, au moins durant quelques mois. C'est beaucoup pour eux. Ils chercheront ensuite quelque nouveau moyen de subsister. Ils vivent au jour la journée. C'est de cette sorte qu'ils se sont maintenus jusqu'à présent, tantôt par un catéchisme où un enfant condamne leurs adversaires, tantôt par une procession où la grâce suffisante mène l'efficace en triomphe, tantôt par une comédie où les diables emportent Jansénius, une autre fois par un almanach, maintenant par cette censure.

En vérité, lui dis-je, je trouvais tantôt à redire au procédé des Molinistes; mais après ce que vous m'avez dit, j'admire leur prudence et leur politique. Je vois bien qu'ils ne pouvaient rien faire de plus judicieux ni de plus sûr. Vous l'entendez, me dit-il : leur plus sûr parti a toujours été de

se taire. Et c'est ce qui a fait dire à un savant théologien :
*Que les plus habiles d'entre eux sont ceux qui intriguent
beaucoup, qui parlent peu et qui n'écrivent point.*

C'est dans cet esprit que, dès le commencement des
assemblées, ils avaient prudemment ordonné que si
M. Arnauld venait en Sorbonne, ce ne fût que pour
exposer simplement ce qu'il croyait, et non pas pour y
entrer en lice contre personne. Les examinateurs s'étant
voulu un peu écarter de cette méthode, ils ne s'en sont
pas bien trouvés. Ils se sont vus trop fortement réfutés
par son *Second Apologétique.*

C'est dans ce même esprit qu'ils ont trouvé cette rare
et toute nouvelle invention de la demi-heure et du sable.
Ils se sont délivrés par là de l'importunité de ces docteurs
qui entreprenaient de réfuter toutes leurs raisons, de
produire les livres pour les convaincre de fausseté, de
les sommer de répondre, et de les réduire à ne pouvoir
répliquer.

Ce n'est pas qu'ils n'aient bien vu que ce manquement
de liberté, qui avait porté un si grand nombre de docteurs
à se retirer des assemblées, ne ferait pas de bien à leur
censure ; et que l'acte de protestation de nullité qu'en
avait fait M. Arnauld, dès avant qu'elle fût conclue, serait
un mauvais préambule pour la faire recevoir favorablement. Ils croient assez que ceux qui ne sont pas préoc-
cupés considèrent pour le moins autant le jugement de
soixante-dix docteurs, qui n'avaient rien à gagner en
défendant M. Arnauld, que celui d'une centaine d'autres,
qui n'avaient rien à perdre en le condamnant.

Mais, après tout, ils ont pensé que c'était toujours
beaucoup d'avoir une censure, quoiqu'elle ne soit que
d'une partie de la Sorbonne et non pas de tout le corps ;
quoiqu'elle soit faite avec peu ou point de liberté, et
obtenue par beaucoup de menus moyens qui ne sont pas
des plus réguliers ; quoiqu'elle n'explique rien de ce qui
pouvait être en dispute ; quoiqu'elle ne marque point en
quoi consiste cette hérésie, et qu'on y parle peu, de crainte
de se méprendre. Ce silence même est un mystère pour
les simples ; et la censure en tirera cet avantage singulier,
que les plus critiques et les plus subtils théologiens n'y
pourront trouver aucune mauvaise raison.

Mettez-vous donc l'esprit en repos, et ne craignez point
d'être hérétique en vous servant de la proposition condamnée. Elle n'est mauvaise que dans la *Seconde Lettre* de
M. Arnauld. Ne vous en voulez-vous pas fier à ma

parole ? croyez-en M. Le Moine, le plus ardent des examinateurs, qui, en parlant encore ce matin à un docteur de mes amis, qui lui demandait en quoi consiste cette différence dont il s'agit, et s'il ne serait plus permis de dire ce qu'ont dit les Pères : *Cette proposition,* lui a-t-il excellemment répondu, *serait catholique dans une autre bouche ; ce n'est que dans M. Arnauld que la Sorbonne l'a condamnée.* Et ainsi admirez les machines du Molinisme, qui font dans l'Eglise de si prodigieux renversements, que ce qui est catholique dans les Pères devient hérétique dans M. Arnauld ; que ce qui était hérétique dans les semi-Pélagiens devient orthodoxe dans les écrits des Jésuites ; que la doctrine si ancienne de saint Augustin est une nouveauté insupportable ; et que les inventions nouvelles qu'on fabrique tous les jours à notre vue passent pour l'ancienne foi de l'Eglise. Sur cela il me quitta.

Cette instruction m'a servi. J'y ai compris que c'est ici une hérésie d'une nouvelle espèce. Ce ne sont pas les sentiments de M. Arnauld qui sont hérétiques ; ce n'est que sa personne. C'est une hérésie personnelle. Il n'est pas hérétique pour ce qu'il a dit ou écrit, mais seulement pour ce qu'il est M. Arnauld. C'est tout ce qu'on trouve à redire en lui. Quoi qu'il fasse, s'il ne cesse d'être, il ne sera jamais bon catholique. La grâce de saint Augustin ne sera jamais la véritable tant qu'il la défendra. Elle le deviendrait, s'il venait à la combattre. Ce serait un coup sûr, et presque le seul moyen de l'établir et de détruire le Molinisme, tant il porte de malheur aux opinions qu'il embrasse.

Laissons donc là leurs différends. Ce sont des disputes de théologiens, et non pas de théologie. Nous, qui ne sommes point docteurs, n'avons que faire à leurs démêlés. Apprenez des nouvelles de la censure à tous nos amis, et aimez-moi autant que je suis, Monsieur, etc.

QUATRIÈME LETTRE

De Paris, le 25 février 1656.

MONSIEUR,

Il n'est rien tel que les Jésuites. J'ai bien vu des Jacobins, des docteurs et de toute sorte de gens; mais une pareille visite manquait à mon instruction. Les autres ne font que les copier. Les choses valent toujours mieux dans leur source. J'en ai donc vu un des plus habiles, et j'y étais accompagné de mon fidèle Janséniste, qui vint avec moi aux Jacobins. Et comme je souhaitais particulièrement d'être éclairci sur le sujet d'un différend qu'ils ont avec les Jansénistes, touchant ce qu'ils appellent la *grâce actuelle*, je dis à ce bon Père que je lui serais fort obligé s'il voulait m'en instruire et que je ne savais pas seulement ce que ce terme signifiait; je le priai donc de me l'expliquer. Très volontiers, me dit-il; car j'aime les gens curieux. En voici la définition. Nous appelons *grâce actuelle une inspiration de Dieu par laquelle il nous fait connaître sa volonté, et par laquelle il nous excite à la vouloir accomplir.* Et en quoi, lui dis-je, êtes-vous en dispute avec les Jansénistes sur ce sujet ? C'est, me répondit-il, en ce que nous voulons que Dieu donne des grâces actuelles à tous les hommes à chaque tentation, parce que nous soutenons que, si l'on n'avait pas à chaque tentation la grâce actuelle pour n'y point pécher, quelque péché que l'on commît, il ne pourrait jamais être imputé. Et les Jansénistes disent, au contraire, que les péchés commis sans grâce actuelle ne laissent pas d'être imputés; mais ce sont des rêveurs. J'entrevoyais ce qu'il voulait dire; mais, pour le lui faire encore expliquer plus clairement, je lui dis : Mon Père, ce mot de *grâce actuelle* me brouille; je n'y

suis pas accoutumé : si vous aviez la bonté de me dire la
même chose sans vous servir de ce terme, vous m'oblige-
riez infiniment. Oui, dit le Père; c'est-à-dire que vous
voulez que je substitue la définition à la place du défini :
cela ne change jamais le sens du discours; je le veux bien.
Nous soutenons donc, comme un principe indubitable,
*qu'une action ne peut être imputée à péché, si Dieu ne nous
donne, avant que de la commettre, la connaissance du mal qui
y est, et une inspiration qui nous excite à l'éviter.* M'entendez-vous maintenant ?

Etonné d'un tel discours, selon lequel tous les péchés
de surprise, et ceux qu'on fait dans un entier oubli de Dieu,
ne pourraient être imputés, puisqu'avant que de les
commettre on n'a ni la connaissance du mal qui y est,
ni la pensée de l'éviter, je me tournai vers mon Janséniste,
et je connus bien, à sa façon, qu'il n'en croyait rien. Mais,
comme il ne répondait point, je dis à ce Père : Je voudrais,
mon Père, que ce que vous dites fût bien véritable, et
que vous en eussiez de bonnes preuves. En voulez-vous ?
me dit-il aussitôt; je m'en vais vous en fournir, et des
meilleures : laissez-moi faire. Sur cela, il alla chercher ses
livres. Et je dis cependant à mon ami : Y en a-t-il quelque
autre qui parle comme celui-ci ? Cela vous est-il si nouveau ? me répondit-il. Faites état que jamais les Pères,
les Papes, les Conciles, ni l'Ecriture, ni aucun livre de
piété, même dans ces derniers temps, n'ont parlé de cette
sorte : mais que pour des casuistes, et des nouveaux
scolastiques, il vous en apportera un beau nombre. Mais
quoi! lui dis-je, je me moque de ces auteurs-là, s'ils sont
contraires à la tradition. Vous avez raison, me dit-il. Et
à ces mots, le bon Père arriva chargé de livres; et m'offrant
le premier qu'il tenait : Lisez, me dit-il, la *Somme des
péchés* du Père Bauny, que voici, et de la cinquième édition
encore, pour vous montrer que c'est un bon livre. C'est
dommage, me dit tout bas mon Janséniste, que ce livre-là
ait été condamné à Rome, et par les évêques de France.
Voyez, me dit le Père, la page 906. Je lus donc, et je
trouvai ces paroles : *Pour pécher et se rendre coupable
devant Dieu, il faut savoir que la chose qu'on veut faire ne
vaut rien, ou au moins en douter, craindre, ou bien juger que
Dieu ne prend plaisir à l'action à laquelle on s'occupe, qu'il
la défend, et nonobstant la faire, franchir le saut et passer
outre.*

Voilà qui commence bien, lui dis-je. Voyez cependant,
me dit-il ce que c'est que l'envie. C'était sur cela que

M. Hallier, avant qu'il fût de nos amis, se moquait du Père Bauny, et lui appliquait ces paroles : *Ecce qui tollit peccata mundi :* « Voilà celui qui ôte les péchés du monde! » Il est vrai, lui dis-je, que voilà une rédemption toute nouvelle, selon le Père Bauny.

En voulez-vous, ajouta-t-il, une autorité plus authentique ? Voyez ce livre du Père Annat. C'est le dernier qu'il a fait contre M. Arnauld ; lisez la page 34, où il y a une oreille, et voyez les lignes que j'ai marquées avec du crayon ; elles sont toutes d'or. Je lus donc en ces termes :

Celui qui n'a aucune pensée de Dieu, ni de ses péchés, ni aucune appréhension, c'est-à-dire, à ce qu'il me fit entendre, aucune connaissance, *de l'obligation d'exercer des actes d'amour de Dieu, ou de contrition, n'a aucune grâce actuelle pour exercer ces actes ; mais il est vrai aussi qu'il ne fait aucun péché en les omettant, et que, s'il est damné, ce ne sera pas en punition de cette omission.* Et quelques lignes plus bas : *Et on peut dire la même chose d'une coupable commission.*

Voyez-vous, me dit le Père, comment il parle des péchés d'omission, et de ceux de commission ? Car il n'oublie rien. Qu'en dites-vous ? O que cela me plaît! lui répondis-je ; que j'en vois de belles conséquences! Je perce déjà dans les suites : que de mystères s'offrent à moi! Je vois, sans comparaison, plus de gens justifiés par cette ignorance et cet oubli de Dieu que par la grâce et les sacrements. Mais, mon Père, ne me donnez-vous point une fausse joie ? N'est-ce point ici quelque chose de semblable à cette *suffisance* qui ne suffit pas ? J'appréhende furieusement le *distinguo* : j'y ai déjà été attrapé. Parlez-vous sincèrement ? Comment! dit le Père en s'échauffant, il n'en faut pas railler. Il n'y a point ici d'équivoque. Je n'en raille pas, lui dis-je ; mais c'est que je crains à force de désirer.

Voyez donc, me dit-il, pour vous en mieux assurer, les écrits de M. Le Moyne, qui l'a enseigné en pleine Sorbonne. Il l'a appris de nous, à la vérité ; mais il l'a bien démêlé. O qu'il l'a fortement établi! Il enseigne que, pour faire qu'une action soit *péché*, il faut que *toutes ces choses se passent dans l'âme.* Lisez et pesez chaque mot. Je lus donc en latin ce que vous verrez ici en français : 1. *D'une part, Dieu répand dans l'âme quelque amour qui la penche vers la chose commandée ; et de l'autre part, la concupiscence rebelle la sollicite au contraire.* 2. *Dieu lui inspire la connaissance de sa faiblesse.* 3. *Dieu lui inspire la connaissance du médecin qui la doit guérir. 4. Dieu lui inspire le désir de sa guérison. 5. Dieu lui inspire le désir de le prier et d'implorer son secours.*

Et si toutes ces choses ne se passent dans l'âme, dit le Jésuite, l'action n'est pas proprement péché, et ne peut être imputée, comme M. Le Moyne le dit en ce même endroit et dans toute la suite.

En voulez-vous encore d'autres autorités ? En voici. Mais toutes modernes, me dit doucement mon Janséniste. Je le vois bien, dis-je ; et, en m'adressant à ce Père, je lui dis : O mon Père, le grand bien que voici pour des gens de ma connaissance ! Il faut que je vous les amène. Peut-être n'en avez-vous guère vus qui aient moins de péchés, car ils ne pensent jamais à Dieu ; les vices ont prévenu leur raison : *Ils n'ont jamais connu ni leur infirmité, ni le médecin qui la peut guérir. Ils n'ont jamais pensé à désirer la santé de leur âme, et encore moins à prier Dieu de la leur donner ;* de sorte qu'ils sont encore dans l'innocence du baptême selon M. Le Moyne. *Ils n'ont jamais eu de pensée d'aimer Dieu, ni d'être contrits de leurs péchés,* de sorte que, selon le Père Annat, ils n'ont commis aucun péché par le défaut de charité et de pénitence : leur vie est dans une recherche continuelle de toutes sortes de plaisirs, dont jamais le moindre remords n'a interrompu le cours. Tous ces excès me faisaient croire leur perte assurée; mais, mon Père, vous m'apprenez que ces mêmes excès rendent leur salut assuré. Béni soyez-vous, mon Père, qui justifiez ainsi les gens! Les autres apprennent à guérir les âmes par des austérités pénibles : mais vous montrez que celles qu'on aurait crues le plus désespérément malades se portent bien. O la bonne voie pour être heureux en ce monde et en l'autre! J'avais toujours pensé qu'on péchait d'autant plus qu'on pensait le moins à Dieu; mais, à ce que je vois, quand on a pu gagner une fois sur soi de n'y plus penser du tout, toutes choses deviennent pures pour l'avenir. Point de ces pécheurs à demi, qui ont quelque amour pour la vertu; ils seront tous damnés, ces demi-pécheurs; mais pour ces francs pécheurs, pécheurs endurcis, pécheurs sans mélange, pleins et achevés, l'enfer ne les tient pas; ils ont trompé le diable à force de s'y abandonner.

Le bon Père, qui voyait assez clairement la liaison de ces conséquences avec son principe, s'en échappa adroitement; et, sans se fâcher, ou par douceur, ou par prudence, il me dit seulement : Afin que vous entendiez comment

nous sauvons ces inconvénients, sachez que nous disons
bien que ces impies dont vous parlez seraient sans péché
s'ils n'avaient jamais eu de pensées de se convertir, ni de
désirs de se donner à Dieu. Mais nous soutenons qu'ils
en ont tous, et que Dieu n'a jamais laissé pécher un homme
sans lui donner auparavant la vue du mal qu'il va faire, et
le désir, ou d'éviter le péché, ou au moins d'implorer son
assistance pour le pouvoir éviter : et il n'y a que les Jansénistes qui disent le contraire.

Eh quoi ! mon Père, lui repartis-je, est-ce là l'hérésie des
Jansénistes, de nier qu'à chaque fois qu'on fait un péché,
il vient un remords troubler la conscience, malgré lequel
on ne laisse pas de *franchir le saut et de passer outre*, comme
dit le Père Bauny ? C'est une assez plaisante chose d'être
hérétique pour cela. Je croyais bien qu'on fût damné pour
n'avoir pas de bonnes pensées; mais qu'on le soit pour
ne pas croire que tout le monde en a, vraiment je ne le
pensais pas. Mais, mon Père, je me tiens obligé en conscience de vous désabuser, et de vous dire qu'il y a mille gens
qui n'ont point ces désirs, qui pèchent sans regret, qui
pèchent avec joie, qui en font vanité. Et qui peut en savoir
plus de nouvelles que vous ? Il n'est pas que vous ne
confessiez quelqu'un de ceux dont je parle, car c'est parmi
les personnes de grande qualité qu'il s'en rencontre d'ordinaire. Mais prenez garde, mon Père, aux dangereuses suites
de votre maxime. Ne remarquez-vous pas quel effet elle
peut faire dans ces libertins qui ne cherchent qu'à douter de
la religion ? Quel prétexte leur en offrez-vous, quand vous
leur dites, comme une vérité de foi, qu'ils sentent, à chaque
péché qu'ils commettent, un avertissement et un désir
intérieur de s'en abstenir ? Car n'est-il pas visible qu'étant
convaincus, par leur propre expérience, de la fausseté de
votre doctrine en ce point, que vous dites être de foi, ils en
étendront la conséquence à tous les autres ? Ils diront
que si vous n'êtes pas véritables en un article, vous êtes
suspects en tous : et ainsi vous les obligerez à conclure ou
que la religion est fausse, ou du moins que vous en êtes
mal instruits.

Mais mon second, soutenant mon discours, lui dit :
Vous feriez bien, mon Père, pour conserver votre doctrine,
de n'expliquer pas aussi nettement que vous nous avez
fait ce que vous entendez par grâce *actuelle*. Car comment
pourriez-vous déclarer ouvertement, sans perdre toute
créance dans les esprits, *que personne ne pèche qu'il n'ait
auparavant la connaissance de son infirmité, celle du médecin,*

le désir de la guérison, et celui de la demander à Dieu ?
Croira-t-on, sur votre parole, que ceux qui sont plongés
dans l'avarice, dans l'impudicité, dans les blasphèmes, dans
le duel, dans la vengeance, dans les vols, dans les sacrilèges,
aient véritablement le désir d'embrasser la chasteté,
l'humilité, et les autres vertus chrétiennes ?

Pensera-t-on que ces philosophes, qui vantaient si hautement la puissance de la nature, en connussent l'infirmité
et le médecin ? Direz-vous que ceux qui soutenaient,
comme une maxime assurée, *que ce n'est pas Dieu qui
donne la vertu, et qu'il ne s'est jamais trouvé personne qui
la lui ait demandée,* pensassent à la lui demander eux-
mêmes ?

Qui pourra croire que les épicuriens, qui niaient la
Providence divine, eussent des mouvements de prier Dieu ?
eux qui disaient, *que c'était lui faire injure de l'implorer dans
nos besoins, comme s'il eût été capable de s'amuser à penser à
nous ?*

Et enfin comment s'imaginer que les idolâtres et les
athées aient dans toutes les tentations qui les portent au
péché, c'est-à-dire une infinité de fois en leur vie, le désir
de prier le vrai Dieu, qu'ils ignorent, de leur donner les
vraies vertus qu'ils ne connaissent pas ?

Oui, dit le bon Père d'un ton résolu, nous le dirons ;
et plutôt que de dire qu'on pèche sans avoir la vue que
l'on fait mal, et le désir de la vertu contraire, nous sou-
tiendrons que tout le monde, et les impies et les infidèles,
ont ces inspirations et ces désirs à chaque tentation ; car
vous ne sauriez me montrer, au moins par l'Ecriture, que
cela ne soit pas.

Je pris la parole à ce discours pour lui dire : Eh quoi !
mon Père, faut-il recourir à l'Ecriture pour montrer une
chose si claire ? Ce n'est pas ici un point de foi, ni même
de raisonnement ; c'est une chose de fait : nous le voyons,
nous le savons, nous le sentons.

Mais mon Janséniste, se tenant dans les termes que le
Père avait prescrits, lui dit ainsi : Si vous voulez, mon
Père, ne vous rendre qu'à l'Ecriture, j'y consens ; mais au
moins ne lui résistez pas : et puisqu'il est écrit, que *Dieu
n'a pas révélé ses jugements aux Gentils, et qu'il les a laissés
errer dans leurs voies,* ne dites pas que Dieu a éclairé ceux
que les livres sacrés nous assurent *avoir été abandonnés
dans les ténèbres et dans l'ombre de la mort.*

Ne vous suffit-il pas, pour entendre l'erreur de votre
principe, de voir que saint Paul se dit *le premier des*

pécheurs, pour un péché qu'il déclare avoir commis *par ignorance et avec zèle ?*

Ne suffit-il pas de voir par l'Evangile que ceux qui crucifiaient Jésus-Christ avaient besoin du pardon qu'il demandait pour eux, quoiqu'ils ne connussent point la malice de leur action, et qu'ils ne l'eussent jamais faite, selon saint Paul, s'ils en eussent eu la connaissance ?

Ne suffit-il pas que Jésus-Christ nous avertisse qu'il y aura des persécuteurs de l'Eglise qui croiront rendre service à Dieu en s'efforçant de la ruiner, pour nous faire entendre que ce péché, qui est le plus grand de tous, selon l'Apôtre, peut être commis par ceux qui sont si éloignés de savoir qu'ils pèchent, qu'ils croiraient pécher en ne le faisant pas ? Et enfin ne suffit-il pas que Jésus-Christ lui-même nous ait appris qu'il y a deux sortes de pécheurs, dont les uns pèchent avec connaissance, [et les autres sans connaissance,] et qu'ils seront tous châtiés, quoiqu'à la vérité différemment ?

Le bon Père, pressé par tant de témoignages de l'Ecriture, à laquelle il avait eu recours, commença à lâcher le pied; et laissant pécher les impies sans inspiration, il nous dit : Au moins vous ne nierez pas que les justes ne pèchent jamais sans que Dieu leur donne... Vous reculez, lui dis-je en l'interrompant, vous reculez, mon Père, vous abandonnez le principe général, et, voyant qu'il ne vaut plus rien à l'égard des pécheurs, vous voudriez entrer en composition, et le faire au moins subsister pour les justes. Mais cela étant, j'en vois l'usage bien raccourci; car il ne servira plus à guère de gens, et ce n'est quasi pas la peine de vous le disputer.

Mais mon second, qui avait, à ce que je crois, étudié toute cette question le matin même, tant il était prêt sur tout, lui répondit : Voilà, mon Père, le dernier retranchement où se retirent ceux de votre parti qui ont voulu entrer en dispute. Mais vous y êtes aussi peu en assurance. L'exemple des justes ne vous est pas plus favorable. Qui doute qu'ils ne tombent souvent dans des péchés de surprise sans qu'ils s'en aperçoivent ? N'apprenons-nous pas des saints mêmes combien la concupiscence leur tend de pièges secrets, et combien il arrive ordinairement que, quelque sobres qu'ils soient, ils donnent à la volupté ce qu'ils pensent donner à la seule nécessité, comme saint Augustin le dit de soi-même dans ses *Confessions ?*

Combien est-il ordinaire de voir les plus zélés s'emporter dans la dispute à des mouvements d'aigreur pour leur propre intérêt, sans que leur conscience leur rende sur l'heure d'autre témoignage, sinon qu'ils agissent de la sorte pour le seul intérêt de la vérité, et sans qu'ils s'en aperçoivent quelquefois que longtemps après!

Mais que dira-t-on de ceux qui se portent avec ardeur à des choses effectivement mauvaises, parce qu'ils les croient effectivement bonnes, comme l'histoire ecclésiastique en donne des exemples; ce qui n'empêche pas, selon les Pères, qu'ils n'aient péché dans ces occasions?

Et sans cela, comment les justes auraient-ils des péchés cachés? Comment serait-il véritable que Dieu seul en connaît et la grandeur et le nombre; que personne ne sait s'il est digne d'amour ou de haine, et que les plus saints doivent toujours demeurer dans la crainte et dans le tremblement, quoiqu'ils ne se sentent coupables en aucune chose, comme saint Paul le dit de lui-même?

Concevez donc, mon Père, que les exemples et des justes et des pécheurs renversent également cette nécessité que vous supposez pour pécher, de connaître le mal et d'aimer la vertu contraire, puisque la passion que les impies ont pour les vices témoigne assez qu'ils n'ont aucun désir pour la vertu; et que l'amour que les justes ont pour la vertu témoigne hautement qu'ils n'ont pas toujours la connaissance des péchés qu'ils commettent chaque jour, selon l'Ecriture.

Et il est si vrai que les justes pèchent en cette sorte, qu'il est rare que les grands saints pèchent autrement. Car comment pourrait-on concevoir que ces âmes si pures, qui fuient avec tant de soin et d'ardeur les moindres choses qui peuvent déplaire à Dieu aussitôt qu'elles s'en aperçoivent, et qui pèchent néanmoins plusieurs fois chaque jour, eussent à chaque fois, avant que de tomber, *la connaissance de leur infirmité en cette occasion, celle du médecin, le désir de leur santé, et celui de prier Dieu de les secourir*, et que, malgré toutes ces inspirations, ces âmes si zélées *ne laissassent pas de passer outre* et de commettre le péché?

Concluez donc, mon Père, que ni les pécheurs, ni même les plus justes, n'ont pas toujours ces connaissances, ces désirs et toutes ces inspirations, toutes les fois qu'ils pèchent, c'est-à-dire, pour user de vos termes, qu'ils n'ont pas toujours la grâce actuelle dans toutes les occasions où ils pèchent. Et ne dites plus, avec vos nouveaux auteurs, qu'il est impossible qu'on pèche quand on ne connaît pas la justice, mais dites plutôt avec saint Augustin et les anciens Pères, qu'il est impossible qu'on ne pèche pas quand on ne connaît pas la justice : *Necesse est ut peccet, a quo ignoratur justitia.*

Le bon Père, se trouvant aussi empêché de soutenir son opinion au regard des justes qu'au regard des pécheurs, ne perdit pas pourtant courage, et après avoir un peu rêvé : Je m'en vas bien vous convaincre, nous dit-il. Et reprenant son P. Bauny à l'endroit même qu'il nous avait montré : Voyez, voyez la raison sur laquelle il établit sa pensée. Je savais bien qu'il ne manquait pas de bonnes preuves. Lisez ce qu'il cite d'Aristote, et vous verrez qu'après une autorité si expresse, il faut brûler les livres de ce prince des philosophes, ou être de notre opinion. Ecoutez donc les principes qu'établit le P. Bauny : il dit premièrement *qu'une action ne peut être imputée à blâme lorsqu'elle est involontaire.* Je l'avoue, lui dit mon ami. Voilà la première fois, leur dis-je, que je vous ai vus d'accord. Tenez-vous-en là, mon Père, si vous m'en croyez. Ce ne serait rien faire, me dit-il : car il faut savoir quelles sont les conditions nécessaires pour faire qu'une action soit volontaire. J'ai bien peur, répondis-je, que vous ne vous brouilliez là-dessus. Ne craignez point, dit-il, ceci est sûr ; Aristote est pour moi. Ecoutez bien ce que dit le P. Bauny : *Afin qu'une action soit volontaire, il faut qu'elle procède d'homme qui voie, qui sache, qui pénètre ce qu'il y a de bien et de mal en elle. Voluntarium est, dit-on communément avec le Philosophe* (vous savez bien que c'est Aristote, me dit-il en me serrant les doigts), *quod fit a principio cognoscente singula, in quibus est actio : si bien que, quand la volonté, à la volée et sans discussion, se porte à vouloir ou abhorrer, faire ou laisser quelque chose avant que l'entendement ait pu voir s'il y a du mal à la vouloir ou à la fuir, la faire ou la laisser, telle action n'est ni bonne ni mauvaise, d'autant qu'avant cette perquisition, cette vue et réflexion de l'esprit dessus les qualités bonnes ou mauvaises de la chose à laquelle on s'occupe, l'action avec laquelle on la fait n'est volontaire.*

Hé bien ! me dit le Père, êtes-vous content ? Il semble, repartis-je, qu'Aristote est de l'avis du P. Bauny ; mais cela ne me laisse pas de me surprendre. Quoi, mon Père ! il ne suffit pas, pour agir volontairement, qu'on sache ce que l'on fait, et qu'on ne le fasse que parce qu'on le veut faire ; mais il faut de plus *que l'on voie, que l'on sache et que l'on pénètre ce qu'il y a de bien et de mal dans cette action ?* Si cela est, il n'y a guère d'actions volontaires dans la vie, car on ne pense guère à tout cela. Que de jurements dans le jeu, que d'excès dans les débauches, que d'emportements

dans le carnaval qui ne sont point volontaires, et par conséquent ni bons, ni mauvais, pour n'être point accompagnés
de ces *réflexions d'esprit sur les qualités bonnes ou mauvaises
de ce que l'on fait*! Mais est-il possible, mon Père, qu'Aristote ait eu cette pensée ? car j'avais ouï dire que c'était un
habile homme ? Je m'en vas vous en éclaircir, me dit mon
Janséniste. Et ayant demandé au Père la *Morale* d'Aristote,
il l'ouvrit au commencement du troisième livre, d'où le
P. Bauny a pris les paroles qu'il en rapporte, et dit à ce bon
Père : Je vous pardonne d'avoir cru, sur la foi du P. Bauny,
qu'Aristote ait été de ce sentiment. Vous auriez changé
d'avis, si vous l'aviez lu vous-même. Il est bien vrai qu'il
enseigne *qu'afin qu'une action soit volontaire il faut connaître
les particularités de cette action, singula in quibus est actio*.
Mais qu'entend-il par là, sinon les circonstances particulières de l'action, ainsi que les exemples qu'il en donne le
justifient clairement, n'en rapportant point d'autres que de
ceux où l'on ignore quelqu'une de ces circonstances,
comme *d'une personne qui, voulant montrer une machine, en
décoche un dard qui blesse quelqu'un; et de Mérope, qui tua
son fils en pensant tuer son ennemi*, et autres semblables ?

Vous voyez donc par là quelle est l'ignorance qui rend
les actions involontaires; et que ce n'est que celle des circonstances particulières qui est appelée par les théologiens,
comme vous le savez fort bien, mon Père, l'*ignorance du
fait*. Mais, quant à celle du *droit*, c'est-à-dire quant à l'ignorance du bien et du mal qui est en l'action, de laquelle
seule il s'agit ici, voyons si Aristote est de l'avis du
P. Bauny. Voici les paroles de ce philosophe : *Tous les
méchants ignorent ce qu'ils doivent faire et ce qu'ils doivent
fuir; et c'est cela même qui les rend méchants et vicieux.
C'est pourquoi on ne peut pas dire que, parce qu'un homme
ignore ce qu'il est à propos qu'il fasse pour satisfaire à son
devoir, son action soit involontaire. Car cette ignorance dans
le choix du bien et du mal ne fait pas qu'une action soit
involontaire, mais seulement qu'elle est vicieuse. L'on doit
dire la même chose de celui qui ignore en général les règles de
son devoir, puisque cette ignorance rend les hommes dignes de
blâme, et non d'excuse. Et ainsi l'ignorance qui rend les actions
involontaires et excusables est seulement celle qui regarde le
fait en particulier, et ses circonstances singulières : car alors
on pardonne à un homme, et on l'excuse, et on le considère
comme ayant agi contre son gré.*

Après cela, mon Père, direz-vous encore qu'Aristote
soit de votre opinion ? Et qui ne s'étonnera de voir qu'un

philosophe païen ait été plus éclairé que vos docteurs en une matière aussi importante à toute la morale, et à la conduite même des âmes, qu'est la connaissance des conditions qui rendent les actions volontaires ou involontaires, et qui ensuite les excusent ou ne les excusent pas de péché ? N'espérez donc plus rien, mon Père, de ce prince des philosophes, et ne résistez plus au prince des théologiens, qui décide ainsi ce point, au livre I de ses *Rétr.*, chap. xv : *Ceux qui pèchent par ignorance ne font leur action que parce qu'ils la veulent faire, quoiqu'ils pèchent sans qu'ils veuillent pécher. Et ainsi ce péché même d'ignorance ne peut être commis que par la volonté de celui qui le commet, mais par une volonté qui se porte à l'action, et non au péché, ce qui n'empêche pas néanmoins que l'action ne soit péché, parce qu'il suffit pour cela qu'on ait fait ce qu'on était obligé de ne point faire.*

Le Père me parut surpris, et plus encore du passage d'Aristote, que de celui de saint Augustin. Mais, comme il pensait à ce qu'il devait dire, on vint l'avertir que Madame la Maréchale de... et Madame la Marquise de... le demandaient. Et ainsi, en nous quittant à la hâte : J'en parlerai, dit-il, à nos Pères. Ils y trouveront bien quelque réponse. Nous en avons ici de bien subtils. Nous l'entendîmes bien ; et quand je fus seul avec mon ami, je lui témoignai d'être étonné du renversement que cette doctrine apportait dans la morale. A quoi il me répondit qu'il était bien étonné de mon étonnement. Ne savez-vous donc pas encore que leurs excès sont beaucoup plus grands dans la morale que dans les autres matières ? Il m'en donna d'étranges exemples, et remit le reste à une autre fois. J'espère que ce que j'en apprendrai sera le sujet de notre premier entretien.

Je suis, etc.

CINQUIÈME LETTRE

De Paris, ce 20 mars 1656.

MONSIEUR,

Voici ce que je vous ai promis : voici les premiers traits de la morale des bons Pères Jésuites, *de ces hommes éminents en doctrine et en sagesse qui sont tous conduits par la sagesse divine, qui est plus assurée que toute la Philosophie.* Vous pensez peut-être que je raille : je le dis sérieusement, ou plutôt ce sont eux-mêmes qui le disent dans leur livre intitulé : *Imago primi sæculi.* Je ne fais que copier leurs paroles, aussi bien que dans la suite de cet éloge : *C'est une société d'hommes, ou plutôt d'anges, qui a été prédite par Isaïe en ces paroles : Allez, anges prompts et légers.* La prophétie n'en est-elle pas claire ?

Ce sont des esprits d'aigles ; c'est une troupe de phénix, un auteur ayant montré depuis peu qu'il y en a plusieurs. Ils ont changé la face de la Chrétienté. Il le faut croire puisqu'ils le disent. Et vous l'allez bien voir dans la suite de ce discours, qui vous apprendra leurs maximes.

J'ai voulu m'en instruire de bonne sorte. Je ne me suis pas fié à ce que notre ami m'en avait appris. J'ai voulu les voir eux-mêmes ; mais j'ai trouvé qu'il ne m'avait rien dit que de vrai. Je pense qu'il ne ment jamais. Vous le verrez par le récit de ces conférences.

Dans celle que j'eus avec lui, il me dit de si étranges choses, que j'avais peine à le croire ; mais il me les montra dans les livres de ces Pères : de sorte qu'il ne me resta à dire pour leur défense, sinon que c'étaient les sentiments de quelques particuliers qu'il n'était pas juste d'imputer au corps. Et, en effet, je l'assurai que j'en connaissais qui sont aussi sévères que ceux qu'il me citait sont relâchés.

Ce fut sur cela qu'il me découvrit l'esprit de la Société, qui n'est pas connu de tout le monde, et vous serez peut-être bien aise de l'apprendre. Voici ce qu'il me dit.

Vous pensez beaucoup faire en leur faveur, de montrer qu'ils ont de leurs Pères aussi conformes aux maximes évangéliques que les autres y sont contraires; et vous concluez de là que ces opinions larges n'appartiennent pas à toute la Société. Je le sais bien; car si cela était, ils n'en souffriraient pas qui y fussent si contraires. Mais puisqu'ils en ont aussi qui sont dans une doctrine si licencieuse, concluez-en de même que l'esprit de la Société n'est pas celui de la sévérité chrétienne; car, si cela était, ils n'en souffriraient pas qui y fussent si opposés. Eh quoi! lui répondis-je, quel peut donc être le dessein du corps entier ? C'est sans doute qu'ils n'en ont aucun d'arrêté, et que chacun a la liberté de dire à l'aventure ce qu'il pense. Cela ne peut pas être, me répondit-il; un si grand corps ne subsisterait pas dans une conduite téméraire, et sans une âme qui le gouverne et qui règle tous ses mouvements : outre qu'ils ont un ordre particulier de ne rien imprimer sans l'aveu de leurs supérieurs. Mais quoi! lui dis-je, comment les mêmes supérieurs peuvent-ils consentir à des maximes si différentes ? C'est ce qu'il faut vous apprendre, me répliqua-t-il.

Sachez donc que leur objet n'est pas de corrompre les mœurs : ce n'est pas leur dessein. Mais ils n'ont pas aussi pour unique but celui de les réformer : ce serait une mauvaise politique. Voici quelle est leur pensée. Ils ont assez bonne opinion d'eux-mêmes pour croire qu'il est utile et comme nécessaire au bien de la religion que leur crédit s'étende partout, et qu'ils gouvernent toutes les consciences. Et parce que les maximes évangéliques et sévères sont propres pour gouverner quelques sortes de personnes, ils s'en servent dans ces occasions où elles leur sont favorables. Mais comme ces mêmes maximes ne s'accordent pas au dessein de la plupart des gens, ils les laissent à l'égard de ceux-là, afin d'avoir de quoi satisfaire tout le monde. C'est pour cette raison qu'ayant à faire à des personnes de toutes sortes de conditions et des nations si différentes, il est nécessaire qu'ils aient des casuistes assortis à toute cette diversité.

De ce principe vous jugez aisément que s'ils n'avaient que des casuistes relâchés, ils ruineraient leur principal dessein, qui est d'embrasser tout le monde, puisque ceux qui sont véritablement pieux cherchent une conduite plus

sûre. Mais comme il n'y [en] a pas beaucoup de cette
sorte, ils n'ont pas besoin de beaucoup de directeurs
sévères pour les conduire. Ils en ont peu pour peu; au
lieu que la foule des casuistes relâchés s'offre à la foule
de ceux qui cherchent le relâchement.

C'est par cette conduite *obligeante et accommodante*,
comme l'appelle le Père Petau, qu'ils tendent les bras à
tout le monde : car, s'il se présente à eux quelqu'un qui soit
tout résolu de rendre des biens mal acquis, ne craignez
pas qu'ils l'en détournent; ils loueront, au contraire, et
confirmeront une si sainte résolution; mais qu'il en
vienne un autre qui veuille avoir l'absolution sans restituer,
la chose sera bien difficile, s'ils n'en fournissent des moyens
dont ils se rendront les garants.

Par là ils conservent tous leurs amis et se défendent
contre tous leurs ennemis; car si on leur reproche leur
extrême relâchement, ils produisent incontinent au public
leurs directeurs austères, avec quelques livres qu'ils ont
faits de la rigueur de la loi chrétienne; et les simples, et
ceux qui n'approfondissent pas plus avant les choses, se
contentent de ces preuves.

Ainsi ils en ont pour toutes sortes de personnes et
répondent si bien selon ce qu'on leur demande, que,
quand ils se trouvent en des pays où un Dieu crucifié
passe pour folie, ils suppriment le scandale de la Croix
et ne prêchent que Jésus-Christ glorieux, et non pas
Jésus-Christ souffrant : comme ils ont fait dans les Indes
et dans la Chine, où ils ont permis aux Chrétiens l'idolâtrie
même, par cette subtile invention, de leur faire cacher
sous leurs habits une image de Jésus-Christ, à laquelle ils
leur enseignent de rapporter mentalement les adorations
publiques qu'ils rendent à l'idole Chacimchoan et à leur
Keum-fucum, comme Gravina, Dominicain, le leur
reproche, et comme le témoigne le Mémoire, en espagnol,
présenté au roi d'Espagne Philippe IV, par les Cordeliers
des îles Philippines, rapporté par Thomas Hurtado dans
son livre du *Martyre de la foi*, p. 427. De telle sorte que la
congrégation des cardinaux *de Propaganda fide* fut obligée
de défendre particulièrement aux Jésuites, sur peine
d'excommunication, de permettre des adorations d'idoles
sous aucun prétexte, et de cacher le mystère de la Croix
à ceux qu'ils instruisent de la religion, leur commandant
expressément de n'en recevoir aucun au baptême qu'après
cette connaissance, et leur ordonnant d'exposer dans
leurs églises l'image du Crucifix, comme il est porté

amplement dans le décret de cette congrégation, donné le 9 juillet 1646, signé par le cardinal Capponi.

Voilà de quelle sorte ils se sont répandus par toute la terre à la faveur *de la doctrine des opinions probables*, qui est la source et la base de tout ce dérèglement. C'est ce qu'il faut que vous appreniez d'eux-mêmes; car ils ne le cachent à personne, non plus que tout ce que vous venez d'entendre, avec cette seule différence, qu'ils couvrent leur prudence humaine et politique du prétexte d'une prudence divine et chrétienne; comme si la foi, et la tradition qui la maintient, n'était pas toujours une et invariable dans tous les temps et dans tous les lieux; comme si c'était à la règle à se fléchir pour convenir au sujet qui doit lui être conforme; et comme si les âmes n'avaient, pour se purifier de leurs taches, qu'à corrompre la loi du Seigneur; au lieu *que la loi du Seigneur, qui est sans tache et toute sainte, est celle qui doit convertir les âmes* et les conformer à ses salutaires instructions!

Allez donc, je vous prie, voir ces bons Pères, et je m'assure que vous remarquerez aisément, dans le relâchement de leur morale, la cause de leur doctrine touchant la grâce. Vous y verrez les vertus chrétiennes si inconnues et si dépourvues de la charité, qui en est l'âme et la vie; vous y verrez tant de crimes palliés, et tant de désordres soufferts, que vous ne trouverez plus étrange qu'ils soutiennent que tous les hommes ont toujours assez de grâce pour vivre dans la piété de la manière qu'ils l'entendent. Comme leur morale est toute païenne, la nature suffit pour l'observer. Quand nous soutenons la nécessité de la grâce efficace, nous lui donnons d'autres vertus pour objet. Ce n'est pas simplement pour guérir les vices par d'autres vices; ce n'est pas seulement pour faire pratiquer aux hommes les devoirs extérieurs de la religion; c'est pour une vertu plus haute que celles des Pharisiens et des plus sages du Paganisme. La loi et la raison sont des grâces suffisantes pour ces effets. Mais, pour dégager l'âme de l'amour du monde, pour la retirer de ce qu'elle a de plus cher, pour la faire mourir à soi-même, pour la porter et l'attacher uniquement et invariablement à Dieu, ce n'est l'ouvrage que d'une main toute-puissante. Et il est aussi peu raisonnable de prétendre que l'on a toujours un plein pouvoir, qu'il le serait de nier que ces vertus, destituées d'amour de Dieu, lesquelles ces bons Pères confondent avec les vertus chrétiennes, ne sont pas en notre puissance.

Voilà comment il me parla, et avec beaucoup de douleur; car il s'afflige sérieusement de tous ces désordres.
Pour moi, j'estimai ces bons Pères de l'excellence de leur
politique, et je fus, selon son conseil, trouver un bon
casuiste de la Société. C'est une de mes anciennes connaissances, que je voulus renouveler exprès. Et comme j'étais
instruit de la manière dont il les fallait traiter, je n'eus
pas de peine à le mettre en train. Il me fit d'abord mille
caresses, car il m'aime toujours; et après quelques discours
indifférents, je pris occasion du temps où nous sommes
pour apprendre de lui quelque chose sur le jeûne, afin
d'entrer insensiblement en matière. Je lui témoignai donc
que j'avais de la peine à le supporter. Il m'exhorta à me
faire violence; mais, comme je continuai à me plaindre,
il en fut touché, et se mit à chercher quelque cause de
dispense. Il m'en offrit en effet plusieurs qui ne me conve-
naient point, lorsqu'il s'avisa enfin de me demander si je
n'avais pas de peine à dormir sans souper. Oui, lui dis-je,
mon Père, et cela m'oblige souvent à faire collation à
midi et à souper le soir. Je suis bien aise, me répliqua-t-il,
d'avoir trouvé ce moyen de vous soulager sans péché :
allez, vous n'êtes point obligé à jeûner. Je ne veux pas que
vous m'en croyiez; venez à la bibliothèque. J'y fus, et là,
en prenant un livre : En voici la preuve, me dit-il, et Dieu
sait quelle! C'est Escobar. Qui est Escobar, lui dis-je,
mon Père ? Quoi! vous ne savez pas qui est Escobar de
notre Société, qui a compilé cette *Théologie morale* de
vingt-quatre de nos Pères; sur quoi il fait, dans la préface,
une allégorie de ce livre *à celui de l'Apocalypse qui était
scellé de sept sceaux?* Et il dit *que Jésus l'offre ainsi scellé
aux quatre animaux, Suarez, Vasquez, Molina, Valentia,
en présence de vingt-quatre Jésuites qui représentent les
vingt-quatre vieillards ?* Il lut toute cette allégorie, qu'il
trouvait bien juste, et par où il me donnait une grande
idée de l'excellence de cet ouvrage. Ayant ensuite cherché
son passage du jeûne : Le voici, me dit-il, au tr. 1, ex. 13,
n. 67. *Celui qui ne peut dormir s'il n'a soupé, est-il obligé de
jeûner ? Nullement.* N'êtes-vous pas content ? Non pas
tout à fait, lui dis-je; car je puis bien supporter le jeûne
en faisant collation le matin et soupant le soir. Voyez
donc la suite, me dit-il; ils ont pensé à tout. *Et que dira-t-on,
si on peut bien se passer d'une collation le matin en soupant
le soir ?* Me voilà. *On n'est point encore obligé à jeûner, car
personne n'est obligé à changer l'ordre de ses repas.* O la
bonne raison, lui dis-je. Mais, dites-moi, continua-t-il,

usez-vous de beaucoup de vin ? Non, mon Père, lui dis-je,
je ne le puis souffrir. Je vous disais cela, me répondit-il,
pour vous avertir que vous en pourriez boire le matin,
et quand il vous plairait, sans rompre le jeûne; et cela
soutient toujours. En voici la décision au même lieu,
n. 75 : *Peut-on, sans rompre le jeûne, boire du vin à telle
heure qu'on voudra, et même en grande quantité ? On le
peut, et même de l'hypocras.* Je ne me souvenais pas de cet
hypocras, dit-il; il faut que je le mette sur mon recueil.
Voilà un honnête homme, lui dis-je, qu'Escobar. Tout le
monde l'aime, répondit le Père : il fait de si jolies questions!
Voyez celle-ci, qui est au même endroit, n. 38 : *Si un
homme doute qu'il ait vingt-un ans, est-il obligé de jeûner ?
Non. Mais si j'ai vingt-un ans cette nuit à une heure après
minuit, et qu'il soit demain jeûne, serai-je obligé de jeûner
demain ? Non; car vous pourriez manger autant qu'il vous
plairait depuis minuit jusqu'à une heure, puisque vous
n'auriez pas encore vingt-un ans : et ainsi ayant droit de
rompre le jeûne, vous n'y êtes point obligé.* O que cela est
divertissant! lui dis-je. On ne s'en peut tirer, me répondit-il; je passe les jours et les nuits à le lire, je ne fais
autre chose. Le bon Père, voyant que j'y prenais plaisir,
en fut ravi, et continuant : Voyez, dit-il, encore ce trait
de Filiutius, qui est un de ces vingt-quatre Jésuites,
t. 2, tr. 27, part. 2, c. 6, n. 123 : *Celui qui s'est fatigué à
quelque chose, comme à poursuivre une fille, est-il obligé de
jeûner ? Nullement. Mais s'il s'est fatigué exprès pour être
par là dispensé du jeûne, y sera-t-il tenu ? Encore qu'il ait
eu ce dessein formé, il n'y sera point obligé.* Eh bien!
l'eussiez-vous cru ? me dit-il. En vérité, mon Père, lui
dis-je, je ne le crois pas bien encore. Et quoi! n'est-ce
pas un péché de ne pas jeûner quand on le peut ? Et
est-il permis de rechercher les occasions de pécher ? ou
plutôt n'est-on pas obligé de les fuir ? Cela serait assez
commode. Non pas toujours, me dit-il; c'est selon. Selon
quoi ? lui dis-je. Ho, ho! repartit le Père. Et si on recevait
quelque incommodité en fuyant les occasions, y serait-on
obligé à votre avis ? Ce n'est pas au moins celui du
P. Bauny que voici, p. 1084 : *On ne doit pas refuser l'absolution à ceux qui demeurent dans les occasions prochaines du
péché, s'ils sont en tel état qu'ils ne puissent les quitter sans
donner sujet au monde de parler, ou sans qu'ils en reçussent
eux-mêmes de l'incommodité.* Je m'en réjouis, mon Père;
il ne reste plus qu'à dire qu'on peut rechercher les occasions de propos délibéré, puisqu'il est permis de ne les

pas fuir. Cela même est aussi quelquefois permis,
ajouta-t-il. Le célèbre casuiste Bazile Ponce l'a dit et le
P. Bauny le cite et approuve son sentiment, que voici
dans le *Traité de la Pénitence*, q. 4*, p. 94 : *On peut rechercher une occasion directement et pour elle-même, primo et
per se, quand le bien spirituel ou temporel de nous ou de notre
prochain nous y porte.*

Vraiment, lui dis-je, il me semble que je rêve, quand
j'entends des religieux parler de cette sorte ! Eh quoi,
mon Père, dites-moi, en conscience, êtes-vous dans ce
sentiment-là ? Non, vraiment, me dit le Père. Vous parlez
donc, continuai-je, contre votre conscience ? Point du
tout, dit-il : je ne parlais pas en cela selon ma conscience,
mais selon celle de Ponce et du P. Bauny, et vous pourriez
les suivre en sûreté car ce sont d'habiles gens. Quoi ! mon
Père, parce qu'ils ont mis ces trois lignes dans leurs livres,
sera-t-il devenu permis de rechercher les occasions de
pécher ? Je croyais ne devoir prendre pour règle que
l'Ecriture et la tradition de l'Eglise, mais non pas vos
casuistes. O bon Dieu, s'écria le Père, vous me faites
souvenir de ces Jansénistes ! Est-ce que le P. Bauny et
Bazile Ponce ne peuvent pas rendre leur opinion probable ?
Je ne me contente pas du probable, lui dis-je, je cherche
le sûr. Je vois bien, me dit le bon Père, que vous ne savez
pas ce que c'est que la doctrine des opinions probables,
vous parleriez autrement si vous la saviez. Ah ! vraiment,
il faut que je vous en instruise. Vous n'aurez pas perdu
votre temps d'être venu ici, sans cela vous ne pouviez
rien entendre. C'est le fondement et l'A B C de toute
notre morale. Je fus ravi de le voir tombé dans ce que je
souhaitais ; et, le lui ayant témoigné, je le priai de m'expliquer ce que c'était qu'une opinion probable. Nos
auteurs vous y répondront mieux que moi, dit-il. Voici
comme ils en parlent tous généralement, et entre autres,
nos vingt-quatre, *in princ.* ex. 3, n. 8 : *Une opinion est
appelée probable, lorsqu'elle est fondée sur des raisons de
quelque considération. D'où il arrive quelquefois qu'un seul
docteur fort grave peut rendre une opinion probable. Et en
voici la raison : car un homme adonné particulièrement à
l'étude ne s'attacherait pas à une opinion, s'il n'y était
attiré par une raison bonne et suffisante.* Et ainsi, lui dis-je,
un seul docteur peut tourner les consciences et les bou-
leverser à son gré, et toujours en sûreté. Il n'en faut pas

---

* Il faut lire 14. (Note des éditeurs.)

rire, me dit-il, ni penser combattre cette doctrine. Quand
les Jansénistes l'ont voulu faire, ils ont perdu leur temps.
Elle est trop bien établie. Ecoutez Sanchez, qui est un
des plus célèbres de nos Pères, *Som. Liv. I, chap. IX,
n. 7 : Vous douterez peut-être si l'autorité d'un seul docteur
bon et savant rend une opinion probable : à quoi je réponds
qu'oui ; et c'est ce qu'assurent Angelus, Sylv., Navarre,
Emmanuel Sa, etc. Et voici comme on le prouve. Une
opinion probable est celle qui a un fondement considérable : or
l'autorité d'un homme savant et pieux n'est pas de petite
considération, mais plutôt de grande considération ; car,
écoutez bien cette raison : Si le témoignage d'un tel homme
est de grand poids pour nous assurer qu'une chose se soit
passée, par exemple, à Rome, pourquoi ne le sera-t-il pas de
même dans un doute de morale ?*

La plaisante comparaison, lui dis-je, des choses du
monde à celles de la conscience ! Ayez patience ; Sanchez
répond à cela dans les lignes qui suivent immédiatement.

*Et la restriction qu'y apportent certains auteurs ne me
plaît pas : que l'autorité d'un tel docteur est suffisante dans
les choses de droit humain, mais non pas dans celles de droit
divin ; car elle est de grand poids dans les uns et dans les
autres.*

Mon Père, lui dis-je franchement, je ne puis faire cas
de cette règle. Qui m'a assuré que dans la liberté que vos
docteurs se donnent d'examiner les choses par la raison,
ce qui paraîtra sûr à l'un le paraisse à tous les autres ? La
diversité des jugements est si grande... Vous ne l'entendez
pas, dit le Père en m'interrompant ; aussi sont-ils fort
souvent de différents avis ; mais cela n'y fait rien : chacun
rend le sien probable et sûr. Vraiment l'on sait bien qu'ils
ne sont pas tous de même sentiment ; et cela n'en est que
mieux. Ils ne s'accordent au contraire presque jamais. Il
y a peu de questions où vous ne trouviez que l'un dit oui,
l'autre dit non. Et en tous ces cas-là, l'une et l'autre des
opinions contraires est probable ; et c'est pourquoi Diana
dit sur un certain sujet, Part. 3, To. IV, R. 244 : *Ponce et
Sanchez sont de contraires avis ; mais, parce qu'ils étaient
tous deux savants, chacun rend son opinion probable.*

Mais, mon Père, lui dis-je, on doit être bien embarrassé
à choisir alors ! Point du tout, dit-il, il n'y a qu'à suivre
l'avis qui agrée le plus. Et quoi ! si l'autre est plus probable ? Il n'importe, me dit-il. Et si l'autre est plus sûr ?
Il n'importe, me dit encore le Père ; le voici bien expliqué.
C'est Emmanuel Sa de notre Société, dans son Aphorisme

de Dubio, p. 183 : *On peut faire ce qu'on pense être permis selon une opinion probable, quoique le contraire soit plus sûr. Or l'opinion d'un seul docteur grave y suffit.* Et si une opinion est tout ensemble et moins probable et moins sûre, sera-t-il permis de la suivre, en quittant ce que l'on croit être plus probable et plus sûr ? Oui, encore une fois, me dit-il, écoutez Filiutius, ce grand Jésuite de Rome, *Mor. quæst.* Tr. 21, c. 4, n. 128 : *Il est permis de suivre l'opinion la moins probable, quoiqu'elle soit la moins sûre; c'est l'opinion commune des nouveaux auteurs.* Cela n'est-il pas clair ? Nous voici bien au large, lui dis-je, mon Révérend Père, grâces à vos opinions probables. Nous avons une belle liberté de conscience. Et vous autres casuistes, avez-vous la même liberté dans vos réponses ? Oui, me dit-il, nous répondons aussi ce qu'il nous plaît, ou plutôt ce qu'il plaît à ceux qui nous interrogent; car voici nos règles, prises de nos Pères Layman, *Theol. Mor.* l. 1, tr. 1, c. 2, § 2, n. 7; Vasquez, *Dist.* 62, c. 9, n. 47; Sanchez; *in Sum.*, L. I, c. 9, n. 23; et de nos vingt-quatre, *Princ.* ex. 3, n. 24. Voici les paroles de Layman, que le livre de nos vingt-quatre a suivies : *Un docteur étant consulté peut donner un conseil, non seulement probable selon son opinion, mais contraire à son opinion, s'il est estimé probable par d'autres, lorsque cet avis contraire au sien se rencontre plus favorable et plus agréable à celui qui le consulte, si forte haec illi favorabilior seu exoptatior sit. Mais je dis de plus qu'il ne sera point hors de raison qu'il donne à ceux qui le consultent un avis tenu pour probable par quelque personne savante, quand même il s'assurerait qu'il serait absolument faux.*

Tout de bon, mon Père, votre doctrine est bien commode. Quoi! avoir à répondre oui et non à son choix ? On ne peut assez priser un tel avantage. Et je vois bien maintenant à quoi vous servent les opinions contraires que vos docteurs ont sur chaque matière, car l'une vous sert toujours, et l'autre ne vous nuit jamais. Si vous ne trouvez votre compte d'un côté, vous vous jetez de l'autre, et toujours en sûreté. Cela est vrai, dit-il; et ainsi nous pouvons toujours dire avec Diana, qui trouva le P. Bauny pour lui lorsque le P. Lugo lui était contraire : *Sæpe, premente deo, fert deus alter opem. Si quelque Dieu nous presse, un autre nous délivre.* J'entends bien, lui dis-je; mais il me vient une difficulté dans l'esprit : c'est qu'après avoir consulté un de vos docteurs et pris de lui une opinion un peu large, on sera peut-être attrapé si on rencontre un confesseur qui n'en soit pas, et qui refuse l'absolution si on ne change de sentiment. N'y avez-vous point donné ordre, mon Père ? En doutez-vous ? me répondit-il. On les a obligés à absoudre leurs pénitents qui ont des opinions probables, sur peine de péché mortel, afin qu'ils n'y manquent pas. C'est ce qu'ont bien montré nos Pères, et entre autres le P. Bauny, Tr. 4, *de Pænit.* q. 13, p. 93. *Quand le pénitent,* dit-il, *suit une opinion probable, le confesseur le doit absoudre, quoique son opinion soit contraire à celle du pénitent.* Mais il ne dit pas que ce soit un péché mortel de ne le pas absoudre. Que vous êtes prompt! me dit-il; écoutez la suite; il en fait une conclusion expresse : *Refuser l'absolution à un pénitent qui agit selon une opinion probable est un péché qui, de sa nature, est mortel.* Et il cite, pour confirmer ce sentiment, trois des plus fameux de nos Pères, Suarez to. 4. d. 32. sect. 5., Vasquez disp. 62. c. 7., et Sanchez n. 29.

O mon Père, lui dis-je, voilà qui est bien prudemment ordonné! Il n'y a plus rien à craindre. Un confesseur n'oserait plus y manquer. Je ne savais pas que vous eussiez le pouvoir d'ordonner sur peine de damnation. Je croyais que vous ne saviez qu'ôter les péchés; je ne pensais pas que vous en sussiez introduire; mais vous avez tout pouvoir, à ce que je vois. Vous ne parlez pas proprement, me dit-il. Nous n'introduisons pas les péchés, nous ne faisons que les remarquer. J'ai déjà bien reconnu deux ou trois fois que vous n'êtes pas bon scolastique. Quoi qu'il en soit, mon Père, voilà mon doute bien résolu. Mais j'en ai un autre encore à vous proposer : c'est que je ne sais comment vous pouvez faire, quand les Pères de l'Eglise sont contraires aux sentiments de quelqu'un de vos casuistes.

Vous l'entendez bien peu, me dit-il. Les Pères étaient bons pour la morale de leur temps; mais ils sont trop éloignés pour celle du nôtre. Ce ne sont plus eux qui la règlent, ce sont les nouveaux casuistes. Ecoutez notre Père Cellot, *de Hier.* Lib. 8, cap. 16, p. 714, qui suit en cela notre fameux Père Reginaldus : *Dans les questions de morale, les nouveaux casuistes sont préférables aux anciens Pères, quoiqu'ils fussent plus proches des Apôtres.* Et c'est en suivant cette maxime que Diana parle de cette sorte, P. 5, Tr. 8, R. 31 : *Les bénéficiers sont-ils obligés de restituer leur revenu dont ils disposent mal ? Les anciens disaient qu'oui, mais les nouveaux disent que non : ne quittons donc pas cette opinion qui décharge de l'obligation de restituer.*

Voilà de belles paroles, lui dis-je, et pleines de consolation pour bien du monde. Nous laissons les Pères, me
dit-il, à ceux qui traitent la Positive; mais pour nous qui
gouvernons les consciences, nous les lisons peu, et ne
citons dans nos écrits que les nouveaux casuistes. Voyez
Diana, qui a tant écrit; il a mis à l'entrée de ses livres la
liste des auteurs qu'il rapporte. Il y en a 296, dont le plus
ancien est depuis quatre-vingts ans. Cela est donc venu
au monde depuis votre Société? lui dis-je. Environ, me
répondit-il. C'est-à-dire, mon Père, qu'à votre arrivée
on a vu disparaître saint Augustin, saint Chrysostome,
saint Ambroise, saint Jérôme, et les autres, pour ce qui
est de la morale. Mais au moins que je sache les noms de
ceux qui leur ont succédé; qui sont-ils, ces nouveaux
auteurs? Ce sont des gens bien habiles et bien célèbres,
me dit-il. C'est Villalobos, Coninck, Llamas, Achokier,
Dealkozer, Dellacrux, Veracruz, Ugolin, Tambourin, Fer-
nandez, Martinez, Suarez, Henriquez, Vasquez, Lopez,
Gomez, Sanchez, de Vechis, de Grassis, de Grassalis,
de Pitigianis, de Graphæis, Squilanti, Bizozeri, Barcola,
de Bobadilla, Simancha, Perez de Lara, Aldretta, Lorca,
de Scarcia, Quaranta, Scophra, Pedrezza, Cabrezza,
Bisbe, Dias, de Clavasio, Villagut, Adam à Manden,
Iribarne, Binsfeld, Volfangi à Vorberg, Vosthery, Stre-
vesdorf. O mon Père! lui dis-je tout effrayé, tous ces
gens-là étaient-ils chrétiens? Comment, chrétiens! me
répondit-il. Ne vous disais-je pas que ce sont les seuls
par lesquels nous gouvernons aujourd'hui la chrétienté?
Cela me fit pitié, mais je ne lui en témoignai rien, et lui
demandai seulement si tous ces auteurs-là étaient Jésuites.
Non, me dit-il, mais il n'importe; ils n'ont pas laissé de
dire de bonnes choses. Ce n'est pas que la plupart ne les
aient prises ou imitées des nôtres; mais nous ne nous
piquons pas d'honneur, outre qu'ils citent nos Pères à
toute heure et avec éloge. Voyez Diana, qui n'est pas de
notre Société, quand il parle de Vasquez, il l'appelle *le
phénix des esprits*. Et quelquefois il dit *que Vasquez seul
lui est autant que tout le reste des hommes ensemble, Instar
omnium*. Aussi tous nos Pères se servent fort souvent de
ce bon Diana; car si vous entendez bien notre doctrine
de la probabilité, vous verrez que cela n'y fait rien. Au
contraire, nous avons bien voulu que d'autres que les
Jésuites puissent rendre leurs opinions probables, afin
qu'on ne puisse pas nous les imputer toutes. Et ainsi,
quand quelque auteur que ce soit en a avancé une, nous

avons droit de la prendre, si nous le voulons, par la doctrine des opinions probables, et nous n'en sommes pas
les garants quand l'auteur n'est pas de notre corps.
J'entends tout cela, lui dis-je. Je vois bien par là que
tout est bien venu chez vous, hormis les anciens Pères,
et que vous êtes les maîtres de la campagne. Vous n'avez
plus qu'à courir.

Mais je prévois trois ou quatre grands inconvénients et
de puissantes barrières qui s'opposeront à votre course.
Et quoi ? me dit le Père tout étonné. C'est, lui répondis-je,
l'Ecriture Sainte, les Papes et les Conciles, que vous ne
pouvez démentir, et qui sont tous dans la voie unique de
l'Evangile. Est-ce là tout ? me dit-il. Vous m'avez fait
peur. Croyez-vous qu'une chose si visible n'ait pas été
prévue, et que nous n'y ayons pas pourvu ? Vraiment
je vous admire, de penser que nous soyons opposés à
l'Ecriture, aux Papes ou aux Conciles! Il faut que je vous
éclaircisse du contraire. Je serais bien marri que vous
crussiez que nous manquons à ce que nous leur devons.
Vous avez sans doute pris cette pensée de quelques opinions de nos Pères qui paraissent choquer leurs décisions,
quoique cela ne soit pas. Mais pour en entendre l'accord,
il faudrait avoir plus de loisir. Je souhaite que vous ne
demeuriez pas mal édifié de nous. Si vous voulez que
nous nous revoyions demain, je vous donnerai l'éclaircissement.

Voilà la fin de cette conférence, qui sera celle de cet
entretien; aussi en voilà bien assez pour une lettre. Je
m'assure que vous en serez satisfait en attendant la suite.
Je suis, etc.

SIXIÈME LETTRE

De Paris, ce 10 avril 1656.

MONSIEUR,

Je vous ai dit à la fin de ma dernière lettre, que ce bon Père jésuite m'avait promis de m'apprendre de quelle sorte les casuistes accordent les contrariétés qui se rencontrent entre leurs opinions et les décisions des Papes, des Conciles et de l'Ecriture. Il m'en a instruit, en effet, dans ma seconde visite, dont voici le récit.

Ce bon Père me parla de cette sorte : Une des manières dont nous accordons ces contradictions apparentes est par l'interprétation de quelque terme. Par exemple, le pape Grégoire XIV a déclaré que les assassins sont indignes de jouir de l'asile des églises, et qu'on les en doit arracher. Cependant nos vingt-quatre vieillards disent, Tr. 6, ex. 4, n. 27 : *Que tous ceux qui tuent en trahison ne doivent pas encourir la peine de cette bulle.* Cela vous paraît être contraire; mais on l'accorde, en interprétant le mot d'*assassin*, comme ils font par ces paroles : *Les assassins ne sont-ils pas indignes de jouir du privilège des églises ? Oui, par la bulle de Grégoire XIV. Mais nous entendons par le mot d'assassins ceux qui ont reçu de l'argent pour tuer quelqu'un en trahison. D'où il arrive que ceux qui tuent sans en recevoir aucun prix, mais seulement pour obliger leurs amis, ne sont pas appelés assassins.* De même, il est dit dans l'Evangile : *Donnez l'aumône de votre superflu.* Cependant plusieurs casuistes ont trouvé moyen de décharger les personnes les plus riches de l'obligation de donner l'aumône. Cela vous paraît encore contraire; mais on en fait voir facilement l'accord, en interprétant le mot de *superflu*, en sorte qu'il n'arrive presque jamais que personne en ait; et c'est ce qu'a fait le docte Vasquez en cette sorte, dans son traité de l'aumône, c. 4 :

Ce que les personnes du monde gardent pour relever leur condition et celle de leurs parents n'est pas appelé superflu ; et c'est pourquoi à peine trouvera-t-on qu'il y ait jamais de superflu dans les gens du monde, et non pas même dans les rois.

Aussi Diana ayant rapporté ces mêmes paroles de Vasquez, car il se fonde ordinairement sur nos Pères, il en conclut fort bien : *Que dans la question, si les riches sont obligés de donner l'aumône de leur superflu, encore que l'affirmative fût véritable, il n'arrivera jamais, ou presque jamais, qu'elle oblige dans la pratique.*

Je vois bien, mon Père, que cela suit de la doctrine de Vasquez ; mais que répondrait-on, si l'on objectait qu'afin de faire son salut, il serait donc aussi sûr, selon Vasquez, de ne point donner l'aumône, pourvu qu'on ait assez d'ambition pour n'avoir point de superflu, qu'il est sûr, selon l'Evangile, de n'avoir point d'ambition, afin d'avoir du superflu pour en pouvoir donner l'aumône ? Il faudrait répondre, me dit-il, que toutes ces deux voies sont sûres selon le même Evangile ; l'une selon l'Evangile dans le sens le plus littéral et le plus facile à trouver, l'autre selon le même Evangile interprété par Vasquez. Vous voyez par là l'utilité des interprétations.

Mais quand les termes sont si clairs qu'ils n'en souffrent aucune, alors nous nous servons de la remarque des circonstances favorables, comme vous verrez par cet exemple. Les Papes ont excommunié les religieux qui quittent leur habit, et nos vingt-quatre vieillards ne laissent pas de parler en cette sorte, tr. 6, ex. 7, n. 103 : *En quelles occasions un religieux peut-il quitter son habit sans encourir l'excommunication ?* Il en rapporte plusieurs, et entre autres celles-ci : *S'il le quitte pour une cause honteuse, comme pour aller filouter, ou pour aller* incognito *en des lieux de débauche, le devant bientôt reprendre.* Aussi il est visible que les bulles ne parlent point de ces cas-là.

J'avais peine à croire cela, et je priai le Père de me le montrer dans l'original et je vis que le chapitre où sont ces paroles est intitulé : *Pratique selon l'école de la Société de Jésus ; Praxis ex Societatis Jesu schola ;* et j'y vis ces mots : *Si habitum dimittat ut furetur occulte, vel fornicetur.* Et il me montra la même chose dans Diana, en ces termes : *Ut eat incognitus ad lupanar.* Et d'où vient, mon Père, qu'ils les ont déchargés de l'excommunication en cette rencontre ? Ne le comprenez-vous pas ? me dit-il. Ne voyez-vous pas

quel scandale ce serait de surprendre un religieux en cet
état avec son habit de religion ? Et n'avez-vous point ouï
parler, continua-t-il, comment on répondit à la première
bulle, *Contra sollicitantes ?* et de quelle sorte nos vingt-
quatre, dans un chapitre aussi de la pratique de l'école
de notre Société, expliquent la bulle de Pie V, *Contra
clericos,* etc. ? Je ne sais ce que c'est que tout cela, lui dis-je.
Vous ne lisez donc guère Escobar, me dit-il. Je ne l'ai que
d'hier, mon Père, et même j'eus de la peine à le trouver.
Je ne sais ce qui est arrivé depuis peu, qui fait que tout le
monde le cherche. Ce que je vous disais, repartit le Père,
est au tr. 1, ex. 8, n. 102. Voyez-le en votre particulier ;
vous y trouverez un bel exemple de la manière d'interpréter favorablement les bulles. Je le vis en effet dès le
soir même ; mais je n'ose vous le rapporter, car c'est une
chose effroyable.

Le bon Père continua donc ainsi : Vous entendez bien
maintenant comment on se sert des circonstances favorables. Mais il y en a quelquefois de si précises, qu'on ne
peut accorder par là les contradictions : de sorte que ce
serait bien alors que vous croiriez qu'il y en aurait. Par
exemple, trois Papes ont décidé que les religieux qui sont
obligés par un vœu particulier à la vie quadragésimale n'en
sont pas dispensés, encore qu'ils soient faits évêques ; et
cependant Diana dit *que, nonobstant leur décision, ils en sont
dispensés.* Et comment accorde-t-il cela ? lui dis-je. C'est,
répliqua le Père, par la plus subtile de toutes les nouvelles
méthodes, et par le plus fin de la probabilité. Je vas vous
l'expliquer. C'est que, comme vous le vîtes l'autre jour,
l'affirmative et la négative de la plupart des opinions ont
chacune quelque probabilité, au jugement de nos docteurs,
et assez pour être suivies avec sûreté de conscience. Ce
n'est pas que le pour et le contre soient ensemble véritables
dans le même sens, cela est impossible ; mais c'est seulement qu'ils sont ensemble probables, et sûrs par conséquent.

Sur ce principe, Diana, notre bon ami, parle ainsi en
la part. 5, tr. 13, r. 39 : *Je réponds à la décision de ces trois
Papes, qui est contraire à mon opinion, qu'ils ont parlé de la
sorte en s'attachant à l'affirmative, laquelle en effet est probable, à mon jugement même ; mais il ne s'ensuit pas de là que
la négative n'ait aussi sa probabilité.* Et dans le même traité,
r. 65, sur un autre sujet, dans lequel il est encore d'un sentiment contraire à un Pape, il parle ainsi : *Que le Pape l'ait
dit comme chef de l'Eglise, je le veux ; mais il ne l'a fait que*

dans l'étendue de la sphère de probabilité de son sentiment. Or vous voyez bien que ce n'est pas blesser les sentiments des Papes : on ne le souffrirait pas à Rome, où Diana est en un si grand crédit, car il ne dit pas que ce que les Papes ont décidé ne soit pas probable ; mais en laissant leur opinion dans toute la sphère de probabilité, il ne laisse pas de dire que le contraire est aussi probable. Cela est très respectueux, lui dis-je. Et cela est plus subtil, ajouta-t-il, que la réponse que fit le P. Bauny quand on eut censuré ses livres à Rome ; car il lui échappa d'écrire contre M. Hallier, qui le persécutait alors furieusement : *Qu'a de commun la censure de Rome avec celle de France ?* Vous voyez assez par là que, soit par l'interprétation des termes, soit par la remarque des circonstances favorables, soit enfin par la double probabilité du pour et du contre, on accorde toujours ces contradictions prétendues, qui vous étonnaient auparavant, sans jamais blesser les décisions de l'Ecriture, des Conciles ou des Papes, comme vous le voyez. Mon Révérend Père, lui dis-je, que le monde est heureux de vous avoir pour maîtres ! Que ces probabilités sont utiles ! Je ne savais pourquoi vous aviez pris tant de soin d'établir qu'un seul docteur, *s'il est grave*, peut rendre une opinion probable, que le contraire peut l'être aussi, et qu'alors on peut choisir du pour et du contre celui qui agrée le plus, encore qu'on ne le croie pas véritable, et avec tant de sûreté de conscience, qu'un confesseur qui refuserait de donner l'absolution sur la foi de ces casuistes serait en état de damnation : d'où je comprends qu'un seul casuiste peut à son gré faire de nouvelles règles de morale, et disposer, selon sa frantaisie, de tout ce qui regarde la conduite des mœurs. Il faut, me dit le Père, apporter quelque tempérament à ce que vous dites. Apprenez bien ceci. Voici notre méthode, où vous verrez le progrès d'une opinion nouvelle, depuis sa naissance jusqu'à sa maturité.

D'abord le docteur *grave* qui l'a inventée l'expose au monde, et la jette comme une semence pour prendre racine. Elle est encore faible en cet état ; mais il faut que le temps la mûrisse peu à peu ; et c'est pourquoi Diana, qui en a introduit plusieurs, dit en un endroit : *J'avance cette opinion ; mais parce qu'elle est nouvelle, je la laisse mûrir au temps, relinquo tempori maturandam.* Ainsi, en peu d'années, on la voit insensiblement s'affermir ; et, après un temps considérable, elle se trouve autorisée par la tacite approbation de l'Eglise, selon cette grande maxime du Père Bauny : *Qu'une opinion étant avancée par quelques*

casuistes, et l'Eglise ne s'y étant point opposée, c'est un témoi-
gnage qu'elle l'approuve. Et c'est en effet par ce principe
qu'il autorise un de ses sentiments dans son traité VI,
p. 312. Eh quoi, lui dis-je, mon Père, l'Eglise, à ce compte-
là, approuverait donc tous les abus qu'elle souffre, et toutes
les erreurs des livres qu'elle ne censure point ? Disputez,
me dit-il, contre le P. Bauny. Je vous fais un récit, et vous
contestez contre moi. Il ne faut jamais disputer sur un fait.
Je vous disais donc que, quand le temps a ainsi mûri une
opinion, alors elle est tout à fait probable et sûre. Et de là
vient que le docte Caramuel, dans la lettre où il adresse à
Diana sa Théologie fondamentale, dit que ce grand *Diana a
rendu plusieurs opinions probables qui ne l'étaient pas auparavant, quæ antea non erant : et qu'ainsi on ne pèche plus en
les suivant, au lieu qu'on péchait auparavant : jam non
peccant, licet ante peccaverint.*

En vérité, mon Père, lui dis-je, il y a bien à profiter
auprès de vos docteurs. Quoi! de deux personnes qui font
les mêmes choses, celui qui ne sait pas leur doctrine pèche,
celui qui la sait ne pèche pas! Est-elle donc tout ensemble
instructive et justifiante ? La loi de Dieu faisait des préva-
ricateurs, selon saint Paul; celle-ci fait qu'il n'y a presque
que des innocents. Je vous supplie, mon Père, de m'en bien
informer; je ne vous quitterai point que vous ne m'ayez
dit les principales maximes que vos casuistes ont établies.

Hélas! me dit le Père, notre principal but aurait été
de n'établir point d'autres maximes que celles de l'Evangile dans toute leur sévérité; et l'on voit assez par le règlement de nos mœurs que, si nous souffrons quelque
relâchement dans les autres, c'est plutôt par condescendance que par dessein. Nous y sommes forcés. Les hommes
sont aujourd'hui tellement corrompus, que, ne pouvant les
faire venir à nous, il faut bien que nous allions à eux :
autrement ils nous quitteraient; ils feraient pis, ils s'aban-
donneraient entièrement. Et c'est pour les retenir que nos
casuistes ont considéré les vices auxquels on est le plus
porté dans toutes les conditions, afin d'établir des maximes
si douces, sans toutefois blesser la vérité, qu'on serait de
difficile composition si l'on n'en était content; car le
dessein capital que notre Société a pris pour le bien de la
religion est de ne rebuter qui que ce soit, pour ne pas
désespérer le monde.

Nous avons donc des maximes pour toutes sortes de
personnes, pour les bénéficiers, pour les prêtres, pour les
religieux, pour les gentilshommes, pour les domestiques,

pour les riches, pour ceux qui sont dans le commerce,
pour ceux qui sont mal dans leurs affaires, pour ceux qui
sont dans l'indigence, pour les femmes dévotes, pour
celles qui ne le sont pas, pour les gens mariés, pour les
gens déréglés : enfin rien n'a échappé à leur prévoyance.
C'est-à-dire, lui dis-je, qu'il y en a pour le Clergé, la
Noblesse et le Tiers-Etat : me voici bien disposé à les
entendre.

Commençons, dit le Père, par les bénéficiers. Vous
savez quel trafic on fait aujourd'hui des bénéfices, et que
s'il fallait s'en rapporter à ce que saint Thomas et les
anciens en ont écrit, il y aurait bien des simoniaques dans
l'Eglise. C'est pourquoi il a été fort nécessaire que nos
Pères aient tempéré les choses par leur prudence, comme
ces paroles de Valentia, qui est l'un des quatre animaux
d'Escobar, vous l'apprendront. C'est la conclusion d'un
long discours, où il en donne plusieurs expédients, dont
voici le meilleur à mon avis; c'est en la page 2039 du
tome III. *Si l'on donne un bien temporel pour un bien spirituel,*
c'est-à-dire de l'argent pour un bénéfice, et qu'on donne
l'argent comme le prix du bénéfice, c'est une simonie visible;
mais si on le donne comme le motif qui porte la volonté du
collateur à le conférer, ce n'est point simonie, encore que
celui qui le confère, considère et attende l'argent comme la fin
principale. Tannerus, qui est encore de notre Société, dit
la même chose dans son tome III, p. 1519, quoiqu'il avoue
que saint Thomas y est contraire, en ce qu'il enseigne absolu-
ment que c'est toujours simonie de donner un bien spirituel
pour un temporel, si le temporel en est la fin. Par ce moyen,
nous empêchons une infinité de simonies; car qui serait
assez méchant pour refuser, en donnant de l'argent pour
un bénéfice, de porter son intention à le donner comme *un*
motif qui porte le bénéficier à le résigner, au lieu de le
donner comme *le prix* du bénéfice ? Personne n'est assez
abandonné de Dieu pour cela. Je demeure d'accord, lui
dis-je, que tout le monde a des grâces suffisantes pour faire
un tel marché. Cela est assuré, repartit le Père.

Voilà comment nous avons adouci les choses à l'égard
des bénéficiers. Quant aux prêtres, nous avons plusieurs
maximes qui leur sont assez favorables. Par exemple,
celle-ci de nos vingt-quatre, tr. 1, ex. II, n. 96 : *Un prêtre*
qui a reçu de l'argent pour dire une messe peut-il recevoir de
nouvel argent sur la même messe ? Oui, dit Filiutius, en appli-
quant la partie du sacrifice qui lui appartient comme prêtre
à celui qui le paie de nouveau, pourvu qu'il n'en reçoive pas

*autant que pour une messe entière, mais seulement pour une
partie, comme pour un tiers de messe.*

Certes, mon Père, voici une de ces rencontres où le *pour*
et le *contre* sont bien probables ; car ce que vous dites ne
peut manquer de l'être, après l'autorité de Filiutius et
d'Escobar. Mais, en le laissant dans sa sphère de probabilité, on pourrait bien, ce me semble, dire aussi le contraire,
et l'appuyer par ces raisons. Lorsque l'Eglise permet aux
prêtres qui sont pauvres de recevoir de l'argent pour leurs
messes, parce qu'il est bien juste que ceux qui servent à
l'autel vivent de l'autel, elle n'entend pas pour cela qu'ils
échangent le sacrifice pour de l'argent et encore moins
qu'ils se privent eux-mêmes de toutes les grâces qu'ils
en doivent tirer les premiers. Et je dirais encore que *les
prêtres,* selon saint Paul, *sont obligés d'offrir le sacrifice,
premièrement pour eux-mêmes, et puis pour le peuple ;* et
qu'ainsi il leur est bien permis d'en associer d'autres au
fruit du sacrifice, mais non pas de renoncer eux-mêmes
volontairement à tout le fruit du sacrifice, et de le donner
à un autre pour un tiers de messe, c'est-à-dire pour quatre
ou cinq sols. En vérité, mon Père, pour peu que je fusse
grave, je rendrais cette opinion probable. Vous n'y auriez
pas grand peine, me dit-il ; elle l'est visiblement. La difficulté était de trouver de la probabilité dans le contraire
des opinions qui sont manifestement bonnes, et c'est ce
qui n'appartient qu'aux grands personnages. Le P. Bauny
y excelle. Il y a du plaisir de voir ce savant casuiste pénétrer dans le pour et le contre d'une même question qui
regarde encore les prêtres, et trouver raison partout, tant
il est ingénieux et subtil.

Il dit en un endroit, c'est dans le traité x, p. 474 : *On ne
peut pas faire une loi qui obligeât les curés à dire la messe tous
les jours, parce qu'une telle loi les exposerait indubitablement,
haud dubie, au péril de la dire quelquefois en péché mortel.* Et
néanmoins dans le même Traité x, p. 441, il dit *que les
prêtres qui ont reçu de l'argent pour dire la messe tous les jours
la doivent dire tous les jours et qu'ils ne peuvent pas s'excuser
sur ce qu'ils ne sont pas toujours assez bien préparés pour la
dire, parce qu'on peut toujours faire l'acte de contrition ; et
que s'ils y manquent, c'est leur faute et non pas celle de celui
qui leur fait dire la messe.* Et pour lever les plus grandes
difficultés qui pourraient les en empêcher, il résout ainsi
cette question dans le même traité, q. 32*, page 457 : *Un*

* Il faut lire 33. (Note des éditeurs.)

prêtre peut-il dire la messe le même jour qu'il a commis un
péché mortel, et des plus criminels, en se confessant aupara-
vant ? Non, dit Villabos, à cause de son impureté. Mais
Sanctius dit que oui, et sans aucun péché, et je tiens son
opinion sûre, et qu'elle doit être suivie dans la pratique : et
tuta et sequenda in praxi.

Quoi ! mon Père, lui dis-je, on doit suivre cette opinion
dans la pratique ? Un prêtre qui serait tombé dans un tel
désordre oserait-il s'approcher le même jour de l'autel,
sur la parole du P. Bauny ? Et ne devrait-il pas déférer
aux anciennes lois de l'Eglise, qui excluaient pour jamais
du sacrifice, ou au moins pour un long temps, les prêtres
qui avaient commis des péchés de cette sorte, plutôt que
de s'arrêter aux nouvelles opinions des casuistes, qui les
y admettent le jour même qu'ils y sont tombés ? Vous
n'avez point de mémoire, dit le Père ; ne vous appris-je
pas l'autre fois que, selon nos Pères Cellot et Reginaldus,
l'on ne doit pas suivre, dans la morale, les anciens Pères, mais
les nouveaux casuistes ? Je m'en souviens bien, lui répondis-
je ; mais il y a plus ici, car il y a des lois de l'Eglise. Vous
avez raison, me dit-il ; mais c'est que vous ne savez pas
encore cette belle maxime de nos Pères : *que les lois de*
l'Eglise perdent leur force quand on ne les observe plus, cum
jam desuetudine abierunt, comme dit Filiutius, tom. II,
tr. 25, n. 33. Nous voyons mieux que les anciens les
nécessités présentes de l'Eglise. Si on était si sévère à
exclure les prêtres de l'autel, vous comprenez bien qu'il
n'y aurait pas un si grand nombre de messes. Or la plura-
lité des messes apporte tant de gloire à Dieu, et tant d'utilité
aux âmes, que j'oserais dire, avec notre Père Cellot, dans
son livre de la Hiérarchie, p. 611 de l'impression de Rouen,
qu'il n'y aurait pas trop de prêtres, quand non seulement
tous les hommes et les femmes, si cela se pouvait, mais
que les corps insensibles, et les bêtes brutes même, *bruta*
animalia, seraient changés en prêtres pour célébrer la
messe.

Je fus si surpris de la bizarrerie de cette imagination,
que je ne pus rien dire, de sorte qu'il continua ainsi :
Mais en voilà assez pour les prêtres ; je serais trop long ;
venons aux religieux. Comme leur plus grande difficulté
est en l'obéissance qu'ils doivent à leurs supérieurs, écoutez l'adoucissement qu'y apportent nos Pères. C'est Castrus
Palaüs, de notre Société, *Op. mor.,* p. 1, disp. 2, p. 6 :
Il est hors de dispute, non est controversia, que le religieux qui a
pour soi une opinion probable n'est point tenu d'obéir à son

*supérieur, quoique l'opinion du supérieur soit la plus probable ;
car alors il est permis au religieux d'embrasser celle qui lui est
la plus agréable, quæ sibi gratior fuerit, comme le dit Sanchez.
Et encore que le commandement du supérieur soit juste, cela
ne vous oblige pas de lui obéir ; car il n'est pas juste de tous
points et en toute manière, non undequaque juste præcipit,
mais seulement probablement, et ainsi vous n'êtes engagé que
probablement à lui obéir, et vous en êtes probablement dégagé,
probabiliter obligatus et probabiliter deobligatus.* Certes,
mon Père, lui dis-je, on ne saurait trop estimer un si beau
fruit de la double probabilité ! Elle est de grand usage, me
dit-il ; mais abrégeons. Je ne vous dirai plus que ce trait
de notre célèbre Molina, en faveur des religieux qui sont
chassés de leurs couvents pour leurs désordres. Notre Père
Escobar le rapporte, tr. 6, ex. 7, n. 111, en ces termes :
*Molina assure qu'un religieux chassé de son monastère n'est
point obligé de se corriger pour y retourner, et qu'il n'est plus
lié par son vœu d'obéissance.*

Voilà, mon Père, lui dis-je, les ecclésiastiques bien à
leur aise. Je vois bien que vos casuistes les ont traités
favorablement. Ils y ont agi comme pour eux-mêmes. J'ai
bien peur que les gens des autres conditions ne soient pas
si bien traités. Il fallait que chacun fût pour soi. Ils n'auraient pas mieux fait eux-mêmes, me repartit le Père. On a
agi pour tous avec une pareille charité, depuis les plus
grands jusques aux moindres ; et vous m'engagez, pour
vous le montrer, à vous dire nos maximes touchant les
valets.

Nous avons considéré, à leur égard, la peine qu'ils ont,
quand ils sont gens de conscience, à servir des maîtres
débauchés ; car s'ils ne font tous les messages où ils les
emploient, ils perdent leur fortune ; et s'ils leur obéissent,
ils en ont du scrupule. C'est pour les en soulager que nos
vingt-quatre Pères, tr. 7, ex. 4, n. 223, ont marqué les
services qu'ils peuvent rendre en sûreté de conscience.
En voici quelques-uns : *Porter des lettres et des présents ;
ouvrir les portes et les fenêtres ; aider leur maître à monter à
la fenêtre, tenir l'échelle pendant qu'il y monte : tout cela est
permis et indifférent. Il est vrai que pour tenir l'échelle il faut
qu'ils soient menacés plus qu'à l'ordinaire, s'ils y manquaient ;
car c'est faire injure au maître d'une maison d'y entrer par
la fenêtre.*

Voyez-vous combien cela est judicieux ? Je n'attendais
rien moins, lui dis-je, d'un livre tiré de vingt-quatre
Jésuites. Mais, ajouta le Père, notre P. Bauny a encore bien

appris aux valets à rendre tous ces devoirs-là innocemment
à leurs maîtres, en faisant qu'ils portent leur intention non
pas aux péchés dont ils sont les entremetteurs, mais seulement au gain qui leur en revient. C'est ce qu'il a bien
expliqué dans sa *Somme des péchés*, en la page 710 de la
première impression : *Que les confesseurs*, dit-il, *remarquent
bien qu'on ne peut absoudre les valets qui font des messages
déshonnêtes, s'ils consentent aux péchés de leurs maîtres;
mais il faut dire le contraire, s'ils le font pour leur commodité
temporelle.* Et cela est bien facile à faire, car pourquoi
s'obstineraient-ils à consentir à des péchés dont ils n'ont
que la peine ?

Et le même P. Bauny a encore établi cette grande maxime
en faveur de ceux qui ne sont pas contents de leurs gages;
c'est dans sa *Somme*, pages 213 et 214 de la sixième édition :
*Les valets qui se plaignent de leurs gages peuvent-ils d'eux-
mêmes les croître en se garnissant les mains d'autant de bien
appartenant à leurs maîtres, comme ils s'imaginent en être
nécessaire pour égaler les dits gages à leur peine ? Ils le
peuvent en quelques rencontres, comme lorsqu'ils sont si
pauvres en cherchant condition, qu'ils ont été obligés d'accepter
l'offre qu'on leur a faite, et que les autres valets de leur sorte
gagnent davantage ailleurs.*

Voilà justement, mon Père, lui dis-je, le passage de Jean
d'Alba. Quel Jean d'Alba ? dit le Père. Que voulez-vous
dire ? Quoi! mon Père, ne vous souvenez-vous plus de ce
qui se passa en cette ville l'année 1647 ? Et où étiez-vous
donc alors ? J'enseignais, dit-il, les cas de conscience dans
un de nos collèges assez éloigné de Paris. Je vois donc
bien, mon Père, que vous ne savez pas cette histoire; il
faut que je vous la die. C'était une personne d'honneur
qui la contait l'autre jour en un lieu où j'étais. Il nous
disait que ce Jean d'Alba, servant vos Pères du Collège
de Clermont de la rue Saint-Jacques, et n'étant pas satisfait de ses gages, déroba quelque chose pour se récompen-
ser; que vos Pères s'en étant aperçus le firent mettre en
prison, l'accusant de vol domestique; et que le procès en
fut rapporté au Châtelet le sixième jour d'avril 1647, si
j'ai bonne mémoire, car il nous marqua toutes ces parti-
cularités-là, sans quoi à peine l'aurait-on cru. Ce malheureux, étant interrogé, avoua qu'il avait pris quelques plats
d'étain à vos Pères; mais il soutint qu'il ne les avait pas
volés pour cela, rapportant pour sa justification cette doctrine du P. Bauny, qu'il présenta aux juges avec un écrit
d'un de vos Pères, sous lequel il avait étudié les cas de

conscience, qui lui avait appris la même chose. Sur quoi
M. de Montrouge, l'un des plus considérés de cette compagnie, dit en opinant *qu'il n'était pas d'avis que, sur des
écrits de ces Pères, contenant une doctrine illicite, pernicieuse
et contraire à toutes les lois naturelles, divines et humaines,
capable de renverser toutes les familles et d'autoriser tous les
vols domestiques, on dût absoudre cet accusé ; mais qu'il était
d'avis que ce trop fidèle disciple fût fouetté devant la porte du
Collège, par la main du bourreau, lequel en même temps
brûlerait les écrits de ces Pères traitant du larcin, avec
défense à eux de plus enseigner une telle doctrine, sur peine
de la vie.*

On attendait la suite de cet avis qui fut fort approuvé,
lorsqu'il arriva un incident qui fit remettre le jugement de
ce procès. Mais cependant le prisonnier disparut, on ne
sait comment, sans qu'on parlât plus de cette affaire-là ; de
sorte que Jean d'Alba sortit, et sans rendre sa vaisselle.
Voilà ce qu'il nous dit ; et il ajoutait à cela que l'avis de
M. de Montrouge est aux registres du Châtelet, où chacun
le peut voir. Nous prîmes plaisir à ce conte.

A quoi vous amusez-vous ? dit le Père. Qu'est-ce que
tout cela signifie ? Je vous parle des maximes de nos
casuistes ; j'étais prêt à vous parler de celles qui regardent
les gentilshommes, et vous m'interrompez par des histoires
hors de propos. Je ne vous le disais qu'en passant, lui
dis-je, et aussi pour vous avertir d'une chose importante sur
ce sujet, que je trouve que vous avez oubliée en établissant
votre doctrine de la probabilité. Eh quoi ! dit le Père, que
pourrait-il y avoir de manque après que tant d'habiles gens
y ont passé ? C'est, lui répondis-je, que vous avez bien mis
ceux qui suivent vos opinions probables en assurance à
l'égard de Dieu et de la conscience ; car, à ce que vous dites,
on est en sûreté de ce côté-là en suivant un docteur grave.
Vous les avez encore mis en assurance du côté des confesseurs, car vous avez obligé les prêtres à les absoudre sur
une opinion probable, à peine de péché mortel. Mais vous
ne les avez point mis en assurance du côté des juges ; de
sorte qu'ils se trouvent exposés au fouet et à la potence en
suivant vos probabilités : c'est un défaut capital que cela.
Vous avez raison, dit le Père, vous me faites plaisir ; mais
c'est que nous n'avons pas autant de pouvoir sur les magistrats que sur les confesseurs, qui sont obligés de se rapporter à nous pour les cas de conscience ; car c'est nous qui en
jugeons souverainement. J'entends bien, lui dis-je, mais si
d'une part vous êtes les juges des confesseurs, n'êtes-vous

pas, de l'autre, les confesseurs des juges ? Votre pouvoir
est de grande étendue : obligez-les d'absoudre les criminels
qui ont une opinion probable, à peine d'être exclus des
sacrements; afin qu'il n'arrive pas, au grand mépris et
scandale de la probabilité, que ceux que vous rendez innocents dans la théorie soient fouettés ou pendus dans la
pratique. Sans cela, comment trouveriez-vous des disciples ? Il y faudra songer, me dit-il, cela n'est pas à négli-
ger. Je le proposerai à notre Père Provincial. Vous pouviez
néanmoins réserver cet avis à un autre temps, sans interrompre ce que j'ai à vous dire des maximes que nous avons
établies en faveur des gentilshommes, et je ne vous les
apprendrai qu'à la charge que vous ne me ferez plus
d'histoires.

    Voilà tout ce que vous aurez pour aujourd'hui, car il
faut plus d'une lettre pour vous mander tout ce que j'ai
appris en une seule conversation, Cependant je suis, etc.

SEPTIÈME LETTRE

De Paris, ce 25 avril 1656.

MONSIEUR,

Après avoir apaisé le bon Père, dont j'avais un peu troublé le discours par l'histoire de Jean d'Alba, il le reprit sur l'assurance que je lui donnai de ne lui en plus faire de semblables; et il me parla des maximes de ses casuistes touchant les gentilshommes, à peu près en ces termes :

Vous savez, me dit-il, que la passion dominante des personnes de cette condition est ce point d'honneur qui les engage à toute heure à des violences qui paraissent bien contraires à la piété chrétienne; de sorte qu'il faudrait les exclure presque tous de nos confessionnaux, si nos Pères n'eussent un peu relâché de la sévérité de la religion pour s'accommoder à la faiblesse des hommes. Mais comme ils voulaient demeurer attachés à l'Evangile par leur devoir envers Dieu, et aux gens du monde par leur charité pour le prochain, ils ont eu besoin de toute leur lumière pour trouver des expédients qui tempérassent les choses avec tant de justesse, qu'on pût maintenir et réparer son honneur par les moyens dont on se sert ordinairement dans le monde, sans blesser néanmoins sa conscience; afin de conserver tout ensemble deux choses aussi opposées en apparence que la piété et l'honneur. Mais autant que ce dessein était utile, autant l'exécution en était pénible; car je crois que vous voyez assez la grandeur et la difficulté de cette entreprise. Elle m'étonne, lui dis-je assez froidement. Elle vous étonne ? me dit-il : je le crois, elle en étonnerait bien d'autres. Ignorez-vous que, d'une part, la loi de l'Evangile ordonne *de ne point rendre le mal pour le mal, et d'en laisser la vengeance à Dieu ?* et que, de l'autre, les lois du monde défendent de souffrir les injures, sans en tirer raison soi-même, et souvent par la mort de ses ennemis ? Avez-vous jamais rien vu qui paraisse plus contraire ? Et cependant, quand je vous dis que nos Pères ont accordé ces choses, vous me dites simplement que cela vous étonne. Je ne m'expliquais pas assez, mon Père. Je tiendrais la chose impossible, si, après ce que j'ai vu de vos Pères, je ne savais qu'ils peuvent faire facilement ce qui est impossible aux autres hommes. C'est ce qui me fait croire qu'ils en ont bien trouvé quelque moyen, que j'admire sans le connaître, et que je vous prie de me déclarer.

Puisque vous le prenez ainsi, me dit-il, je ne puis vous le refuser. Sachez donc que ce principe merveilleux est notre grande méthode de *diriger l'intention*, dont l'importance est telle dans notre morale, que j'oserais quasi la comparer à la doctrine de la probabilité. Vous en avez vu quelques traits en passant, dans de certaines maximes que je vous ai dites; car, lorsque je vous ai fait entendre comment les valets peuvent faire en conscience de certains messages fâcheux, n'avez-vous pas pris garde que c'était seulement en détournant leur intention du mal dont ils sont les entremetteurs, pour la porter au gain qui leur en revient ? Voilà ce que c'est que *diriger l'intention*, et vous avez vu de même que ceux qui donnent de l'argent pour des bénéfices seraient de véritables simoniaques sans une pareille diversion. Mais je veux maintenant vous faire voir cette grande méthode dans tout son lustre sur le sujet de l'homicide, qu'elle justifie en mille rencontres, afin que vous jugiez par un tel effet tout ce qu'elle est capable de produire. Je vois déjà, lui dis-je, que par là tout sera permis, 'rien n'en échappera. Vous allez toujours d'une extrémité à l'autre, répondit le Père : corrigez-vous de cela; car, pour vous témoigner que nous ne permettons pas tout, sachez que, par exemple, nous ne souffrons jamais d'avoir l'intention formelle de pécher pour le seul dessein de pécher; et que quiconque s'obstine à n'avoir point d'autre fin dans le mal que le mal même, nous rompons avec lui; cela est diabolique : voilà qui est sans exception d'âge, de sexe, de qualité. Mais quand on n'est pas dans cette malheureuse disposition, alors nous essayons de mettre en pratique notre méthode de *diriger l'intention*, qui consiste à se proposer pour fin de ses actions un objet permis. Ce n'est pas qu'autant qu'il est en notre pouvoir

nous ne détournions les hommes des choses défendues ;
mais, quand nous ne pouvons pas empêcher l'action, nous
purifions au moins l'intention ; et ainsi nous corrigeons
le vice du moyen par la pureté de la fin.

Voilà par où nos Pères ont trouvé moyen de permettre
les violences qu'on pratique en défendant son honneur ;
car il n'y a qu'à détourner son intention du désir de vengeance, qui est criminel, pour la porter au désir de
défendre son honneur, qui est permis selon nos Pères.
Et c'est ainsi qu'ils accomplissent tous leurs devoirs
envers Dieu et envers les hommes. Car ils contentent le
monde en permettant les actions ; et ils satisfont à l'Evangile en purifiant les intentions. Voilà ce que les Anciens
n'ont point connu, voilà ce qu'on doit à nos Pères. Le
comprenez-vous maintenant ? Fort bien, lui dis-je. Vous
accordez aux hommes l'effet extérieur et matériel de
l'action, et vous donnez à Dieu ce mouvement intérieur
et spirituel de l'intention ; et par cet équitable partage,
vous alliez les lois humaines avec les divines. Mais, mon
Père, pour vous dire la vérité, je me défie un peu de vos
promesses ; et je doute que vos auteurs en disent autant
que vous. Vous me faites tort, dit le Père ; je n'avance rien
que je ne prouve, et par tant de passages, que leur nombre,
leur autorité et leurs raisons vous rempliront d'admiration.

Car, pour vous faire voir l'alliance que nos Pères ont
faite des maximes de l'Evangile avec celles du monde,
par cette direction d'intention, écoutez notre Père Reginaldus, *in Praxi*, l. XXI, n. 62, p. 260 : *Il est défendu aux
particuliers de se venger ; car saint Paul dit aux Rom. ch. 12 :
Ne rendez à personne le mal pour le mal ; et l'Eccl., ch. 28 :
Celui qui veut se venger attirera sur soi la vengeance de Dieu,
et ses péchés ne seront point oubliés. Outre tout ce qui est dit
dans l'Evangile, du pardon des offenses, comme dans les
chapitres 6 et 18 de saint Matthieu.* Certes, mon Père, si
après cela il dit autre chose que ce qui est dans l'Ecriture,
ce ne sera pas manque de la savoir. Que conclut-il donc
enfin ? Le voici, dit-il : *De toutes ces choses, il paraît qu'un
homme de guerre peut sur l'heure même poursuivre celui qui
l'a blessé ; non pas, à la vérité, avec l'intention de rendre le
mal pour le mal, mais avec celle de conserver son honneur :
Non ut malum pro malo reddat, sed ut conservet honorem.*

Voyez-vous comment ils ont soin de défendre d'avoir
l'intention de rendre le mal pour le mal, parce que l'Ecriture le condamne ? Ils ne l'ont jamais souffert. Voyez
Lessius, *De Just.* Lib. II, c. IX, d. 12, n. 79 : *Celui qui a reçu*

un soufflet ne peut pas avoir l'intention de s'en venger; mais il peut bien avoir celle d'éviter l'infamie, et pour cela de repousser à l'instant cette injure, et même à coups d'épée : etiam cum gladio. Nous sommes si éloignés de souffrir qu'on ait le dessein de se venger de ses ennemis, que nos Pères ne veulent pas seulement qu'on leur souhaite la mort par un mouvement de haine. Voyez notre Père Escobar, Tr. 5, ex. 5, n. 145 : *Si votre ennemi est disposé à vous nuire, vous ne devez pas souhaiter sa mort par un mouvement de haine, mais vous le pouvez bien faire pour éviter votre dommage.* Car cela est tellement légitime avec cette intention, que notre grand Hurtado de Mendoza dit : *Qu'on peut prier Dieu de faire promptement mourir ceux qui se disposent à nous persécuter, si on ne le peut éviter autrement.* C'est au livre *De Spe*, Vol. II, d. 15, 3, sect. 4, [§] 48.

Mon Révérend Père, lui dis-je, l'Eglise a bien oublié de mettre une oraison à cette intention dans ses prières. On n'y a pas mis, me dit-il, tout ce qu'on peut demander à Dieu. Outre que cela ne se pouvait pas, car cette opinion-là est plus nouvelle que le bréviaire : vous n'êtes pas bon chronologiste. Mais, sans sortir de sujet, écoutez encore ce passage de notre Père Gaspar Hurtado, *De Sub. pecc. diff.* 9, cité par Diana, p. 5, tr. 14, r. 99; c'est l'un des vingt-quatre Pères d'Escobar. *Un bénéficier peut, sans aucun péché mortel, désirer la mort de celui qui a une pension sur son bénéfice; et un fils celle de son père, et se réjouir quand elle arrive, pourvu que ce ne soit que pour le bien qui lui en revient, et non pas par une haine personnelle.*

O mon Père! lui dis-je, voilà un beau fruit de la direction d'intention! Je vois bien qu'elle est de grande étendue; mais néanmoins il y a de certains cas dont la résolution serait encore difficile, quoique fort nécessaire pour les gentilshommes. Proposez-les pour voir, dit le Père. Montrez-moi, lui dis-je, avec toute cette direction d'intention, qu'il soit permis de se battre en duel. Notre grand Hurtado de Mendoza, dit le Père, vous y satisfera sur l'heure, dans ce passage que Diana rapporte p. 5 tr. 14, r. 99. *Si un gentilhomme qui est appelé en duel est connu pour n'être pas dévot, et que les péchés qu'on lui voit commettre à toute heure sans scrupule fassent aisément juger que, s'il refuse le duel, ce n'est pas par la crainte de Dieu, mais par timidité; et qu'ainsi on dise de lui que c'est une poule et non pas un homme, gallina et non vir, il peut, pour conserver son honneur, se trouver au lieu assigné, non pas véritablement avec l'intention expresse de se battre en duel, mais seulement*

avec celle de se défendre, si celui qui l'a appelé l'y vient
attaquer injustement. Et son action sera toute indifférente
d'elle-même. Car quel mal y a-t-il d'aller dans un champ,
de s'y promener en attendant un homme, et de se défendre
si on l'y vient attaquer ? Et ainsi il ne pèche en aucune
manière, puisque ce n'est point du tout accepter un duel,
ayant l'intention dirigée à d'autres circonstances. Car
l'acceptation du duel consiste en l'intention expresse de
se battre, laquelle celui-ci n'a pas.

Vous ne m'avez pas tenu parole, mon Père. Ce n'est
pas là proprement permettre le duel; au contraire, il le
croit tellement défendu, que, pour le rendre permis, il
évite de dire que c'en soit un. Ho! ho! dit le Père, vous
commencez à pénétrer; j'en suis ravi. Je pourrais dire
néanmoins qu'il permet en cela tout ce que demandent
ceux qui se battent en duel. Mais, puisqu'il faut vous
répondre juste, notre Père Layman le fera pour moi, en
permettant le duel en mots propres, pourvu qu'on dirige
son intention à l'accepter seulement pour conserver son
honneur ou sa fortune. C'est au l. 3, p. 3, c. 3, n. 2 et 3 :
Si un soldat à l'armée, ou un gentilhomme à la Cour, se
trouve en état de perdre son honneur ou sa fortune, s'il
n'accepte un duel, je ne vois pas que l'on puisse condamner
celui qui le reçoit pour se défendre. Petrus Hurtado dit la
même chose, au rapport de notre célèbre Escobar, au
tr. 1, ex. 7, n. 96, et, au n. 98, il ajoute ces paroles de
Hurtado : *Qu'on peut se battre en duel pour défendre même*
son bien, s'il n'y a que ce moyen de le conserver; parce que
chacun a le droit de défendre son bien, et même par la mort
de ses ennemis. J'admirai sur ces passages de voir que la
piété du roi emploie sa puissance à défendre et à abolir
le duel dans ses états, et que la piété des Jésuites occupe
leur subtilité à le permettre et à l'autoriser dans l'Eglise.
Mais le bon Père était si en train, qu'on lui eût fait tort
de l'arrêter, de sorte qu'il poursuivit ainsi : Enfin, dit-il,
Sanchez (voyez un peu quels gens je vous cite!) passe
outre; car il permet non seulement de recevoir, mais
encore d'offrir le duel en dirigeant bien son intention. Et
notre Escobar le suit en cela au même lieu, n. 97. Mon
Père, lui dis-je, je le quitte, si cela est; mais je ne croirai
jamais qu'il l'ait écrit, si je ne le vois. Lisez-le donc
vous-même, me dit-il; et je lus en effet ces mots dans la
Théologie morale de Sanchez, l. 2, c. 29, n. 7. *Il est bien*
raisonnable de dire qu'un homme peut se battre en duel pour
sauver sa vie, son honneur, ou son bien en une quantité

considérable, lorsqu'il est constant qu'on les lui veut ravir injustement par des procès et des chicaneries, et qu'il n'y a que ce seul moyen de les conserver. Et Navarrus dit fort bien qu'en cette occasion il est permis d'accepter et d'offrir le duel : Licet acceptare et offerre duellum. Et aussi qu'on peut tuer en cachette son ennemi. Et même, en ces rencontres-là, on ne doit point user de la voie du duel, si on peut tuer en cachette son homme, et sortir par là d'affaire : car, par ce moyen, on évitera tout ensemble, et d'exposer sa vie dans un combat, et de participer au péché que notre ennemi commettrait par un duel.

Voilà, mon Père, lui dis-je, un pieux guet-apens : mais, quoique pieux, il demeure toujours guet-apens, puisqu'il est permis de tuer son ennemi en trahison. Vous ai-je dit, répliqua le Père, qu'on peut tuer en trahison ? Dieu m'en garde ! Je vous dis qu'on peut tuer en cachette, et de là vous concluez qu'on peut tuer en trahison, comme si c'était la même chose. Apprenez d'Escobar, tr. 6, ex. 4, n. 26, ce que c'est que tuer en trahison, et puis vous parlerez. *On appelle tuer en trahison, quand on tue celui qui ne s'en défie en aucune manière. Et c'est pourquoi celui qui tue son ennemi n'est pas dit le tuer en trahison, quoique ce soit par derrière ou dans une embûche : licet per insidias, aut a tergo percutiat.* Et au même traité, n. 56 : *Celui qui tue son ennemi avec lequel il s'était réconcilié, sous promesse de ne plus attenter à sa vie, n'est pas absolument dit le tuer en trahison, à moins qu'il n'y eût entre eux une amitié bien étroite : arctior amicitia.*

Vous voyez par là que vous ne savez pas seulement ce que les termes signifient, et cependant vous parlez comme un docteur. J'avoue, lui dis-je, que cela m'est nouveau; et j'apprends de cette définition qu'on n'a peut-être jamais tué personne en trahison; car on ne s'avise guère d'assassiner que ses ennemis; mais, quoi qu'il en soit, on peut donc, selon Sanchez, tuer hardiment, je ne dis plus en trahison, mais seulement par derrière, ou dans une embûche, un calomniateur qui nous poursuit en justice ? Oui, dit le Père, mais en dirigeant bien l'intention; vous oubliez toujours le principal. Et c'est ce que Molina soutient aussi, t. 4, tr. 3, disp. 12. Et même, selon notre docte Reginaldus, l. 21, c. 5, n. 57 : *On peut tuer aussi les faux témoins qu'il suscite contre nous.* Et enfin, selon nos grands et célèbres Pères Tannerus et Emmanuel Sa, on peut de même tuer et les faux témoins et le juge, s'il est de leur intelligence. Voici ses mots, t. 3, disp. 4, q. 8,

n. 83 : *Sotus*, dit-il, *et Lessius disent qu'il n'est pas permis
de tuer les faux témoins et le juge qui conspirent à faire
mourir un innocent ; mais Emmanuel Sa et d'autres auteurs
ont raison d'improuver ce sentiment-là, au moins pour ce qui
touche la conscience.* Et il confirme encore, au même lieu,
qu'on peut tuer et témoins et juge.

Mon Père, lui dis-je, j'entends maintenant assez bien
votre principe de la direction d'intention ; mais j'en veux
bien entendre aussi les conséquences, et tous les cas où
cette méthode donne le pouvoir de tuer. Reprenons donc
ceux que vous m'avez dits, de peur de méprise ; car l'équivoque serait ici dangereuse. Il ne faut tuer que bien à
propos, et sur bonne opinion probable. Vous m'avez donc
assuré qu'en dirigeant bien son intention, on peut, selon
vos Pères, pour conserver son honneur, et même son bien,
accepter un duel, l'offrir quelquefois, tuer en cachette un
faux accusateur, et ses témoins avec lui, et encore le juge
corrompu qui les favorise ; et vous m'avez dit aussi que
celui qui a reçu un soufflet peut, sans se venger, le réparer
à coups d'épée. Mais, mon Père, vous ne m'avez pas dit
avec quelle mesure. On ne s'y peut guère tromper, dit le
Père ; car on peut aller jusqu'à le tuer. C'est ce que prouve
fort bien notre savant Henriquez, Liv. 14, c. 10, n. 3, et
d'autres de nos Pères rapportés par Escobar, tr. 1, ex. 7,
n. 48, en ces mots : *On peut tuer celui qui a donné un soufflet,
quoiqu'il s'enfuie, pourvu qu'on évite de le faire par haine
ou par vengeance, et que par là on ne donne pas lieu à des
meurtres excessifs et nuisibles à l'Etat. Et la raison en est,
qu'on peut ainsi courir après son honneur, comme après du
bien dérobé ; car encore que votre honneur ne soit pas entre
les mains de votre ennemi, comme seraient des hardes qu'il
vous aurait volées, on peut néanmoins le recouvrer en la
même manière, en donnant des marques de grandeur et
d'autorité, et s'acquérant par là l'estime des hommes. Et, en
effet, n'est-il pas véritable que celui qui a reçu un soufflet
est réputé sans honneur, jusqu'à ce qu'il ait tué son ennemi ?*
Cela me parut si horrible, que j'eus peine à me retenir ;
mais, pour savoir le reste, je le laissai continuer ainsi : Et
même, dit-il, on peut, pour prévenir un soufflet, tuer celui
qui le veut donner, s'il n'y a que ce moyen de l'éviter.
Cela est commun dans nos Pères. Par exemple, Azor,
Inst. mor., part. 3, p. 105 (c'est encore l'un des vingt-
quatre vieillards) : *Est-il permis à un homme d'honneur de
tuer celui qui lui veut donner un soufflet ou un coup de bâton ?
Les uns disent que non ; et leur raison est que la vie du prochain*

est plus précieuse que notre honneur : outre qu'il y a de la
cruauté à tuer un homme pour éviter seulement un soufflet.
Mais les autres disent que cela est permis ; et certainement
je le trouve probable, quand on ne peut l'éviter autrement ;
car, sans cela, l'honneur des innocents serait sans cesse
exposé à la malice des insolents. Notre grand Filiutius, de
même, t. 2, tr. 29, c. 3, n. 50 ; et le P. Héreau, dans ses
écrits de l'homicide ; Hurtado de Mendoza, in 2, 2, disp.
170, sect. 16, § 137 ; et Bécan, Som., t. 1, q. 64, De Homi-
cid. ; et nos Pères Flahaut et Lecourt, dans leurs écrits
que l'Université, dans sa troisième requête, a rapportés
tout au long pour les décrier, mais elle n'y a pas réussi ;
et Escobar au même lieu, n. 48, disent tous les mêmes
choses. Enfin cela est si généralement soutenu, que
Lessius le décide comme une chose qui n'est contestée
d'aucun casuiste, l. 2, c. 9, n. 76 ; car il en apporte un
grand nombre qui sont de cette opinion, et aucun qui soit
contraire ; et même il allègue, n. 77, Pierre Navarre, qui,
parlant généralement des affronts, dont il n'y en [a] point
de plus sensible qu'un soufflet, déclare que, selon le
consentement de tous les casuistes, *ex sententia omnium*
licet contumeliosum occidere, si aliter ea injuria arceri nequit.
En voulez-vous davantage ?

Je l'en remerciai, car je n'en avais que trop entendu ;
mais pour voir jusqu'où irait une si damnable doctrine, je
lui dis : Mais, mon Père, ne sera-t-il point permis de tuer
pour un peu moins ? Ne saurait-on diriger son intention
en sorte qu'on puisse tuer pour un démenti ? Oui, dit le
Père, et selon notre Père Baldelle, l. 3, disp. 24, n. 24,
rapporté par Escobar au même lieu, n. 49 : *Il est permis de*
tuer celui qui vous dit : Vous avez menti, si on ne peut le
réprimer autrement. Et on peut tuer de la même sorte
pour des médisances, selon nos Pères ; car Lessius, que le
Père Héreau, entre autres, suit mot à mot, dit, au lieu
déjà cité : *Si vous tâchez de ruiner ma réputation par des*
calomnies devant les personnes d'honneur, et que je ne puisse
l'éviter autrement qu'en vous tuant, le puis-je faire ? Oui,
selon des auteurs modernes, et même encore que le crime
que vous publiez soit véritable, si toutefois il est secret, en
sorte que vous ne puissiez le découvrir selon les voies de la
justice ; et en voici la preuve. Si vous me voulez ravir l'hon-
neur en me donnant un soufflet, je puis l'empêcher par la
force des armes : donc la même défense est permise quand
vous me voulez faire la même injure avec la langue. De
plus, on peut empêcher les affronts : donc on peut empêcher

les médisances. Enfin l'honneur est plus cher que la vie. Or on peut tuer pour défendre sa vie : donc on peut tuer pour défendre son honneur.

Voilà des arguments en forme. Ce n'est pas là discourir, c'est prouver. Et enfin, ce grand Lessius montre au même endroit n. 78, qu'on peut tuer même pour un simple geste, ou un signe de mépris. *On peut,* dit-il, *attaquer et ôter l'honneur en plusieurs manières, dans lesquelles la défense paraît bien juste ; comme si on veut donner un coup de bâton, ou un soufflet, ou si on veut nous faire affront par des paroles ou par des signes, sive per signa.*

O mon Père, lui dis-je, voilà tout ce qu'on peut souhaiter pour mettre l'honneur à couvert ; mais la vie est bien exposée, si, pour de simples médisances ou des gestes désobligeants, on peut tuer le monde en conscience. Cela est vrai, me dit-il ; mais comme nos Pères sont fort circonspects, ils ont trouvé à propos de défendre de mettre cette doctrine en usage en ces petites occasions, car ils disent au moins *qu'à peine doit-on la pratiquer : practice vix probari potest.* Et ce n'a pas été sans raison ; la voici. Je le sais bien, lui dis-je ; c'est parce que la loi de Dieu défend de tuer. Ils ne le prennent pas par là, me dit le Père ; ils le trouvent permis en conscience, et en ne regardant que la vérité en elle-même. Et pourquoi le défendent-ils donc ? Ecoutez-le, dit-il. C'est parce qu'on dépeuplerait un Etat en moins de rien, si on en tuait tous les médisants. Apprenez-le de notre Reginaldus, liv. 21, n. 63, page 260 : *Encore que cette opinion, qu'on peut tuer pour une médisance, ne soit pas sans probabilité dans la théorie, il faut suivre le contraire dans la pratique ; car il faut toujours éviter le dommage de l'Etat dans la manière de se défendre. Or il est visible qu'en tuant le monde de cette sorte, il se ferait un trop grand nombre de meurtres.* Lessius en parle de même au lieu déjà cité. *Il faut prendre garde que l'usage de cette maxime ne soit nuisible à l'Etat, car alors il ne faut pas le permettre, tunc enim non est permittendus.*

Quoi ! mon Père, ce n'est donc ici qu'une défense de politique, et non pas de religion ? Peu de gens s'y arrêteront, et surtout dans la colère ; car il pourrait être assez probable qu'on ne fait point de tort à l'Etat de le purger d'un méchant homme. Aussi, dit-il, notre Père Filiutius joint à cette raison-là une autre bien considérable, tr. 29, ch. 3, n. 51. *C'est qu'on serait puni en justice, en tuant le monde pour ce sujet.* Je vous le disais bien, mon Père, que vous ne feriez jamais rien qui vaille, tant que vous n'auriez

point les juges de votre côté. Les juges, dit le Père, qui ne
pénètrent pas dans les consciences, ne jugent que par le
dehors de l'action, au lieu que nous regardons principalement à l'intention; et de là vient que nos maximes sont
quelquefois un peu différentes des leurs. Quoi qu'il en
soit, mon Père, il se conclut fort bien des vôtres qu'en
évitant les dommages de l'Etat, on peut tuer les médisants
en sûreté de conscience, pourvu que ce soit en sûreté de sa
personne.

Mais, mon Père, après avoir si bien pourvu à l'honneur,
n'avez-vous rien fait pour le bien ? Je sais qu'il est de
moindre considération, mais il n'importe. Il me semble
qu'on peut bien diriger son intention à tuer pour le
conserver. Oui, dit le Père, et je vous ai touché quelque
chose qui vous a pu donner cette ouverture. Tous nos
casuistes s'y accordent, et même on le permet, *encore que
l'on ne craigne plus aucune violence de ceux qui nous ôtent
notre bien, comme quand ils s'enfuient.* Azor, de notre Société,
le prouve, p. 3, l. 2, ch. 1, q. 20.

Mais, mon Père, combien faut-il que la chose vaille
pour nous porter à cette extrémité ? *Il faut,* selon Reginaldus, l. 21, ch. 5, n. [68], et Tannerus, in. 2, 2, disp. 4,
q. 8, d. 4, n. 69, *que la chose soit de grand prix au jugement
d'un homme prudent.* Et Layman et Filiutius en parlent de
même. Ce n'est rien dire, mon Père : où ira-t-on chercher
un homme prudent, dont la rencontre est si rare, pour
faire cette estimation ? Que ne déterminent-ils exactement
la somme ? Comment! dit le Père, était-il si facile, à votre
avis, de comparer la vie d'un homme et d'un chrétien
à de l'argent ? C'est ici où je veux vous faire sentir la
nécessité de nos casuistes. Cherchez-moi, dans tous les
anciens Pères, pour combien d'argent il est permis de
tuer un homme. Que vous diront-ils, sinon : *non occides,*
Vous ne tuerez point ? Et qui a donc osé déterminer cette
somme ? répondis-je. C'est, me dit-il, notre grand et
incomparable Molina, la gloire de notre Société, qui, par
sa prudence inimitable, l'a estimée *à six ou sept ducats,
pour lesquels il assure qu'il est permis de tuer, encore que
celui qui les emporte s'enfuie.* C'est en son t. 4, tr. 3, disp. 16,
d. 6. Et il dit de plus au même endroit : *Qu'il n'oserait
condamner d'aucun péché un homme qui tue celui qui lui veut
ôter une chose de la valeur d'un écu, ou moins : unius aurei, vel
minoris adhuc valoris.* Ce qui a porté Escobar à établir
cette règle générale, n. 44, *que régulièrement on peut tuer
un homme pour la valeur d'un écu, selon Molina.*

O mon Père! d'où Molina a-t-il pu être éclairé pour
déterminer une chose de cette importance sans aucun
secours de l'Ecriture, des Conciles, ni des Pères ? Je vois
bien qu'il a eu des lumières bien particulières et bien
éloignées de saint Augustin sur l'homicide, aussi bien que
sur la grâce. Me voici bien savant sur ce chapitre; et je
connais parfaitement qu'il n'y a plus que les gens d'Eglise
qui s'abstiendront de tuer ceux qui leur feront tort en leur
honneur ou en leur bien. Que voulez-vous dire ? répliqua
le Père. Cela serait-il raisonnable, à votre avis, que ceux
qu'on doit le plus respecter dans le monde fussent seuls
exposés à l'insolence des méchants ? Nos Pères ont prévenu
ce désordre, car Tannerus, [tr.] 2, d. 4, q. 8, d. 4, n. 76, dit :
Qu'il est permis aux ecclésiastiques et aux religieux même de
tuer, pour défendre non seulement leur vie, mais aussi leur
bien, ou celui de leur communauté. Molina, qu'Escobar
rapporte, n. 43; Bécan, in 2, 2, t. 2, q. 7, *De Hom.*, concl.
2, n. 5; Reginaldus, l. 21, c. 5, n. 68; Layman, l. 3, tr. 3,
p. 3, c. 3, n. 4; Lessius, l. 2, c. 9, d. 11, n. 72; et les autres
se servent tous des mêmes paroles.

Et même, selon notre célèbre P. Lamy, il est permis
aux prêtres et aux religieux de prévenir ceux qui les
veulent noircir par des médisances, en les tuant pour les
en empêcher. Mais c'est toujours en dirigeant bien l'intention. Voici ses termes, t. 5, disp. 36, n. 118 : *Il est permis*
à un ecclésiastique ou à un religieux de tuer un calomniateur
qui menace de publier des crimes scandaleux de sa communauté
ou de lui-même, quand il n'y a que ce seul moyen de l'en
empêcher, comme s'il est prêt à répandre ses médisances si
on ne le tue promptement : car, en ce cas, comme il serait
permis à ce religieux de tuer celui qui lui voudrait ôter la vie,
il lui est permis aussi de tuer celui qui lui veut ôter l'honneur
ou celui de sa communauté, de la même sorte qu'aux gens du
monde. Je ne savais pas cela, lui dis-je, et j'avais cru simplement le contraire sans y faire de réflexion, sur ce que
j'avais ouï dire que l'Eglise abhorre tellement le sang,
qu'elle ne permet pas seulement aux juges ecclésiastiques
d'assister aux jugements criminels. Ne vous arrêtez pas à
cela, dit-il, notre Père Lamy prouve fort bien cette doctrine, quoique, par un trait d'humilité bienséant à ce
grand homme, il la soumette aux lecteurs prudents. Et
Caramuel, notre illustre défenseur, qui la rapporte dans sa
Théologie fondamentale, p. 543, la croit si certaine, qu'il
soutient *que le contraire n'est pas probable ;* et il en tire des
conclusions admirables, comme celle-ci, qu'il appelle la

conclusion des conclusions, *conclusionum conclusio* : *Qu'un prêtre non seulement peut, en de certaines rencontres, tuer un calomniateur, mais encore qu'il y en a où il le doit faire : etiam aliquando debet occidere.* Il examine plusieurs questions nouvelles sur ce principe; par exemple celle-ci : *Savoir si les Jésuites peuvent tuer les Jansénistes ?* Voilà, mon Père, m'écriai-je, un point de théologie bien surprenant! Et je tiens les Jansénistes déjà morts par la doctrine du P. Lamy. Vous voilà attrapé, dit le Père. Caramuel conclut le contraire des mêmes principes. Et comment cela, mon Père ? Parce, me dit-il, qu'ils ne nuisent pas à notre réputation. Voici ses mots, n. 1146 et 1147, p. 547 et 548 : *Les Jansénistes appellent les Jésuites Pélagiens; pourra-t-on les tuer pour cela ? Non, d'autant que les Jansénistes n'obscurcissent non plus l'éclat de la Société qu'un hibou celui du soleil; au contraire, ils l'ont relevée, quoique contre leur intention : occidi non possunt, quia nocere non potuerunt.*

Eh quoi! mon Père, la vie des Jansénistes dépend donc seulement de savoir s'ils nuisent à votre réputation ? Je les tiens peu en sûreté, si cela est. Car s'il devient tant soit peu probable qu'ils vous fassent tort, les voilà tuables sans difficulté. Vous en ferez un argument en forme; et il n'en faut pas davantage, avec une direction d'intention, pour expédier un homme en sûreté de conscience. O qu'heureux sont les gens qui ne veulent pas souffrir les injures, d'être instruits en cette doctrine! Mais que malheureux sont ceux qui les offensent! En vérité, mon Père, il vaudrait autant avoir affaire à des gens qui n'ont point de religion, qu'à ceux qui en sont instruits jusqu'à cette direction. Car enfin l'intention de celui qui blesse ne soulage point celui qui est blessé. Il ne s'aperçoit point de cette direction secrète, et il ne sent que celle du coup qu'on lui porte. Et je ne sais même si on n'aurait pas moins de dépit de se voir tuer brutalement par des gens emportés, que de se sentir poignarder consciencieusement par des gens dévots.

Tout de bon, mon Père, je suis un peu surpris de tout ceci; et ces questions du Père Lamy et de Caramuel ne me plaisent point. Pourquoi ? dit le Père : êtes-vous Janséniste ? J'en ai une autre raison, lui dis-je. C'est que j'écris de temps en temps à un de mes amis de la campagne ce que j'apprends des maximes de vos Pères. Et quoique je ne fasse que rapporter simplement et citer fidèlement leurs paroles, je ne sais néanmoins s'il ne se pourrait pas rencontrer quelque esprit bizarre qui, s'imaginant que cela vous fait tort, n'en tirât de vos principes quelque méchante conclusion. Allez, me dit le Père, il ne vous en arrivera point de mal, j'en suis garant. Sachez que ce que nos Pères ont imprimé eux-mêmes, et avec l'approbation de nos Supérieurs, n'est ni mauvais, ni dangereux à publier.

Je vous écris donc sur la parole de ce bon Père; mais le papier me manque toujours, et non pas les passages. Car il y en a tant d'autres, et de si forts, qu'il faudrait des volumes pour tout dire.

Je suis, etc.

HUITIÈME LETTRE

De Paris, ce 28 mai 1656.

MONSIEUR,

Vous ne pensiez pas que personne eût la curiosité de savoir qui nous sommes ; cependant il y a des gens qui essayent de le deviner, mais ils rencontrent mal. Les uns me prennent pour un docteur de Sorbonne : les autres attribuent mes lettres à quatre ou cinq personnes, qui, comme moi, ne sont ni prêtres ni ecclésiastiques. Tous ces faux soupçons me font connaître que je n'ai pas mal réussi dans le dessein que j'ai eu de n'être connu que de vous, et du bon Père qui souffre toujours mes visites, et dont je souffre toujours les discours, quoique avec bien de la peine. Mais je suis obligé à me contraindre ; car il ne les continuerait pas, s'il s'apercevait que j'en fusse si choqué ; et ainsi je ne pourrais m'acquitter de la parole que je vous ai donnée, de vous faire savoir leur morale. Je vous assure que vous devez compter pour quelque chose la violence que je me fais. Il est bien pénible de voir renverser toute la morale chrétienne par des égarements si étranges, sans oser y contredire ouvertement. Mais, après avoir tant enduré pour votre satisfaction, je pense qu'à la fin j'éclaterai pour la mienne, quand il n'aura plus rien à me dire. Cependant je me retiendrai autant qu'il me sera possible ; car plus je me tais, plus il me dit de choses. Il m'en apprit tant la dernière fois, que j'aurai bien de la peine à tout dire. Vous verrez des principes bien commodes pour ne point restituer. Car, de quelque manière qu'il pallie ses maximes, celles que j'ai à vous dire ne vont en effet qu'à favoriser les juges corrompus, les usuriers, les banqueroutiers, les larrons, les femmes perdues et les sorciers, qui

sont tous dispensés assez largement de restituer ce qu'ils
gagnent chacun dans leur métier. C'est ce que le bon
Père m'apprit par ce discours.

Dès le commencement de nos entretiens, me dit-il, je
me suis engagé à vous expliquer les maximes de nos
auteurs pour toutes sortes de conditions. Vous avez déjà
vu celles qui touchent les bénéficiers, les prêtres, les
religieux, les domestiques et les gentilshommes : parcou-
rons maintenant les autres, et commençons par les juges.

Je vous dirai d'abord une des plus importantes et des
plus avantageuses maximes que nos Pères aient enseignées
en leur faveur. Elle est de notre savant Castro Palao,
l'un de nos vingt-quatre vieillards. Voici ses mots : *Un
juge peut-il, dans une question de droit, juger selon une
opinion probable, en quittant l'opinion la plus probable ?
Oui, et même contre son propre sentiment : imo contra
propriam opinionem.* Et c'est ce que notre Père Escobar
rapporte aussi au tr. 6, ex. 6, n. 45. O mon Père ! lui dis-je,
voilà un beau commencement ! Les juges vous sont bien
obligés; et je trouve bien étrange qu'ils s'opposent à vos
probabilités, comme nous l'avons remarqué quelquefois,
puisqu'elles leur sont si favorables. Car vous donnez par
là le même pouvoir sur la fortune des hommes que vous
vous êtes donné sur les consciences. Vous voyez, me dit-il,
que ce n'est pas notre intérêt qui nous fait agir; nous
n'avons eu égard qu'au repos de leurs consciences, et
c'est à quoi notre grand Molina a si utilement travaillé,
sur le sujet des présents qu'on leur fait. Car, pour lever
les scrupules qu'ils pourraient avoir d'en prendre en de
certaines rencontres, il a pris le soin de faire le dénom-
brement de tous les cas où ils en peuvent recevoir en
conscience, à moins qu'il y eût quelque loi particulière
qui le leur défendît. C'est en son t. 1, tr. 2, d. 88, n. 6. Les
voici : *Les juges peuvent recevoir des présents des parties,
quand ils les leur donnent ou par amitié, ou par reconnaissance de la justice qu'ils ont rendue, ou pour les porter à la
rendre à l'avenir, ou pour les obliger à prendre un soin
particulier de leur affaire, ou pour les engager à les expédier
promptement.* Notre savant Escobar en parle encore au
tr. 6, ex. 6, n. 43, en cette sorte : *S'il y a plusieurs personnes
qui n'aient pas plus de droit d'être expédiées l'une que l'autre,
le juge qui prendra quelque chose de l'un, à condition,
ex pacto, de l'expédier le premier, péchera-t-il ? Non, certainement, selon Layman : car il ne fait aucune injure aux
autres selon le droit naturel, lorsqu'il accorde à l'un, par la*

considération de son présent, ce qu'il pouvait accorder à celui
qu'il lui eût plu : et même, étant également obligé envers tous
par l'égalité de leur droit, il le devient davantage envers
celui qui lui fait ce don, qui l'engage à le préférer aux autres :
et cette préférence semble pouvoir être estimée pour de l'ar-
gent : Quæ obligatio videtur pretio æstimabilis.

Mon Révérend Père, lui dis-je, je suis surpris de cette
permission, que les premiers magistrats du royaume ne
savent pas encore. Car M. le premier président a apporté
un ordre dans le Parlement pour empêcher que certains
greffiers ne prissent de l'argent pour cette sorte de préférence : ce qui témoigne qu'il est bien éloigné de croire
que cela soit permis à des juges; et tout le monde a loué
une réformation si utile à toutes les parties. Le bon Père,
surpris de ce discours, me répondit : Dites-vous vrai ? je
ne savais rien de cela. Notre opinion n'est que probable,
le contraire est probable aussi. En vérité, mon Père, lui
dis-je, on trouve que M. le premier président a plus que
probablement bien fait, et qu'il a arrêté par là le cours
d'une corruption publique, et soufferte durant trop
longtemps. J'en juge de la même sorte, dit le Père; mais
passons cela, laissons les juges. Vous avez raison, lui dis-je;
aussi bien ne reconnaissent-ils pas assez ce que vous
faites pour eux. Ce n'est pas cela, dit le Père; mais c'est
qu'il y a tant de choses à dire sur tous, qu'il faut être
court sur chacun.

Parlons maintenant des gens d'affaires. Vous savez que
la plus grande peine qu'on ait avec eux est de les détourner
de l'usure; et c'est aussi à quoi nos Pères ont pris un
soin particulier; car ils détestent si fort ce vice, qu'Escobar dit au tr. 3, ex. 5, n. 1, *que de dire que l'usure n'est pas*
péché, ce serait une hérésie. Et notre Père Bauny, dans sa
Somme des péchés, ch. 14, remplit plusieurs pages des
peines dues aux usuriers. Il les déclare *infâmes durant*
leur vie, et indignes de sépulture après leur mort. O mon
Père! je ne le croyais pas si sévère. Il l'est quand il le faut,
me dit-il; mais aussi ce savant casuiste ayant remarqué
qu'on n'est attiré à l'usure que par le désir du gain, il dit
au même lieu : *L'on n'obligerait donc pas peu le monde, si,*
le garantissant des mauvais effets de l'usure, et tout ensemble
du péché qui en est la cause, l'on lui donnait le moyen de tirer
autant et plus de profit de son argent par quelque bon et
légitime emploi, que l'on n'en tire des usures. Sans doute,
mon Père, il n'y aurait plus d'usuriers après cela. Et c'est
pourquoi, dit-il, il en a fourni une *méthode générale pour*

toutes sortes de personnes, gentilshommes, présidents, conseillers, etc., et si facile, qu'elle ne consiste qu'en l'usage de certaines paroles qu'il faut prononcer en prêtant son argent; ensuite desquelles on peut en prendre du profit, sans craindre qu'il soit usuraire, comme il est sans doute qu'il l'aurait été autrement. Et quels sont donc ces termes mystérieux, mon Père ? Les voici, me dit-il, et en mots propres; car vous savez qu'il a fait son livre de la *Somme des péchés* en français, *pour être entendu de tout le monde*, comme il le dit dans la préface : Celui à qui on demande de l'argent répondra donc en cette sorte : *Je n'ai point d'argent à prêter; si ai bien à mettre à profit honnête et licite. Si désirez la somme que demandez pour la faire valoir par votre industrie à moitié gain, moitié perte, peut-être m'y résoudrai-je. Bien est vrai qu'à cause qu'il [y] a trop de peine à s'accommoder pour le profit, si vous m'en voulez assurer un certain, et quand, et quand aussi mon sort principal, qu'il ne coure fortune, nous tomberions bien plus tôt d'accord, et vous ferai toucher argent dans cette heure.* N'est-ce pas là un moyen bien aisé de gagner de l'argent sans pécher ? Et le P. Bauny n'a-t-il pas raison de dire ces paroles, par lesquelles il conclut cette méthode : *Voilà, à mon avis, le moyen par lequel quantité de personnes dans le monde, qui, par leurs usures, extorsions et contrats illicites, se provoquent la juste indignation de Dieu, se peuvent sauver en faisant de beaux, honnêtes et licites profits ?*

O mon Père ! lui dis-je, voilà des paroles bien puissantes ! Sans doute elles ont quelque vertu occulte pour chasser l'usure, que je n'entends pas : car j'ai toujours pensé que ce péché consistait à retirer plus d'argent qu'on n'en a prêté. Vous l'entendez bien peu, me dit-il. L'usure ne consiste presque, selon nos Pères, qu'en l'intention de prendre ce profit comme usuraire. Et c'est pourquoi notre Père Escobar fait éviter l'usure par un simple détour d'intention; c'est au tr. 3, ex. 5, n. 4, 33, 44. *Ce serait usure*, dit-il, *de prendre du profit de ceux à qui on prête, si on l'exigeait comme dû par justice; mais, si on l'exige comme dû par reconnaissance, ce n'est point usure.* Et n. 3 : *Il n'est pas permis d'avoir l'intention de profiter de l'argent prêté immédiatement; mais de le prétendre par l'entremise de la bienveillance de celui à qui on l'a prêté, mediâ benevolentiâ, ce n'est point usure.*

Voilà de subtiles méthodes; mais une des meilleures, à mon sens, car nous en avons à choisir, c'est celle du contrat Mohatra. Le contrat Mohatra, mon Père ? Je vois bien, dit-il, que vous ne savez ce que c'est. Il n'y a que le nom d'étrange. Escobar vous l'expliquera au tr. 3, ex. 3, n. 36 : *Le contrat Mohatra est celui par lequel on achète des étoffes chèrement et à crédit, pour les revendre au même instant à la même personne argent comptant et à bon marché.* Voilà ce que c'est que le contrat Mohatra : par où vous voyez qu'on reçoit une certaine somme comptant, en demeurant obligé pour davantage. Mais, mon Père, je crois qu'il n'y a jamais eu qu'Escobar qui se soit servi de ce mot-là : y a-t-il d'autres livres qui en parlent ? Que vous savez peu les choses! me dit le Père. Le dernier livre de théologie morale qui a été imprimé cette année même à Paris parle du Mohatra, et doctement; il est intitulé *Epilogus Summarum.* C'est *un abrégé de toutes les Sommes de Théologie, pris de nos Pères Suarez, Sanchez, Lessius, Fagundez, Hurtado, et d'autres casuistes célèbres,* comme le titre le dit. Vous y verrez donc en la page 54 : *Le Mohatra est quand un homme, qui a affaire de vingt pistoles, achète d'un marchand les étoffes pour trente pistoles, payables dans un an, et les lui revend à l'heure même pour vingt pistoles comptant.* Vous voyez bien par là que le Mohatra n'est pas un mot inouï. Eh bien! mon Père, ce contrat-là est-il permis ? Escobar, répondit le Père, dit au même lieu, *qu'il y a des lois qui le défendent sous des peines très rigoureuses.* Il est donc inutile, mon Père ? Point du tout, dit-il : car Escobar, en ce même endroit, donne des expédients pour le rendre permis : *encore même,* dit-il, *que celui qui vend et achète ait pour intention principale le dessein de profiter, pourvu seulement qu'en vendant il n'excède pas le plus haut prix des étoffes de cette sorte, et qu'en rachetant il n'en passe pas le moindre, et qu'on n'en convienne pas auparavant en termes exprès ni autrement.* Mais Lessius, De Just. L. 2, ch. 21, d. 16, dit *qu'encore même qu'on eût vendu dans l'intention de racheter à moindre prix, on n'est jamais obligé à rendre ce profit, si ce n'est peut-être par charité, au cas que celui de qui on l'exige fût dans l'indigence et encore pourvu qu'on le pût rendre sans s'incommoder ; si commode potest.* Voilà tout ce qui se peut dire. En effet, mon Père, je crois qu'une plus grande indulgence serait vicieuse. Nos Pères, dit-il, savent si bien s'arrêter où il faut! Vous voyez assez par là l'utilité du Mohatra.

J'aurais bien encore d'autres méthodes à vous enseigner; mais celles-là suffisent, et j'ai à vous entretenir de ceux qui sont mal dans leurs affaires. Nos Pères ont pensé à les soulager selon l'état où ils sont; car, s'ils n'ont pas

assez de bien pour subsister honnêtement, et tout ensemble
pour payer leurs dettes, on leur permet d'en mettre une
partie à couvert en faisant banqueroute à leurs créanciers.
C'est ce que notre Père Lessius a décidé, et qu'Escobar
confirme au tr. 3, ex. 2, n. 163 : *Celui qui fait banqueroute,
peut-il, en sûreté de conscience, retenir de ses biens autant
qu'il est nécessaire pour faire subsister sa famille avec honneur,
ne indecore vivat ? Je soutiens que oui avec Lessius; et
même encore qu'il les eût gagnés par des injustices et des
crimes connus de tout le monde, ex* [injustitia] *et notorio
delicto quoiqu'en ce cas il n'en puisse pas retenir en une aussi
grande quantité qu'autrement.* Comment! mon Père, par
quelle étrange charité voulez-vous que ces biens demeurent
plutôt à celui qui les a gagnés par ses voleries, pour le
faire subsister avec honneur, qu'à ses créanciers, à qui ils
appartiennent légitimement ? On ne peut pas, dit le Père,
contenter tout le monde, et nos Pères ont pensé particulièrement à soulager ces misérables. Et c'est encore en
faveur des indigents que notre grand Vasquez, cité par
Castro Palao, t. 1, tr. 6, d. 6e, p. 6, n. 12, dit que, *quand on
voit un voleur résolu et prêt à voler une personne pauvre, on
peut, pour l'en détourner, lui assigner quelque personne
riche en particulier, pour le voler au lieu de l'autre.* Si vous
n'avez pas Vasquez, ni Castro Palao, vous trouverez la
même chose dans votre Escobar; car, comme vous le
savez, il n'a presque rien dit qui ne soit pris de vingt-
quatre des plus célèbres de nos Pères; c'est au tr. 5,
ex. 5, n. 120 : *La pratique de notre Société pour la charité
envers le prochain.*

Cette charité est véritablement extraordinaire, mon
Père, de sauver la perte de l'un par le dommage de l'autre.
Mais je crois qu'il faudrait la faire entière, et que celui qui
a donné ce conseil serait ensuite obligé en conscience de
rendre à ce riche le bien qu'il lui aurait fait perdre. Point
du tout, me dit-il, car il ne l'a pas volé lui-même, il n'a
fait que le conseiller à un autre. Or écoutez cette sage
résolution de notre Père Bauny sur un cas qui vous
étonnera donc encore bien davantage, et où vous croiriez
qu'on serait beaucoup plus obligé de restituer. C'est au
ch. 13 de sa *Somme.* Voici ses propres termes français :
*Quelqu'un prie un soldat de battre son voisin, ou de brûler
la grange d'un homme qui l'a offensé. On demande si, au
défaut du soldat, l'autre qui l'a prié de faire tous ces outrages
doit réparer du sien le mal qui en sera issu. Mon sentiment
est que non. Car à restitution nul n'est tenu, s'il n'a violé*

*la justice. La viole-t-on quand on prie autrui d'une faveur ?
Quelque demande qu'on lui en fasse, il demeure toujours
libre de l'octroyer ou de la nier. De quelque côté qu'il encline,
c'est sa volonté qui l'y porte ; rien ne l'y oblige que la bonté,
que la douceur et la facilité de son esprit. Si donc ce soldat
ne répare le mal qu'il aura fait, il n'y faudra astreindre celui
à la prière duquel il aura offensé l'innocent.* Ce passage
pensa rompre notre entretien : car je fus sur le point
d'éclater de rire de la *bonté* et *douceur* d'un brûleur de
grange, et de ces étranges raisonnements qui exemptent
de restitution le premier et véritable auteur d'un incendie,
que les juges n'exempteraient pas de la mort ; mais si
je ne me fusse retenu, le bon Père s'en fût offensé ; car il
parlait sérieusement, et me dit ensuite du même air :

Vous devriez reconnaître par tant d'épreuves combien
vos objections sont vaines ; cependant vous nous faites
sortir par là de notre sujet. Revenons donc aux personnes
incommodées, pour le soulagement desquelles nos Pères,
comme entre autres Lessius, l. 2, c. 12, [d.] 12, assurent
*qu'il est permis de dérober non seulement dans une extrême
nécessité, mais encore dans une nécessité grave, quoique non
pas extrême.* Escobar le rapporte aussi au tr. 1, ex. 9,
n. 29. Cela est surprenant, mon Père : il n'y a guère de
gens dans le monde qui ne trouvent leur nécessité grave,
et à qui vous ne donniez par là le pouvoir de dérober en
sûreté de conscience. Et quand vous en réduiriez la
permission aux seules personnes qui sont effectivement
en cet état, c'est ouvrir la porte à une infinité de larcins,
que les juges puniraient nonobstant cette nécessité grave,
et que vous devriez réprimer à bien plus forte raison,
vous qui devez maintenir parmi les hommes non seulement
la justice, mais encore la charité, qui est détruite par ce
principe. Car enfin n'est-ce pas la violer, et faire tort à son
prochain, que de lui faire perdre son bien pour en profiter
soi-même ? C'est ce qu'on m'a appris jusqu'ici. Cela n'est
pas toujours véritable, dit le Père ; car notre grand Molina
nous a appris, t. 2, tr. 2, dis. 328, n. 8, *que l'ordre de la
charité n'exige pas qu'on se prive d'un profit pour sauver
par là son prochain d'une perte pareille.* C'est ce qu'il dit
pour montrer ce qu'il avait entrepris de prouver en cet
endroit-là : *Qu'on n'est pas obligé en conscience de rendre les
biens qu'un autre nous aurait donnés, pour en frustrer
ses créanciers.* Et Lessius, qui soutient la même opinion,
la confirme par ce même principe au l. 2, c. 20, d. 19,
n. 168.

Vous n'avez pas assez de compassion pour ceux qui
sont mal à leur aise; nos Pères ont eu plus de charité que
cela. Ils rendent justice aux pauvres aussi bien qu'aux
riches. Je dis bien davantage, ils la rendent même aux
pécheurs. Car encore qu'ils soient fort opposés à ceux qui
commettent des crimes, néanmoins ils ne laissent pas
d'enseigner que les biens gagnés par des crimes peuvent
être légitimement retenus. C'est ce que Lessius enseigne
généralement, l. 2, c. 14, d. 8. *On n'est point*, dit-il, *obligé,
ni par la loi de nature, ni par les lois positives,* c'est-à-dire
par aucune loi *de rendre ce qu'on a reçu pour avoir commis
une action criminelle, comme pour un adultère, encore même
que cette action soit contraire à la justice.* Car, comme dit
encore Escobar en citant Lessius, tr. 1, ex. 8, n. 59 : *Les
biens qu'une femme acquiert par l'adultère sont véritablement
gagnés par une voie illégitime, mais néanmoins la possession
en est légitime; Quamvis mulier illicite acquirat, licite
tamen retinet acquisita.* Et c'est pourquoi les plus célèbres
de nos Pères décident formellement que ce qu'un juge
prend d'une des parties qui a mauvais droit pour rendre
en sa faveur un arrêt injuste, et ce qu'un soldat reçoit
pour avoir tué un homme, et ce qu'on gagne par les
crimes infâmes, peut être légitimement retenu. C'est ce
qu'Escobar ramasse de nos auteurs, et qu'il assemble au
tr. 3, ex. 1, num. 23, où il fait cette règle générale : *Les
biens acquis par des voies honteuses, comme par un meurtre,
une sentence injuste, une action déshonnête, etc., sont légitimement possédés, et on n'est point obligé à les restituer.* Et
encore au tr. 5, ex. 5, n. 53 : *On peut disposer de ce qu'on
reçoit pour des homicides, des sentences injustes, des péchés
infâmes, etc., parce que la possession en est juste, et qu'on
acquiert le domaine et la propriété des choses que l'on y
gagne.* O mon Père! lui dis-je, je n'avais jamais ouï parler
de cette voie d'acquérir, et je doute que la justice l'autorise
et qu'elle prenne pour un juste titre l'assassinat, l'injustice
et l'adultère. Je ne sais, dit le Père ce que les livres du
droit en disent; mais je sais bien que les nôtres, qui sont
les véritables règles des consciences, en parlent comme
moi. Il est vrai qu'ils en exceptent un cas auquel ils
obligent à restituer. C'est *quand on a reçu de l'argent de
ceux qui n'ont pas le pouvoir de disposer de leur bien, tels
que sont les enfants de famille et les religieux.* Car notre
grand Molina les en excepte au t. 1, *De Just.* tr. 2, disp. 94,
*nisi mulier accepisset ab eo qui alienare non potest, ut a
religioso et filiofamilias.* Car alors il faut leur rendre leur

argent. Escobar cite ce passage au tr. 1, ex. 8, n. 59, et il
confirme la même chose au tr. 3, ex. 1, n. 23.

Mon Révérend Père, lui dis-je, je vois les religieux
mieux traités en cela que les autres. Point du tout, dit le
Père; n'en fait-on pas autant pour tous les mineurs généralement, au nombre desquels les religieux sont toute
leur vie ? Il est juste de les excepter. Mais à l'égard de tous
les autres, on n'est point obligé de leur rendre ce qu'on
reçoit d'eux pour une mauvaise action. Et Lessius le
prouve amplement au l. 2, *De Just.*, c. 14, d. 8, n. 52. *Car,*
dit-il, *une méchante action peut être estimée pour de l'argent,*
en considérant l'avantage qu'en reçoit celui qui la fait faire,
et la peine qu'y prend celui qui l'exécute; et c'est pourquoi
on n'est point obligé à restituer ce qu'on reçoit pour la faire,
de quelque nature qu'elle soit, homicide, sentence injuste,
action sale (car ce sont les exemples dont il se sert dans
toute cette matière), *si ce n'est qu'on eût reçu de ceux qui*
n'ont pas le pouvoir de disposer de leur bien. Vous direz
peut-être que celui qui reçoit de l'argent pour un méchant
coup, pèche, et qu'ainsi il ne peut ni le prendre ni le retenir.
Mais je réponds qu'après que la chose est exécutée, il n'y a
plus aucun péché ni à payer, ni à en recevoir le payement.
Notre grand Filiutius entre plus encore dans le détail de
la pratique. Car il marque *qu'on est obligé en conscience de*
payer différemment les actions de cette sorte, selon les diffé-
rentes conditions des personnes qui les commettent, et que les
unes valent plus que les autres. C'est ce qu'il établit sur des
solides raisons, au tr. 31, c. 9, n. 231 : *Occultæ fornicariæ*
debetur pretium in conscientia, et multo majore ratione,
quam publicæ. Copia enim quam occulta facit mulier sui
corporis, multo plus valet quam ea quam publica facit
meretrix; nec ulla est lex positiva quæ reddat eam incapacem
pretii. Idem dicendum de pretio promisso virgini, conju-
gatæ, moniali, et cuicumque alii. Est enim omnium eadem
ratio.

Il me fit voir ensuite, dans ses auteurs, des choses de
cette nature si infâmes, que je n'oserais les rapporter, et
dont il aurait eu horreur lui-même (car il est bon homme),
sans le respect qu'il a pour ses Pères, qui lui fait recevoir
avec vénération tout ce qui vient de leur part. Je me taisais
cependant, moins par le dessein de l'engager à continuer
cette matière, que par la surprise de voir des livres de
religieux pleins de décisions si horribles, si injustes et si
extravagantes tout ensemble. Il poursuivit donc en liberté
son discours, dont la conclusion fut ainsi. C'est pour

cela, dit-il, que notre illustre Molina (je crois qu'après cela vous serez content) décide ainsi cette question :

Quand on a reçu de l'argent pour faire une méchante action, est-on obligé à le rendre ? Il faut distinguer, dit ce grand homme; *si on n'a pas fait l'action pour laquelle on a été payé, il faut rendre l'argent; mais si on l'a faite, on n'y est point obligé : si non fecit hoc malum, tenetur restituere; secus, si fecit.* C'est ce qu'Escobar rapporte au tr. 3, ex. 2, n. 138.

Voilà quelques-uns de nos principes touchant la restitution. Vous en avez bien appris aujourd'hui, je veux voir maintenant comment vous en aurez profité. Répondez-moi donc. *Un juge qui a reçu de l'argent d'une des parties pour rendre un jugement en sa faveur est-il obligé à le rendre ?* Vous venez de me dire que non, mon Père. Je m'en doutais bien, dit-il; vous l'ai-je dit généralement ? Je vous ai dit qu'il n'est pas obligé de rendre, s'il a fait gagner le procès à celui qui n'a pas bon droit. Mais quand on a bon droit, voulez-vous qu'on achète encore le gain de sa cause, qui est dû légitimement ? Vous n'avez pas de raison. Ne comprenez-vous pas que le juge doit la justice, et qu'ainsi il ne la peut pas vendre; mais qu'il ne doit pas l'injustice, et qu'ainsi il peut en recevoir de l'argent ? Aussi tous nos principaux auteurs, comme Molina, disp. 94 et 99; Reginaldus, l. 10, n. 184, 185 et 178; Filiutius, tr. 31, n. 220 et 228; Escobar tr. 3, ex. 1, n. 21 et 23; Lessius, Lib. 2, c. 14, d. 8, n. 52, enseignent tous uniformément : *Qu'un juge est bien obligé de rendre ce qu'il a reçu pour faire justice, si ce n'est qu'on le lui eût donné par libéralité; mais qu'il n'est jamais obligé à rendre ce qu'il a reçu d'un homme en faveur duquel il a rendu un arrêt injuste.*

Je fus tout interdit par cette fantasque décision; et, pendant que j'en considérais les pernicieuses conséquences, le Père me préparait une autre question, et me dit : Répondez donc une autre fois avec plus de circonspection. Je vous demande maintenant : *Un homme qui se mêle de deviner est-il obligé de rendre l'argent qu'il a gagné par cet exercice ?* Ce qu'il vous plaira, mon Révérend Père, lui dis-je. Comment, ce qu'il me plaira! Vraiment vous êtes admirable! Il semble, de la façon que vous parlez, que la vérité dépende de notre volonté. Je vois bien que vous ne trouveriez jamais celle-ci de vous-même. Voyez donc résoudre cette difficulté-là à Sanchez; mais aussi c'est Sanchez. Premièrement il distingue en sa Som., l. 2, c. 38, n. 94, 95 et 96 : *Si ce devin ne s'est servi que de l'astrologie et des autres moyens*

naturels, ou s'il a employé l'art diabolique : car il dit qu'il est
obligé de restituer en un cas, et non pas en l'autre. Diriez-vous
bien maintenant auquel ? Il n'y a pas là de difficulté, lui
dis-je. Je vois bien, répliqua-t-il, ce que vous voulez dire.
Vous croyez qu'il doit restituer au cas qu'il se soit servi de
l'entremise des démons ? Mais vous n'y entendez rien ;
c'est tout au contraire. Voici la résolution de Sanchez, au
même lieu : *Si ce devin n'a pris la peine et le soin de savoir, par*
le moyen du diable, ce qui ne se pouvait savoir autrement, si
nullam operam apposuit ut arte diaboli id sciret, il faut qu'il
restitue ; mais s'il en a pris la peine, il n'y est point obligé. Et
d'où vient cela, mon Père ? Ne l'entendez-vous pas ? me
dit-il. C'est parce qu'on peut bien deviner par l'art du
diable, au lieu que l'astrologie est un moyen faux. Mais,
mon Père, si le diable ne répond pas à la vérité, car il n'est
guère plus véritable que l'astrologie, il faudra donc que le
devin restitue par la même raison ? Non pas toujours, me
dit-il. *Distinguo,* dit Sanchez sur cela. *Car si le devin est*
ignorant en l'art diabolique, si sit artis diabolicæ ignarus, *il*
est obligé à restituer ; mais s'il est habile sorcier, et qu'il
ait fait ce qui est en lui pour savoir la vérité, il n'y est point
obligé ; car alors la diligence d'un tel sorcier peut être estimée
pour de l'argent : diligentia a mago apposita est pretio
aestimabilis. Cela est de bon sens, mon Père, lui dis-je :
car voilà le moyen d'engager les sorciers à se rendre
savants et experts en leur art, par l'espérance de gagner
du bien légitimement, selon vos maximes, en servant
fidèlement le public. Je crois que vous raillez, dit le Père ;
cela n'est pas bien : car si vous parliez ainsi en des lieux où
vous ne fussiez pas connu, il pourrait se trouver des gens
qui prendraient mal vos discours, et qui vous reproche-
raient de tourner les choses de la religion en raillerie. Je
me défendrais facilement de ce reproche, mon Père ; car je
crois que, si on prend la peine d'examiner le véritable sens
de mes paroles, on n'en trouvera aucune qui ne marque
parfaitement le contraire, et peut-être s'offrira-t-il un
jour, dans nos entretiens, l'occasion de le faire amplement
paraître. Ho! ho! dit le Père, vous ne riez plus. Je vous
confesse, lui dis-je, que ce soupçon que je me voulusse
railler des choses saintes me serait bien sensible, comme
il serait bien injuste. Je ne le disais pas tout de bon,
repartit le Père ; mais parlons plus sérieusement. J'y suis
tout disposé, si vous le voulez, mon Père ; cela dépend de
vous. Mais je vous avoue que j'ai été surpris de voir que
vos Pères ont tellement étendu leurs soins à toutes sortes

de conditions, qu'ils ont voulu même régler le gain légitime
des sorciers. On ne saurait, dit le Père, écrire pour trop de
monde, ni particulariser trop les cas, ni répéter trop souvent les mêmes choses en différents livres. Vous le verrez
bien par ce passage d'un des plus graves de nos Pères. Vous
le pouvez juger, puisqu'il est aujourd'hui notre Père
Provincial : c'est le R. P. Cellot, en son l. 8 de la Hiérarch.,
ch. 16, § 2. *Nous savons*, dit-il, *qu'une personne qui portait
une grande somme d'argent pour la restituer par ordre de son
confesseur, s'étant arrêtée en chemin chez un libraire, et lui
ayant demandé s'il n'y avait rien de nouveau,* num quid novi ?
*il lui montra un nouveau livre de théologie morale, et que, le
feuilletant avec négligence et sans penser à rien, il tomba sur
son cas et y apprit qu'il n'était point obligé à restituer : de
sorte que, s'étant déchargé du fardeau de son scrupule, et
demeurant toujours chargé du poids de son argent, il s'en
retourna bien plus léger en sa maison :* abjecta scrupuli
sarcina, retento auri pondere, levior domum repetiit.

Eh bien, dites-moi, après cela, s'il est utile de savoir
nos maximes ? En rirez-vous maintenant ? Et ne ferez-vous
[pas] plutôt, avec le P. Cellot, cette pieuse réflexion sur le
bonheur de cette rencontre : *Les rencontres de cette sorte
sont en Dieu l'effet de sa providence, en l'Ange gardien l'effet
de sa conduite, et en ceux à qui elles arrivent, l'effet de leur
prédestination. Dieu, de toute éternité, a voulu que la chaîne
d'or de leur salut dépendît d'un tel auteur, et non pas de
cent autres qui disent la même chose, parce qu'il n'arrive pas
qu'ils les rencontrent. Si celui-là n'avait écrit, celui-ci ne
serait pas sauvé. Conjurons donc, par les entrailles de Jésus-
Christ, ceux qui blâment la multitude de nos auteurs, de ne
leur pas envier les livres que l'élection éternelle de Dieu et le
sang de Jésus-Christ leur a acquis.* Voilà de belles paroles,
par lesquelles ce savant homme prouve si solidement cette
proposition qu'il avait avancée :

*Combien il est utile qu'il y ait un grand nombre d'auteurs
qui écrivent de la théologie morale :* Quam utile sit de theologia
morali multos scribere.

Mon Père, lui dis-je, je remettrai à une autre fois à vous
déclarer mon sentiment sur ce passage, et je ne vous dirai
présentement autre chose, sinon que, puisque vos maximes
sont si utiles, et qu'il est si important de les publier, vous
devez continuer à m'en instruire; car je vous assure que
celui à qui je les envoie les fait voir à bien des gens. Ce n'est
pas que nous ayons autrement l'intention de nous en servir,
mais c'est qu'en effet nous pensons qu'il sera utile que le

monde en soit bien informé. Aussi, me dit-il, vous voyez que je ne les cache pas; et pour continuer, je pourrai bien vous parler, la première fois, des douceurs et des commodités de la vie que nos Pères permettent pour rendre le salut aisé et la dévotion facile, afin qu'après avoir [appris] jusqu'ici ce qui touche les conditions particulières, vous appreniez ce qui est général pour toutes, et qu'ainsi il ne vous manque rien pour une parfaite instruction. Après que ce Père m'eut parlé de la sorte, il me quitta.

Je suis, etc.

J'ai toujours oublié à vous dire qu'il y a des Escobars de différentes impressions. Si vous en achetez, prenez de ceux de Lyon, ou il y a à l'entrée une image d'un agneau qui est sur un livre scellé de sept sceaux, ou de ceux de Bruxelles de 1651. Comme ceux-là sont les derniers, ils sont meilleurs et plus amples que ceux des éditions précédentes de Lyon, des années 1644 et 1646. *Depuis tout ceci, on en a imprimé une nouvelle édition à Paris, chez Piget, plus exacte que toutes les autres. Mais on peut encore bien mieux apprendre les sentiments d'Escobar dans la Grande Théologie morale, dont il y a déjà deux volumes in-folio imprimés à Lyon. Ils sont très dignes d'être vus, pour connaître l'horrible renversement que les Jésuites font de la morale de l'Eglise.*

NEUVIÈME LETTRE

De Paris, ce 3 juillet 1656.

Monsieur,

Je ne vous ferai pas plus de compliment que le bon Père m'en fit la dernière fois que je le vis. Aussitôt qu'il m'aperçut, il vint à moi et me dit, en regardant dans un livre qu'il tenait à la main : *Qui vous ouvrirait le Paradis, ne vous obligerait-il pas parfaitement ? Ne donneriez-vous pas les millions d'or pour en avoir une clef, et entrer dedans quand bon vous semblerait ? Il ne faut point entrer en de si grands frais ; en voici une, voire cent, à meilleur compte.* Je ne savais si le bon Père lisait, ou s'il parlait de lui-même. Mais il m'ôta de peine en disant : Ce sont les premières paroles d'un beau livre du P. Barry de notre Société, car je ne dis jamais rien de moi-même. Quel livre, lui dis-je, mon Père ? En voici le titre, dit-il :

Le Paradis ouvert à Philagie, par cent dévotions à la Mère de Dieu, aisées à pratiquer. Eh quoi ! mon Père, chacune de ces dévotions aisées suffit pour ouvrir le ciel ? Oui, dit-il ; voyez-le encore dans la suite des paroles que vous avez ouïes : *Tout autant de dévotions à la Mère de Dieu que vous trouverez en ce livre sont autant de clefs du ciel qui vous ouvriront le Paradis tout entier, pourvu que vous les pratiquiez :* et c'est pourquoi il dit dans la conclusion, *qu'il est content si on en pratique une seule.*

Apprenez-m'en donc quelqu'une des plus faciles, mon Père. Elles le sont toutes, répondit-il : par exemple, *saluer la sainte Vierge au rencontre de ses images ; dire le petit chapelet des dix plaisirs de la Vierge ; prononcer souvent le nom de Marie ; donner commission aux Anges de lui faire la révérence de notre part ; souhaiter de lui bâtir plus d'églises que n'ont fait tous les monarques ensemble ; lui donner tous les matins le bonjour, et sur le tard le bonsoir ; dire tous les jours l'Ave Maria, en l'honneur du cœur de Marie.* Et il dit que cette dévotion-là assure, de plus, d'obtenir le cœur de la Vierge. Mais, mon Père, lui dis-je, c'est pourvu qu'on lui donne aussi le sien ? Cela n'est pas nécessaire, dit-il, quand on est trop attaché au monde. Ecoutez-le : *Cœur pour cœur, ce serait bien ce qu'il faut ; mais le vôtre est un peu trop attaché et tient un peu trop aux créatures : ce qui fait que je n'ose vous inviter à offrir aujourd'hui ce petit esclave que vous appelez votre cœur.* Et ainsi il se contente de l'*Ave Maria*, qu'il avait demandé. Ce sont les dévotions des pages 33, 59, 145, 156, 172, 258 et 420 de la première édition. Cela est tout à fait commode, lui dis-je, et je crois qu'il n'y aura personne de damné après cela. Hélas ! dit le Père, je vois bien que vous ne savez pas jusqu'où va la dureté du cœur de certaines gens ! Il y en a qui ne s'attacheraient jamais à dire tous les jours ces deux paroles, *bonjour, bonsoir*, parce que cela ne se peut faire sans quelque application de mémoire. Et ainsi il a fallu que le P. Barry leur ait fourni des pratiques encore plus faciles, *comme d'avoir jour et nuit un chapelet au bras en forme de bracelet, ou de porter sur soi un rosaire, ou bien une image de la Vierge.* Ce sont là les dévotions des pages 14, 326 et 447. *Et puis dites que je ne vous fournis pas des dévotions faciles pour acquérir les bonnes grâces de Marie,* comme dit le Père Barry, page 106. Voilà, mon Père, lui dis-je, l'extrême facilité. Aussi, dit-il, c'est tout ce qu'on a pu faire, et je crois que cela suffira ; car il faudrait être bien misérable pour ne vouloir pas prendre un moment en toute sa vie pour mettre un chapelet à son bras, ou un rosaire dans sa poche, et assurer par là son salut avec tant de certitude, que ceux qui en font l'épreuve n'y ont jamais été trompés, de quelque manière qu'ils aient vécu, quoique nous conseillions de ne laisser pas de bien vivre. Je ne vous en rapporterai que l'exemple de la page 34 d'une femme qui, pratiquant tous les jours la dévotion de saluer les images de la Vierge, vécut toute sa vie en péché mortel, et mourut enfin dans cet état, et qui ne laissa pas d'être sauvée par le mérite de cette dévotion. Et comment cela ? m'écriai-je. C'est, dit-il, que Notre-Seigneur la fit ressusciter exprès. Tant il est sûr qu'on ne peut périr quand on pratique quelqu'une de ces dévotions.

En vérité, mon Père, je sais que les dévotions à la Vierge sont un puissant moyen pour le salut, et que les

moindres sont d'un grand mérite, quand elles partent d'un
mouvement de foi et de charité, comme dans les saints qui
les ont pratiquées. Mais de faire accroire à ceux qui en
usent sans changer leur mauvaise vie, qu'ils se convertiront
à la mort, ou que Dieu les ressuscitera, c'est ce que je
trouve bien plus propre à entretenir les pécheurs dans
leurs désordres, par la fausse paix que cette confiance téméraire apporte, qu'à les en retirer par une véritable conversion que la grâce seule peut produire. *Qu'importe*, dit le
Père, *par où nous entrions dans le Paradis, moyennant que
nous y entrions ?* comme dit sur un semblable sujet notre
célèbre P. Binet, qui a été notre Provincial, en son excellent livre *De la marque de Prédestination*, n. 31, p. 130 de la
quinzième édition. *Soit de bond ou de volée, que nous en
chaut-il, pourvu que nous prenions la ville de gloire ?* comme
dit encore ce Père au même lieu. J'avoue, lui dis-je, que
cela n'importe; mais la question est de savoir si on y
entrera. La Vierge, dit-il, en répond : voyez-le dans les
dernières lignes du livre du P. Barry : *S'il arrivait qu'à la
mort l'ennemi eût quelque prétention sur vous, et qu'il y eût du
trouble dans la petite république de vos pensées, vous n'avez
qu'à dire que Marie répond pour vous, et que c'est à elle
qu'il faut s'adresser.*

Mais, mon Père, qui voudrait pousser cela vous embar-
rasserait; car enfin qui nous a assuré que la Vierge en
répond ? Le P. Barry, dit-il, en répond pour elle, page 465 :
*Quant au profit et bonheur qui vous en reviendra, je vous en
réponds, et me rends pleige pour la bonne Mère.* Mais, mon
Père, qui répondra pour le P. Barry ? Comment ! dit le
Père, il est de notre Compagnie. Et ne savez-vous pas
encore que notre Société répond de tous les livres de nos
Pères ? Il faut vous apprendre cela; il est bon que vous le
sachiez. Il y a un ordre dans notre Société, par lequel il est
défendu à toutes sortes de libraires d'imprimer aucun
ouvrage de nos Pères sans l'approbation des théologiens de
notre Compagnie, et sans la permission de nos supérieurs.
C'est un règlement fait par Henri III, le 10 mai 1583, et
confirmé par Henri IV, le 20 décembre 1603, et par
Louis XIII, le 14 février 1612 : de sorte que tout notre
corps est responsable des livres de chacun de nos Pères.
Cela est particulier à notre Compagnie; et de là vient qu'il
ne sort aucun ouvrage de chez nous qui n'ait l'esprit de la
Société. Voilà ce qu'il était à propos de vous apprendre.
Mon Père, lui dis-je, vous m'avez fait plaisir, et je suis
fâché seulement de ne l'avoir pas su plus tôt, car cette

connaissance engage à avoir bien plus d'attention pour vos auteurs. Je l'eusse fait, dit-il, si l'occasion s'en fût offerte; mais profitez-en à l'avenir, et continuons notre sujet.

Je crois vous avoir ouvert des moyens d'assurer son salut assez faciles, assez sûrs et en assez grand nombre; mais nos Pères souhaiteraient bien qu'on n'en demeurât pas à ce premier degré, où l'on ne fait que ce qui est exactement nécessaire pour le salut. Comme ils aspirent sans cesse à la plus grande gloire de Dieu, ils voudraient élever les hommes à une vie plus pieuse. Et parce que les gens du monde sont d'ordinaire détournés de la dévotion par l'étrange idée qu'on leur en a donnée, nous avons cru qu'il était d'une extrême importance de détruire ce premier obstacle; et c'est en quoi le P. Le Moyne a acquis beaucoup de réputation par le livre de la Dévotion aisée, qu'il a fait à ce dessein. C'est là qu'il fait une peinture tout à fait charmante de la dévotion. Jamais personne ne l'a connue comme lui. Apprenez-le par les premières paroles de cet ouvrage : *La vertu ne s'est encore montrée à personne; on n'en a point fait de portrait qui lui ressemble. Il n'y a rien d'étrange qu'il y ait eu si peu de presse à grimper sur son rocher. On en a fait une fâcheuse qui n'aime que la solitude; on lui a associé la douleur et le travail; et enfin on l'a faite ennemie des divertissements et des jeux qui sont la fleur de la joie et l'assaisonnement de la vie.* C'est ce qu'il dit, page 92.

Mais, mon Père, je sais bien au moins qu'il y a de grands saints dont la vie a été extrêmement austère. Cela est vrai, dit-il; mais aussi *il s'est toujours vu des saints polis et des dévots civilisés,* selon ce Père, page 191; et vous verrez, page 86, que la différence de leurs mœurs vient de celles de leurs humeurs. Ecoutez-le. *Je ne nie pas qu'il ne se voie des dévots qui sont pâles et mélancoliques de leur complexion, qui aiment le silence et la retraite, et qui n'ont que du flegme dans les veines et de la terre sur le visage. Mais il s'en voit assez d'autres qui sont d'une complexion plus heureuse, et qui ont abondance de cette humeur douce et chaude, et de ce sang bénin et rectifié qui fait la joie.*

Vous voyez de là que l'amour de la retraite et du silence n'est pas commun à tous les dévots; et que, comme je vous le disais, c'est l'effet de leur complexion plutôt que de la piété. Au lieu que ces mœurs austères dont vous parlez sont proprement le caractère d'un sauvage et d'un farouche. Aussi vous les verrez placées entre les mœurs ridicules et brutales d'un fou mélancolique, dans la description que le P. Le Moyne en a faite au 7e livre de ses *Peintures morales.* En voici quelques traits. *Il est sans yeux pour les beautés de l'art et de la nature. Il croirait s'être chargé d'un fardeau incommode, s'il avait pris quelque matière de plaisir pour soi. Les jours de fête, il se retire parmi les morts. Il s'aime mieux dans un tronc d'arbre ou dans une grotte que dans un palais ou sur un trône. Quant aux affronts et aux injures, il y est aussi insensible que s'il avait des yeux et des oreilles de statue. L'honneur et la gloire sont des idoles qu'il ne connaît point, et pour lesquelles il n'a point d'encens à offrir. Une belle personne lui est un spectre. Et ces visages impérieux et souverains, ces agréables tyrans qui font partout des esclaves volontaires et sans chaînes, ont le même pouvoir sur ses yeux que le soleil sur ceux des hiboux, etc.*

Mon Révérend Père, je vous assure que si vous ne m'aviez dit que le P. Le Moyne est l'auteur de cette peinture, j'aurais dit que c'eût été quelque impie qui l'aurait faite à dessein de tourner les saints en ridicule. Car, si ce n'est là l'image d'un homme tout à fait détaché des sentiments auxquels l'Evangile oblige de renoncer, je confesse que je n'y entends rien. Voyez donc, dit-il, combien vous vous y connaissez peu ; car ce sont là *des traits d'un esprit faible et sauvage, qui n'a pas les affections honnêtes et naturelles qu'il devrait avoir,* comme le P. Le Moyne le dit dans la fin de cette description. C'est par ce moyen qu'il *enseigne la vertu et la philosophie chrétiennes,* selon le dessein qu'il en avait dans cet ouvrage, comme il le déclare dans l'avertissement. Et, en effet, on ne peut nier que cette méthode de traiter de la dévotion n'agrée tout autrement au monde que celle dont on se servait avant nous. Il n'y a point de comparaison, lui dis-je, et je commence à espérer que vous me tiendrez parole. Vous le verrez bien mieux, dans la suite, dit-il ; je ne vous ai encore parlé de la piété qu'en général. Mais, pour vous faire voir en détail combien nos Pères en ont ôté de peines, n'est-ce pas une chose pleine de consolation pour les ambitieux, d'apprendre qu'ils peuvent conserver une véritable dévotion avec un amour désordonné pour les grandeurs ? Eh quoi! mon Père, avec quelque excès qu'ils les recherchent ? Oui, dit-il ; car ce ne serait toujours que péché véniel, à moins qu'on désirât les grandeurs pour offenser Dieu ou l'Etat plus commodément. Or les péchés véniels n'empêchent pas d'être dévot, puisque les plus grands saints n'en sont pas exempts. Ecoutez donc Escobar, tr. 2, ex. 2, n. 17 : *L'ambition, qui est un appétit désordonné des charges et des grandeurs, est*

de soi-même un péché véniel ; mais, quand on désire ces gran-
deurs pour nuire à l'Etat, ou pour avoir plus de commodité
d'offenser Dieu, ces circonstances extérieures le rendent
mortel.

Cela est assez commode, mon Père. Et n'est-ce pas
encore, continua-t-il, une doctrine bien douce, pour les
avares de dire, comme fait Escobar, au tr. 5, ex. 5, n. 154 :
Je sais que les riches ne pèchent point mortellement quand ils
ne donnent point l'aumône de leur superflu dans les grandes
nécessités des pauvres : Scio in gravi pauperum necessitate
divites non dando superflua, non peccare mortaliter ? En
vérité, lui dis-je, si cela est, je vois bien que je ne me connais
guère en péchés. Pour vous le montrer encore mieux, dit-il,
ne pensez-vous pas que la bonne opinion de soi-même, et
la complaisance qu'on a pour ses ouvrages, est un péché
des plus dangereux ? Et ne serez-vous pas bien surpris si je
vous fais voir qu'encore même que cette bonne opinion
soit sans fondement, c'est si peu un péché, que c'est au
contraire un don de Dieu ? Est-il possible, mon Père ?
Oui, dit-il, et c'est ce que nous a appris notre grand
P. Garasse, dans son livre français intitulé : *Somme des*
vérités capitales de la Religion, p. 2, p. 419. *C'est un effet,*
dit-il, de justice commutative, que tout travail honnête soit
récompensé ou de louange, ou de satisfaction... Quand les
bons esprits font un ouvrage excellent, ils sont justement
récompensés par les louanges publiques. Mais quand un
pauvre esprit travaille beaucoup pour ne rien faire qui vaille,
et qu'il ne peut ainsi obtenir de louanges publiques, afin que son
travail ne demeure pas sans récompense, Dieu lui en donne
une satisfaction personnelle qu'on ne peut lui envier sans une
injustice plus que barbare. C'est ainsi que Dieu, qui est juste,
donne aux grenouilles de la satisfaction de leur chant.

Voilà, lui dis-je, de belles décisions en faveur de la
vanité, de l'ambition et de l'avarice. Et l'envie, mon Père,
sera-t-elle plus difficile à excuser ? Ceci est délicat, dit le
Père. Il faut user de la distinction du P. Bauny, dans sa
Somme des péchés. Car son sentiment, c. 7, p. 123, de la
cinquième et sixième éditions, est que *l'envie du bien spirituel*
du prochain est mortelle, mais que l'envie du bien temporel
n'est que vénielle. Et par quelle raison, mon Père ? Ecoutez-
la, me dit-il. *Car le bien qui se trouve ès choses temporelles est*
si mince, et de si peu de conséquence pour le ciel, qu'il est de
nulle considération devant Dieu et ses saints. Mais mon Père,
si ce bien est si *mince* et de si petite considération, comment
permettez-vous de tuer les hommes pour le conserver ?

Vous prenez mal les choses, dit le Père : on vous dit que le
bien est de nulle considération devant Dieu, mais non pas
devant les hommes. Je ne pensais pas à cela, lui dis-je; et
j'espère que, par ces distinctions-là, il ne restera plus de
péchés mortels au monde. Ne pensez pas cela, dit le Père,
car il y en a qui sont toujours mortels de leur nature,
comme par exemple la paresse.

O mon Père! lui dis-je, toutes les commodités de la vie
sont donc perdues ? Attendez, dit le Père, quand vous aurez
vu la définition de ce vice qu'Escobar en donne, tr. 2,
ex. 2, num. 81, peut-être en jugerez-vous autrement;
écoutez-la. *La paresse est une tristesse de ce que les choses
spirituelles sont spirituelles, comme serait de s'affliger de ce que
les sacrements sont la source de la grâce; et c'est un péché
mortel.* O mon Père! lui dis-je, je ne crois pas que personne
se soit jamais avisé d'être paresseux en cette sorte. Aussi,
dit le Père, Escobar dit ensuite, n. 105 : *J'avoue qu'il est bien
rare que personne tombe jamais dans le péché de paresse.*
Comprenez-vous bien par là combien il importe de bien
définir les choses ? Oui, mon Père, lui dis-je et je me souviens sur cela de vos autres définitions de l'assassinat, du
guet-apens et des biens superflus. Et d'où vient, mon Père,
que vous n'étendez pas cette méthode à toutes sortes de
cas, pour donner à tous les péchés des définitions de
votre façon, afin qu'on ne péchât plus en satisfaisant ses
plaisirs ?

Il n'est pas toujours nécessaire, me dit-il, de changer
pour cela les définitions des choses. Vous l'allez voir sur
le sujet de la bonne chère, qui passe pour un des plus
grands plaisirs de la vie, et qu'Escobar permet en cette
sorte, n. 102, dans la pratique selon notre Société : *Est-il
permis de boire et manger tout son saoul sans nécessité, et pour
la seule volupté ? Oui, certainement, selon Sanchez, pourvu
que cela ne nuise point à la santé, parce qu'il est permis à
l'appétit naturel de jouir des actions qui lui sont propres : an
comedere, et bibere usque ad satietatem absque necessitate ob
solam voluptatem, sit peccatum ? Cum Sanctio negative
respondeo, modo non obsit valetudini, quia licite potest
appetitus naturalis suis actibus frui.* O mon Père! lui dis-je,
voilà le passage le plus complet, et le principe le plus
achevé de toute votre morale, et dont on peut tirer d'aussi
commodes conclusions. Eh quoi! la gourmandise n'est
donc pas même un péché véniel ? Non pas, dit-il, en la
manière que je viens de dire; mais elle serait péché véniel
selon Escobar, n. 56, *si, sans aucune nécessité, on* [*se gorgeait*]

de boire et de manger jusqu'à vomir : si quis se usque ad
vomitum ingurgitet.

Cela suffit sur ce sujet, et je veux maintenant vous parler
des facilités que nous avons apportées pour faire éviter
le péché dans les conversations et dans les intrigues du
monde. Une chose des plus embarrassantes qui s'y trouve
est d'éviter le mensonge, et surtout quand on voudrait
bien faire accroire une chose fausse. C'est à quoi sert admirablement notre doctrine des équivoques, par laquelle *il*
est permis d'user de termes ambigus, en les faisant entendre en
un autre sens qu'on ne les entend soi-même, comme dit
Sanchez, *Op. mor.,* p. 2, l. 3, ch. 6, n. 13. Je sais cela, mon
Père, lui dis-je. Nous l'avons tant publié, continua-t-il, qu'à
la fin tout le monde en est instruit. Mais savez-vous bien
comment il faut faire quand on ne trouve point de mots
équivoques ? Non, mon Père. Je m'en doutais bien, dit-il ;
cela est nouveau : c'est la doctrine des restrictions mentales.
Sanchez la donne au même lieu : *On peut jurer,* dit-il, *qu'on*
n'a pas fait une chose, quoiqu'on l'ait faite effectivement, en
entendant en soi-même qu'on ne l'a pas faite un certain jour
ou avant qu'on fût né, ou en sous-entendant quelque autre cir-
constance pareille, sans que les paroles dont on se sert aient
aucun sens qui le puisse faire connaître ; et cela est fort com-
mode en beaucoup de rencontres, et est toujours très juste quand
cela est nécessaire ou utile pour la santé, l'honneur ou le bien.

Comment ! mon Père, et n'est-ce pas là un mensonge,
et même un parjure ? Non, dit le Père : Sanchez le prouve
au même lieu, et notre P. Filiutius aussi, tr. 25, c. 11,
n. 331; parce, dit-il, que *c'est l'intention qui règle la qualité*
de l'action. Et il y donne encore, n. 328, un autre moyen
plus sûr d'éviter le mensonge : c'est qu'après avoir dit
tout haut : *Je jure que je n'ai point fait cela,* on ajoute tout
bas, *aujourd'hui;* ou qu'après avoir dit tout haut : *Je jure,*
on dise tout bas, *que je dis,* et que l'on continue ensuite
tout haut, *que je n'ai point fait cela.* Vous voyez bien
que c'est dire la vérité. Je l'avoue, lui dis-je; mais nous
trouverions peut-être que c'est dire la vérité tout bas, et
un mensonge tout haut : outre que je craindrais que bien
des gens n'eussent pas assez de présence d'esprit pour se
servir de ces méthodes. Nos Pères, dit-il, ont enseigné au
même lieu, en faveur de ceux qui ne sauraient pas user de
ces restrictions, qu'il leur suffit, pour ne point mentir, de
dire simplement *qu'ils n'ont point fait* ce qu'ils ont fait,
pourvu *qu'ils aient en général l'intention de donner à leurs*
discours le sens qu'un habile homme y donnerait.

Dites la vérité, il vous est arrivé bien des fois d'être embarrassé, manque de cette connaissance ? Quelquefois, lui dis-je. Et n'avouerez-vous pas de même, continua-t-il, qu'il serait souvent bien commode d'être dispensé en conscience de tenir de certaines paroles qu'on donne ? Ce serait, lui dis-je, mon Père, la plus grande commodité du monde ! Ecoutez donc Escobar au tr. 3, ex. 3, n. 48, où il donne cette règle générale : *Les promesses n'obligent point, quand on n'a point intention de s'obliger en les faisant. Or il n'arrive guère qu'on ait cette intention, à moins que l'on les confirme par serment ou par contrat : de sorte que, quand on dit simplement : Je le ferai, on entend qu'on le fera si l'on ne change de volonté : car on ne veut pas se priver par là de sa liberté.* Il en donne d'autres que vous y pouvez voir vous-même ; et il dit à la fin, *que tout cela est pris de Molina et de nos autres auteurs : Omnia ex Molina et aliis.* Et ainsi on n'en peut pas douter.

O mon Père ! lui dis-je, je ne savais pas que la direction d'intention eût la force de rendre les promesses nulles. Vous voyez, dit le Père, que voilà une grande facilité pour le commerce du monde ; mais ce qui nous a donné le plus de peine a été de régler les conversations entre les hommes et les femmes, car nos Pères sont plus réservés sur ce qui regarde la chasteté. Ce n'est pas qu'ils ne traitent des questions assez curieuses et assez indulgentes, et principalement pour les personnes mariées ou fiancées. J'appris sur cela les questions les plus extraordinaires qu'on puisse imaginer ; il m'en donna de quoi remplir plusieurs lettres ; mais je ne veux pas seulement en marquer les citations, parce que vous faites voir mes lettres à toutes sortes de personnes, et je ne voudrais pas donner l'occasion de cette lecture à ceux qui n'y chercheraient que leur divertissement.

La seule chose que je puis vous marquer de ce qu'il me montra dans leurs livres, même français, est ce que vous pouvez voir dans la *Somme des péchés* du P. Bauny, p. 165, de certaines petites privautés qu'il y explique, pourvu qu'on dirige bien son intention, *comme à passer pour galant :* et vous serez surpris d'y trouver, p. 148, une principe de morale touchant le pouvoir qu'il dit que les filles ont de disposer de leur virginité sans leurs parents. Voici ses termes : *Quand cela se fait du consentement de la fille, quoique le père ait sujet de s'en plaindre, ce n'est pas néanmoins que ladite fille, ou celui à qui elle s'est prostituée, lui aient fait aucun tort, ou violé pour son égard*

la justice ; car la fille est en possession de sa virginité aussi
bien que de son corps ; elle en peut faire ce que bon lui semble,
à l'exclusion de la mort ou du retranchement de ses membres.
Jugez par là du reste. Je me souviens sur cela d'un passage
d'un poète païen, qui a été meilleur casuiste que ces Pères,
puisqu'il a dit : *Que la virginité d'une fille ne lui appartient*
pas tout entière, qu'une partie appartient au père et l'autre
à la mère, sans lesquels elle n'en peut disposer même pour le
mariage. Et je doute qu'il y ait aucun juge qui ne prenne
pour une loi le contraire de cette maxime du P. Bauny.

Voilà tout ce que je puis dire de tout ce que j'entendis,
et qui dura si longtemps, que je fus obligé de prier enfin le
Père de changer de matière. Il le fit et m'entretint de leurs
règlements pour les habits des femmes en cette sorte.
Nous ne parlerons point, dit-il, de celles qui auraient
l'intention impure ; mais, pour les autres, Escobar dit au
tr. 1, ex. 8, n. 5 : *Si on se pare sans mauvaise intention,*
mais seulement pour satisfaire l'inclination naturelle qu'on
a à la vanité, ob naturalem fastus inclinationem, *ou ce*
n'est qu'un péché véniel, ou ce n'est point péché du tout. Et le
P. Bauny, en sa *Somme des péchés,* Ch. 46, p. 1094, dit :
Que bien que la femme eût connaissance du mauvais effet
que sa diligence à se parer opérerait et au corps et en l'âme
de ceux qui la contempleraient ornée de riches et précieux
habits, qu'elle ne pécherait néanmoins en s'en servant. Et il
cite, entre autres, notre P. Sanchez pour être du même avis.

Mais, mon Père, que répondent donc vos auteurs aux
passages de l'Ecriture, qui parlent avec tant de véhémence
contre les moindres choses de cette sorte ? Lessius, dit le
Père, y a doctement satisfait, *De Just.,* l. 4, c. 4, d. 14,
n. 114, en disant : *Que ces passages de l'Ecriture n'étaient*
des préceptes qu'à l'égard des femmes de ce temps-là, pour
donner par leur modestie un exemple d'édification aux
païens. Et d'où a-t-il pris cela, mon Père ? Il n'importe
pas d'où il l'ait pris ; il suffit que les sentiments de ces
grands hommes-là sont toujours probables d'eux-mêmes.
Mais le P. Le Moyne a apporté une modération à cette
permission générale, car il ne le veut point du tout souffrir
aux vieilles : c'est dans sa *Dévotion aisée,* et, entre autres,
pages 127, 157, 163. *La jeunesse,* dit-il, *peut être parée de*
droit naturel. Il peut être permis de se parer en un âge qui
est la fleur et la verdure des ans. Mais il en faut demeurer là :
le contretemps serait étrange de chercher des roses sur la
neige. Ce n'est qu'aux étoiles qu'il appartient d'être toujours
au bal, parce qu'elles ont le don de jeunesse perpétuelle. Le

*meilleur donc en ce point serait de prendre conseil de la
raison et d'un bon miroir, de se rendre à la bienséance et à la
nécessité, et de se retirer quand la nuit approche.* Cela est
tout à fait judicieux, lui dis-je. Mais, continua-t-il, afin
que vous voyiez combien nos Pères ont eu soin de tout,
je vous dirai que, donnant permission aux femmes de
jouer, et voyant que cette permission leur serait souvent
inutile, si on ne leur donnait aussi le moyen d'avoir de
quoi jouer, ils ont établi une autre maxime en leur faveur,
qui se voit dans Escobar, au chap. du larcin, tr. 1, ex. 9,
n. 13. *Une femme,* dit-il, *peut jouer et prendre pour cela de
l'argent à son mari.*

En vérité, mon Père, cela est bien achevé. Il y a bien
d'autres choses néanmoins, dit le Père; mais il faut les
laisser pour parler des maximes plus importantes, qui
facilitent l'usage des choses saintes comme, par exemple, la
manière d'assister à la Messe. Nos grands théologiens,
Gaspard Hurtado, *De Sacr.*, to. 2, d. 5, dist. 2, et Coninck,
q. 83, a. 6, n. 197, ont enseigné sur ce sujet, *qu'il suffit
d'être présent à la Messe de corps, quoiqu'on soit absent
d'esprit, pourvu qu'on demeure dans une contenance respec-
tueuse extérieurement.* Et Vasquez passe plus avant, car il
dit *qu'on satisfait au précepte d'ouïr la Messe, encore même
qu'on ait l'intention de n'en rien faire.* Tout cela est aussi
dans Escobar, tr. 1, ex. 11, n. 74 et 107; et encore au tr. 1,
ex. 1, n. 116, où il l'explique par l'exemple de ceux qu'on
mène à la Messe par force, et qui ont l'intention expresse
de ne la point entendre. Vraiment, lui dis-je, je ne le
croirais jamais, si un autre me le disait. En effet, dit-il,
cela a quelque besoin de l'autorité de ces grands hommes;
aussi bien que ce que dit Escobar, au tr. 1, ex. 11, n. 31 :
*Qu'une méchante intention, comme de regarder des femmes
avec un désir impur, jointe à celle d'ouïr la Messe comme il
faut, n'empêche pas qu'on n'y satisfasse : Nec obest alia prava
intentio, ut aspiciendi libidinose feminas.*

Mais on trouve encore une chose commode dans notre
savant Turrianus, *Select.*, p. 2, d. 16, dub. 7 : *Qu'on peut
ouïr la moitié d'une même Messe d'un prêtre, et ensuite une
autre moitié d'un autre, et même qu'on peut ouïr d'abord la fin
de l'une, et ensuite le commencement d'une autre.* Et je vous
dirai de plus qu'on a permis encore *d'ouïr deux moitiés de
Messe en même temps de deux différents prêtres, lorsque
l'un commence la Messe quand l'autre en est à l'Élévation;
parce qu'on peut avoir l'attention à ces deux côtés à la fois,
et que deux moitiés de Messe font une Messe entière : Duæ*

medietates unam missam constituunt. C'est ce qu'ont décidé nos Pères Bauny, tr. 6, q. 9, p. 312; Hurtado, *De Sacr.*, to. 2, *De Missa*, d. 5, diff. 4; Azorius, p. 1, l. 7, cap. 3, q. 3; Escobar, tr. 1, ex. 11, n. 73, dans le chapitre *De la Pratique pour ouïr la Messe selon notre Société.* Et vous verrez les conséquences qu'il en tire dans ce même livre, des éditions de Lyon, des années 1644 et 1646, en ces termes : *De là je conclus que vous pouvez ouïr la Messe en très peu de temps : si, par exemple, vous rencontrez quatre Messes à la fois, qui soient tellement assorties, que quand l'une commence, l'autre soit à l'Evangile, une autre à la Consécration et la dernière à la Communion.* Certainement, mon Père, on entendra la Messe dans Notre-Dame en un instant par ce moyen. Vous voyez donc, dit-il, qu'on ne pouvait pas mieux faire pour faciliter la manière d'ouïr la Messe.

Mais je veux vous faire voir maintenant comment on a adouci l'usage des sacrements, et surtout de celui de la pénitence; car c'est là où vous verrez la dernière bénignité de la conduite de nos Pères; et vous admirerez que la dévotion, qui étonnait tout le monde, ait pu être traitée par nos Pères avec une telle prudence, *qu'ayant abattu cet épouvantail que les démons avaient mis à sa porte,* ils l'aient rendue *plus facile que le vice, et plus aisée que la volupté;* en sorte *que le simple vivre est incomparablement plus malaisé que le bien vivre,* pour user des termes du P. Le Moyne, p. 244 et 291 de sa *Dévotion aisée.* N'est-ce pas là un merveilleux changement ? En vérité, lui dis-je, mon Père, je ne puis m'empêcher de vous dire ma pensée : Je crains que vous ne preniez mal vos mesures, et que cette indulgence ne soit capable de choquer plus de monde que d'en attirer. Car la Messe, par exemple, est une chose si grande et si sainte, qu'il suffirait, pour faire perdre à vos auteurs toute créance dans l'esprit de plusieurs personnes, de leur montrer de quelle manière ils en parlent. Cela est bien vrai, dit le Père, à l'égard de certaines gens; mais ne savez-vous pas que nous nous accommodons à toute sorte de personnes ? Il semble que vous ayez perdu la mémoire de ce que je vous ai dit si souvent sur ce sujet. Je veux donc vous en entretenir la première fois à loisir, en différant pour cela notre entretien des adoucissements de la confession. Je vous le ferai si bien entendre, que vous ne l'oublierez jamais. Nous nous séparâmes là-dessus; et ainsi je m'imagine que notre première conversation sera de leur politique.

Je suis, etc.

DIXIÈME LETTRE

De Paris, ce 2 août 1656.

MONSIEUR,

Ce n'est pas encore ici la politique de la Société, mais c'en est un des plus grands principes. Vous y verrez les adoucissements de la Confession, qui sont assurément le meilleur moyen que ces Pères aient trouvé pour attirer tout le monde et ne rebuter personne. Il fallait savoir cela avant que de passer outre ; et c'est pourquoi le Père trouva à propos de m'en instruire en cette sorte.

Vous avez vu, me dit-il, par tout ce que je vous ai dit jusques ici, avec quel succès nos Pères ont travaillé à découvrir, par leur lumière qu'il y a un grand nombre de choses permises qui passaient autrefois pour défendues ; mais, parce qu'il reste encore des péchés qu'on n'a pu excuser, et que l'unique remède en est la Confession, il a été bien nécessaire d'en adoucir les difficultés par les voies que j'ai maintenant à vous dire. Et ainsi, après vous avoir montré, dans toutes nos conversations précédentes, comment on a soulagé les scrupules qui troublaient les consciences, en faisant voir que ce qu'on croyait mauvais ne l'est pas, il reste à vous montrer en celle-ci la manière d'expier facilement ce qui est véritablement péché, en rendant la Confession aussi aisée qu'elle était difficile autrefois. Et par quel moyen, mon Père ? C'est, dit-il, par ces subtilités admirables qui sont propres à notre Compagnie, et que nos Pères de Flandre appellent, dans l'*Image de notre premier siècle*, l. 3, or. 1, p. 401, et l. 1, c. 2, *de pieuses et saintes finesses, et un saint artifice de dévotion : piam et religiosam calliditatem, et pietatis solertiam*. Au l. 3, c. 8, c'est par le moyen de ces inventions *que les crimes*

*s'expient aujourd'hui alacrius, avec plus d'allégresse et
d'ardeur qu'ils ne se commettaient autrefois; en sorte que
plusieurs personnes effacent leurs taches aussi promptement
qu'ils les contractent : plurimi vix citius maculas contrahunt
quam eluunt,* comme il est dit au même lieu. Apprenez-moi
donc, je vous prie, mon Père, *ces finesses* si salutaires. Il y
en a plusieurs, me dit-il; car, comme il se trouve beaucoup de choses pénibles dans la Confession, on a apporté
des adoucissements à chacune; et parce que les principales
peines qui s'y rencontrent sont la honte de confesser de
certains péchés, le soin d'en exprimer les circonstances, la
pénitence qu'il en faut faire, la résolution de n'y plus
tomber, la fuite des occasions prochaines qui y engagent,
et le regret de les avoir commis; j'espère vous montrer
aujourd'hui qu'il ne reste presque rien de fâcheux en tout
cela, tant on a eu soin d'ôter toute l'amertume et toute
l'aigreur d'un remède si nécessaire.

Car, pour commencer par la peine qu'on a de confesser
de certains péchés, comme vous n'ignorez pas qu'il est
souvent assez important de se conserver dans l'estime de
son confesseur, n'est-ce pas une chose bien commode de
permettre, comme font nos Pères, et entre autres Escobar,
qui cite encore Suarez, tr. 7, a. 4, n. 135, *d'avoir deux
confesseurs, l'un pour les péchés mortels, et l'autre pour les
véniels, afin de se maintenir en bonne réputation auprès de
son confesseur ordinaire, uti bonam famam apud ordinarium
tueatur, pourvu qu'on ne prenne pas de là occasion de demeurer
dans le péché mortel.* Et il donne ensuite un autre subtil
moyen pour se confesser d'un péché, même à son confesseur ordinaire, sans qu'il s'aperçoive qu'on l'a commis
depuis la dernière confession. *C'est,* dit-il, *de faire une
confession générale, et de confondre ce dernier péché avec
les autres dont on s'accuse en gros.* Il dit encore la même chose,
Princ. ex. 2, n. 73. Et vous avouerez, je m'assure, que
cette décision du P. Bauny, *Théol. mor.* tr. 4, q. 15, p. 137,
soulage encore bien la honte qu'on a de confesser ses
rechutes : *Que, hors de certaines occasions qui n'arrivent
que rarement, le confesseur n'a pas le droit de demander si le
péché dont on s'accuse est un péché d'habitude, et qu'on n'est
pas obligé de lui répondre sur cela, parce qu'il n'a pas droit
de donner à son pénitent la honte de déclarer ses rechutes
fréquentes.*

Comment, mon Père! j'aimerais autant dire qu'un médecin n'a pas droit de demander à son malade s'il y a longtemps
qu'il a la fièvre. Les péchés ne sont-ils pas tous différents

selon ces différentes circonstances ? Et le dessein d'un
véritable pénitent ne doit-il pas être d'exposer tout l'état
de sa conscience à son confesseur, avec la même sincérité
et la même ouverture de cœur que s'il parlait à Jésus-
Christ, dont le prêtre tient la place ? Or n'est-on pas bien
éloigné de cette disposition quand on cache ses rechutes
fréquentes, pour cacher la grandeur de son péché ? Je
vis le bon Père embarrassé là-dessus : de sorte qu'il pensa
à éluder cette difficulté plutôt qu'à la résoudre, en m'apprenant une autre de leurs règles, qui établit seulement un
nouveau désordre, sans justifier en aucune sorte cette
décision du P. Bauny, qui est, à mon sens, une de leurs
plus pernicieuses maximes, et des plus propres à entretenir
les vicieux dans leurs mauvaises habitudes. Je demeure
d'accord, me dit-il, que l'habitude augmente la malice du
péché; mais elle n'en change pas la nature : et c'est pourquoi on n'est pas obligé à s'en confesser, selon la règle de
nos Pères, qu'Escobar rapporte, Princ. ex. [2], n. 39 :
*Qu'on n'est obligé de confesser que les circonstances qui
changent l'espèce du péché, et non pas celles qui l'aggravent.*

C'est selon cette règle que notre Père Granados dit,
*in 5 part. cont. 7, t. 9, d. 9, n. 22, que si on a mangé de la
viande en Carême, il suffit de s'accuser d'avoir rompu le
jeûne, sans dire si c'est en mangeant de la viande, ou en faisant
deux repas maigres.* Et selon notre Père Reginaldus, *tr. 1,
l. 6, c. 4, n. 114 : Un devin qui s'est servi de l'art diabolique
n'est pas obligé à déclarer cette circonstance ; mais il suffit de
dire qu'il s'est mêlé de deviner, sans exprimer si c'est par la
chiromancie, ou par un pacte avec le démon.* Et Fagundez, de
notre Société, *p. 2, l. 4, c. 3, n. 17,* dit aussi : *Le rapt n'est
pas une circonstance qu'on soit tenu de découvrir quand la
fille y a consenti.* Notre père Escobar rapporte tout cela
au même lieu, n. 41, 61, 62, avec plusieurs autres décisions
assez curieuses des circonstances qu'on n'est pas obligé de
confesser. Vous pouvez les y voir vous-même. Voilà, lui
dis-je, des *artifices de dévotion* bien accommodants.

Tout cela néanmoins, dit-il, ne serait rien, si on n'avait
de plus adouci la pénitence, qui est une des choses qui
éloignait davantage de la confession. Mais maintenant les
plus délicats ne la sauraient plus appréhender, après ce
que nous avons soutenu dans nos thèses du Collège de
Clermont : *Que si le Confesseur impose une pénitence conve-
nable, convenientem, et qu'on ne veuille pas néanmoins
l'accepter, on peut se retirer en renonçant à l'absolution et à la
pénitence imposée.* Et Escobar dit encore dans la *Pratique*

de la *Pénitence selon notre Société,* tr. 7, ex. 4, n. 188 : *Que
si le pénitent déclare qu'il veut remettre à l'autre monde à
faire pénitence, et souffrir en purgatoire toutes les peines
qui lui sont dues, alors le confesseur doit lui imposer une
pénitence bien légère pour l'intégrité du sacrement, et principalement s'il reconnaît qu'il n'en accepterait pas une plus
grande.* Je crois, lui dis-je, que si cela était, on ne devrait
plus appeler la Confession le sacrement de pénitence.
Vous avez tort, dit-il, car au moins on en donne toujours
quelqu'une pour la forme. Mais, mon Père, jugez-vous
qu'un homme soit digne de recevoir l'absolution quand
il ne veut rien faire de pénible pour expier ses offenses ?
Et quand des personnes sont en cet état, ne devriez-vous
pas plutôt leur retenir leurs péchés que de leur remettre ?
Avez-vous l'idée véritable de l'étendue de votre ministère ?
et ne savez-vous pas que vous y exercez le pouvoir de lier
et délier ? Croyez-vous qu'il soit permis de donner l'absolution indifféremment à tous ceux qui la demandent, sans
reconnaître auparavant si Jésus-Christ délie dans le ciel
ceux que vous déliez sur la terre ? Eh quoi! dit le Père,
pensez-vous que nous ignorions *que le confesseur doit se
rendre juge de la disposition de son pénitent, tant parce qu'il
est obligé de ne pas dispenser les sacrements à ceux qui en
sont indignes, Jésus-Christ lui ayant ordonné d'être dispen-
sateur fidèle, et de ne pas donner les choses saintes aux chiens,
que parce qu'il est juge, et que c'est le devoir d'un juge de
juger justement, en déliant ceux qui en sont dignes, et liant
ceux qui en sont indignes, et aussi parce qu'il ne doit pas
absoudre ceux que Jésus-Christ condamne ?* De qui sont
ces paroles-là, mon Père ? De notre Père Filiutius, répliqua-t-il, to. 1, tr. 7, n. 354. Vous me surprenez, lui dis-je;
je les prenais pour être d'un des Pères de l'Eglise. Mais,
mon Père, ce passage doit bien étonner les confesseurs
et les rendre bien circonspects dans la dispensation de ce
sacrement, pour reconnaître si le regret de leurs pénitents
est suffisant, et si les promesses qu'ils donnent de ne plus
pécher à l'avenir sont recevables. Cela n'est point du tout
embarrassant, dit le Père. Filiutius n'avait garde de laisser
les confesseurs dans cette peine; et c'est pourquoi, ensuite
de ces paroles, il leur donne cette méthode facile pour en
sortir : *Le confesseur peut aisément se mettre en repos,
touchant la disposition de son pénitent; car s'il ne donne pas
des signes suffisants de douleur, le confesseur n'a qu'à lui
demander s'il ne déteste pas le péché dans son âme; et s'il
répond que oui, il est obligé de l'en croire. Et il faut dire la*

même chose de la résolution pour l'avenir, à moins qu'il y eût
quelque obligation de restituer ou de quitter quelque occasion
prochaine. Pour ce passage, mon Père, je vois bien qu'il
est de Filiutius. Vous vous trompez, dit le Père : car il a
pris tout cela mot à mot de Suarez, in 3 part., to. 4, disp. 32,
sect. 2, n. 2. Mais, mon Père, ce dernier passage de Filiutius détruit ce qu'il avait établi dans le premier ; car les
confesseurs n'auront plus le pouvoir de se rendre juges
de la disposition de leurs pénitents, puisqu'ils sont obligés
de les en croire sur leur parole, lors même qu'ils ne
donnent aucun signe suffisant de douleur. Est-ce qu'il y a
tant de certitude dans ces paroles qu'on donne, que ce seul
signe soit convaincant ? Je doute que l'expérience ait fait
connaître à vos Pères que tous ceux qui leur font ces promesses les tiennent, et je suis trompé s'ils n'éprouvent
souvent le contraire. Cela n'importe, dit le Père ; on ne
laisse pas d'obliger toujours les confesseurs à les croire :
car le P. Bauny, qui a traité cette question à fond dans sa
Somme des péchés, c. 46, p. 1090, 1091 et 1092, conclut
que toutes les fois que ceux qui récidivent souvent, sans qu'on y
voie aucun amendement, se présentent au confesseur, et lui
disent qu'ils ont regret du passé et bon dessein pour l'avenir,
il les en doit croire sur ce qu'ils le disent, quoiqu'il soit à
présumer telles résolutions ne passer pas le bout des lèvres.
Et quoiqu'ils se portent ensuite avec plus de liberté et d'excès
que jamais dans les mêmes fautes, on peut néanmoins leur
donner l'absolution selon mon opinion. Voilà, je m'assure,
tous vos doutes bien résolus.

Mais, mon Père, lui dis-je, je trouve que vous imposez
une grande charge aux confesseurs, en les obligeant de
croire le contraire de ce qu'ils voient. Vous n'entendez
pas cela, dit-il ; on veut dire par là qu'ils sont obligés
d'agir et d'absoudre, comme s'ils croyaient que cette
résolution fût ferme et constante, encore qu'ils ne le
croient pas en effet. Et c'est ce que nos PP. Suarez et
Filiutius expliquent ensuite des passages de tantôt. Car
après avoir dit *que le prêtre est obligé de croire son pénitent*
sur sa parole, ils ajoutent *qu'il n'est pas nécessaire que le*
confesseur se persuade que la résolution de son pénitent s'exé-
cutera, ni qu'il le juge même probablement ; mais il suffit
qu'il pense qu'il en a à l'heure même le dessein en général,
quoiqu'il doive retomber en bien peu de temps. Et c'est ce
qu'enseignent *tous nos auteurs, ita docent omnes autores.*
Douterez-vous d'une chose que tous nos auteurs
enseignent ? Mais, mon Père, que deviendra donc ce que le

P. Pétau a été obligé de reconnaître lui-même dans la préface de la *Pén. Publ.*, p. 4 : *Que les saints Pères, les Docteurs et les Conciles sont d'accord, comme d'une vérité certaine, que la pénitence qui prépare à l'eucharistie doit être véritable, constante, courageuse, et non pas lâche et endormie, ni sujette aux rechutes et aux reprises ?* Ne voyez-vous pas, dit-il, que le P. Pétau parle de l'*ancienne Eglise ?* Mais cela est maintenant si *peu de saison*, pour user des termes de nos Pères, que, selon le P. Bauny, le contraire est seul véritable ; c'est au tr. 4. q. 15, p. 95. *Il y a des auteurs qui disent qu'on doit refuser l'absolution à ceux qui retombent souvent dans les mêmes péchés, et principalement lorsque, après les avoir plusieurs fois absous, il n'en paraît aucun amendement : et d'autre disent que non. Mais la seule véritable opinion est qu'il ne faut point leur refuser l'absolution : et encore qu'ils ne profitent point de tous les avis qu'on leur a souvent donnés, qu'ils n'aient pas gardé les promesses qu'ils ont faites de changer de vie, qu'ils n'aient pas travaillé à se purifier, il n'importe : et quoi qu'en disent les autres, la véritable opinion, et laquelle on doit suivre, est que, même en tous ces cas, on les doit absoudre. Et*, tr. 4, q. 22, p. 100 : *Qu'on ne doit ni refuser ni différer l'absolution à ceux qui sont dans des péchés d'habitude contre la loi de Dieu, de nature et de l'Eglise, quoiqu'on n'y voie aucune espérance d'amendement : Etsi emendationis futuræ nulla spes appareat.*

Mais, mon Père, lui dis-je, cette assurance d'avoir toujours l'absolution pourrait bien porter les pécheurs... Je vous entends, dit-il en m'interrompant ; mais écoutez le P. Bauny, q. 15 : *On peut absoudre celui qui avoue que l'espérance d'être absous l'a porté à pécher avec plus de facilité qu'il n'eût fait sans cette espérance.* Et le P. Caussin, défendant cette proposition, dit, page 211 de sa Rép. à la Théol. mor., *Que si elle n'était véritable, l'usage de la confession serait interdit à la plupart du monde ; et qu'il n'y aurait plus d'autre remède aux pécheurs, qu'une branche d'arbre et une corde.* O mon Père ! que ces maximes-là attireront de gens à vos confessionnaux ! Aussi, dit-il, vous ne sauriez croire combien il y en vient : *nous sommes accablés et comme opprimés sous la foule de nos pénitents, pœnitentium numero obruimur*, comme il est dit en l'*Image de notre premier siècle*, l. 3, c. 8. Je sais, lui dis-je, un moyen facile de vous décharger de cette presse. Ce serait seulement, mon Père, d'obliger les pécheurs à quitter les occasions prochaines. Vous vous soulageriez assez par cette seule invention. Nous ne cherchons pas ce soulagement, dit-il ; au contraire :

car comme il est dit dans le même livre, l. 3, c. [9], p. 374 :
*Notre Société a pour but de travailler à établir les vertus, de
faire la guerre aux vices, et de servir un grand nombre
d'âmes.* Et comme il y a peu d'âmes qui veuillent quitter
les occasions prochaines, on a été obligé de définir ce que
c'est qu'occasion prochaine ; comme on voit dans Escobar,
en la *Pratique de notre Société,* tr. 7, ex. 4, n. 226. *On
n'appelle pas occasion prochaine celle où l'on ne pèche que
rarement, comme de pécher par un transport soudain avec
celle avec qui on demeure, trois ou quatre fois par an ;* ou
selon le P. Bauny, dans son livre français, *une ou deux fois
par mois,* p. 1082 ; et encore p. 1089, où il demande *ce
qu'on doit faire entre les maîtres et servantes, cousins et
cousines qui demeurent ensemble, et qui se portent mutuelle-
ment à pécher par cette occasion.* Il les faut séparer, lui
dis-je. C'est ce qu'il dit aussi, *si les rechutes sont fréquentes
et presque journalières : mais s'ils n'offensent que rarement
par ensemble, comme serait une ou deux fois le mois, et qu'ils
ne puissent se séparer sans grande incommodité et dommage,
on pourra les absoudre, selon ces auteurs, et entre autres
Suarez, pourvu qu'ils promettent bien de ne plus pécher, et
qu'ils aient un vrai regret du passé.* Je l'entendis bien, car il
m'avait déjà appris de quoi le confesseur se doit contenter
pour juger de ce regret. Et le P. Bauny, continua-t-il,
permet, p. 1083 et 1084, à ceux qui sont engagés dans les
occasions prochaines, *d'y demeurer, quand ils ne les pourraient quitter sans bailler sujet au monde de parler, ou sans
en recevoir de l'incommodité.* Et il dit de même en sa
Théologie morale, tr. 4, *De Pœnit.,* et q. 14, p. 94, q. 13,
p. 93 : *Qu'on peut et qu'on doit absoudre une femme qui a
chez elle un homme avec qui elle pèche souvent, si elle ne
peut le faire sortir honnêtement, ou qu'elle ait quelque cause
de le retenir : Si non potest honeste ejicere, aut habeat
aliquam causam retinendi ; pourvu qu'elle propose bien de
ne plus pécher avec lui.*

O mon Père ! lui dis-je, l'obligation de quitter les occasions est bien adoucie, si on en est dispensé aussitôt qu'on
en recevrait de l'incommodité ; mais je crois au moins
qu'on y est obligé, selon nos Pères, quand il n'y a point de
peine ? Oui, dit le Père, quoique toutefois cela ne soit pas
sans exception. Car le P. Bauny dit au même lieu : *Il est
permis à toutes sortes de personnes d'entrer dans des lieux de
débauche pour y convertir des femmes perdues, quoiqu'il soit
bien vraisemblable qu'on y péchera : comme si on a déjà
éprouvé souvent qu'on s'est laissé aller au péché par la vue*

et les cajoleries de ces femmes. Et encore qu'il y ait des Docteurs qui n'approuvent pas cette opinion et qui croient qu'il n'est pas permis de mettre volontairement son salut en danger pour secourir son prochain, je ne laisse pas d'embrasser très volontiers cette opinion qu'ils combattent. Voilà, mon Père, une nouvelle sorte de prédicateurs. Mais sur quoi se fonde le Père Bauny pour leur donner cette mission ? C'est, me dit-il, sur un de ses principes qu'il donne au même lieu après Basile Ponce. Je vous en ai parlé autrefois, et je crois que vous vous en souvenez. C'est *qu'on peut rechercher une occasion directement et par elle-même,* primo et per se, *pour le bien temporel ou spirituel de soi ou du prochain.* Ces passages me firent tant d'horreur, que je pensai rompre là-dessus ; mais je me retins, afin de le laisser aller jusqu'au bout, et me contentai de lui dire : Quel rapport y a-t-il, mon Père, de cette doctrine à celle de l'Evangile, qui oblige *à s'arracher les yeux, et à retrancher les choses les plus nécessaires quand elles nuisent au salut ?* Et comment pouvez-vous concevoir qu'un homme qui demeure volontairement dans les occasions des péchés les déteste sincèrement ? N'est-il pas visible, au contraire, qu'il n'en est point touché comme il faut, et qu'il n'est pas encore arrivé à cette véritable conversion de cœur, qui fait autant aimer Dieu qu'on a aimé les créatures ?

Comment ! dit-il, ce serait là une véritable contrition. Il semble que vous ne sachiez pas que, comme dit le P. Pinthereau en la 2 p. p. 50 de l'Abbé de Boisic : *tous nos Pères enseignent d'un commun accord que c'est une erreur et presque une hérésie de dire que la contrition soit nécessaire, et que l'attrition toute seule, et même conçue par* LE SEUL *motif des peines de l'enfer, qui exclut la volonté d'offenser, ne suffit pas avec le sacrement.* Quoi, mon Père ! c'est presque un article de foi que l'attrition conçue par la seule crainte des peines suffit avec le sacrement ? Je crois que cela est particulier à vos Pères. Car les autres, qui croient que l'attrition suffit avec le sacrement, veulent au moins qu'elle soit mêlée de quelque amour de Dieu. Et de plus, il me semble que vos auteurs mêmes ne tenaient point autrefois que cette doctrine fût si certaine. Car votre Père Suarez en parle de cette sorte, de Pœn. q. 90, art. 4, disp. 15, sect. 4, n. 17. *Encore,* dit-il, *que ce soit une opinion probable que l'attrition suffit avec le Sacrement, toutefois elle n'est pas certaine, et elle peut être fausse :* Non est certa, et potest esse falsa. *Et si elle est fausse, l'attrition ne suffit pas pour sauver un homme. Donc celui qui meurt sciemment en cet état*

*s'expose volontairement au péril moral de la damnation
éternelle. Car cette opinion n'est ni fort ancienne, ni fort
commune : Nec valde antiqua, nec multum communis.* Sanchez ne trouvait pas non plus qu'elle fût si assurée,
puisqu'il dit en sa Somme, l. 1, c. 9, n. 34 : *Que le malade
et son confesseur qui se contenteraient à la mort de l'attrition
avec le sacrement, pécheraient mortellement, à cause du
grand péril de damnation où le pénitent s'exposerait, si
l'opinion qui assure que l'attrition suffit avec le sacrement ne
se trouvait pas véritable.* Ni Comitolus aussi, quand il dit,
Resp. Mor. l. 1, q. 32, n. 7, 8 : *Qu'il n'est pas trop sûr que
l'attrition suffise avec le sacrement.*

Le bon Père m'arrêta là-dessus. Eh quoi, dit-il, vous
lisez donc nos auteurs ? Vous faites bien ; mais vous feriez
encore mieux de ne les lire qu'avec quelqu'un de nous.
Ne voyez-vous pas que, pour les avoir lus tout seul, vous
en avez conclu que ces passages font tort à ceux qui soutiennent maintenant notre doctrine de l'attrition ; au lieu
qu'on vous aurait montré qu'il n'y a rien qui les relève
davantage ? Car quelle gloire est-ce à nos Pères d'aujour-
d'hui, d'avoir en moins de rien répandu si généralement
leur opinion partout, que, hors les théologiens, il n'y a
presque personne qui ne s'imagine que ce que nous
tenons maintenant de l'attrition n'ait été de tout temps
l'unique créance des fidèles ? Et ainsi, quand vous montrez, par nos Pères mêmes, qu'il y a peu d'années *que cette
opinion n'était pas certaine,* que faites-vous autre chose,
sinon donner à nos derniers auteurs tout l'honneur de cet
établissement ?

Aussi Diana, notre ami intime, a cru nous faire plaisir
de marquer par quels degrés on y est arrivé. C'est ce qu'il
fait p. 5, tr. 13, où il dit : *Qu'autrefois les anciens scolastiques
soutenaient que la contrition était nécessaire aussitôt qu'on
avait fait un péché mortel ; mais que depuis on a cru qu'on n'y
était obligé que les jours de fêtes, et ensuite que quand quelque
grande calamité menaçait tout le peuple ; que, selon d'autres,
on était obligé à ne la pas différer longtemps quand on approche
de la mort. Mais que nos Pères Hurtado et Vasquez ont
réfuté excellemment toutes ces opinions-là, et établit qu'on
n'y était obligé que quand on ne pouvait être absous par une
autre voie, ou à l'article de la mort.* Mais, pour continuer
le merveilleux progrès de cette doctrine, j'ajouterai que
nos Pères Fagundez, præc. 2, [l]. 2, c. 4, n. 13 ; Granados,
in 3 part. contr. 7, d. 3, sec. 4, n. 17 ; et Escobar, tr. 7, ex. 4,
n. 88, dans la pratique selon notre Société, ont décidé :

Que la contrition n'est pas nécessaire même à la mort, parce, disent-ils, *que si l'attrition avec le sacrement ne suffisait pas à la mort, il s'ensuivrait que l'attrition ne serait pas suffisante avec le sacrement.* Et notre savant Hurtado, de sacr. d. 6, cité par Diana, part. 4, tr. 4, Miscell. r. 193, et par Escobar, tr. 7, ex. 4, n. 91, va encore plus loin ; écoutez-le : *Le regret d'avoir péché, qu'on ne conçoit qu'à cause du seul mal temporel qui en arrive, comme d'avoir perdu la santé ou son argent, est-il suffisant ? Il faut distinguer. Si on ne pense pas que ce mal soit envoyé de la main de Dieu, ce regret ne suffit pas ; mais si on croit que ce mal est envoyé de Dieu,* comme en effet tout mal, dit Diana, *excepté le péché, vient de lui, ce regret est suffisant.* C'est ce que dit Escobar en la *Pratique de notre Société.* Notre P. François Lamy soutient aussi la même chose, T. 8, disp. 3, n. 13.

Vous me surprenez, mon Père, car je ne vois rien en toute cette attrition-là que de naturel ; et ainsi un pécheur se pourrait rendre digne de l'absolution sans aucune grâce surnaturelle. Or il n'y a personne qui ne sache que c'est une hérésie condamnée par le Concile. Je l'aurais pensé comme vous, dit-il, et pourtant il faut bien que cela ne soit pas. Car nos Pères du Collège de Clermont ont soutenu dans leurs thèses du 23 mai et du 6 juin 1644, col. 4, n.1: *Qu'une attrition peut être sainte et suffisante pour le sacrement, quoiqu'elle ne soit pas surnaturelle.* Et dans celle du mois d'août 1643 : *Qu'une attrition qui n'est que naturelle suffit pour le sacrement, pourvu qu'elle soit honnête : Ad sacramentum suffīcit attritio naturalis, modo honesta.* Voilà tout ce qui se peut dire, si ce n'est qu'on veuille ajouter une conséquence, qui se tire aisément de ces principes : qui est que la contrition est si peu nécessaire au sacrement, qu'elle y serait au contraire nuisible, en ce qu'effaçant les péchés par elle-même, elle ne laisserait rien à faire au sacrement. C'est ce que dit notre Père Valentia, ce célèbre Jésuite, Tom. 4, Disp. 7, qu. 8, p. 4 : *La contrition n'est point du tout nécessaire pour obtenir l'effet principal du sacrement ; mais, au contraire, elle y est plutôt un obstacle : Imo obstat potius quominus effectus sequatur.* On ne peut rien désirer de plus à l'avantage de l'attrition. Je le crois, mon Père ; mais souffrez que je vous en dise mon sentiment, et que je vous fasse voir à quel excès cette doctrine conduit. Lorsque vous dites que *l'attrition conçue par la seule crainte des peines* suffit avec le Sacrement pour justifier les pécheurs, ne s'ensuit-il pas de là qu'on pourra toute sa vie expier ses péchés de cette sorte, et ainsi être sauvé sans avoir jamais

aimé Dieu en sa vie ? Or vos Pères oseraient-ils soutenir
cela ?

Je vois bien, répondit le Père, par ce que vous me dites,
que vous avez besoin de savoir la doctrine de nos Pères
touchant l'amour de Dieu. C'est le dernier trait de leur
morale, et le plus important de tous. Vous deviez l'avoir
compris par les passages que je vous ai cités de la contrition.
Mais en voici d'autres plus précis sur l'amour de Dieu ;
ne m'interrompez donc pas, car la suite même en est
considérable. Ecoutez Escobar, qui rapporte les opinions
différentes de nos auteurs sur ce sujet, dans la Pratique de
l'Amour de Dieu selon notre Société, au tr. 1, ex. 2, n. 21
et tr. 5, ex. 4, n. 8, sur cette question : *Quand est-on obligé
d'avoir affection actuellement pour Dieu ? Suarez dit que c'est
assez, si on l'aime avant l'article de la mort, sans déterminer
aucun temps ; Vasquez, qu'il suffit encore à l'article de la
mort ; d'autres, quand on reçoit le Baptême ; d'autres, quand
on est obligé d'être contrit ; d'autres, les jours de fêtes. Mais
notre Père Castro Palao combat toutes ces opinions-là, et
avec raison,* merito. *Hurtado de Mendoza prétend qu'on y est
obligé tous les ans, et qu'on nous traite bien favorablement
encore de ne nous y obliger pas plus souvent ; mais notre Père
Coninch croit qu'on y est obligé en trois ou quatre ans ;
Henriquez tous les cinq ans, et Filiutius dit qu'il est probable
qu'on n'y est pas obligé à la rigueur tous les cinq ans. Et
quand donc ? Il le remet au jugement des sages.* Je laissai
passer tout ce badinage, où l'esprit de l'homme se joue si
insolemment de l'amour de Dieu. Mais, poursuivit-il, notre
P. Antoine Sirmond, qui triomphe sur cette matière dans
son admirable livre de la Défense de la vertu, *où il parle
français en France,* comme il dit au lecteur, discourt ainsi
au 2e tr., sect. 1, p. 12, 13, 14, etc. : *Saint Thomas dit
qu'on est obligé à aimer Dieu aussitôt après l'usage de raison :
c'est un peu bientôt. Scotus, chaque dimanche : sur quoi fondé ?
D'autres, quand on est grièvement tenté : oui, en cas qu'il n'y
eût que cette voie de fuir la tentation. Sotus, quand on reçoit
un bienfait de Dieu : bon pour l'en remercier. D'autres, à la
mort : c'est bien tard. Je ne crois pas non plus que ce soit à
chaque réception de quelque sacrement : l'attrition y suffit avec
la confession, si on en a la commodité. Suarez dit qu'on y est
obligé en un temps : mais en quel temps ? Il vous en fait juge,
et il n'en sait rien. Or ce que ce Docteur n'a pas su, je ne sais
qui le sait.* Et il conclut enfin qu'on n'est obligé à autre
chose à la rigueur, qu'à observer les autres commandements, sans aucune affection pour Dieu, et sans que notre

cœur soit à lui, pourvu qu'on ne le haïsse pas. C'est ce qu'il prouve en tout son second traité. Vous le verrez à chaque page, et entre autres aux 16, 19, 24, 28, où il dit ces mots : *Dieu, en nous commandant de l'aimer, se contente que nous lui obéissions en ses autres commandements. Si Dieu eût dit : Je vous perdrai, quelque obéissance que vous me rendiez, si de plus votre cœur n'est à moi : ce motif, à votre avis, eût-il été bien proportionné à la fin que Dieu a dû et a pu avoir ? Il est donc dit que nous aimerons Dieu en faisant sa volonté, comme si nous l'aimions d'affection, comme si le motif de la charité nous y portait. Si cela arrive réellement, encore mieux : sinon, nous ne laisserons pas pourtant d'obéir en rigueur au commandement d'amour, en ayant les œuvres, de façon que (voyez la bonté de Dieu) il ne nous est pas tant commandé de l'aimer que de ne le point haïr.*

C'est ainsi que nos Pères ont déchargé les hommes de l'obligation *pénible* d'aimer Dieu actuellement; et cette doctrine est si avantageuse, que nos Pères Annat, Pinthereau. Le Moyne et A. Sirmond même l'ont défendue vigoureusement, quand on a voulu la combattre. Vous n'avez qu'à le voir dans leurs réponses à la Théologie Morale : et celle du P. Pinthereau en la 2 p. de l'Abbé de Boisic, p. 53, vous fera juger de la valeur de cette dispense par le prix qu'il dit qu'elle a coûté, qui est le sang de Jésus-Christ. C'est le couronnement de cette doctrine. Vous y verrez donc que cette dispense de l'obligation *fâcheuse* d'aimer Dieu est le privilège de la loi évangélique par-dessus la judaïque. *Il a été raisonnable*, dit-il, *que dans la loi de grâce du Nouveau Trestament, Dieu levât l'obligation fâcheuse et difficile, qui était en la loi de rigueur, d'exercer un acte de parfaite contrition pour être justifié, et qu'il instituât des sacrements pour suppléer à son défaut, à l'aide d'une disposition plus facile. Autrement, certes, les chrétiens, qui sont les enfants, n'auraient pas maintenant plus de facilité à se remettre aux bonnes grâces de leur père que les Juifs, qui étaient les esclaves, pour obtenir miséricorde de leur Seigneur.*

O mon Père! lui dis-je, il n'y a point de patience que vous ne mettiez à bout, et on ne peut ouïr sans horreur les choses que je viens d'entendre. Ce n'est pas de moi-même, dit-il. Je le sais bien, mon Père, mais vous n'en avez point d'aversion; et bien loin de détester les auteurs de ces maximes, vous avez de l'estime pour eux. Ne craignez-vous pas que votre consentement ne vous rende participant de leur crime ? Et pouvez-vous ignorer que saint

Paul juge *dignes de mort, non seulement les auteurs des maux, mais aussi ceux qui y consentent* ? Ne suffisait-il pas d'avoir permis aux hommes tant de choses défendues, par les palliations que vous y avez apportées ? Fallait-il encore leur donner l'occasion de commettre les crimes mêmes que vous n'avez pu excuser par la facilité et l'assurance de l'absolution que vous leur en offrez, en détruisant à ce dessein la puissance des Prêtres, et les obligeant d'absoudre, plutôt en esclaves qu'en juges, les pécheurs les plus envieillis, sans changement de vie, sans aucun signe de regret, que des promesses cent fois violées, sans pénitence, *s'ils n'en veulent point accepter ;* et sans quitter les occasions des vices, *s'ils en reçoivent de l'incommodité* ?

Mais on passe encore au-delà, et la licence qu'on a prise d'ébranler les règles les plus saintes de la conduite chrétienne se porte jusqu'au renversement entier de la loi de Dieu. On viole *le grand commandement, qui comprend la loi et les Prophètes ;* on attaque la piété dans le cœur; on en ôte l'esprit qui donne la vie; on dit que l'amour de Dieu n'est pas nécessaire au salut; et on va même jusqu'à prétendre que *cette dispense d'aimer Dieu est l'avantage que Jésus-Christ a apporté au monde.* C'est le comble de l'impiété. Le prix du sang de *Jésus-Christ* sera de nous obtenir la dispense de l'aimer! Avant l'Incarnation, on était obligé d'aimer Dieu; mais depuis que *Dieu a tant aimé le monde, qu'il lui a donné son Fils unique,* le monde, racheté par lui, sera déchargé de l'aimer! Etrange théologie de nos jours! On ose lever *l'anathème* que saint Paul prononce *contre ceux qui n'aiment pas le Seigneur Jésus !* On ruine ce que dit saint Jean, que *qui n'aime point demeure en la mort ;* et ce que dit Jésus-Christ même, que *qui ne l'aime point, ne garde point ses préceptes !* Ainsi on rend dignes de jouir de Dieu dans l'éternité ceux qui n'ont jamais aimé Dieu en toute leur vie! Voilà le mystère d'iniquité accompli. Ouvrez enfin les yeux, mon Père; et si vous n'avez point été touché par les autres égarements de vos casuistes, que ces derniers vous en retirent par leurs excès. Je le souhaite de tout mon cœur pour vous et pour tous vos Pères, et je prie Dieu qu'il daigne leur faire connaître combien est fausse la lumière qui les a conduits jusqu'à de tels précipices, et qu'il remplisse de son amour ceux qui en osent dispenser les hommes.

Après quelques discours de cette sorte, je quittai le Père, et je ne vois guère d'apparence d'y retourner. Mais n'y ayez pas de regret; car s'il était nécessaire de vous entretenir encore de leurs maximes, j'ai assez lu leurs livres pour pouvoir vous en dire à peu près autant de leur morale, et peut-être plus de leur politique, qu'il n'eût fait lui-même.

Je suis, etc.

ONZIÈME LETTRE

Du 18 août 1656.

MES RÉVÉRENDS PÈRES,

J'ai vu les lettres que vous débitez contre celles que j'ai écrites à un de mes amis sur le sujet de votre morale, où l'un des principaux points de votre défense est que je n'ai pas parlé assez sérieusement de vos maximes : c'est ce que vous répétez dans tous vos écrits, et que vous poussez jusqu'à dire *Que j'ai tourné les choses saintes en raillerie*.

Ce reproche, mes Pères, est bien surprenant et bien injuste ; car en quel lieu trouvez-vous que je tourne les choses saintes en raillerie ? Vous marquez en particulier *le contrat Mohatra, et l'histoire de Jean d'Alba*. Mais est-ce cela que vous appelez des choses saintes ? Vous semble-t-il que le Mohatra soit une chose si vénérable, que ce soit un blasphème de n'en pas parler avec respect ? Et les leçons du P. Bauny pour le larcin, qui portèrent Jean d'Alba à le pratiquer contre vous-mêmes, sont-elles si sacrées, que vous ayez droit de traiter d'impies ceux qui s'en moquent ?

Quoi ! mes Pères, les imaginations de vos auteurs passeront pour les vérités de la foi, et on ne pourra se moquer des passages d'Escobar, et des décisions si fantasques et si peu chrétiennes de vos autres auteurs, sans qu'on soit accusé de rire de la religion ? Est-il possible que vous ayez osé redire si souvent une chose si peu raisonnable ? et ne craignez-vous point, en me blâmant de m'être moqué de vos égarements, de me donner un nouveau sujet de me moquer de ce reproche, et de le faire retomber sur vous-mêmes, en montrant que je n'ai pris sujet de rire que de ce qu'il y a de ridicule dans vos livres ; et qu'ainsi, en me moquant de votre morale, j'ai été aussi éloigné de me moquer des choses saintes, que la doctrine de vos casuistes est éloigné de la doctrine sainte de l'Evangile ?

En vérité, mes Pères, il y a bien de la différence entre rire de la religion, et rire de ceux qui la profanent par leurs opinions extravagantes. Ce serait une impiété de manquer de respect pour les vérités que l'esprit de Dieu a révélées : mais ce serait une autre impiété de manquer de mépris pour les faussetés que l'esprit de l'homme leur oppose.

Car, mes Pères, puisque vous m'obligez d'entrer en ce discours, je vous prie de considérer que, comme les vérités chrétiennes sont dignes d'amour et de respect, les erreurs qui leur sont contraires sont dignes de mépris et de haine, parce qu'il y a deux choses dans les vérités de notre religion : une beauté divine qui les rend aimables, et une sainte majesté qui les rend vénérables; et qu'il y a aussi deux choses dans les erreurs : l'impiété qui les rend horribles, et l'impertinence qui les rend ridicules. C'est pourquoi, comme les saints ont toujours pour la vérité ces deux sentiments d'amour et de crainte, et que leur sagesse est toute comprise entre la crainte qui en est le principe, et l'amour qui en est la fin, les saints ont aussi pour l'erreur ces deux sentiments de haine et de mépris, et leur zèle s'emploie également à repousser avec force la malice des impies et à confondre avec risée leur égarement et leur folie.

Ne prétendez donc pas, mes Pères, de faire accroire au monde que ce soit une chose indigne d'un chrétien de traiter les erreurs avec moquerie, puisqu'il est aisé de faire connaître à ceux qui ne le sauraient pas que cette pratique est juste, qu'elle est commune aux Pères de l'Eglise, et qu'elle est autorisée par l'Ecriture, par l'exemple des plus grands saints, et par celui de Dieu même.

Car ne voyons-nous pas que Dieu hait et méprise les pécheurs tout ensemble, jusque-là même qu'à l'heure de leur mort, qui est le temps où leur état est le plus déplorable et le plus triste, la sagesse divine joindra la moquerie et la risée à la vengeance et à la fureur qui les condamnera à des supplices éternels : *In interitu vestro ridebo et subsannabo ?* Et les saints, agissant par le même esprit, en useront de même, puisque, selon David, quand ils verront la punition des méchants, *ils en trembleront et en riront en même temps : Videbunt justi et timebunt : et super eum ridebunt.* Et Job en parle de même : *Innocens subsannabit eos.*

Mais c'est une chose bien remarquable sur ce sujet, que, dans les premières paroles que Dieu a dites à l'homme depuis sa chute, on trouve un discours de moquerie, et *une ironie piquante*, selon les Pères. Car, après qu'Adam eut désobéi, dans l'espérance que le démon lui avait donnée d'être fait semblable à Dieu, il paraît par l'Ecriture que Dieu, en punition, le rendit sujet à la mort, et qu'après l'avoir réduit à cette misérable condition qui était due à son péché, il se moqua de lui en cet état par ces paroles de risée : *Voilà l'homme qui est devenu comme l'un de nous : Ecce Adam quasi unus ex nobis.* Ce qui est *une ironie sanglante et sensible* dont Dieu le *piquait vivement*, selon saint Chrysostome et les interprètes. *Adam*, dit Rupert, *méritait d'être raillé par cette ironie, et on lui faisait sentir sa folie bien plus vivement par cette expression ironique que par une expression sérieuse.* Et Hugues de Saint-Victor, ayant dit la même chose, ajoute *que cette ironie était due à sa sotte crédulité; et que cette espèce de raillerie est une action de justice, lorsque celui envers qui on en use l'a méritée.*

Vous voyez donc, mes Pères, que la moquerie est quelquefois plus propre à faire revenir les hommes de leurs égarements, et qu'elle est alors une action de justice; parce que, comme dit Jérémie, *les actions de ceux qui errent sont dignes de risée, à cause de leur vanité : vana sunt et risu digna.* Et c'est si peu une impiété de s'en rire, que c'est l'effet d'une sagesse divine, selon cette parole de saint Augustin : *Les sages rient des insensés, parce qu'ils sont sages, non pas de leur propre sagesse, mais de cette sagesse divine qui rira de la mort des méchants.*

Aussi les Prophètes remplis de l'esprit de Dieu ont usé de ces moqueries, comme nous voyons par les exemples de Daniel et d'Elie. Enfin il s'en trouve des exemples dans les discours de Jésus-Christ même; et saint Augustin remarque que, quand il voulut humilier Nicodème, qui se croyait habile dans l'intelligence de la loi : *Comme il le voyait enflé d'orgueil par sa qualité de Docteur des Juifs, il exerce et étonne sa présomption par la hauteur de ses demandes, et l'ayant réduit à l'impuissance de répondre : Quoi ! lui dit-il, vous êtes maîtres en Israël, et vous ignorez ces choses ?* Ce qui est le même que s'il eût dit : *Prince superbe, reconnaissez que vous ne savez rien.* Et saint Chrysostome et saint Cyrille disent sur cela qu'il méritait d'être joué de cette sorte.

Vous voyez, donc, mes Pères, que, s'il arrivait aujourd'hui que des personnes qui feraient les maîtres envers les Chrétiens, comme Nicodème et les Pharisiens envers les Juifs, ignoraient les principes de la religion, et soutenaient, par exemple, *qu'on peut être sauvé sans avoir jamais aimé Dieu en toute sa vie*, on suivrait en cela l'exemple de

Jésus-Christ, en se jouant de leur vanité et de leur ignorance.

Je m'assure, mes Pères, que ces exemples sacrés suffisent pour vous faire entendre que ce n'est pas une conduite contraire à celle des Saints de rire des erreurs et des égarements des hommes : autrement il faudrait blâmer celle des plus grands docteurs de l'Eglise qui l'ont pratiquée, comme saint Jérôme dans ses lettres et dans ses écrits contre Jovinien, Vigilance, et les Pélagiens ; Tertullien, dans son Apologétique contre les folies des idolâtres ; saint Augustin contre les religieux d'Afrique, qu'il appelle les *Chevelus* ; saint Irénée contre les Gnostiques ; saint Bernard et les autres Pères de l'Eglise, qui, ayant été les imitateurs des Apôtres, doivent être imités par les fidèles dans toute la suite des temps, puisqu'ils sont proposés, quoi qu'on en dise, comme le véritable modèle des chrétiens mêmes d'aujourd'hui.

Je n'ai donc pas cru faillir en les suivant. Et, comme je pense l'avoir assez montré, je ne dirai plus sur ce sujet que ces excellentes paroles de Tertullien, qui rendent raison de tout mon procédé. *Ce que j'ai fait n'est qu'un jeu avant un véritable combat. J'ai plutôt montré les blessures qu'on vous peut faire que je ne vous en ai fait. Que s'il se trouve des endroits où l'on soit excité à rire, c'est parce que les sujets mêmes y portaient. Il y a beaucoup de choses qui méritent d'être moquées et jouées de la sorte, de peur de leur donner du poids en les combattant sérieusement. Rien n'est plus dû à la vanité que la risée ; et c'est proprement à la vérité à qui il appartient de rire, parce qu'elle est gaie, et de se jouer de ses ennemis, parce qu'elle est assurée de la victoire. Il est vrai qu'il faut prendre garde que les railleries ne soient pas basses et indignes de la vérité. Mais, à cela près, quand on pourra s'en servir avec adresse, c'est un devoir que d'en user.* Ne trouvez-vous pas, mes Pères, que ce passage est bien juste à notre sujet ? *Les lettres que j'ai faites jusqu'ici ne sont qu'un jeu avant un véritable combat.* Je n'ai fait encore que me jouer, *et vous montrer plutôt les blessures qu'on vous peut faire que je ne vous en ai fait.* J'ai exposé simplement vos passages sans y faire presque de réflexion. *Que si on y a été excité à rire, c'est parce que les sujets y portaient d'eux-mêmes.* Car, qu'y a-t-il de plus propre à exciter à rire que de voir une chose aussi grave que la morale chrétienne remplie d'imaginations aussi grotesques que les vôtres ? On conçoit une si haute attente de ces maximes, qu'on dit *que* JESUS-CHRIST *a lui-même révélées à des Pères de la Société*, que quand on y trouve *qu'un prêtre qui a reçu de l'argent pour dire une Messe peut, outre cela, en prendre d'autres personnes, en leur cédant toute la part qu'il a au sacrifice ; qu'un religieux n'est pas excommunié pour quitter son habit lorsque c'est pour danser, pour filouter, ou pour aller incognito en des lieux de débauche ; et qu'on satisfait au précepte d'ouïr la messe en entendant quatre quarts de messe à la fois de différents prêtres,* lors, dis-je, qu'on entend ces décisions et autres semblables, il est impossible que cette surprise ne fasse rire, parce que rien n'y porte davantage qu'une disproportion surprenante entre ce qu'on attend et ce qu'on voit. Et comment aurrait-on pu traiter autrement la plupart de ces matières, puisque ce cerait *les autoriser que de les traiter sérieusement,* selon Tertullien ?

Quoi ! faut-il employer la force de l'Ecriture et de la tradition pour montrer que c'est tuer son ennemi en trahison que de lui donner des coups d'épée par derrière, et dans une embûche ; et que c'est acheter un bénéfice que de donner de l'argent comme un motif pour se le faire résigner ? Il y a donc [des] matières qu'il faut mépriser, et *qui méritent d'être jouées et moquées.* Enfin ce que dit cet ancien auteur, *que rien n'est plus dû à la vanité que la risée,* et le reste de ces paroles s'applique ici avec tant de justesse, et avec une force si convaincante, qu'on ne saurait plus douter qu'on peut bien rire des erreurs sans blesser la bienséance.

Et je vous dirai aussi, mes Pères, qu'on en peut rire sans blesser la charité, quoique ce soit une des choses que vous me reprochez encore dans vos écrits. *Car la charité oblige quelquefois à rire des erreurs des hommes, pour les porter eux-mêmes à en rire et à les fuir,* selon cette parole de saint Augustin : *Hæc tu misericorditer irride, ut eis ridenda ac fugienda commendes.* Et la même charité oblige aussi quelquefois à les repousser avec colère, selon cette autre parole de saint Grégoire de Nazianze : *L'esprit de charité et de douceur a ses émotions et ses colères.* En effet, comme dit saint Augustin : *Qui oserait dire que la vérité doit demeurer désarmée contre le mensonge, et qu'il sera permis aux ennemis de la foi d'effrayer les fidèles par des paroles fortes, et de les réjouir par des rencontres d'esprit agréables ; mais que les catholiques ne doivent écrire qu'avec une froideur de style qui endorme les lecteurs ?*

Ne voit-on pas que, selon cette conduite, on laisserait introduire dans l'Eglise les erreurs les plus extravagantes et les plus pernicieuses, sans qu'il fût permis de s'en

moquer avec mépris, de peur d'être accusé de blesser la
bienséance, ni de les confondre avec véhémence, de peur
d'être accusé de manquer de charité ?

Quoi ! mes Pères, il vous sera permis de dire *qu'on peut
tuer pour éviter un soufflet et une injure*, et il ne sera pas
permis de réfuter publiquement une erreur publique d'une
telle conséquence ? Vous aurez la liberté de dire *qu'un juge
peut en conscience retenir ce qu'il a reçu pour faire une injustice*, sans qu'on ait la liberté de vous contredire ? Vous
imprimerez, avec privilège et approbation de vos docteurs,
qu'on peut être sauvé sans avoir jamais aimé Dieu, et vous
fermerez la bouche à ceux qui défendront la vérité de la
foi, en leur disant qu'ils blesseraient la charité de frères en
vous attaquant, et la modestie de Chrétiens en riant de vos
maximes ? Je doute, mes Pères, qu'il y ait des personnes à
qui vous ayez pu le faire accroire ; mais néanmoins, s'il s'en
trouvait qui en fussent persuadés, et qui crussent que
j'aurais blessé la charité que je vous dois, en décriant votre
morale, je voudrais bien qu'ils examinassent avec attention
d'où naît en eux ce sentiment. Car encore qu'ils s'imaginent qu'il part de leur zèle, qui n'a pu souffrir sans
scandale de voir accuser leur prochain ; je les prierais de
considérer qu'il n'est pas impossible qu'il vienne d'ailleurs, et qu'il est même assez vraisemblable qu'il vient du
déplaisir secret et souvent caché à nous-mêmes, que le
malheureux fond qui est en nous ne manque jamais
d'exciter contre ceux qui s'opposent au relâchement des
mœurs. Et pour leur donner une règle qui leur en fasse
reconnaître le véritable principe, je leur demanderai si,
en même temps qu'ils se plaignent de ce qu'on a traité de la
sorte des religieux, ils se plaignent encore davantage de ce
que des religieux ont traité la vérité de la sorte. Que s'ils
sont irrités non seulement contre les lettres, mais encore
plus contre les maximes qui y sont rapportées, j'avouerai
qu'il se peut faire que leur ressentiment parte de quelque
zèle, mais peu éclairé ; et alors les passages qui sont ici
suffiront pour les éclaircir. Mais s'ils s'emportent seulement contre les répréhensions, et non pas contre les choses
qu'on a reprises, en vérité, mes Pères, je ne m'empêcherai
jamais de leur dire qu'ils sont grossièrement abusés, et que
leur zèle est bien aveugle.

Etrange zèle qui s'irrite contre ceux qui accusent des
fautes publiques, et non pas contre ceux qui les commettent ! Quelle nouvelle charité qui s'offense de voir
confondre des erreurs manifestes et qui ne s'offense point

de voir renverser la morale par ces erreurs! Si ces personnes étaient en danger d'être assassinées, s'offenseraient-elles de ce qu'on les avertirait de l'embûche qu'on leur dresse; et au lieu de se détourner de leur chemin pour l'éviter, s'amuseraient-elles à se plaindre du peu de charité qu'on aurait eu de découvrir le dessein criminel de ces assassins ? S'irritent-elles lorsqu'on leur dit de ne manger pas d'une viande, parce qu'elle est empoisonnée, ou de n'aller pas dans une ville, parce qu'il y a de la peste ?

D'où vient donc qu'ils trouvent qu'on manque de charité quand on découvre les maximes nuisibles à la religion, et qu'ils croient au contraire qu'on manquerait de charité, si on ne leur découvrait pas les choses nuisibles à leur santé et à leur vie, sinon parce que l'amour qu'ils ont pour la vie leur fait recevoir favorablement tout ce qui contribue à la conserver, et que l'indifférence qu'ils ont pour la vérité fait que non seulement ils ne prennent aucune part à sa défense, mais qu'ils voient même avec peine qu'on s'efforce de détruire le mensonge ?

Qu'ils considèrent donc devant Dieu combien la morale que vos casuistes répandent de toutes parts est honteuse et pernicieuse à l'Eglise; combien la licence qu'ils introduisent dans les mœurs est scandaleuse et démesurée; combien la hardiesse avec laquelle vous les soutenez est opiniâtre et violente. Et s'ils ne jugent qu'il est temps de s'élever contre de tels désordres, leur aveuglement sera aussi à plaindre que le vôtre, mes Pères, puisque et vous et eux avez un pareil sujet de craindre cette parole de saint Augustin sur celle de Jésus-Christ dans l'Evangile : *Malheur aux aveugles qui conduisent! malheur aux aveugles qui sont conduits! væ cœcis ducentibus! væ cœcis sequentibus!*

Mais afin que vous n'ayez plus lieu de donner ces impressions aux autres, ni de les prendre vous-mêmes, je vous dirai, mes Pères (et je suis honteux de ce que vous m'engagez à vous dire ce que je devrais apprendre de vous), je vous dirai donc quelles marques les Pères de l'Eglise nous ont données pour juger si les répréhensions partent d'un esprit de piété et de charité, ou d'un esprit d'impiété et de haine.

La première de ces règles est que l'esprit de piété porte toujours à parler avec vérité et sincérité; au lieu que l'envie et la haine emploient le mensonge et la calomnie : *splendentia et vehementia, sed rebus veris,* dit saint Augustin. Quiconque se sert du mensonge agit par l'esprit du diable. Il n'y a point de direction d'intention qui puisse rectifier

la calomnie : et quand il s'agirait de convertir toute la
terre, il ne serait pas permis de noircir des personnes
innocentes ; parce qu'on ne doit pas faire le moindre mal
pour en faire réussir le plus grand bien, et *que la vérité de
Dieu n'a pas besoin de notre mensonge*, selon l'Ecriture. *Il est
du devoir des défenseurs de la vérité*, dit saint Hilaire, *de
n'avancer que des choses vraies*. Aussi, mes Pères, je puis
dire devant Dieu qu'il n'y a rien que je déteste davantage
que de blesser tant soit peu la vérité ; et que j'ai toujours
pris un soin très particulier non seulement de ne pas
falsifier, ce qui serait horrible, mais de ne pas altérer ou
détourner le moins du monde le sens d'un passage. De
sorte que, si j'osais me servir, en cette rencontre, des
paroles du même saint Hilaire, je pourrais bien vous dire
avec lui : *Si nous disons des choses fausses, que nos discours
soient tenus pour infâmes ; mais si nous montrons que celles
que nous produisons sont publiques et manifestes, ce n'est
point sortir de la modestie et de la liberté apostolique de les
reprocher.*

Mais ce n'est pas assez, mes Pères, de ne dire que des
choses vraies, il faut encore ne pas dire toutes celles qui
sont vraies, parce qu'on ne doit rapporter que les choses
qu'il est utile de découvrir, et non pas celles qui ne pourraient que blesser sans apporter aucun fruit. Et ainsi,
comme la première règle est de parler avec vérité, la
seconde est de parler avec discrétion. *Les méchants*, dit
saint Augustin, *persécutent les bons en suivant l'aveuglement
de la passion qui les anime ; au lieu que les bons persécutent
les méchants avec une sage discrétion : de même que les
chirurgiens considèrent ce qu'ils coupent, au lieu que les
meurtriers ne regardent point où ils frappent.* Vous savez
bien, mes Pères, que je n'ai pas rapporté, des maximes
de vos auteurs, celles qui vous auraient été les plus sensibles, quoique j'eusse pu le faire, et même sans pécher
contre la discrétion, non plus que de savants hommes et
très catholiques, mes Pères, qui l'ont fait autrefois ; et
tous ceux qui ont lu vos auteurs savent aussi bien que vous
combien en cela je vous ai épargnés : outre que je n'ai
parlé en aucune sorte contre ce qui vous regarde chacun
en particulier ; et je serais fâché d'avoir rien dit des fautes
secrètes et personnelles, quelque preuve que j'en eusse.
Car je sais que c'est le propre de la haine et de l'animosité,
et qu'on ne doit jamais le faire, à moins qu'il y en ait une
nécessité bien pressante pour le bien de l'Eglise. Il est
donc visible que je n'ai manqué en aucune sorte à la discré-

tion, dans ce que j'ai été obligé de dire touchant les maximes de votre morale, et que vous avez plus de sujet de vous louer de ma retenue que de vous plaindre de mon indiscrétion.

La troisième règle, mes Pères, est que quand on est obligé d'user de quelques railleries, l'esprit de piété porte à ne les employer que contre les erreurs, et non pas contre les choses saintes; au lieu que l'esprit de bouffonnerie, d'impiété et d'hérésie, se rit de ce qu'il y a de plus sacré. Je me suis déjà justifié sur ce point; et on est bien éloigné d'être exposé à ce vice quand on n'a qu'à parler des opinions que j'ai rapportées de vos auteurs.

Enfin, mes Pères, pour abréger ces règles, je ne vous dirai plus que celle-ci, qui est le principe et la fin de toutes les autres : c'est que l'esprit de charité porte à avoir dans le cœur le désir du salut de ceux contre qui on parle, et à adresser ses prières à Dieu en même temps qu'on adresse ses reproches aux hommes. *On doit toujours*, dit saint Augustin, *conserver la charité dans le cœur, lors même qu'on est obligé de faire au-dehors des choses qui paraissent rudes aux hommes, et de les frapper avec une âpreté dure, mais bienfaisante, leur utilité devant être préférée à leur satisfaction.* Je crois, mes Pères, qu'il n'y a rien dans mes lettres qui témoigne que je n'aie pas eu ce désir pour vous; et ainsi la charité vous oblige à croire que je l'ai eu en effet, lorsque vous n'y voyez rien de contraire. Il paraît donc par là que vous ne pouvez montrer que j'aie péché contre cette règle, ni contre aucune de celles que la charité oblige de suivre; et c'est pourquoi vous n'avez aucun droit de dire que je l'aie blessée en ce que j'ai fait.

Mais si vous voulez, mes Pères, avoir maintenant le plaisir de voir en peu de mots une conduite qui pèche contre chacune de ces règles, et qui porte véritablement le caractère de l'esprit de bouffonnerie, d'envie et de haine, je vous en donnerai des exemples; et, afin qu'ils vous soient plus connus et plus familiers, je les prendrai de vos écrits mêmes.

Car, pour commencer par la manière indigne dont vos auteurs parlent des choses saintes, soit dans leurs railleries, soit dans leurs galanteries, soit dans leurs discours sérieux, trouvez-vous que tant de contes ridicules de votre P. Binet, dans sa *Consolation des malades* soient fort propres au dessein qu'il avait pris de consoler chrétiennement ceux que Dieu afflige ? Direz-vous que la manière si profane et si coquette dont votre P. Le Moyne a parlé

de la piété dans sa *Dévotion Aisée*, soit plus propre à
donner du respect que du mépris pour l'idée qu'il forme
de la vertu chrétienne ? Tout son livre des *Peintures
Morales* respire-t-il autre chose, et dans sa prose et dans
ses vers, qu'un esprit plein de la vanité et des folies du
monde ? Est-ce une pièce digne d'un prêtre que cette
ode du 7. livre intitulée : *Eloge de la pudeur, où il est montré
que toutes les belles choses sont rouges, ou sujettes à rougir ?*
C'est ce qu'il fit pour consoler une dame, qu'il appelle
Delphine, de ce qu'elle rougissait souvent. Il dit donc,
à chaque stance, que quelques-unes des choses les plus
estimées sont rouges, comme les roses, les grenades, la
bouche, la langue; et c'est parmi ces galanteries, honteuses à un religieux, qu'il ose mêler insolemment ces
esprits bienheureux qui assistent devant Dieu, et dont les
Chrétiens ne doivent parler qu'avec vénération :

> *Les Chérubins, ces glorieux,*
> *Composés de tête et de plume,*
> *Que Dieu de son esprit allume,*
> *Et qu'il éclaire de ses yeux ;*
> *Ces illustres faces volantes*
> *Sont toujours rouges et brûlantes,*
> *Soit du feu de Dieu, soit du leur,*
> *Et dans leurs flammes mutuelles*
> *Font du mouvement de leurs ailes*
> *Un éventail à leur chaleur.*
> *Mais la rougeur éclate en toi,*
> DELPHINE, *avec plus d'avantage,*
> *Quand l'honneur est sur ton visage*
> *Vêtu de pourpre comme un roi, etc.*

Qu'en dites-vous, mes Pères ? Cette préférence de la
rougeur de Delphine à l'ardeur de ces esprits qui n'en
ont point d'autre que la charité, et la comparaison d'un
éventail avec ses ailes mystérieuses, vous paraît-elle fort
chrétienne dans une bouche qui consacre le Corps adorable de Jésus-Christ ? Je sais qu'il ne l'a dit que pour
faire le galant et pour rire ; mais c'est cela qu'on appelle
rire des choses saintes. Et n'est-il pas vrai que, si on lui
faisait justice, il ne se garantirait pas d'une censure,
quoique, pour s'en défendre, il se servît de cette raison,
qui n'est pas elle-même moins censurable, qu'il rappporte
au livre [III] : *Que la Sorbonne n'a point de juridiction sur
le Parnasse, et que les erreurs de ce pays-là ne sont sujettes*

ni aux Censures, ni à l'Inquisition, comme s'il n'était
défendu d'être blasphémateur et impie qu'en prose. Mais
au moins on n'en garantirait pas par là cet autre endroit
de l'avant-propos du même livre : *Que l'eau de la rivière
au bord de laquelle il a composé ses vers est si propre à faire
des poètes, que, quand on en ferait de l'eau bénite, elle ne
chasserait pas le démon de la poésie :* non plus que celui-ci
de votre P. Garasse dans sa Somme des Vérités Capitales
de la Religion, p. 649, où il joint le blasphème à l'hérésie,
en parlant du mystère sacré de l'Incarnation en cette
sorte : *La personnalité humaine a été comme entée ou mise à
cheval sur la personnalité du Verbe.* Et cet autre endroit
du même auteur, p. 510, sans en rapporter beaucoup
d'autres, où il dit sur le sujet du nom de Jésus, figuré
ordinairement ainsi IHS : *Que quelques-uns en ont ôté la
croix pour prendre les seuls caractères en cette sorte, IHS,
qui est un Jésus dévalisé.*

C'est ainsi que vous traitez indignement les vérités de
la religion, contre la règle inviolable qui oblige à n'en
parler qu'avec révérence, mais vous ne péchez pas moins
contre celle qui oblige à ne parler qu'avec vérité et discrétion. Qu'y a-t-il de plus ordinaire dans vos écrits que la
calomnie ? Ceux du P. Brisacier sont-ils sincères ? Et
parle-t-il avec vérité quand il dit, 4e part., p. 24 et 15 *,
que les religieuses de Port-Royal ne prient pas les saints,
et qu'elles n'ont point d'images dans leur église ? Ne
sont-ce pas des faussetés bien hardies, puisque le contraire
paraît à la vue de tout Paris ? Et parle-t-il avec discrétion,
quand il déchire l'innocence de ces filles, dont la vie est
si pure et si austère, quand il les appelle des *Filles impéni-
tentes, asacramentaires, incommuniantes, des vierges folles,
fantastiques, Calaganes, désespérées, et tout ce qu'il vous
plaira,* et qu'il les noircit par tant d'autres médisances,
qui ont mérité la censure de feu M. l'archevêque de
Paris ? Quand il calomnie des prêtres dont les mœurs sont
irréprochables, jusqu'à dire, 1 part., p. 22 : *Qu'ils pratiquent des nouveautés dans les confessions, pour attraper les
belles et les innocentes ; et qu'il aurait horreur de rapporter
les crimes abominables qu'ils commettent,* n'est-ce pas une
témérité insupportable d'avancer des impostures si noires,
non seulement sans preuve, mais sans la moindre ombre
et sans la moindre apparence ? Je ne m'étendrai pas
davantage sur ce sujet, et je remets à vous en parler plus

* Il faut lire 1re part, p. 14 et 15. (Note des éditeurs.)

au long une autre fois : car j'ai à vous entretenir sur cette matière, et ce que j'ai dit suffit pour faire voir combien vous péchez contre la vérité et la discrétion tout ensemble.

Mais on dira peut-être que vous ne péchez pas au moins contre la dernière règle, qui oblige d'avoir le désir du salut de ceux qu'on décrie, et qu'on ne saurait vous en accuser sans violer le secret de votre cœur, qui n'est connu que de Dieu seul. C'est une chose étrange, mes Pères, qu'on ait néanmoins de quoi vous en convaincre; que, votre haine contre vos adversaires ayant été jusqu'à souhaiter leur perte éternelle, votre aveuglement ait été jusqu'à découvrir un souhait si abominable; que, bien loin de former en secret des désirs de leur salut, vous ayez fait en public des vœux pour leur damnation; et qu'après avoir produit ce malheureux souhait dans la ville de Caen avec le scandale de toute l'Eglise, vous ayez osé depuis soutenir encore à Paris, dans vos livres imprimés, une action si diabolique. Il ne se peut rien ajouter à ces excès contre la piété : railler et parler indignement des choses les plus sacrées; calomnier les vierges et les prêtres faussement et scandaleusement; et enfin former des désirs et des vœux pour leur damnation. Je ne sais, mes Pères, si vous n'êtes point confus, et comment vous avez pu avoir la pensée de m'accuser d'avoir manqué de charité, moi qui n'ai parlé qu'avec tant de vérité et de retenue, sans faire de réflexion sur les horribles violements de la charité, que vous faites vous-mêmes par de si déplorables emportements.

Enfin, mes Pères, pour conclure, par un autre reproche que vous me faites, de ce qu'entre un si grand nombre de vos maximes que je rapporte, il y en a quelques-unes qu'on vous avait déjà objectées, sur quoi vous vous plaignez de ce que *je redis contre vous ce qui avait été dit*, je réponds que c'est au contraire parce que vous n'avez pas profité de ce qu'on vous l'a déjà dit, que je vous le redis encore : car quel fruit a-t-il paru de ce que de savants docteurs et l'Université entière vous en ont repris par tant de livres ? Qu'ont fait vos Pères Annat, Caussin, Pinthereau et Le Moyne, dans les réponses qu'ils y ont faites, sinon de couvrir d'injures ceux qui leur avaient donné ces avis si salutaires ? Avez-vous supprimé les livres où ces méchantes maximes sont enseignées ? En avez-vous réprimé les auteurs ? En êtes-vous devenus plus circonspects ? Et n'est-ce pas depuis ce temps-là qu'Escobar a tant été imprimé de fois en France et aux Pays-Bas; et que vos Pères Cellot, Bagot, Bauny, Lamy, Le Moyne

et les autres, ne cessent de publier tous les jours les
mêmes choses, et de nouvelles encore aussi licencieuses que
jamais ? Ne vous plaignez donc plus, mes Pères, ni de ce
que je vous ai reproché des maximes que vous n'avez
point quittées, ni de ce que je vous en ai objecté de nouvelles, ni de ce que j'ai ri de toutes. Vous n'avez qu'à les
considérer pour y trouver votre confusion et ma défense.
Qui pourra voir, sans en rire, la décision du Père Bauny
pour celui qui fait brûler une grange : celle du P. Cellot,
pour la restitution : le règlement de Sanchez en faveur des
sorciers : la manière dont Hurtado fait éviter le péché du
duel en se promenant dans un champ, et y attendant un
homme : les compliments du P. Bauny pour éviter l'usure :
la manière d'éviter la simonie par un détour d'intention,
et celle d'éviter le mensonge, en parlant tantôt haut,
tantôt bas, et le reste des opinions de vos docteurs les
plus graves ? En faut-il davantage, mes Pères, pour me
justifier ? Et y a-t-il rien de mieux *dû à la vanité et à la
faiblesse de ces opinions que la risée*, selon Tertullien ? Mais,
mes Pères, la corruption des mœurs que vos maximes
apportent est digne d'une autre considération, et nous
pouvons bien faire cette demande avec le même Tertullien : *Faut-il rire de leur folie, ou déplorer leur aveuglement ?
Rideam vanitatem, an exprobrem cœcitatem ?* Je crois, mes
Pères, *qu'on peut en rire et en pleurer à son choix* : *Hæc
tolerabilius vel ridentur, vel flentur*, dit saint Augustin.
Reconnaissez donc *qu'il y a un temps de rire et un temps de
pleurer*, selon l'Ecriture. Et je souhaite, mes Pères, que je
n'éprouve pas en vous la vérité de ces paroles des Pro-
verbes : *Qu'il y a des personnes si peu raisonnables, qu'on
n'en peut avoir de satisfaction, de quelque manière qu'on
agisse avec eux, soit qu'on rie, soit qu'on se mette en colère.*

DOUZIÈME LETTRE

AUX RÉVÉRENDS PÈRES JÉSUITES

Du 9 septembre 1656.

MES RÉVÉRENDS PÈRES,

J'étais prêt à vous écrire sur le sujet des injures que
vous me dites depuis si longtemps dans vos écrits, où vous
m'appelez *impie, bouffon, ignorant, farceur, imposteur,
calomniateur, fourbe, hérétique, calviniste déguisé, disciple de
Du Moulin, possédé d'une légion de diables*, et tout ce qu'il
vous plaît. Je voulais faire entendre au monde pourquoi
vous me traitez de la sorte, car je serais fâché qu'on crût
tout cela de moi; et j'avais résolu de me plaindre de vos
calomnies et de vos impostures, lorsque j'ai vu vos réponses,
où vous m'en accusez moi-même. Vous m'avez obligé par
là de changer mon dessein, et néanmoins je ne laisserai
pas de le continuer en quelque sorte, puisque j'espère, en
me défendant, vous convaincre de plus d'impostures véritables que vous ne m'en avez imputé de fausses. En vérité,
mes Pères, vous en êtes plus suspects que moi; car il n'est
pas vraisemblable qu'étant seul comme je suis, sans force
et sans aucun appui humain contre un si grand corps, et
n'étant soutenu que par la vérité et la sincérité, je me sois
exposé à tout perdre, en m'exposant à être convaincu
d'imposture. Il est trop aisé de découvrir les faussetés
dans les questions de fait comme celle-ci. Je ne manquerais
pas de gens pour m'en accuser, et la justice ne leur en
serait pas refusée. Pour vous, mes Pères, vous n'êtes pas
en ces termes; et vous pouvez dire contre moi ce que vous
voulez, sans que je trouve à qui m'en plaindre. Dans cette
différence de nos conditions, je ne dois pas être peu retenu,
quand d'autres considérations ne m'y engageraient pas.
Cependant vous me traitez comme un imposteur insigne,

et ainsi vous me forcez à repartir : mais vous savez que
cela ne se peut faire sans exposer de nouveau, et même
sans découvrir plus à fond les points de votre morale;
en quoi je doute que vous soyez bons politiques. La guerre
se fait chez vous et à vos dépens; et quoique vous ayez
pensé qu'en embrouillant les questions par des termes
d'Ecole, les réponses en seraient si longues, si obscures, et
si épineuses, qu'on en perdrait le goût, cela ne sera peut-
être pas tout à fait ainsi, car j'essaierai de vous ennuyer
le moins qu'il se peut en ce genre d'écrire. Vos maximes
ont je ne sais quoi de divertissant qui réjouit toujours le
monde. Souvenez-vous au moins que c'est vous qui
m'engagez d'entrer dans cet éclaircissement, et voyons
qui se défendra le mieux.

   La première de vos impostures est sur *l'opinion de
Vasquez touchant l'aumône*. Souffrez donc que je l'explique
nettement, pour ôter toute obscurité de nos disputes.
C'est une chose assez connue, mes Pères, que, selon
l'esprit de l'Eglise, il y a deux préceptes touchant l'aumône : *l'un, de donner de son superflu dans les nécessités
ordinaires des pauvres; l'autre, de donner même de ce qui est
nécessaire, selon sa condition, dans les nécessités extrêmes.*
C'est ce que dit Cajetan, après saint Thomas : de sorte
que, pour faire voir l'esprit de Vasquez touchant l'aumône,
il faut montrer comment il a réglé, tant celle qu'on doit
faire du superflu, que celle qu'on doit faire du nécessaire.

   Celle du superflu, qui est le plus ordinaire secours des
pauvres, est entièrement abolie par cette seule maxime
De El. c. 4, n. 14, que j'ai rapportée dans mes Lettres.
*Ce que les gens du monde gardent pour relever leur condition
et celle de leurs parents n'est pas appelé superflu. Et ainsi à
peine trouvera-t-on qu'il y ait jamais de superflu dans les
gens du monde, et non pas même dans les Rois.* Vous voyez
bien, mes Pères, que, par cette définition, tous ceux qui
auront de l'ambition n'auront point de superflu; et
qu'ainsi l'aumône en est anéantie à l'égard de la plupart
du monde. Mais, quand il arriverait même qu'on en aurait,
on serait encore dispensé d'en donner dans les nécessités
communes, selon Vasquez, qui s'oppose à ceux qui
veulent y obliger les riches. Voici ses termes, c. 1, n. 32 :
Corduba, dit-il, *enseigne que, lorsqu'on a du superflu, on est
obligé d'en donner à ceux qui sont dans une nécessité ordinaire,
au moins une partie, afin d'accomplir le précepte en quelque
chose;* MAIS CELA NE ME PLAIT PAS : *sed hoc non placet :*
CAR NOUS AVONS MONTRÉ LE CONTRAIRE *contre Cajetan*

et Navarre. Ainsi, mes Pères, l'obligation de cette aumône est absolument ruinée, selon ce qu'il plaît à Vasquez.

Pour celle du nécessaire, qu'on est obligé de faire dans les nécessités extrêmes et pressantes, vous verrez, par les conditions qu'il apporte pour former cette obligation, que les plus riches de Paris peuvent n'y être pas engagés une seule fois en leur vie. Je n'en rapporterai que deux : l'une, QUE L'ON SACHE *que le pauvre ne sera secouru d'aucun autre : hœc intelligo et cœtera omnia, quando* SCIO *nullum alium opem laturum,* c. 1, n. 28. Qu'en dites-vous, mes Pères ? arrivera-t-il souvent que dans Paris, où il y a tant de gens charitables, on puisse savoir qu'il ne se trouvera personne pour secourir un pauvre qui s'offre à nous ? Et cependant, si on n'a pas cette connaissance, on pourra le renvoyer sans secours, selon Vasquez. L'autre condition est que la nécessité de ce pauvre soit telle, *qu'il soit menacé de quelque accident mortel, ou de perdre sa réputation,* n. 24 et 26, ce qui est bien peu commun. Mais ce qui en marque encore la rareté, c'est qu'il dit, num. 45, que le pauvre qui est en cet état où il dit qu'on est obligé à lui donner l'aumône, *peut voler le riche en conscience.* Et ainsi il faut que cela soit bien extraordinaire, si ce n'est qu'il veuille qu'il soit ordinairement permis de voler. De sorte qu'après avoir détruit l'obligation de donner l'aumône du superflu, qui est la plus grande source des charités, il n'oblige les riches d'assister les pauvres de leur nécessaire que lorsqu'il permet aux pauvres de voler les riches. Voilà la doctrine de Vasquez, où vous renvoyez les lecteurs pour leur édification.

Je viens maintenant à vos impostures. Vous vous étendez d'abord sur l'obligation que Vasquez impose aux ecclésiastiques de faire l'aumône; mais je n'en ai point parlé, et j'en parlerai quand il vous plaira; il n'en est donc pas question ici. Pour les laïques, desquels seuls il s'agit, il semble que vous vouliez faire entendre que Vasquez ne parle en l'endroit que j'ai cité que selon le sens de Cajetan, et non pas selon le sien propre; mais comme il n'y a rien de plus faux, et que vous ne l'avez pas dit nettement, je veux croire pour votre honneur que vous ne l'avez pas voulu dire.

Vous vous plaignez ensuite hautement de ce qu'après avoir rapporté cette maxime de Vasquez : *A peine se trouvera-t-il que les gens du monde, et même les Rois, aient jamais de superflu,* j'en ai conclu *que les riches sont donc à peine obligés de donner l'aumône de leur superflu.* Mais que

voulez-vous dire, mes Pères ? S'il est vrai que les riches
n'ont presque jamais de superflu, n'est-il pas certain qu'ils
ne seront presque jamais obligés de donner l'aumône de
leur superflu ? Je vous en ferais un argument en forme, si
Diana, qui estime tant Vasquez, qu'il l'appelle *le Phénix
des esprits*, n'avait tiré la même conséquence du même
principe. Car, après avoir rapporté cette maxime de
Vasquez, il en conclut : *Que dans la question, savoir si les
riches sont obligés de donner l'aumône de leur superflu, quoique
l'opinion qui les y oblige fût véritable, il n'arriverait jamais,
ou presque jamais, qu'elle obligeât dans la pratique.* Je n'ai
fait que suivre mot à mot tout ce discours. Que veut donc
dire ceci, mes Pères ? Quand Diana rapporte avec éloge
les sentiments de Vasquez, quand il les trouve probables,
et très commodes pour les riches, comme il le dit au même
lieu, il n'est ni calomniateur ni faussaire, et vous ne vous
plaignez point qu'il lui impose : au lieu que, quand je
représente ces mêmes sentiments de Vasquez, mais sans
le traiter *de phénix*, je suis un imposteur, un faussaire et un
corrupteur de ses maximes. Certainement, mes Pères,
vous avez sujet de craindre que la différence de vos
traitements envers ceux qui ne diffèrent pas dans le
rapport, mais seulement dans l'estime qu'ils font de votre
doctrine, ne découvre le fond de votre cœur, et ne fasse
juger que vous avez pour principal objet de maintenir le
crédit et la gloire de votre Compagnie; puisque, tandis
que votre théologie accommodante passe pour une sage
condescendance, vous ne désavouez point ceux qui la
publient, et au contraire vous les louez comme contri-
buant à votre dessein. Mais quand on la fait passer pour
un relâchement pernicieux, alors le même intérêt de votre
Société vous engage à désavouer des maximes qui vous
font tort dans le monde : et ainsi vous les reconnaissez ou
les renoncez, non pas selon la vérité qui ne change jamais,
mais selon les divers changements des temps, suivant
cette parole d'un ancien : *Omnia pro tempore, nihil pro
veritate.* Prenez-y garde, mes Pères; et afin que vous ne
puissiez plus m'accuser d'avoir tiré du principe de Vasquez une conséquence qu'il eût désavouée, sachez qu'il l'a
tirée lui-même, c. I, n. 27 : *A peine est-on obligé de donner
l'aumône, quand on n'est obligé de la donner que de son
superflu, selon l'opinion de Cajetan* ET SELON LA MIENNE,
et secundum nostram. Confessez donc, mes Pères, par le
propre témoignage de Vasquez, que j'ai suivi exactement
sa pensée; et considérez avec quelle conscience vous avez

osé dire, *que si l'on allait à la source, on verrait avec étonne-*
ment qu'il y enseigne tout le contraire.

Enfin, vous faites valoir, par-dessus tout, ce que vous
dites que, si Vasquez n'oblige pas les riches de donner
l'aumône de leur superflu, il les oblige en récompense de
la donner de leur nécessaire. Mais vous avez oublié de
marquer l'assemblage des conditions qu'il déclare être
nécessaires pour former cette obligation, lesquelles j'ai
rapportées, et qui la restreignent si fort, qu'elles l'anéan-
tissent presque entièrement : et au lieu d'expliquer ainsi
sincèrement sa doctrine, vous dites généralement, qu'il
oblige les riches à donner même ce qui est nécessaire à
leur condition. C'est en dire trop, mes Pères : la règle de
l'Evangile ne va pas si avant; ce serait une autre erreur,
dont Vasquez est bien éloigné. Pour couvrir son relâchement, vous lui attribuez un excès de sévérité qui le rendrait répréhensible, et par là vous vous ôtez la créance de
l'avoir rapporté fidèlement. Mais il n'est pas digne de ce
reproche, après avoir établi, comme je l'ai fait voir, que
les riches ne sont point obligés, ni par justice, ni par
charité, de donner de leur superflu, et encore moins du
nécessaire dans tous les besoins ordinaires des pauvres, et
qu'ils ne sont obligés de donner du nécessaire qu'en des
rencontres si rares, qu'elles n'arrivent presque jamais.

Vous ne m'objectez rien davantage; de sorte qu'il ne
me reste qu'à faire voir combien est faux ce que vous
prétendez, que Vasquez est plus sévère que Cajetan; et
cela sera bien facile, puisque ce cardinal enseigne *qu'on est*
obligé par justice de donner l'aumône de son superflu, même
dans les communes nécessités des pauvres : parce que, selon les
saints Pères, les riches sont seulement dispensateurs de leur
superflu, pour le donner à qui ils veulent d'entre ceux qui en
ont besoin. Et ainsi, au lieu que Diana dit des maximes de
Vasquez qu'elles seront *bien commodes et bien agréables aux*
riches et à leurs confesseurs, ce Cardinal, qui n'a pas une
pareille consolation à leur donner, déclare, De Eleem.,
c. 6, *qu'il n'a rien à dire aux riches que ces paroles de* Jésus-
Christ : *Qu'il est plus facile qu'un chameau passe par le trou*
d'une aiguille, que non pas qu'un riche entre dans le ciel ; et à
leurs confesseurs que cette parole du même Sauveur : si un
aveugle en conduit un autre, ils tomberont tous deux dans le
précipice; tant il a trouvé cette obligation indispensable!
Aussi c'est ce que les Pères et tous les saints ont établi
comme une vérité constante. *Il y a deux cas*, dit saint
Thomas, 2, 2, q. 118, art. 4, *où l'on est obligé de donner*

l'aumône par un devoir de justice, ex debito legali : *l'un quand les pauvres sont en danger, l'autre quand nous possédons des biens superflus.* Et q. 87, a. 1, : *Les troisièmes décimes que les Juifs devaient manger avec les pauvres ont été augmentées dans la loi nouvelle, parce que* Jésus-Christ *veut que nous donnions aux pauvres, non seulement la dixième partie, mais tout notre superflu.* Et cependant il ne plaît pas à Vasquez qu'on soit obligé d'en donner une partie seulement, tant il a de complaisance pour les riches, de dureté pour les pauvres, d'opposition à ces sentiments de charité qui font trouver douce la vérité de ces paroles de saint Grégoire, laquelle paraît si rude aux riches du monde : *Quand nous donnons aux pauvres ce qui leur est nécessaire, nous ne leur donnons pas tant ce qui est à nous que nous leur rendons ce qui est à eux : et c'est un devoir de justice plutôt qu'une œuvre de miséricorde.*

C'est de cette sorte que les saints recommandent aux riches de partager avec les pauvres les biens de la terre, s'ils veulent posséder avec eux les biens du ciel. Et au lieu que vous travaillez à entretenir dans les hommes l'ambition, qui fait qu'on n'a jamais de superflu, et l'avarice, qui refuse d'en donner quand on en aurait, les saints ont travaillé au contraire à porter les hommes à donner leur superflu, et à leur faire connaître qu'ils en auront beaucoup, s'ils le mesurent non par la cupidité, qui ne souffre point de bornes, mais par la piété, qui est ingénieuse à se retrancher pour avoir de quoi se répandre dans l'exercice de la charité. *Nous avons beaucoup de superflu,* dit saint Augustin, *si nous ne gardons que le nécessaire ; mais, si nous recherchons les choses vaines, rien ne nous suffira. Recherchez, mes frères, ce qui suffit à l'ouvrage de Dieu,* c'est-à-dire à la nature, *et non pas ce qui suffit à votre cupidité,* qui est l'ouvrage du démon : *et souvenez-vous que le superflu des riches est le nécessaire des pauvres.*

Je voudrais bien, mes Pères, que ce que je vous dis servît non seulement à me justifier, ce serait peu, mais encore à vous faire sentir et abhorrer ce qu'il y a de corrompu dans les maximes de vos casuistes, afin de nous unir sincèrement dans les saintes règles de l'Evangile, selon lesquelles nous devons tous êtres jugés.

Pour le second point, qui regarde la simonie, avant que de répondre aux reproches que vous me faites, je commencerai par l'éclaircissement de votre doctrine sur ce sujet. Comme vous vous êtes trouvés embarrassés entre les Canons de l'Eglise qui imposent d'horribles peines aux simoniaques, et l'avarice de tant de personnes qui recherchent cet infâme trafic, vous avez suivi votre méthode ordinaire, qui est d'accorder aux hommes ce qu'ils désirent, et donner à Dieu des paroles et des apparences. Car qu'est-ce que demandent les simoniaques, sinon d'avoir de l'argent en donnant leurs bénéfices ? Et c'est cela que vous avez exempté de simonie. Mais parce qu'il faut que le nom de simonie demeure, et qu'il y ait un sujet où il soit attaché, vous avez choisi pour cela une idée imaginaire, qui ne vient jamais dans l'esprit des simoniaques, et qui leur serait inutile, qui est d'estimer l'argent considéré en lui-même autant que le bien spirituel considéré en lui-même. Car qui s'aviserait de comparer des choses si disproportionnées et d'un genre si différent ? Et cependant, pourvu qu'on ne fasse pas cette comparaison métaphysique, on peut donner son bénéfice à un autre, et en recevoir de l'argent sans simonie, selon vos auteurs.

C'est ainsi que vous vous jouez de la religion pour suivre la passion des hommes; et voyez néanmoins avec quelle gravité votre Père Valentia débite ses songes à l'endroit cité dans mes Lettres, t. 3, disp. 16, p. 3, p. 2044 : *On peut,* dit-il, *donner un temporel pour un spirituel en deux manières : l'une en prisant davantage le temporel que le spirituel, et ce serait simonie : l'autre en prenant le temporel comme le motif et la fin qui porte à donner le spirituel, sans que néanmoins on prise le temporel plus que le spirituel; et alors ce n'est point simonie. Et la raison en est, que la simonie consiste à recevoir un temporel comme le juste prix d'un spirituel. Donc, si on demande le temporel,* si petatur temporale, *non pas comme le prix, mais comme le motif qui détermine à le conférer, ce n'est point du tout simonie, encore qu'on ait pour fin et attente principale la possession du temporel* : minime erit simonia, etiamsi temporale principaliter intendatur et expectetur. Et votre grand Sanchez n'a-t-il pas eu une pareille révélation, au rapport d'Escobar, tr. 6, ex. 2, n. 40 ? Voici ses mots : *Si on donne un bien temporel pour un bien spirituel, non pas comme* PRIX, *mais comme un* MOTIF *qui porte le collateur à le donner, ou comme une reconnaissance, si on l'a déjà reçu, est-ce simonie ? Sanchez assure que non.* Vos thèses de Caen, de 1644 : *C'est une opinion probable, enseignée par plusieurs catholiques, que ce n'est pas simonie de donner un bien temporel pour un spirituel, quand on ne le donne pas comme prix.* Et quant à Tannerus, voici sa doctrine, pareille à celle de Valentia, qui fera voir

combien vous avez tort de vous plaindre de ce que j'ai dit
qu'elle n'est pas conforme à celle de saint Thomas ;
puisque lui-même l'avoue au lieu cité dans ma Lettre,
t. 3, d. 5, p. 1519 : *Il n'y a point*, dit-il, *proprement et véri-*
tablement de simonie, sinon à prendre un bien temporel comme
le prix d'un spirituel : mais, quand on le prend comme un
motif qui porte à donner le spirituel, ou comme en reconnais-
sance de ce qu'on l'a donné, ce n'est point simonie, au moins en
conscience. Et un peu après : *Il faut dire la même chose, encore*
qu'on regarde le temporel comme sa fin principale, et qu'on le
préfère même au spirituel : quoique saint Thomas et d'autres
semblent dire le contraire, en ce qu'ils assurent que c'est
absolument simonie de donner un bien spirituel pour un tem-
porel, lorsque le temporel en est la fin.

Voilà, mes Pères, votre doctrine de la simonie enseignée
par vos meilleurs auteurs, qui se suivent en cela bien
exactement. Il ne me reste donc qu'à répondre à vos
impostures. Vous n'avez rien dit sur l'opinion de Valentia,
et ainsi sa doctrine subsiste après votre réponse. Mais vous
vous arrêtez sur celle de Tannerus, et vous dites qu'il a
seulement décidé que ce n'était pas une simonie de droit
divin, et vous voulez faire croire que j'ai supprimé de ce
passage ces paroles *de droit divin*. Sur quoi vous n'êtes
pas raisonnables, mes Pères, car ces termes, *de droit divin*,
ne furent jamais dans ce passage. Vous ajoutez ensuite que
Tannerus déclare que c'est une simonie *de droit positif*.
Vous vous trompez, mes Pères : il n'a pas dit cela généralement, mais sur des cas particuliers, *in casibus a jure expres-*
sis, comme il le dit en cet endroit. En quoi il fait une
exception de ce qu'il avait établi en général dans ce passage,
que ce n'est pas simonie en conscience ; ce qui enferme que ce
n'en est pas aussi une de droit positif, si vous ne voulez
faire Tannerus assez impie pour soutenir qu'une simonie de
droit positif n'est pas simonie en conscience. Mais vous
recherchez à dessein les mots *de droit divin, droit positif,*
droit naturel, tribunal intérieur et extérieur, cas exprimés dans
le droit, présomption externe, et les autres qui sont peu
connus, afin d'échapper sous cette obscurité, et de faire
perdre la vue de vos égarements. Vous n'échapperez pas
néanmoins, mes Pères, par ces vaines subtilités, car je vous
ferai des questions si simples, qu'elles ne seront point
sujettes au *distinguo*.

Je vous demande donc, sans parler de *droit positif*,
ni de *présomption de tribunal extérieur*, si un bénéficier sera
simoniaque, selon vos auteurs, en donnant un bénéfice de

quatre mille livres de rente, et recevant dix mille francs argent comptant, non pas comme prix du bénéfice, mais comme un motif qui le porte à le donner. Répondez-moi nettement, mes Pères ; que faut-il conclure sur ce cas, selon vos auteurs ? Tannerus ne dira-t-il pas formellement *que ce n'est pas simonie en conscience, puisque le temporel n'est point le prix du bénéfice, mais seulement le motif qui le fait donner ?* Valentia, vos thèses de Caen, Sanchez et Escobar, ne décideront-ils pas de même, *que ce n'est pas simonie* par la même raison ? [En] faut-il davantage pour excuser ce bénéficier de simonie ? Et oseriez-vous le traiter de simoniaque dans vos confessionnaux, quelque sentiment que vous en ayez par vous-mêmes, puisqu'il aurait droit de vous fermer la bouche, ayant agi selon l'avis de tant de docteurs graves ? Confessez donc qu'un tel bénéficier est excusé de simonie, selon vous, et défendez maintenant cette doctrine, si vous le pouvez.

Voilà, mes Pères, comment il faut traiter les questions pour les démêler, au lieu de les embrouiller, ou par des termes d'Ecole ou en changeant l'état de la question, comme vous faites dans votre dernier reproche en cette sorte. Tannerus, dites-vous, déclare au moins qu'un tel échange est un grand péché ; et vous me reprochez d'avoir supprimé malicieusement cette circonstance, *qui le justifie entièrement*, à ce que vous prétendez. Mais vous avez tort, et en plusieurs manières. Car, quand ce que vous dites serait vrai, il ne s'agissait pas, au lieu où j'en parlais, de savoir s'il y avait en cela du péché, mais seulement s'il y avait de la simonie. Or, ce sont deux questions fort séparées ; les péchés n'obligent qu'à se confesser, selon vos maximes ; la simonie oblige à restituer, et il y a des personnes à qui cela paraîtrait assez différent. Car vous avez bien trouvé des expédients pour rendre la confession douce, mais vous n'en avez point trouvé pour rendre la restitution agréable. J'ai à vous dire de plus que le cas que Tannerus accuse de péché n'est pas simplement celui où l'on donne un bien spirituel pour un temporel, qui en est le motif même principal ; mais il ajoute encore *que l'on prise plus le temporel que le spirituel*, ce qui est ce cas imaginaire dont nous avons parlé. Et il ne fait pas de mal de charger celui-là de péché, puisqu'il faudrait être bien méchant ou bien stupide, pour ne vouloir pas éviter un péché par un moyen aussi facile qu'est celui de s'abstenir de comparer les prix de ces deux choses, lorsqu'il est permis de donner l'une pour l'autre. Outre que Valentia,

examinant, au lieu déjà cité, s'il y a du péché à donner un
bien spirituel pour un temporel, qui en est le motif principal, rapporte les raisons de ceux qui disent que oui, en
ajoutant : *sed hoc non videtur mihi satis certum; cela ne me
paraît pas assez certain.*

Mais, depuis, votre P. Erade Bille, professeur des cas
de conscience à Caen, a décidé qu'il n'y a en cela aucun
péché, car les opinions probables vont toujours en mûris-
sant. C'est ce qu'il déclare dans ses écrits de 1644, contre
lesquels M. Dupré, docteur et professeur à Caen, fit
cette belle harangue imprimée, qui est assez connue. Car,
quoique ce P. Erade Bille reconnaisse que la doctrine de
Valentia, suivie par le P. Milhard, et condamnée en Sorbonne, *soit contraire au sentiment commun, suspecte de
simonie en plusieurs choses, et punie en justice, quand la pratique en est découverte,* il ne laisse pas de dire que c'est une
opinion probable, et par conséquent sûre en conscience,
et qu'il n'y a en cela ni simonie ni péché. *C'est,* dit-il,
*une opinion probable et enseignée par beaucoup de docteurs
catholiques, qu'il n'y a aucune simonie,* NI AUCUN PÉCHÉ, *à
donner de l'argent, ou une autre chose temporelle pour un
bénéfice, soit par forme de reconnaissance, soit comme un
motif sans lequel on ne le donnerait pas, pourvu qu'on ne le
donne pas comme un prix égal au bénéfice.* C'est là tout ce
qu'on peut désirer. Et selon toutes ces maximes, vous
voyez, mes Pères, que la simonie sera si rare, qu'on en
aurait exempté Simon même le magicien, qui voulait
acheter le Saint-Esprit, en quoi il est l'image des simoniaques qui achètent; et Giezi, qui reçut de l'argent pour
un miracle, en quoi il est la figure des simoniaques qui
vendent. Car il est sans doute, que, quand Simon, dans
les Actes, *offrit de l'argent aux apôtres pour avoir leur puissance,* il ne se servit ni des termes d'acheter, ni de vendre,
ni de prix, et qu'il ne fit autre chose que d'offrir de l'argent,
comme un motif pour se faire donner ce bien spirituel. Ce
qui étant exempt de simonie, selon vos auteurs, il se fût
bien garanti de l'anathème de saint Pierre, s'il eût été
instruit de vos maximes. Et cette ignorance fit aussi grand
tort à Giezi, quand il fut frappé de la lèpre par Elisée; car,
n'ayant reçu l'argent de ce prince guéri miraculeusement
que comme une reconnaissance, et non pas comme un
prix égal à la vertu divine qui avait opéré ce miracle, il
eût obligé Elisée à le guérir, sur peine de péché mortel,
puisqu'il aurait agi selon tant de docteurs graves, et qu'en
pareil cas vos confesseurs sont obligés d'absoudre leurs

pénitents et de les laver de la lèpre spirituelle, dont la corporelle n'est que la figure.

Tout de bon, mes Pères, il serait aisé de vous tourner là-dessus en ridicules : je ne sais pourquoi vous vous y exposez. Car je n'aurais qu'à rapporter vos autres maximes, comme celle-ci d'Escobar *dans la pratique de la simonie selon la Société de Jésus*, n. 40 : *Est-ce simonie, lorsque deux religieux s'engagent l'un à l'autre en cette sorte : Donnez-moi votre voix pour me faire élire Provincial, et je vous donnerai la mienne pour vous faire Prieur ? Nullement.* Et cet autre, n. 14 : *Ce n'est pas simonie de se faire donner un bénéfice en promettant de l'argent, quand on n'a pas dessein de payer en effet ; parce que ce n'est qu'une simonie feinte, qui n'est non plus vraie que du faux or n'est pas du vrai or.* C'est par cette subtilité de conscience qu'il a trouvé le moyen, en ajoutant la fourbe à la simonie, de faire avoir des bénéfices sans argent et sans simonie. Mais je n'ai pas le loisir d'en dire davantage ; car il faut que je pense à me défendre contre votre troisième calomnie sur le sujet des banqueroutiers.

Pour celle-ci, mes Pères, il n'y a rien de plus grossier. Vous me traitez d'imposteur sur le sujet d'un sentiment de Lessius, que je n'ai point cité de moi-même, mais qui se trouve allégué par Escobar, dans un passage que j'en rapporte ; et ainsi, quand il serait vrai que Lessius ne serait pas de l'avis qu'Escobar lui attribue, qu'y a-t-il de plus injuste que de s'en prendre à moi ? Quand je cite Lessius et vos autres auteurs de moi-même, je consens d'en répondre. Mais comme Escobar a ramassé les opinions des 24 de vos Pères, je vous demande si je dois être garant d'autre chose que de ce que je cite de lui ; et s'il faut, outre cela, que je réponde des citations qu'il fait lui-même dans les passages que j'en ai pris. Cela ne serait pas raisonnable. Or, c'est de quoi il s'agit en cet endroit, J'ai rapporté dans ma Lettre ce passage d'Escobar, traduit fort fidèlement, et sur lequel aussi vous ne dites rien : *Celui qui fait banqueroute peut-il en sûreté de conscience retenir de ses biens autant qu'il est nécessaire pour vivre avec honneur, ne indecore vivat ?* JE REPONDS QUE OUI AVEC LESSIUS, *CUM LESSIO ASSERO POSSE*, etc. Sur cela vous me dites que Lessius n'est pas de ce sentiment. Mais pensez un peu où vous vous engagez. Car, s'il est vrai qu'il en est, on vous appellera imposteurs, d'avoir assuré le contraire ; et s'il n'en est pas, Escobar sera l'imposteur : de sorte qu'il faut maintenant, par nécessité, que quelqu'un de la Société soit convaincu d'imposture. Voyez un peu quel scandale !

Aussi vous ne savez prévoir la suite des choses. Il vous
semble qu'il n'y a qu'à dire des injures aux personnes,
sans penser sur qui elles retombent. Que ne faisiez-vous
savoir votre difficulté à Escobar, avant que de la publier ? Il
vous eût satisfait. Il n'est pas si malaisé d'avoir des nouvelles de Valladolid, où il est en parfaite santé, et où il
achève sa grande Théologie morale en six volumes, sur les
premiers desquels je vous pourrai dire un jour quelque
chose. On lui a envoyé les dix premières Lettres, vous pouviez aussi lui envoyer votre objection, et je m'assure qu'il
y eût bien répondu : car il a vu sans doute dans Lessius ce
passage, d'où il a pris le *ne indecore vivat*. Lisez-le bien, mes
Pères, et vous l'y trouverez comme moi, lib. 2, c. 16,
n. 45 : *Idem colligitur aperte ex juribus citatis, maxime quoad
ea bona quæ post cessionem acquirit, de quibus is qui debitor
est etiam ex delicto, potest retinere quantum necessarium est,
ut pro sua conditione* NON INDECORE VIVAT. *Petes an leges id
permittant de bonis quæ tempore instantis cessionis habebat ?
Ita videtur colligi ex DD.*

Je ne m'arrêterai pas à vous montrer que Lessius,
pour autoriser cette maxime, abuse de la loi qui n'accorde
que le simple vivre aux banqueroutiers, et non pas de
quoi subsister avec honneur. Il suffit d'avoir justifié Escobar contre une telle accusation; c'est plus que je ne devais
faire. Mais vous, mes Pères, vous ne faites pas ce que
vous devez : car il est question de répondre au passage
d'Escobar, dont les décisions sont commodes, en ce
qu'étant indépendantes du devant et de la suite, et toutes
renfermées en de petits articles, elles ne sont pas sujettes
à vos distinctions. Je vous ai cité son passage entier, qui
permet *à ceux qui font cession de retenir de leurs biens, quoique
acquis injustement, pour faire subsister leur famille avec honneur.* Sur quoi je me suis écrié dans mes Lettres : *Comment !
mes Pères, par quelle étrange charité voulez-vous que les biens
appartiennent plutôt à ceux qui les ont mal acquis qu'aux
créanciers légitimes ?* C'est à quoi il faut répondre : mais
c'est ce qui vous met dans un fâcheux embarras, que vous
essayez en vain d'éluder en détournant la question, et
citant d'autres passages de Lessius, desquels il ne s'agit
point. Je vous demande donc si cette maxime d'Escobar
peut être suivie en conscience par ceux qui font banqueroute ? Et prenez garde à ce que vous direz. Car si vous
répondez que non, que deviendra votre docteur, et votre
doctrine de la probabilité ? Et si vous dites que oui, je
vous renvoie au Parlement.

Je vous laisse dans cette peine, mes Pères; car je n'ai plus ici de place pour entreprendre l'Imposture suivante sur le passage de Lessius touchant l'homicide; ce sera pour la première fois, et le reste ensuite.

Je ne vous dirai rien cependant sur les Avertissements pleins de faussetés scandaleuses par où vous finissez chaque imposture : je repartirai à tout cela dans la Lettre où j'espère montrer la source de vos calomnies. Je vous plains, mes Pères, d'avoir recours à de tels remèdes. Les injures que vous me dites n'éclairciront pas nos différends, et les menaces que vous me faites en tant de façons ne m'empêcheront pas de me défendre. Vous croyez avoir la force et l'impunité, mais je crois avoir la vérité et l'innocence. C'est une étrange et longue guerre que celle où la violence essaie d'opprimer la vérité. Tous les efforts de la violence ne peuvent affaiblir la vérité, et ne servent qu'à la relever davantage. Toutes les lumières de la vérité ne peuvent rien pour arrêter la violence, et ne font que l'irriter encore plus. Quand la force combat la force, la plus puissante détruit la moindre : quand l'on oppose les discours aux discours, ceux qui sont véritables et convaincants confondent et dissipent ceux qui n'ont que la vanité et le mensonge : mais la violence et la vérité ne peuvent rien l'une sur l'autre. Qu'on ne prétende pas de là néanmoins que les choses soient égales : car il y a cette extrême différence, que la violence n'a qu'un cours borné par l'ordre de Dieu, qui en conduit les effets à la gloire de la vérité qu'elle attaque : au lieu que la vérité subsiste éternellement, et triomphe enfin de ses ennemis, parce qu'elle est éternelle et puissante comme Dieu même.

TREIZIÈME LETTRE
AUX RÉVÉRENDS PÈRES JÉSUITES

Du 30 septembre 1656.

MES RÉVÉRENDS PÈRES,

Je viens de voir votre dernier écrit, où vous continuez vos impostures jusqu'à la vingtième, en déclarant que vous finissez par là cette sorte d'accusation, qui faisait votre première partie, pour en venir à la seconde, où vous devez prendre une nouvelle manière de vous défendre, en montrant qu'il y a bien d'autres casuistes que les vôtres qui sont dans le relâchement aussi bien que vous. Je vois donc maintenant, mes Pères, à combien d'impostures j'ai à répondre : et puisque la quatrième où nous en sommes demeurés est sur le sujet de l'homicide, il sera à propos, en y répondant, de satisfaire en même temps à la 11, 13, 14, 15, 16, 17 et 18 qui sont sur le même sujet.

Je justifierai donc, dans cette lettre, la vérité de mes citations contre les faussetés que vous m'imposez. Mais parce que vous avez osé avancer dans vos écrits, *que les sentiments de vos auteurs sur le meurtre sont conformes aux décisions des Papes et des lois ecclésiastiques*, vous m'obligerez à détruire, dans ma lettre suivante, une proposition si téméraire et si injurieuse à l'Eglise. Il importe de faire voir qu'elle est exempte de vos corruptions, afin que les hérétiques ne puissent pas se prévaloir de vos égarements pour en tirer des conséquences qui la déshonorent. Et ainsi, en voyant d'une part vos pernicieuses maximes, et de l'autre les Canons de l'Eglise qui les ont toujours condamnées, on trouvera tout ensemble, et ce qu'on doit éviter et ce qu'on doit suivre.

Votre quatrième imposture est sur une maxime touchant le meurtre, que vous prétendez que j'ai faussement attribuée à Lessius. C'est celle-ci : *Celui qui a reçu un souflet peut poursuivre à l'heure même son ennemi, et même à coups d'épée, non pas pour se venger, mais pour réparer son honneur.* Sur quoi vous dites que cette opinion-là est du casuiste Victoria. Et ce n'est pas encore là le sujet de la dispute, car il n'y a point de répugnance à dire qu'elle soit tout ensemble de Victoria et de Lessius, puisque Lessius dit lui-même qu'elle est aussi de Navarre et de votre Père Henriquez, qui enseignent *que celui qui a reçu un souflet peut à l'heure même poursuivre son homme, et lui donner autant de coups qu'il jugera nécessaire pour réparer son honneur.* Il est donc seulement question de savoir si Lessius est du sentiment de ces auteurs, aussi bien que son confrère. Et c'est pourquoi vous ajoutez : *Que Lessius ne rapporte cette opinion que pour la réfuter ; et qu'ainsi je lui attribue un sentiment qu'il n'allègue que pour le combattre, qui est l'action du monde la plus lâche et la plus honteuse à un écrivain.* Or je soutiens, mes Pères, qu'il ne la rapporte que pour la suivre. C'est une question de fait qu'il sera bien facile de décider. Voyons donc comment vous prouvez ce que vous dites, et vous verrez ensuite comment je prouve ce que je dis.

Pour montrer que Lessius n'est pas de ce sentiment, vous dites qu'il en condamne la pratique ; et pour prouver cela, vous rapportez un de ses passages, liv. 2, c. 9, n. 82, où il dit ces mots : *J'en condamne la pratique.* Je demeure d'accord que, si on cherche ces paroles dans Lessius, au nombre 82, où vous les citez, on les y trouvera. Mais que dira-t-on, mes Pères, quand on verra en même temps qu'il traite en cet endroit d'une question toute différente de celle dont nous parlons, et que l'opinion, dont il dit en ce lieu-là qu'il en condamne la pratique, n'est en aucune sorte celle dont il s'agit ici, mais une autre toute séparée ? Cependant il ne faut, pour en être éclairci, qu'ouvrir le livre même où vous renvoyez ; car on y trouvera toute la suite de son discours en cette manière.

Il traite la question, *savoir si on peut tuer pour un souflet,* au n. 79, et il la finit au nombre 80, sans qu'il y ait en tout cela un seul mot de condamnation. Cette question étant terminée, il en commence une nouvelle en l'article 81, *savoir si on peut tuer pour des médisances.* Et c'est sur celle-là qu'il dit, au n. 82, ces paroles que vous avez citées : *J'en condamne la pratique.*

N'est-ce donc pas une chose honteuse, mes Pères, que vous osiez produire ces paroles, pour faire croire que Lessius condamne l'opinion qu'on peut tuer pour un soufflet ? Et que, n'en ayant rapporté en tout que cette seule preuve, vous triomphiez là-dessus, en disant, comme vous faites : *Plusieurs personnes d'honneur dans Paris ont déjà reconnu cette insigne fausseté par la lecture de Lessius, et ont appris par là quelle créance on doit avoir à ce calomniateur ?* Quoi ! mes Pères, est-ce ainsi que vous abusez de la créance que ces personnes d'honneur ont en vous ? Pour leur faire entendre que Lessius n'est pas d'un sentiment, vous leur ouvrez son livre en un endroit où il en condamne un autre ; et comme ces personnes n'entrent pas en défiance de votre bonne foi, et ne pensent pas à examiner s'il s'agit en ce lieu-là de la question contestée, vous trompez ainsi leur crédulité. Je m'assure, mes Pères, que, pour vous garantir d'un si honteux mensonge, vous avez eu recours à votre doctrine des équivoques, et que, lisant ce passage *tout haut*, vous disiez *tout bas* qu'il s'y agissait d'une autre matière. Mais je ne sais si cette raison, qui suffit bien pour satisfaire votre conscience, suffira pour satisfaire la juste plainte que vous feront ces gens d'honneur quand ils verront que vous les avez joués de cette sorte.

Empêchez-les donc bien, mes Pères, de voir mes lettres, puisque c'est le seul moyen qui vous reste pour conserver encore quelque temps votre crédit. Je n'en use pas ainsi des vôtres ; j'en envoie à tous mes amis ; je souhaite que tout le monde les voie ; et je crois que nous avons tous raison. Car enfin, après avoir publié cette quatrième imposture avec tant d'éclat, vous voilà décriés, si on vient à savoir que vous y avez supposé un passage pour un autre. On jugera facilement que, si vous eussiez trouvé ce que vous demandiez au lieu même où Lessius traite cette matière, vous ne l'eussiez pas été chercher ailleurs ; et que vous n'y avez eu recours que parce que vous n'y voyiez rien qui fût favorable à votre dessein. Vous vouliez faire trouver dans Lessius ce que vous dites dans votre imposture, p. 10, ligne 12, *qu'il n'accorde pas que cette opinion soit probable dans la spéculation ;* et Lessius dit expressément en sa conclusion, n. 80 : *Cette opinion, qu'on peut tuer pour un soufflet reçu, est probable dans la spéculation.* N'est-ce pas là mot à mot le contraire de votre discours ? Et qui peut assez admirer avec quelle hardiesse vous produisez en propres termes, le contraire d'une vérité de fait ? de sorte qu'au lieu que vous concluiez, de votre passage supposé, que Lessius n'était pas de ce sentiment, il se conclut fort bien, de son véritable passage, qu'il est de ce même sentiment.

Vous vouliez encore faire dire à Lessius *qu'il en condamne la pratique.* Et comme je l'ai déjà dit, il ne se trouve pas une seule parole de condamnation en ce lieu-là; mais il parle ainsi : *Il semble qu'on n'en doit pas* FACILEMENT *permettre la pratique : in praxi non videtur* FACILE PERMITTENDA. Est-ce là, mes Pères, le langage d'un homme qui *condamne* une maxime ? Diriez-vous qu'il ne faut pas *permettre facilement*, dans la pratique, les adultères ou les incestes ? Ne doit-on pas conclure au contraire que, puisque Lessius ne dit autre chose, sinon que la pratique n'en doit pas être facilement permise, son sentiment est que cette pratique peut être quelquefois permise, quoique rarement ? Et comme s'il eût voulu apprendre à tout le monde quand on la doit permettre, et ôter aux personnes offensées les scrupules qui les pourraient troubler mal à propos, ne sachant en quelles occasions il leur est permis de tuer dans la pratique, il a eu soin de leur marquer ce qu'ils doivent éviter pour pratiquer cette doctrine en conscience. Ecoutez-le, mes Pères. *Il semble*, dit-il, *qu'on ne doit pas le permettre facilement*, A CAUSE *du danger qu'il [y] a qu'on agisse en cela par haine, ou par vengeance, ou avec excès, ou que cela ne causât trop de meurtres.* De sorte qu'il est clair que ce meurtre restera tout à fait permis dans la pratique, selon Lessius, si on évite ces inconvénients, c'est-à-dire si l'on peut agir sans haine, sans vengeance, et dans des circonstances qui [n']attirent pas beaucoup de meurtres. En voulez-vous un exemple, mes Pères ? En voici un assez nouveau; c'est celui du soufflet de Compiègne. Car vous avouerez que celui qui l'a reçu a témoigné, par la manière dont il s'est conduit, qu'il était assez maître des mouvements de haine et de vengeance. Il ne lui restait donc qu'à éviter un trop grand nombre de meurtres; et vous savez, mes Pères, qu'il est si rare que des Jésuites donnent des soufflets aux officiers de la maison du roi, qu'il n'y avait pas à craindre qu'un meurtre en cette occasion en eût tiré beaucoup d'autres en conséquence. Et ainsi vous ne sauriez nier que ce Jésuite ne fût tuable en sûreté de conscience, et que l'offensé ne pût en cette rencontre pratiquer envers lui la doctrine de Lessius. Et peut-être, mes Pères, qu'il l'eût fait, s'il eût été instruit dans votre école, et s'il eût appris d'Escobar *qu'un homme qui a reçu un soufflet est réputé sans honneur jusqu'à ce qu'il ait tué celui qui le lui a donné.* Mais vous avez sujet de croire que les instructions fort contraires qu'il a reçues d'un curé que vous n'aimez pas trop, n'ont pas peu contribué en cette occasion à sauver la vie à un Jésuite.

Ne nous parlez donc plus de ces inconvénients qu'on peut éviter en tant de rencontres, et hors lesquels le meurtre est permis, selon Lessius, dans la pratique même. C'est ce qu'ont bien reconnu vos auteurs, cités par Escobar dans la *pratique de l'homicide selon votre Société* : *Est-il permis*, dit-il, *de tuer celui qui a donné un soufflet ? Lessius dit que cela est permis dans la spéculation, mais qu'on ne le doit pas conseiller dans la pratique*, non consulendum in praxi, à *cause du danger de la haine ou des meurtres nuisibles à l'Etat qui en pourraient arriver.* MAIS LES AUTRES ONT JUGÉ QU'EN ÉVITANT CES INCONVÉNIENTS CELA EST PERMIS ET SÛR DANS LA PRATIQUE : *in praxi probabilem et tutam judicarunt Henriquez, etc.* Voilà comment les opinions s'élèvent peu à peu jusqu'au comble de la probabilité. Car vous y avez porté celle-ci, en la permettant enfin sans aucune distinction de spéculation ni de pratique, en ces termes : *Il est permis, lorsqu'on a reçu un soufflet, de donner incontinent un coup d'épée, non pas pour se venger, mais pour conserver son honneur.* C'est ce qu'ont enseigné vos Pères à Caen, en 1644, dans leurs écrits publics, que l'Université produisit au Parlement lorsqu'elle y présenta sa troisième requête contre votre doctrine de l'homicide, comme il se voit en la p. 339 du livre qu'elle en fit alors imprimer.

Remarquez donc, mes Pères, que vos propres auteurs ruinent d'eux-mêmes cette vaine distinction de spéculation et de pratique que l'Université avait traitée de ridicule, et dont l'invention est un secret de votre politique qu'il est bon de faire entendre. Car, outre que l'intelligence en est nécessaire pour les 15. 16. 17. et 18. impostures, il est toujours à propos de découvrir peu à peu les principes de cette politique mystérieuse.

Quand vous avez entrepris de décider les cas de conscience d'une manière favorable et accommodante, vous en avez trouvé où la religion seule était intéressée, comme les questions de la contrition, de la pénitence, de l'amour de Dieu, et toutes celles qui ne touchent que l'intérieur des consciences. Mais vous en avez trouvé d'autres où l'Etat a intérêt aussi bien que la religion, comme sont celles de l'usure, des banqueroutes, de l'homicide, et autres semblables; et c'est une chose bien sensible à ceux qui ont un véritable amour pour l'Eglise, de voir qu'en une infinité d'occasions où vous n'avez eu que la religion à combattre, vous en avez renversé les lois sans réserve, sans distinction et sans crainte, comme il se voit dans vos opinions si hardies contre la pénitence et l'amour de Dieu, parce que vous saviez que ce n'est pas ici le lieu où Dieu exerce visiblement sa justice. Mais dans celles où l'Etat est intéressé aussi bien que la religion, l'appréhension que vous avez eue de la justice des hommes vous a fait partager vos décisions, et former deux questions sur ces matières : l'une que vous appelez *de spéculation*, dans laquelle, en considérant ces crimes en eux-mêmes, sans regarder à l'intérêt de l'Etat, mais seulement à la loi de Dieu qui les défend, vous les avez permis sans hésiter, en renversant ainsi la loi de Dieu qui les condamne ; l'autre, que vous appelez *de pratique*, dans laquelle, en considérant le dommage que l'Etat en recevrait, et la présence des magistrats qui maintiennent la sûreté publique, vous n'approuvez pas toujours dans la pratique ces meurtres et ces crimes que vous trouvez permis dans la spéculation, afin de vous mettre par là à couvert du côté des juges. C'est ainsi, par exemple, que, sur cette question, s'il est permis de tuer pour des médisances, vos auteurs, Filiutius, tr. 29, cap. 3, num. 52 ; Reginaldus, l. 21, cap. 5, num. 63, et les autres répondent : *Cela est permis dans la spéculation*, ex probabili opinione licet ; *mais je n'en approuve pas la pratique, à cause du grand nombre de meurtres qui en arriveraient et qui feraient tort à l'Etat, si on tuait tous les médisants ; et qu'aussi on serait puni en justice en tuant pour ce sujet*. Voilà de quelle sorte vos opinions commencent à paraître sous cette distinction, par le moyen de laquelle vous ne ruinez que la religion, sans blesser encore sensiblement l'Etat. Par là vous croyez être en assurance. Car vous vous imaginez que le crédit que vous avez dans l'Eglise empêchera qu'on ne punisse vos attentats contre la vérité ; et que les précautions que vous apportez pour ne mettre pas facilement ces permissions en pratique, vous mettront à couvert de la part des magistrats, qui, n'étant pas juges des cas de conscience, n'ont proprement intérêt qu'à la pratique extérieure. Ainsi une opinion qui serait condamnée sous le nom de pratique se produit en sûreté sous le nom de spéculation. Mais cette base étant affermie, il n'est pas difficile d'y élever le reste de vos maximes. Il y avait une distance infinie entre la défense que Dieu a faite de tuer, et la permission spéculative que vos auteurs en ont donnée. Mais la distance est bien petite de cette permission à la pratique. Il ne reste seulement qu'à

montrer que ce qui est permis dans la spéculative l'est bien
aussi dans la pratique. Or, on ne manquera pas de raisons
pour cela. Vous en avez bien trouvé en des cas plus diffi-
ciles. Voulez-vous voir, mes Pères, par où l'on y arrive ?
Suivez ce raisonnement d'Escobar, qui l'a décidé nettement dans le premier des six tomes de sa grande Théologie
Morale, dont je vous ai parlé, où il est tout autrement
éclairé que dans ce recueil qu'il avait fait de vos 24 vieillards; car, au lieu qu'il avait pensé en ce temps-là qu'il
pouvait y avoir des opinions probables dans la spéculation
qui ne fussent pas sûres dans la pratique, il a connu le
contraire depuis, et l'a fort bien établi dans ce dernier
ouvrage : tant la doctrine de la probabilité en général
reçoit d'accroissement par le temps, aussi bien que chaque
opinion probable en particulier. Ecoutez-le donc In
prœloq. n. 15. *Je ne vois pas*, dit-il, *comment il se pourrait
faire que ce qui paraît permis dans la spéculation ne le fût
pas dans la pratique, puisque ce qu'on peut faire dans la
pratique dépend de ce qu'on trouve permis dans la spéculation, et que ces choses ne diffèrent l'une de l'autre que comme
l'effet de la cause. Car la spéculation est ce qui détermine
à l'action. D'où* IL S'ENSUIT QU'ON PEUT EN SURETÉ DE
CONSCIENCE SUIVRE DANS LA PRATIQUE LES OPINIONS PRO-
BABLES DANS LA SPÉCULATION, *et même avec plus de sûreté
que celles qu'on n'a pas si bien examinées spéculativement.*

En vérité, mes Pères, votre Escobar raisonne assez
bien quelquefois. Et en effet, il y a tant de liaison entre la
spéculation et la pratique, que, quand l'une a pris racine,
vous ne faites plus difficulté de permettre [l'autre] sans
déguisement. C'est ce qu'on a vu dans la permission de
tuer pour un soufflet, qui de la simple spéculation, a été
portée hardiment par Lessius à une pratique *qu'on ne doit
pas facilement accorder*, et de là par Escobar *à une pratique
facile ;* d'où vos Pères de Caen l'ont conduite à une permission pleine, sans distinction de théorie et de pratique,
comme vous l'avez déjà vu.

C'est ainsi que vous faites croître peu à peu vos opinions.
Si elles paraissaient tout à coup dans leur dernier excès,
elles causeraient de l'horreur; mais ce progrès lent et
insensible y accoutume doucement les hommes, et en ôte
le scandale. Et par ce moyen la permission de tuer, si
odieuse à l'Etat et à l'Eglise, s'introduit premièrement dans
l'Eglise, et ensuite de l'Eglise dans l'Etat.

On a vu un semblable succès de l'opinion de tuer pour
des médisances. Car elle est aujourd'hui arrivée à une

permission pareille sans aucune distinction. Je ne m'arrê-
terais pas à vous en rapporter les passages de vos Pères,
si cela n'était nécessaire pour confondre l'assurance que
vous avez eue de dire deux fois dans votre 15. imposture,
p. 26 et 30, *qu'il n'y a pas un Jésuite qui permette de tuer
pour des médisances.* Quand vous dites cela, mes Pères,
vous devriez aussi empêcher que je ne le visse, puisqu'il
m'est si facile d'y répondre. Car, outre que vos Pères
Reginaldus, Filiutius, etc., l'ont permis dans la spéculation, comme je l'ai déjà dit, et que de là le principe d'Escobar nous mène sûrement à la pratique, j'ai à vous dire de
plus que vous avez plusieurs auteurs qui l'ont permis en
mots propres, et entre autres le P. Héreau dans ses leçons
publiques, ensuite desquelles le Roi le fit mettre en arrêt
en votre maison pour avoir enseigné, outre plusieurs
erreurs, *que quand celui qui nous décrie devant des gens
d'honneur continue après l'avoir averti de cesser, il nous est
permis de le tuer ; non pas véritablement en public, de peur
de scandale, mais en cachette,* SED CLAM.

Je vous ai déjà parlé du P. Lamy, et vous n'ignorez pas
que sa doctrine sur ce sujet a été censurée en 1649 par
l'Université de Louvain. Et néanmoins il n'y a pas encore
deux mois que votre Père Des Bois a soutenu à Rouen
cette doctrine censurée du P. Lamy, et a enseigné *qu'il
est permis à un religieux de défendre l'honneur qu'il a acquis
par sa vertu,* MÊME EN TUANT *celui qui attaque sa réputation,*
ETIAM CUM MORTE INVASORIS. Ce qui a causé un tel scandale en cette ville-là, que tous les Curés se sont unis pour
lui faire imposer silence, et [l']obliger à rétracter sa doctrine, par les voies canoniques. L'affaire en est à l'Offi-
cialité.

Que voulez-vous donc dire, mes Pères ? Comment
entreprenez-vous de soutenir après cela *qu'aucun Jésuite
n'est d'avis qu'on puisse tuer pour des médisances* ? Et
fallait-il autre chose pour vous en convaincre que les
opinions mêmes de vos Pères que vous rapportez, puisqu'ils
ne défendent pas spéculativement de tuer, mais seulement
dans la pratique, à *cause du mal qui en arriverait à l'Etat* ?
Car je vous demande sur cela, mes Pères, s'il s'agit dans
nos disputes d'autre chose, sinon d'examiner si vous avez
renversé la loi de Dieu qui défend l'homicide. Il n'est pas
question de savoir si vous avez blessé l'Etat, mais la
religion. A quoi sert-il donc, dans ce genre de dispute,
de montrer que vous avez épargné l'Etat, quand vous
faites voir en même temps que vous avez détruit la reli-

gion, en disant, comme vous faites, p. 28, l. 3, *que le sens de Reginaldus sur la question de tuer pour des médisances est qu'un particulier a droit d'user de cette sorte de défense, la considérant simplement en elle-même ?* Je n'en veux pas davantage que cet aveu pour vous confondre. *Un particulier,* dites-vous, *a droit d'user de cette défense,* c'est-à-dire de tuer pour des médisances, *en considérant la chose en elle-même.* Et par conséquent, mes Pères, la loi de Dieu qui défend de tuer est ruinée par cette décision.

Et il ne sert de rien de dire ensuite, comme vous faites, *que cela est illégitime et criminel, même selon la loi de Dieu, à raison des meurtres et des désordres qui en arriveraient dans l'Etat, parce qu'on est obligé, selon Dieu, d'avoir égard au bien de l'Etat.* C'est sortir de la question. Car, mes Pères, il y a deux lois à observer : l'une qui défend de tuer, l'autre qui défend de nuire à l'Etat. Reginaldus n'a pas peut-être violé la loi qui défend de nuire à l'Etat, mais il a violé certainement celle qui défend de tuer. Or, il ne s'agit ici que de celle-là seule. Outre que vos autres Pères, qui ont permis ces meurtres dans la pratique, ont ruiné l'une aussi bien que l'autre. Mais allons plus avant, mes Pères. Nous voyons bien que vous défendez quelquefois de nuire à l'Etat, et vous dites que votre dessein en cela est d'observer la loi de Dieu qui oblige à le maintenir. Cela peut être véritable, quoiqu'il ne soit pas certain; puisque vous pourriez faire la même chose par la seule crainte des juges. Examinons donc, je vous prie, de quel principe part ce mouvement.

N'est-il pas vrai, mes Pères, que si vous regardiez véritablement Dieu, et que l'observation de sa loi fût le premier et principal objet de votre pensée, ce respect régnerait uniformément dans toutes vos décisions importantes, et vous engagerait à prendre dans toutes ces occasions l'intérêt de la religion ? Mais si l'on voit au contraire que vous violez en tant de rencontres les ordres les plus saints que Dieu ait imposés aux hommes, quand il n'y a que sa loi à combattre, et que, dans les occasions mêmes dont il s'agit, vous anéantissez la loi de Dieu, qui défend ces actions comme criminelles en elles-mêmes, et ne témoignez craindre de les approuver dans la pratique que par la crainte des juges, ne nous donnez-vous pas sujet de juger que ce n'est point Dieu que vous considérez dans cette crainte, et que, si en apparence vous maintenez sa loi en ce qui regarde l'obligation de ne pas nuire à l'Etat, ce n'est pas pour sa loi même, mais pour arriver à vos fins, comme ont toujours fait les moins religieux politiques ?

Quoi, mes Pères ! vous nous direz qu'en ne regardant que la loi de Dieu qui défend l'homicide, on a droit de tuer pour des médisances ? Et après avoir ainsi violé la loi éternelle de Dieu, vous croirez lever le scandale que vous avez causé, et nous persuader de votre respect envers lui en ajoutant que vous en défendez la pratique pour des considérations d'Etat, et par la crainte des juges ? N'est-ce pas au contraire exciter un scandale nouveau, non pas par le respect que vous témoignez en cela pour les juges, car ce n'est pas cela que je vous reproche, et vous vous jouez ridiculement là-dessus, page 29. Je ne vous reproche pas de craindre les juges, mais de ne craindre que les juges. C'est cela que je blâme, parce que c'est faire Dieu moins ennemi des crimes que les hommes. Si vous disiez qu'on peut tuer un médisant selon les hommes, mais non pas selon Dieu, cela serait moins insupportable ; mais quand vous prétendez que ce qui est trop criminel pour être souffert par les hommes soit innocent et juste aux yeux de Dieu qui est la justice même, que faites-vous autre chose, sinon montrer à tout le monde que, par cet horrible renversement si contraire à l'esprit des saints, vous êtes hardis contre Dieu, et timides envers les hommes ? Si vous aviez voulu condamner sincèrement ces homicides, vous auriez laissé subsister l'ordre de Dieu qui les défend ; et si vous aviez osé permettre d'abord ces homicides, vous les auriez permis ouvertement, malgré les lois de Dieu et des hommes. Mais, comme vous avez voulu les permettre insensiblement, et surprendre les magistrats qui veillent à la sûreté publique, vous avez agi finement en séparant vos maximes, et proposant d'un côté *qu'il est permis, dans la spéculative, de tuer pour des médisances* (car on vous laisse examiner les choses dans la spéculation), et produisant d'un autre côté cette maxime détachée, *que ce qui est permis dans la spéculation l'est bien aussi dans la pratique*. Car quel intérêt l'Etat semble-t-il avoir dans cette proposition générale et métaphysique ? Et ainsi, ces deux principes peu suspects étant reçus séparément, la vigilance des magistrats est trompée ; puisqu'il ne faut plus que rassembler ces maximes pour en tirer cette conclusion où vous tendez, qu'on peut donc tuer dans la pratique pour de simples médisances.

Car c'est encore ici, mes Pères, une des plus subtiles adresses de votre politique, de séparer dans vos écrits les maximes que vous assemblez dans vos avis. C'est ainsi que vous avez établi à part votre doctrine de la probabilité, que j'ai souvent expliquée. Et ce principe général étant affermi, vous avancez séparément des choses qui, pouvant être innocentes d'elles-mêmes, deviennent horribles étant jointes à ce pernicieux principe. J'en donnerai pour exemple ce que vous avez dit, page 11, dans vos impostures, et à quoi il faut que je réponde : *Que plusieurs théologiens célèbres sont d'avis qu'on peut tuer pour un soufflet reçu.* Il est certain, mes Pères, que, si une personne qui ne tient point la probabilité avait dit cela, il n'y aurait rien à reprendre, puisqu'on ne ferait alors qu'un simple récit qui n'aurait aucune conséquence. Mais vous, mes Pères, et tous ceux qui tenez cette dangereuse doctrine, *que tout ce qu'approuvent des auteurs célèbres est probable et sûr en conscience*, quand vous ajoutez à cela, *que plusieurs auteurs célèbres sont d'avis qu'on peut tuer pour un soufflet*, qu'est-ce faire autre chose, sinon de mettre à tous les Chrétiens le poignard à la main pour tuer ceux qui les auront offensés, en leur déclarant qu'ils le peuvent faire en sûreté de conscience, parce qu'ils suivront en cela l'avis de tant d'auteurs graves ?

Quel horrible langage qui, en disant que des auteurs tiennent une opinion damnable, est en même temps une décision en faveur de cette opinion damnable, et qui autorise en conscience tout ce qu'il ne fait que rapporter ! On l'entend, mes Pères, ce langage de votre école. Et c'est une chose étonnante que vous ayez le front de le parler si haut, puisqu'il marque votre sentiment si à découvert, et vous convainc de tenir pour sûre en conscience cette opinion, *qu'on peut tuer pour un soufflet*, aussitôt que vous nous avez dit que plusieurs auteurs célèbres la soutiennent.

Vous ne pouvez vous en défendre, mes Pères, non plus que vous prévaloir des passages de Vasquez et de Suarez que vous m'opposez, où ils condamnent ces meurtres que leurs confrères approuvent. Ces témoignages, séparés du reste de votre doctrine, pourraient éblouir ceux qui ne l'entendent pas assez. Mais il faut joindre ensemble vos principes et vos maximes. Vous dites donc ici que Vasquez ne souffre point les meurtres. Mais que dites-vous d'un autre côté, mes Pères ? *Que la probabilité d'un sentiment n'empêche pas la probabilité du sentiment contraire.* Et en un autre lieu, *qu'il est permis de suivre l'opinion la moins probable et la moins sûre, en quittant l'opinion la plus probable et la plus sûre.* Que s'ensuit-il de tout cela ensemble, sinon que nous avons une entière liberté de conscience

pour suivre celui qui nous plaira de tous ces avis opposés ?
Que devient donc, mes Pères, le fruit que vous espériez
de toutes ces citations ? Il disparaît, puisqu'il ne faut,
pour votre condamnation, que rassembler ces maximes
que vous séparez pour votre justification. Pourquoi pro-
duisez-vous donc ces passages de vos auteurs que je n'ai
point cités, pour excuser ceux que j'ai cités, puisqu'ils
n'ont rien de commun ? Quel droit cela vous donne-t-il
de m'appeler *imposteur* ? Ai-je dit que tous vos Pères sont
dans un même dérèglement ? Et n'ai-je pas fait voir au
contraire que votre principal intérêt est d'en avoir de tous
avis pour servir à tous vos besoins ? A ceux qui voudront
tuer on présentera Lessius ; à ceux qui ne voudront pas
tuer, on produira Vasquez, afin que personne ne sorte
malcontent, et sans avoir pour soi un auteur grave. Lessius
parlera en païen de l'homicide, et peut-être en chrétien
de l'aumône : Vasquez parlera en païen de l'aumône, et
en chrétien de l'homicide. Mais par le moyen de la probabilité, que Vasquez et Lessius tiennent, et qui rend
toutes vos opinions communes, ils se prêteront leurs sentiments les uns aux autres, et seront obligés d'absoudre
ceux qui auront agi selon les opinions que chacun d'eux
condamne. C'est donc cette variété qui vous confond
davantage. L'uniformité serait plus supportable : et il n'y a
rien de plus contraire aux ordres exprès de saint Ignace
et de vos premiers Généraux que ce mélange confus de
toutes sortes d'opinions. Je vous en parlerai peut-être
quelque jour, mes Pères, et on sera surpris de voir combien vous êtes déchus du premier esprit de votre Institut,
et que vos propres Généraux ont prévu que le dérèglement
de votre doctrine dans la morale pourrait être funeste non
seulement à votre Société, mais encore à l'Eglise universelle.

Je vous dirai cependant que vous ne pouvez pas tirer
aucun avantage de l'opinion de Vasquez. Ce serait une
chose étrange si, entre tant de Jésuites qui ont écrit, il n'y
en avait pas un ou deux qui eussent dit ce que tous les
Chrétiens confessent. Il n'y a point de gloire à soutenir
qu'on ne peut pas tuer pour un soufflet, selon l'Evangile ;
mais il y a une horrible honte à le nier. De sorte que cela
vous justifie si peu qu'il n'y a rien qui vous accable davantage ; puisque, ayant eu parmi vous des docteurs qui vous
ont dit la vérité, vous n'êtes pas demeurés dans la vérité,
et que vous avez mieux aimé les ténèbres que la lumière.
Car vous avez appris de Vasquez *que c'est une opinion*

*païenne, et non pas chrétienne, de dire qu'on puisse donner
un coup de bâton à celui qui a donné un soufflet ; c'est ruiner
le Décalogue et l'Evangile de dire qu'on puisse tuer pour ce
sujet, et que les plus scélérats d'entre les hommes le reconnaissent.* Et cependant vous avez souffert que, contre ces
vérités connues, Lessius, Escobar et les autres aient décidé
que toutes les défenses que Dieu a faites de l'homicide,
n'empêchent point qu'on ne puisse tuer pour un soufflet.
A quoi sert-il donc maintenant de produire ce passage
de Vasquez contre le sentiment de Lessius, sinon pour
montrer que Lessius est *un païen et un scélérat,* selon
Vasquez ? Et c'est ce que je n'osais dire. Qu'en peut-on
conclure, si ce n'est que Lessius *ruine le Décalogue et
l'Evangile ;* qu'au dernier jour Vasquez condamnera Lessius sur ce point, comme Lessius condamnera Vasquez
sur un autre, et que tous vos auteurs s'élèveront en jugement les uns contre les autres pour se condamner réci-
proquement dans leurs effroyables excès contre la loi de
Jésus-Christ ?

Concluons donc, mes Pères, que puisque votre probabilité rend les bons sentiments de quelques-uns de vos
auteurs inutiles à l'Eglise, et utiles seulement à votre
politique, ils ne servent qu'à nous montrer, par leur
contrariété, la duplicité de votre cœur, que vous nous
avez parfaitement découverte, en nous déclarant d'une
part que Vasquez et Suarez sont contraires à l'homicide,
et de l'autre, que plusieurs auteurs célèbres sont pour
l'homicide, afin d'offrir deux chemins aux hommes, en
détruisant la simplicité de l'Esprit de Dieu, qui maudit
ceux qui sont doubles de cœur, et qui se préparent deux
voies : *Væ duplici corde, et ingredienti duabus viis!*

QUATORZIÈME LETTRE
AUX RÉVÉRENDS PÈRES JÉSUITES

Du 23 octobre 1656.

Si je n'avais qu'à répondre aux trois impostures qui restent sur l'homicide, je n'aurais pas besoin d'un long discours, et vous les verrez ici réfutées en peu de mots : mais comme je trouve bien plus important de donner au monde de l'horreur de vos opinions sur ce sujet que de justifier la fidélité de mes citations, je serai obligé d'employer la plus grande partie de cette lettre à la réfutation de vos maximes, pour vous représenter combien vous êtes éloignés des sentiments de l'Eglise, et même de la nature. Les permissions de tuer, que vous accordez en tant de rencontres, font paraître qu'en cette matière vous avez tellement oublié la loi de Dieu, et tellement éteint les lumières naturelles, que vous avez besoin qu'on vous remette dans les principes les plus simples de la religion et du sens commun; car qu'y a-t-il de plus naturel que ce sentiment *qu'un particulier n'a pas droit sur la vie d'un autre ? Nous en sommes tellement instruits de nous-mêmes,* dit saint Chrysostome, *que, quand Dieu a établi le précepte de ne point tuer, il n'a pas ajouté que c'est à cause que l'homicide est un mal; parce,* dit ce Père, *que la loi suppose qu'on a déjà appris cette vérité de la nature.*

Aussi ce commandement a été imposé aux hommes dans tous les temps. L'Evangile a confirmé celui de la loi, et le Décalogue n'a fait que renouveler celui que les hommes avaient reçu de Dieu avant la loi, en la personne de Noé, dont tous les hommes devaient naître; car dans ce renouvellement du monde, Dieu dit à ce patriarche : *Je demanderai compte aux hommes* [*de la vie des hommes,*] *et au frère*

de la vie de son frère. Quiconque versera le sang humain, son
sang sera répandu; parce que l'homme est créé à l'image de
Dieu.

Cette défense générale ôte aux hommes tout pouvoir
sur la vie des hommes; et Dieu se l'est tellement réservé
à lui seul, que selon la vérité chrétienne, opposée en cela
aux fausses maximes du paganisme, l'homme n'a pas
même pouvoir sur sa propre vie. Mais parce qu'il a plu
à sa providence de conserver les sociétés des hommes, et de
punir les méchants qui les troublent, il a établi lui-même
des lois pour ôter la vie aux criminels; et ainsi ces meurtres,
qui seraient des attentats punissables sans son ordre,
deviennent des punitions louables par son ordre, hors
duquel il n'y a rien que d'injuste. C'est ce que saint Augustin a représenté admirablement au 1. l. de la Cité de Dieu,
ch. 21 : *Dieu*, dit-il, *a fait lui-même quelques exceptions à*
cette défense générale de tuer, soit par les lois qu'il a établies
pour faire mourir les criminels, soit par les ordres particuliers
qu'il a donnés quelquefois pour faire mourir quelques per-
sonnes. Et quand on tue en ces cas-là, ce n'est pas l'homme
qui tue, mais Dieu, dont l'homme n'est que l'instrument,
comme une épée entre les mains de celui qui s'en sert. Mais
si on excepte ces cas, quiconque tue se rend coupable d'ho-
micide.

Il est donc certain, mes Pères, que Dieu seul a le droit
d'ôter la vie, et que néanmoins, ayant établi des lois pour
faire mourir les criminels, il a rendu les Rois ou les Répu-
bliques dépositaires de ce pouvoir; et c'est ce que
saint Paul nous apprend, lorsque, parlant du droit que les
souverains ont de faire mourir les hommes, il le fait
descendre du ciel en disant *que ce n'est pas en vain qu'ils*
portent l'épée, parce qu'ils sont ministres de Dieu pour exécuter
ses vengeances contre les coupables.

Mais comme c'est Dieu qui leur a donné ce droit, il les
oblige à l'exercer ainsi qu'il le ferait lui-même, c'est-à-dire
avec justice, selon cette parole de saint Paul au même
lieu : *Les princes ne sont pas établis pour se rendre terribles*
aux bons, mais aux méchants. Qui veut n'avoir point sujet de
redouter leur puissance n'a qu'à bien faire; car ils sont
ministres de Dieu pour le bien. Et cette restriction rabaisse
si peu leur puissance qu'elle la relève au contraire beaucoup davantage; parce que c'est la rendre semblable à
celle de Dieu, qui est impuissant pour faire le mal, et
tout-puissant pour faire le bien; et que c'est la distinguer
de celle des démons, qui sont impuissants pour le bien,

et n'ont de puissance que pour le mal. Il y a seulement cette différence entre Dieu et les souverains, que Dieu étant la justice et la sagesse même, il peut faire mourir sur-le-champ qui il lui plaît, et en la manière qu'il lui plaît; car, outre qu'il est le maître souverain de la vie des hommes, il est sans doute qu'il ne la leur ôte jamais ni sans cause, ni sans connaissance, puisqu'il est aussi incapable d'injustice que d'erreur. Mais les princes ne peuvent pas agir de la sorte, parce qu'ils sont tellement ministres de Dieu qu'ils sont hommes néanmoins, et non pas dieux. Les mauvaises impressions les pourraient surprendre, les faux soupçons les pourraient aigrir, la passion les pourrait emporter; et c'est ce qui les a engagés eux-mêmes à descendre dans les moyens humains, et à établir dans leurs Etats des juges auxquels ils ont communiqué ce pouvoir, afin que cette autorité que Dieu leur a donnée ne soit employée que pour la fin pour laquelle ils l'ont reçue.

Concevez donc, mes Pères, que, pour être exempts d'homicide, il faut agir tout ensemble et par l'autorité de Dieu, et selon la justice de Dieu; et que, si ces deux conditions ne sont jointes, on pèche, soit en tuant avec son autorité, mais sans justice; soit en tuant avec justice, mais sans son autorité. De la nécessité de cette union il arrive, selon saint Augustin, *que celui qui, sans autorité tue un criminel, se rend criminel lui-même, par cette raison principale qu'il usurpe une autorité que Dieu ne lui a pas donnée;* et les juges au contraire, qui ont cette autorité, sont néanmoins homicides, s'ils font mourir un innocent contre les lois qu'ils doivent suivre.

Voilà, mes Pères, les principes du repos et de la sûreté publique qui ont été reçus dans tous les temps et dans tous les lieux, et sur lesquels tous les législateurs du monde, saints et profanes, ont établi leurs lois, sans que jamais les païens mêmes aient apporté d'exception à cette règle, sinon lorsqu'on ne peut autrement éviter la perte de la pudicité ou de la vie; parce qu'ils ont pensé *qu'alors*, comme dit Cicéron, *les lois mêmes semblent offrir leurs armes à ceux qui sont dans une telle nécessité.*

Mais que, hors cette occasion, dont je ne parle point ici, il y ait jamais eu de loi qui ait permis aux particuliers de tuer, et qui l'ait souffert, comme vous faites, pour se garantir d'un affront, et pour éviter la perte de l'honneur ou du bien, quand on n'est point en même temps en péril de la vie; c'est, mes Pères, ce que je soutiens que jamais les infidèles mêmes n'ont fait. Ils l'ont au contraire défendu

expressément; car la loi des 12 Tables de Rome portait :
*qu'il n'est pas permis de tuer un voleur de jour qui ne se
défend point avec des armes.* Ce qui avait déjà été défendu
dans l'Exode, c. 22. Et la loi *Furem, ad Legem Corneliam,*
qui est prise d'Ulpien, *défend de tuer même les voleurs de
nuit qui ne nous mettent pas en péril de mort.* Voyez-le
dans Cujas, In tit. dig. de Justit. et Jure, ad l. 3.

Dites-nous donc, mes Pères, par quelle autorité vous
permettez ce que les lois divines et humaines défendent;
et par quel droit Lessius a pu dire, l. 2, c. 9, n. 66 et 72 :
*L'Exode défend de tuer les voleurs de jour, qui ne se défendent
pas avec des armes, et on punit en justice ceux qui tueraient de
cette sorte. Mais néanmoins on n'en serait pas coupable en
conscience, lorsqu'on n'est pas certain de pouvoir recouvrer
ce qu'on nous dérobe, et qu'on est en doute, comme dit Sotus;
parce qu'on n'est pas obligé de s'exposer au péril de perdre
quelque chose pour sauver un voleur. Et tout cela est encore
permis aux ecclésiastiques mêmes.* Quelle étrange hardiesse !
La loi de Moïse punit ceux qui tuent les voleurs, lorsqu'ils
n'attaquent pas notre vie, et la loi de l'Evangile, selon
vous, les absoudra ? Quoi! mes Pères, Jésus-Christ est-il
venu pour détruire la loi, et non pas pour l'accomplir ?
Les juges puniraient, dit Lessius, *ceux qui tueraient en cette
occasion; mais on n'en serait pas coupable en conscience.*
Est-ce donc que la morale de Jésus-Christ est plus cruelle
et moins ennemie du meurtre que celle des païens, dont
les juges ont pris ces lois civiles qui les condamnent ?
Les Chrétiens font-ils plus d'état des biens de la terre, ou
font-ils moins d'état de la vie des hommes que n'en ont
fait les idolâtres et les infidèles ? Sur quoi vous fondez-
vous, mes Pères ? Ce n'est sur aucune loi expresse ni de
Dieu, ni des hommes, mais seulement sur ce raisonnement
étrange : *Les lois,* dites-vous, *permettent de se défendre
contre les voleurs et de repousser la force par la force. Or la
défense étant permise, le meurtre est aussi réputé permis,
sans quoi la défense serait souvent impossible.*

Cela est faux, mes Pères, que la défense étant permise,
le meurtre soit aussi permis. C'est cette cruelle manière
de se défendre qui est la source de toutes vos erreurs, et
qui est appelée, par la Faculté de Louvain, UNE DÉFENSE
MEURTRIÈRE, *defensio occisiva,* dans leur censure de la
doctrine de votre P. Lamy sur l'homicide. Je vous soutiens
donc qu'il y a tant de différence, selon les lois, entre tuer
et se défendre, que, dans les mêmes occasions où la défense
est permise, le meurtre est défendu quand on n'est point

en péril de mort. Ecoutez-le, mes Pères, dans Cujas, au même lieu : *Il est permis de repousser celui qui vient pour s'emparer de notre possession,* MAIS IL N'EST PAS PERMIS DE LE TUER. Et encore : *Si quelqu'un vient pour nous frapper, et non pas pour nous tuer, il est bien permis de le repousser,* MAIS IL N'EST PAS PERMIS DE LE TUER.

Qui vous a donc donné le pouvoir de dire, comme font Molina, Reginaldus, Filiutius, Escobar, Lessius et les autres : *Il est permis de tuer celui qui vient pour nous frapper ?* Et ailleurs : *Il est permis de tuer celui qui veut nous faire un affront, selon l'avis de tous les casuistes, ex sententia omnium,* comme dit Lessius, n. [78] ? Par quelle autorité, vous qui n'êtes que des particuliers, donnez-vous ce pouvoir de tuer aux particuliers et aux religieux mêmes ? Et comment osez-vous usurper ce droit de vie et de mort qui n'appartient essentiellement qu'à Dieu, et qui est la plus glorieuse marque de la puissance souveraine ? C'est sur cela qu'il fallait répondre; et vous pensez y avoir satisfait en disant simplement dans votre 13. imposture, *que la valeur pour laquelle Molina permet de tuer un voleur qui s'enfuit sans nous faire aucune violence n'est pas aussi petite que j'ai dit, et qu'il faut qu'elle soit plus grande que six ducats.* Que cela est faible, mes Pères! Où voulez-vous la déterminer ? A quinze ou seize ducats ? Je ne vous en ferai pas moins de reproches. Au moins vous ne sauriez dire qu'elle passe la valeur d'un cheval; car Lessius, l. 2, c. 9, n. 74, décide nettement *qu'il est permis de tuer un voleur qui s'enfuit avec notre cheval.* Mais je vous dis de plus que, selon Molina, cette valeur est déterminée à six ducats, comme je l'ai rapporté : et si vous n'en voulez pas demeurer d'accord, prenons un arbitre que vous ne puissiez refuser. Je choisis donc pour cela votre Père Reginaldus, qui, expliquant ce même lieu de Molina, l. 21, n. 68, déclare *que Molina y* DÉTERMINE *la valeur pour laquelle il n'est pas permis de tuer, à trois, ou quatre, ou cinq ducats.* Et ainsi, mes Pères, je n'aurai pas seulement Molina, mais encore Reginaldus.

Il ne me sera pas moins facile de réfuter votre 14. imposture touchant la permission de *tuer un voleur qui nous veut ôter un écu,* selon Molina. Cela est si constant, qu'Escobar vous le témoignera, tr. 1, ex. 7, n. 44, où il dit que *Molina détermine régulièrement la valeur pour laquelle on peut tuer, à un écu.* Aussi vous me reprochez seulement, dans la 14. imposture, que j'ai supprimé les dernières paroles de ce passage : *Que l'on doit garder en cela la modération d'une juste défense.* Que ne vous plaignez-vous donc aussi de ce

qu'Escobar ne les a point exprimées ? Mais que vous êtes
peu fins ! Vous croyez qu'on n'entend pas ce que c'est,
selon vous, que se défendre. Ne savons-nous pas que c'est
user *d'une défense meurtrière* ? Vous voudriez faire entendre
que Molina a voulu dire par là que, quand on se trouve en
péril de la vie en gardant son écu, alors on peut tuer,
puisque c'est pour défendre sa vie. Si cela était vrai, mes
Pères, pourquoi Molina dirait-il, au même lieu, *qu'il est
contraire en cela à Carrerus et Bald.*, qui permettent de
tuer pour sauver sa vie ? Je vous déclare donc qu'il
entend simplement que, si l'on peut sauver son écu sans
tuer le voleur, on ne doit pas le tuer ; mais que, si l'on ne
peut le sauver qu'en tuant, encore même qu'on ne coure
nul risque de la vie, comme si le voleur n'a point d'armes,
qu'il est permis d'en prendre et de le tuer pour sauver
son écu ; et qu'en cela on ne sort point, selon lui, de la
modération d'une juste défense. Et pour vous le montrer,
laissez-le s'expliquer lui-même, tom. 4, tr. 3, d. 11, n. 5 :
*On ne laisse pas de demeurer dans la modération d'une juste
défense, quoiqu'on prenne des armes contre ceux qui n'en ont
point, ou qu'on en prenne de plus avantageuses qu'eux. Je
sais qu'il y en a qui sont d'un sentiment contraire : mais je
n'approuve point leur opinion, même dans le tribunal extérieur.*

Aussi, mes Pères, il est constant que vos auteurs permettent de tuer pour la défense de son bien et de son
honneur, sans qu'on soit en aucun péril de sa vie. Et c'est
par ce même principe qu'ils autorisent les duels, comme
je l'ai fait voir par tant de passages sur lesquels vous n'avez
rien répondu. Vous n'attaquez dans vos écrits qu'un seul
passage de votre P. Layman, qui le permet, *lorsque autrement on serait en péril de perdre sa fortune ou son honneur :* et
vous dites que j'ai supprimé ce qu'il ajoute, *que ce cas-là est
fort rare.* Je vous admire, mes Pères ; voilà de plaisantes
impostures que vous me reprochez ! Il est bien question de
savoir si ce cas-là est rare ! il s'agit de savoir si le duel y est
permis. Ce sont deux questions séparées. Layman, en
qualité de casuiste, doit juger si le duel y est permis, et il
déclare que oui. Nous jugerons bien sans lui si ce cas-là
est rare, et nous lui déclarerons qu'il est fort ordinaire. Et
si vous aimez [mieux] en croire votre bon ami Diana, il
vous dira *qu'il est fort commun*, part. 5, tract. 14, misc. 2,
resol. 99. Mais qu'il soit rare ou non, et que Layman suive
en cela Navarre, comme vous le faites tant valoir, n'est-ce
pas une chose abominable qu'il consente à cette opinion :

Que, pour conserver un faux honneur, il soit permis en conscience d'accepter un duel, contre les édits de tous les Etats chrétiens, et contre tous les Canons de l'Eglise, sans que vous ayez encore ici pour autoriser toutes ces maximes diaboliques, ni lois, ni Canons, ni autorités de l'Ecriture ou des Pères, ni exemple d'aucun saint, mais seulement ce raisonnement impie : *L'honneur est plus cher que la vie ; or, il est permis de tuer pour défendre sa vie : donc il est permis de tuer pour défendre son honneur ?* Quoi ! mes Pères, parce que le dérèglement des hommes leur a fait aimer ce faux honneur plus que la vie que Dieu leur a donnée pour le servir, il leur sera permis de tuer pour le conserver ? C'est cela même qui est un mal horrible, d'aimer cet honneur-là plus que la vie. Et cependant cette attache vicieuse, qui serait capable de souiller les actions les plus saintes, si on les rapportait à cette fin, sera capable de justifier les plus criminelles, parce qu'on les rapporte à cette fin !

Quel renversement, mes Pères ! et qui ne voit à quels excès il peut conduire ? Car enfin il est visible qu'il portera jusqu'à tuer pour les moindres choses, quand on mettra son honneur à les conserver ; je dis même jusqu'à tuer *pour une pomme.* Vous vous plaindriez de moi, mes Pères, et vous diriez que je tire de votre doctrine des conséquences malicieuses, si je n'étais appuyé sur l'autorité du grave Lessius, qui parle ainsi, n. 68 : *Il n'est pas permis de tuer pour conserver une chose de petite valeur, comme pour un écu,* OU POUR UNE POMME, AUT PRO POMO, *si ce n'est qu'il nous fût honteux de la perdre. Car alors on peut la reprendre et même tuer, s'il est nécessaire, pour la ravoir, et si opus est, occidere ; parce que ce n'est pas tant défendre son bien que son honneur.* Cela est net, mes Pères. Et pour finir votre doctrine par une maxime qui comprend toutes les autres, écoutez celle-ci de votre P. Héreau, qui l'avait prise de Lessius : *Le droit de se défendre s'étend à tout ce qui est nécessaire pour nous garder de toute injure.*

Que d'étranges suites sont enfermées dans ce principe inhumain ! et combien tout le monde est-il obligé de s'y opposer, et surtout les personnes publiques ! Ce n'est pas seulement l'intérêt général qui les y engage, mais encore le leur propre, puisque vos casuistes cités dans mes Lettres étendent leur permission de tuer jusques à eux. Et ainsi les factieux qui craindront la punition de leurs attentats, lesquels ne leur paraissent jamais injustes, se persuadant aisément qu'on les opprime par violence, croiront en même temps *que le droit de se défendre s'étend à tout*

ce qui leur est nécessaire pour se garder de toute injure. Ils
n'auront plus à vaincre les remords de la conscience, qui
arrêtent la plupart des crimes dans leur naissance, et ils ne
penseront plus qu'à surmonter les obstacles du dehors.

Je n'en parlerai point ici, mes Pères, non plus que des
autres meurtres que vous avez permis, qui sont encore
plus abominables et plus importants aux Etats que tous
ceux-ci, dont Lessius traite si ouvertement dans les doutes
4. et 10. aussi bien que tant d'autres de vos auteurs. Il
serait à désirer que ces horribles maximes ne fussent
jamais sorties de l'enfer, et que le diable, qui en est le
premier auteur, n'eût jamais trouvé des hommes assez
dévoués à ses ordres pour les publier parmi les Chrétiens.

Il est aisé de juger par tout ce que j'ai dit jusqu'ici
combien le relâchement de vos opinions est contraire à la
sévérité des lois civiles, et mêmes païennes. Que sera-ce
donc si on les compare avec les lois ecclésiastiques, qui
doivent être incomparablement plus saintes, puisqu'il n'y
a que l'Eglise qui connaisse et qui possède la véritable
sainteté ? Aussi cette chaste épouse du fils de Dieu qui,
à l'imitation de son époux, sait bien répandre son sang
pour les autres, mais non pas répandre pour elle celui des
autres, a pour le meurtre une horreur toute particulière,
et proportionnée aux lumières particulières que Dieu lui a
communiquées. Elle considère les hommes non seulement
comme hommes, mais comme images du Dieu qu'elle
adore. Elle a pour chacun d'eux un saint respect qui les
lui rend tous vénérables, comme rachetés d'un prix infini,
pour être faits les temples du Dieu vivant. Et ainsi elle
croit que la mort d'un homme que l'on tue sans l'ordre
de son Dieu n'est pas seulement un homicide, mais un
sacrilège qui la prive d'un de ses membres; puisque,
soit qu'il soit fidèle, soit qu'il ne le soit pas, elle le considère toujours, ou comme étant l'un de ses enfants, ou
comme étant capable de l'être.

Ce sont, mes Pères, ces raisons toutes saintes qui, depuis
que Dieu s'est fait homme pour le salut des hommes,
ont rendu leur condition si considérable à l'Eglise, qu'elle
a toujours puni l'homicide qui les détruit comme un des
plus grands attentats qu'on puisse commettre contre Dieu.
Je vous en rapporterai quelques exemples non pas dans la
pensée que toutes ces sévérités doivent être gardées, je
sais que l'Eglise peut disposer diversement de cette
discipline extérieure, mais pour faire entendre quel est son
esprit immuable sur ce sujet. Car les pénitences qu'elle

ordonne pour le meurtre peuvent être différentes selon la diversité des temps; mais l'horreur qu'elle a pour le meurtre ne peut jamais changer par le changement des temps.

L'Eglise a été longtemps à ne réconcilier qu'à la mort ceux qui étaient coupables d'un homicide volontaire, tels que sont ceux que vous permettez. Le célèbre Concile d'Ancyre les soumet à la pénitence durant toute leur vie; et l'Eglise a cru depuis être assez indulgente envers eux en réduisant ce temps à un très grand nombre d'années. Mais, pour détourner encore davantage les Chrétiens des homicides volontaires, elle a puni très sévèrement ceux mêmes qui étaient arrivés par imprudence, comme on peut voir dans saint Basile, dans saint Grégoire de Nysse, dans les décrets du pape Zacharie et d'Alexandre II. Les canons rapportés par Isaac, évêque de Langres, t. 2, ch. 13, *ordonnent sept ans de pénitence pour avoir tué en se défendant.* Et on voit que saint Hildebert, évêque du Mans, répondit à Yves de Chartres : *Qu'il a eu raison d'interdire un prêtre pour toute sa vie, qui, pour se défendre, avait tué un voleur d'un coup de pierre.*

N'ayez donc plus la hardiesse de dire que vos décisions sont conformes à l'esprit et aux Canons de l'Eglise. On vous défie d'en montrer aucun qui permette de tuer pour défendre son bien seulement : car je ne parle pas des occasions où l'on aurait à défendre aussi sa vie, *se suaque liberando :* vos propres auteurs confessent qu'il n'y en a point comme, entre autres, votre Père Lamy, tom. 5, disp. 36, num. 136 : *Il n'y a,* dit-il, *aucun droit divin ni humain qui permette expressément de tuer un voleur qui ne se défend pas.* Et c'est néanmoins ce que vous permettez expressément. On vous défie d'en montrer aucun qui permette de tuer pour l'honneur, pour un soufflet, pour une injure et une médisance. On vous défie d'en montrer aucun qui permette de tuer les témoins, les juges et les magistrats, quelque injustice qu'on en appréhende. L'esprit de l'Eglise est entièrement éloigné de ces maximes séditieuses qui ouvrent la porte aux soulèvements auxquels les peuples sont si naturellement portés. Elle a toujours enseigné à ses enfants qu'on ne doit point rendre le mal pour le mal; qu'il faut céder à la colère; ne point résister à la violence; rendre à chacun ce qu'on lui doit, honneur, tribut, soumission, obéir aux magistrats et aux supérieurs, même injustes; parce qu'on doit toujours respecter en eux la puissance de Dieu qui les a établis sur nous. Elle leur

défend encore plus fortement que les lois civiles de se
faire justice à eux-mêmes; et c'est par son esprit que les
Rois chrétiens ne se la font pas dans les crimes mêmes de
lèse-majesté au premier chef, et qu'ils remettent les criminels entre les mains des juges pour les faire punir selon
les lois et dans les formes de la justice, qui sont si contraires
à votre conduite, que l'opposition qui s'y trouve vous fera
rougir. Car, puisque ce discours m'y porte, je vous prie
de suivre cette comparaison entre la manière dont on peut
tuer ses ennemis, selon vous, et celle dont les juges font
mourir les criminels.

Tout le monde sait, mes Pères, qu'il n'est jamais permis
aux particuliers de demander la mort de personne; et
que, quand un homme nous aurait ruinés, estropiés, brûlé
nos maisons, tué notre père, et qu'il se disposerait encore
à nous assassiner et à nous perdre d'honneur, on n'écouterait point en justice la demande que nous ferions de sa
mort; de sorte qu'il a fallu établir des personnes publiques
qui la demandent de la part du Roi, ou plutôt de la part de
Dieu. A votre avis, mes Pères, est-ce par grimace et par
feinte que les juges chrétiens ont établi ce règlement ? Et
ne l'ont-ils pas fait pour proportionner les lois civiles à
celles de l'Evangile, de peur que la pratique extérieure de
la justice ne fût contraire aux sentiments intérieurs que des
Chrétiens doivent avoir ? On voit assez combien ce commencement des voies de la justice vous confond; mais le
reste vous accablera.

Supposez donc, mes Pères, que ces personnes publiques
demandent la mort de celui qui a commis tous ces crimes,
que fera-t-on là-dessus ? Lui portera-t-on incontinent le
poignard dans le sein ? Non, mes Pères; la vie des hommes
est trop importante, on y agit avec plus de respect : les
lois ne l'ont pas soumise à toutes sortes de personnes, mais
seulement aux juges dont on a examiné la probité et la
suffisance. Et croyez-vous qu'un seul suffise pour condamner un homme à mort ? Il en faut sept pour le moins, mes
Pères. Il faut que de ces sept il n'y en ait aucun qui ait été
offensé par le criminel, de peur que la passion n'altère
ou ne corrompe son jugement. Et vous savez, mes Pères,
qu'afin que leur esprit soit aussi plus pur, on observe encore
de donner les heures du matin à ces fonctions; tant on
apporte de soin pour les préparer à une action si grande,
où ils tiennent la place de Dieu, dont ils sont les ministres,
pour ne condamner que ceux qu'il condamne lui-même.

C'est pourquoi, afin d'y agir comme fidèles dispensateurs de cette puissance divine, d'ôter la vie aux hommes, ils n'ont la liberté de juger que selon les dépositions des témoins, et selon toutes les autres formes qui leur sont prescrites; ensuite desquelles ils ne peuvent en conscience prononcer que selon les lois, ni juger dignes de mort que ceux que les lois y condamnent. Et alors, mes Pères, si l'ordre de Dieu les oblige d'abandonner au supplice le corps de ces misérables, le même ordre de Dieu les oblige de prendre soin de leurs âmes criminelles; et c'est même parce qu'elles sont criminelles qu'ils sont plus obligés à en prendre soin; de sorte qu'on ne les envoie à la mort qu'après leur avoir donné moyen de pourvoir à leur conscience. Tout cela est bien pur et bien innocent; et néanmoins l'Eglise abhorre tellement le sang, qu'elle juge encore incapables du ministère de ses autels ceux qui auraient assisté à un arrêt de mort, quoique accompagné de toutes ces circonstances si religieuses : par où il est aisé de concevoir quelle idée l'Eglise a de l'homicide.

Voilà, mes Pères, de quelle sorte, dans l'ordre de la justice, on dispose de la vie des hommes. Voyons maintenant comment vous en disposez. Dans vos nouvelles lois, il n'y a qu'un juge, et ce juge est celui-là même qui est offensé. Il est tout ensemble le juge, la partie et le bourreau. Il se demande à lui-même la mort de son ennemi, il l'ordonne, il l'exécute sur-le-champ; et sans respect ni du corps, ni de l'âme de son frère, il tue et damne celui pour qui Jésus-Christ est mort; et tout cela pour éviter un soufflet ou une médisance, ou une parole outrageuse, ou d'autres offenses semblables pour lesquelles un juge, qui a l'autorité légitime, serait criminel d'avoir condamné à la mort ceux qui les auraient commises, parce que les lois sont très éloignées de les y condamner. Et enfin, pour comble de ces excès, on ne contracte ni péché, ni irrégularité, en tuant de cette sorte sans autorité et contre les lois, quoiqu'on soit religieux et même prêtre. Où en sommes-nous, mes Pères ? Sont-ce des religieux et des prêtres qui parlent de cette sorte ? sont-ce des Chrétiens ? sont-ce des Turcs ? sont-ce des hommes ? sont-ce des démons ? et sont-ce là des *mystères révélés par l'Agneau à ceux de sa Société*, ou des abominations suggérées par le Dragon à ceux qui suivent son parti ?

Car enfin, mes Pères, pour qui voulez-vous qu'on vous prenne : pour des enfants de l'Evangile, ou pour des ennemis de l'Evangile ? On ne peut être que d'un parti ou de l'autre, il n'y a point de milieu. *Qui n'est point avec Jésus-*

Christ est contre lui. Ces deux genres d'hommes partagent tous les hommes. Il y a deux peuples et deux mondes répandus sur toute la terre, selon saint Augustin : le monde des enfants de Dieu, qui forme un corps dont Jésus-Christ est le Chef et le Roi; et le monde ennemi de Dieu, dont le diable est le Chef et le Roi. Et c'est pourquoi Jésus-Christ est appelé le Roi et le Dieu du monde, parce qu'il a partout des sujets et des adorateurs, et que le diable est aussi appelé dans l'Ecriture le Prince du monde et le Dieu de ce siècle, parce qu'il a partout des suppôts et des esclaves. Jésus-Christ a mis dans l'Eglise, qui est son empire, les lois qu'il lui a plu, selon sa sagesse éternelle; et le diable a mis dans le monde, qui est son royaume, les lois qu'il a voulu y établir. Jésus-Christ a mis l'honneur à souffrir; le diable à ne point souffrir. Jésus-Christ a dit à ceux qui reçoivent un soufflet, de tendre l'autre joue; et le diable a dit à ceux à qui on veut donner un soufflet, de tuer ceux qui leur voudront faire cette injure. Jésus-Christ déclare heureux ceux qui participent à son ignominie, et le diable déclare malheureux ceux qui sont dans l'ignominie. Jésus-Christ dit : Malheur à vous, quand les hommes diront du bien de vous! et le diable dit : Malheur à ceux dont le monde ne parle pas avec estime!

Voyez donc maintenant, mes Pères, duquel de ces deux royaumes vous êtes. Vous avez ouï le langage de la ville de paix, qui s'appelle la Jérusalem mystique, et vous avez ouï le langage de la ville de trouble, que l'Ecriture appelle *la spirituelle Sodome :* lequel de ces deux langages entendez-vous ? lequel parlez-vous ? Ceux qui sont à Jésus-Christ ont les mêmes sentiments que Jésus-Christ, selon saint Paul; et ceux qui sont enfants du diable, *ex patre diabolo*, qui a été homicide dès le commencement du monde, suivent les maximes du diable, selon la parole de Jésus-Christ. Ecoutons donc le langage de votre Ecole, et demandons à vos auteurs : Quand on nous donne un soufflet, doit-on l'endurer plutôt que de tuer celui qui le veut donner ? ou bien est-il permis de tuer pour éviter cet affront ? *Il est permis*, disent Lessius, Molina, Escobar, Reginaldus, Filiutius, Baldellus, et autres Jésuites, *de tuer celui qui nous veut donner un soufflet.* Est-ce là le langage de Jésus-Christ ? Répondez-nous encore. Serait-on sans honneur en souffrant un soufflet, sans tuer celui qui l'a donné ? *N'est-il pas véritable*, dit Escobar, *que, tandis qu'un homme laisse vivre celui qui lui a donné un soufflet, il demeure sans honneur ?* Oui, mes Pères, *sans cet honneur* que le diable a transmis de son esprit superbe en celui de ses superbes enfants. C'est cet honneur qui a toujours été l'idole des hommes possédés par l'esprit du monde. C'est pour se conserver cette gloire, dont le démon est le véritable distributeur, qu'ils lui sacrifient leur vie par la fureur des duels à laquelle ils s'abandonnent, leur honneur par l'ignominie des supplices auxquels ils s'exposent, et leur salut par le péril de la damnation auquel ils s'engagent, et qui les fait priver de la sépulture même par les Canons ecclésiastiques. Mais on doit louer Dieu de ce qu'il a éclairé l'esprit du Roi par des lumières plus pures que celles de votre théologie. Ses édits si sévères sur ce sujet n'ont pas fait que le duel fût un crime; ils n'ont fait que punir le crime qui est inséparable du duel. Il a arrêté, par la crainte de la rigueur de sa justice, ceux qui n'étaient pas arrêtés par la crainte de la justice de Dieu; et sa piété lui a fait connaître que l'honneur des Chrétiens consiste dans l'observation des ordres de Dieu et des règles du Christianisme, et non pas dans ce fantôme d'honneur que vous prétendez, tout vain qu'il soit, être une excuse légitime pour les meurtres. Ainsi vos décisions meurtrières sont maintenant en aversion à tout le monde, et vous seriez mieux conseillés de changer de sentiments, si ce n'est par principe de religion, au moins par maxime de politique. Prévenez, mes Pères, par une condamnation volontaire de ces opinions inhumaines, les mauvais effets qui en pourraient naître, et dont vous seriez responsables. Et pour recevoir plus d'horreur de l'homicide, souvenez-vous que le premier crime des hommes corrompus a été un homicide en la personne du premier juste; que leur plus grand crime a été un homicide en la personne du chef de tous les justes; et que l'homicide est le seul crime qui détruit tout ensemble l'Etat, l'Eglise, la nature et la piété.

Je viens de voir la réponse de votre Apologiste à ma treizième Lettre. Mais s'il ne répond pas mieux à celle-ci, qui satisfait à la plupart de ses difficultés, il ne méritera pas de réplique. Je le plains de le voir sortir à toute heure hors du sujet pour s'étendre en des calomnies et des injures contre les vivants et contre les morts. Mais, pour donner créance aux mémoires que vous lui fournissez, vous ne deviez pas lui faire désavouer publiquement une chose aussi publique qu'est le soufflet de Compiègne. Il est constant, mes Pères, par l'aveu de l'offensé, qu'il a reçu sur sa joue un coup de la main d'un Jésuite; et tout ce qu'ont pu faire vos amis a été de mettre en doute s'il l'a reçu de l'avant-main ou de l'arrière-main, et d'agiter la question si un coup du revers de la main sur la joue doit être appelé soufflet ou non. Je ne sais à qui il appartient d'en décider; mais je crois cependant que c'est au moins un soufflet *probable*. Cela me met en sûreté de conscience.

QUINZIÈME LETTRE
AUX RÉVÉRENDS PÈRES JÉSUITES

Du 25 novembre 1656.

MES RÉVÉRENDS PÈRES,

Puisque vos impostures croissent tous les jours, et que vous vous en servez pour outrager si cruellement toutes les personnes de piété qui sont contraires à vos erreurs, je me sens obligé, pour leur intérêt et pour celui de l'Eglise, de découvrir un mystère de votre conduite, que j'ai promis il y a longtemps, afin qu'on puisse reconnaître par vos propres maximes quelle foi l'on doit ajouter à vos accusations et à vos injures.

Je sais que ceux qui ne vous connaissent pas assez ont peine à se déterminer sur ce sujet, parce qu'ils se trouvent dans la nécessité, ou de croire les crimes incroyables dont vous accusez vos ennemis, ou de vous tenir pour des imposteurs, ce qui leur paraît aussi incroyable. Quoi! disent-ils, si ces choses-là n'étaient, des religieux les publieraient-ils, et voudraient-ils renoncer à leur conscience, et se damner par ces calomnies ? Voilà la manière dont ils raisonnent; et ainsi, les preuves visibles par lesquelles on ruine vos faussetés rencontrant l'opinion qu'ils ont de votre sincérité, leur esprit demeure en suspens entre l'évidence de la vérité, qu'ils ne peuvent démentir, et le devoir de la charité qu'ils appréhendent de blesser. De sorte que, comme la seule chose qui les empêche de rejeter vos médisances est l'estime qu'ils ont de vous, si on leur fait entendre que vous n'avez pas de la calomnie l'idée qu'ils s'imaginent que vous en avez, et que vous croyez pouvoir faire votre salut en calomniant vos ennemis, il est sans doute que le poids de la vérité les déterminera incontinent à ne plus croire vos impostures. Ce sera donc, mes Pères, le sujet de cette lettre.

Je ne ferai pas voir seulement que vos écrits sont remplis
de calomnies, je veux passer plus avant. On peut bien dire
des choses fausses en les croyant véritables, mais la qualité de menteur enferme l'intention de mentir. Je ferai
donc voir, mes Pères, que votre intention est de mentir et
de calomnier; et que c'est avec connaissance et avec dessein
que vous imposez à vos ennemis des crimes dont vous
savez qu'ils sont innocents, parce que vous croyez le pouvoir faire sans déchoir de l'état de grâce. Et, quoique vous
sachiez aussi bien que moi ce point de votre morale, je ne
laisserai pas de vous le dire, mes Pères, afin que personne
n'en puisse douter, en voyant que je m'adresse à vous pour
vous le soutenir à vous-mêmes, sans que vous puissiez
avoir l'assurance de le nier, qu'en confirmant par ce
désaveu même le reproche que je vous en fais. Car c'est
une doctrine si commune dans vos écoles que vous l'avez
soutenue non seulement dans vos livres, mais encore dans
vos thèses publiques, ce qui est la dernière hardiesse;
comme entre autres dans vos thèses de Louvain de l'année
1645, en ces termes : *Ce n'est qu'un péché véniel de calomnier
et d'imposer de faux crimes pour ruiner de créance ceux qui
parlent mal de nous. Quidni nonnis si veniale sit, detrahentis
autoritatem magnam, tibi noxiam, falso crimine elidere ?* Et
cette doctrine est si constante parmi vous, que quiconque
ose l'attaquer, vous le traitez d'ignorant et de téméraire.

C'est ce qu'a éprouvé depuis peu le P. Quiroga, Capucin
allemand, lorsqu'il voulut s'y opposer. Car votre Père
Dicastillus l'entreprit incontinent, et il parle de cette
dispute en ces termes, *De Just.*, l. 2, tr. 2, disp. 12, n. 404 :
*Un certain religieux grave, pied nu et encapuchonné, cucul-
latus gymnopoda, que je ne nomme point, eut la témérité de
décrier cette opinion parmi des femmes et des ignorants, et de
dire qu'elle était pernicieuse et scandaleuse contre les bonnes
mœurs, contre la paix des Etats et des sociétés, et enfin
contraire non seulement à tous les docteurs catholiques, mais à
tous ceux qui peuvent être catholiques. Mais je lui ai soutenu,
comme je soutiens encore, que la calomnie, lorsqu'on en use
contre un calomniateur, quoiqu'elle soit un mensonge, n'est point
néanmoins un péché mortel, ni contre la justice, ni contre la
charité; et, pour le prouver, je lui ai fourni en foule nos
Pères et les Universités entières qui en sont composées, que
j'ai tous consultés, et entre autres le R. Père Jean Gans,
confesseur de l'Empereur; le R. P. Daniel Bastèle, confesseur
de l'Archiduc Léopold; le P. Henri, qui a été précepteur de ces
deux Princes; tous les professeurs publics et ordinaires de*

l'Université de Vienne (toute composée de Jésuites); *tous les professeurs de l'Université de Gratz* (toute de Jésuites); *tous les professeurs de l'Université de Prague* (dont les Jésuites sont les maîtres) : *de tous lesquels j'ai en main les approbations de mon opinion, écrites et signées de leur main; outre que j'ai encore pour moi le P. de Pennalossa, Jésuite, Prédicateur de l'Empereur et du Roi d'Espagne, le P. Pilliceroli, Jésuite, et bien d'autres qui avaient tous jugé cette opinion probable avant notre dispute.* Vous voyez bien, mes Pères, qu'il y a peu d'opinions que vous ayez pris si à tâche d'établir, comme il y en avait peu dont vous eussiez tant de besoin. Et c'est pourquoi vous l'avez tellement autorisée que les casuistes s'en servent comme d'un principe indubitable. *Il est constant,* dit Caramuel, n. 1151, *que c'est une opinion probable qu'il n'y a point de péché mortel à calomnier faussement pour conserver son honneur. Car elle est soutenue par plus de vingt docteurs graves, par Gaspard Hurtado et Dicastillus, Jésuites, etc., de sorte que, si cette doctrine n'était probable, à peine y en aurait-il aucune qui le fût en toute la théologie.*

O théologie abominable et si corrompue en tous ses chefs que si, selon ses maximes, il n'était probable et sûr en conscience qu'on peut calomnier sans crime pour conserver son honneur, à peine y aurait-il aucune de ses décisions qui fût sûre ? Qu'il est vraisemblable, mes Pères, que ceux qui tiennent ce principe le mettent quelquefois en pratique! L'inclination corrompue des hommes s'y porte d'elle-même avec tant d'impétuosité qu'il est incroyable qu'en levant l'obstacle de la conscience, elle ne se répande avec toute sa véhémence naturelle. En voulez-vous un exemple ? Caramuel vous le donnera au même lieu : *Cette maxime,* dit-il, *du P. Dicastillus, Jésuite, touchant la calomnie, ayant été enseignée par une Comtesse d'Allemagne aux filles de l'Impératrice, la créance qu'elles eurent de ne pécher au plus que véniellement par des calomnies en fit tant naître en peu de jours, et tant de médisances, et tant de faux rapports, que cela mit toute la Cour en combustion et en alarme. Car il est aisé de s'imaginer l'usage qu'elles en surent faire : de sorte que, pour apaiser ce tumulte, on fut obligé d'appeler un bon P. Capucin d'une vie exemplaire, nommé le P. Quiroga* (et ce fut sur quoi le P. Dicastillus le querella tant), *qui vint leur déclarer que cette maxime était très pernicieuse, principalement parmi des femmes; et il eut un soin particulier de faire que l'Impératrice en abolît tout à fait l'usage.* On ne doit pas être surpris des mauvais effets que causa cette doctrine. Il faudrait admirer au contraire qu'elle ne produisît pas cette licence. L'amour-propre nous persuade toujours assez que c'est avec injustice qu'on nous attaque; et à vous principalement, mes Pères, que la vanité aveugle de telle sorte que vous voulez faire croire en tous vos écrits que c'est blesser l'honneur de l'Eglise que de blesser celui de votre Société. Et ainsi, mes Pères, il y aurait lieu de trouver étrange que vous ne missiez cette maxime en pratique. Car il ne faut plus dire de vous comme font ceux qui ne vous connaissent pas : Comment ces bons Pères voudraient-ils calomnier leurs ennemis, puisqu'ils ne le pourraient faire que par la perte de leur salut ? Mais il faut dire au contraire : comment ces bons Pères voudraient-ils perdre l'avantage de décrier leurs ennemis, puisqu'ils le peuvent faire sans hasarder leur salut ? Qu'on ne s'étonne donc plus de voir les Jésuites calomniateurs : ils le sont en sûreté de conscience, et rien ne les en peut empêcher; puisque, par le crédit qu'ils ont dans le monde, ils peuvent calomnier sans craindre la justice des hommes, et que, par celui qu'ils se sont donné sur les cas de conscience, ils ont établi des maximes pour le pouvoir faire sans craindre la justice de Dieu.

Voilà, mes Pères, la source d'où naissent tant de noires impostures. Voilà ce qui en a fait répandre à votre P. Brisacier, jusqu'à s'attirer la censure de feu M. l'Archevêque de Paris. Voilà ce qui a porté votre P. d'Anjou à décrier en pleine chaire, dans l'église de Saint-Benoît, à Paris, le 8 mars 1655, les personnes de qualité qui recevaient les aumônes pour les pauvres de Picardie et de Champagne, auxquelles ils contribuaient tant eux-mêmes; et de dire, par un mensonge horrible et capable de faire tarir ces charités, si on eût eu quelque créance en vos impostures : *Qu'il savait de science certaine que ces personnes avaient détourné cet argent pour l'employer contre l'Eglise et contre l'Etat :* ce qui obligea le curé de cette paroisse, qui est un docteur de Sorbonne, de monter le lendemain en chaire pour démentir ces calomnies. C'est par ce même principe que votre P. Crasset a tant prêché d'impostures dans Orléans, qu'il a fallu que M. l'évêque d'Orléans l'ait interdit comme un imposteur public, par son mandement du 9 septembre dernier, où il déclare *qu'il défend à Frère Jean Crasset, prêtre de la Compagnie de Jésus, de prêcher dans son diocèse; et à tout son peuple de l'ouïr, sous peine de se rendre coupable d'une désobéissance mortelle, sur ce qu'il a appris que ledit Crasset avait fait un discours en chaire remplit de faussetés et de calomnies contre les ecclé-*

siastiques de cette ville, leur imposant faussement et malicieusement qu'ils soutenaient ces propositions hérétiques et impies : Que les commandements de Dieu sont impossibles ; que jamais on ne résiste à la grâce intérieure ; et que Jésus-Christ n'est pas mort pour tous les hommes, et autres semblables, condamnées par Innocent X. Car c'est là, mes Pères, votre imposture ordinaire, et la première que vous reprochez à tous ceux qu'il vous est important de décrier. Et, quoiqu'il vous soit aussi impossible de le prouver de qui que ce soit, qu'à votre P. Crasset de ces ecclésiastiques d'Orléans, votre conscience néanmoins demeure en repos : *parce que vous croyez que cette manière de calomnier ceux qui vous attaquent est si certainement permise,* que vous ne craignez point de le déclarer publiquement et à la vue de toute une ville.

En voici un insigne témoignage dans le démêlé que vous eûtes avec M. Puys, curé de S. Nisier, à Lyon; et comme cette histoire marque parfaitement votre esprit, j'en rapporterai les principales circonstances. Vous savez, mes Pères, qu'en 1649, M. Puys traduisit en français un excellent livre d'un autre P. Capucin, *touchant le devoir des Chrétiens à leur paroisse contre ceux qui les en détournent,* sans user d'aucune invective, et sans désigner aucun religieux, ni aucun ordre en particulier. Vos Pères néanmoins prirent cela pour eux; et, sans avoir aucun respect pour un ancien pasteur, juge en la Primatie de France, et honoré de toute la ville, votre P. Alby fit un livre sanglant contre lui, que vous vendîtes vous-mêmes dans votre propre église, le jour de l'Assomption, où il l'accusait de plusieurs choses, et entre autres de *s'être rendu scandaleux par ses galanteries, et d'être suspect d'impiété, d'être hérétique, excommunié et enfin digne du feu.* A cela M. Puys répondit, et le P. Alby soutint, par un second livre, ses premières accusations. N'est-il donc pas vrai, mes Pères, ou que vous étiez des calomniateurs, ou que vous croyiez tout cela de ce bon prêtre; et qu'ainsi il fallait que vous le vissiez hors de ses erreurs pour le juger digne de votre amitié ? Ecoutez donc ce qui se passa dans l'accommodement qui fut fait en présence d'un grand nombre des premières personnes de la ville, dont les noms sont en bas de cette page, comme ils sont marqués dans l'acte qui en fut dressé le 25 sept. 1650 *.

---

* *M. de Ville, vicaire général de M. le cardinal de Lyon ; M. Scarron, chanoine et curé de Saint-Paul ; M. Margat, chantre ; MM. Bouvaud, Sève, Aubert et Dervieu, chanoines de Saint-Nisier ; M. du Gué, prési-*

Ce fut en présence de tout ce monde que M. Puys ne fit autre chose que déclarer *que ce qu'il avait écrit ne s'adressait point aux Pères Jésuites; qu'il avait parlé en général contre ceux qui éloignent les fidèles des paroisses, sans avoir pensée d'attaquer en cela la Société, et qu'au contraire il l'honorait avec amour.* Par ces seules paroles, il revint de son apostasie, de ses scandales et de son excommunication, sans rétractation et sans absolution; et le P. Alby lui dit ensuite ces propres paroles : *Monsieur, la créance que j'ai eue que vous attaquiez la Compagnie, dont j'ai l'honneur d'être, m'a fait prendre la plume pour y répondre; et j'ai cru que la manière dont j'ai usé* M'ÉTAIT PERMISE. *Mais, connaissant mieux votre intention, je viens vous déclarer* QU'IL N'Y A PLUS RIEN *qui me puisse empêcher de vous tenir pour un homme d'esprit très éclairé, de doctrine profonde* ET ORTHO-DOXE, *de mœurs* IRRÉPRÉHENSIBLES, *et en un mot pour digne pasteur de votre église. C'est une déclaration que je fais avec joie, et je prie ces Messieurs de s'en souvenir.*

Ils s'en sont souvenus, mes Pères; et on fut plus scandalisé de la réconciliation que de la querelle. Car qui n'admirerait ce discours du P. Alby ? Il ne dit pas qu'il vient se rétracter, parce qu'il a appris le changement des mœurs et de la doctrine de M. Puys; mais seulement *parce que, connaissant que son intention n'a pas été d'attaquer votre Compagnie, il n'y a plus rien qui l'empêche de le tenir pour catholique.* Il ne croyait donc pas qu'il fût hérétique en effet ? Et néanmoins, après l'en avoir accusé contre sa connaissance, il ne déclare pas qu'il a failli, mais il ose dire, au contraire, *qu'il croit que la manière dont il en a usé lui était permise.*

A quoi songez-vous, mes Pères, de témoigner ainsi publiquement que vous ne mesurez la foi et la vertu des hommes que par les sentiments qu'ils ont pour votre Société ? Comment n'avez-vous point appréhendé de vous faire passer vous-mêmes, et par votre propre aveu, pour des imposteurs et des calomniateurs ? Quoi ! mes Pères, un même homme, sans qu'il se passe aucun changement en lui, selon que vous croyez qu'il honore ou qu'il attaque votre Compagnie, sera *pieux* ou *impie, irrépréhensible* ou

---

dent des trésoriers de France; M. Groslier, prévôt des marchands; M. de Fléchère, président et lieutenant général; MM. de Boissat, de Saint-Romain et de Bartoly, gentilshommes; M. Bourgeois, premier avocat du roi au bureau des trésoriers de France; MM. de Cotton père et fils; M. Boniel, qui ont tous signé à l'original de la déclaration, avec M. Puys et le P. Alby.

excommunié, digne pasteur de l'Eglise, ou *digne d'être mis au feu,* et enfin *catholique* ou *hérétique ?* C'est donc une même chose dans votre langage d'attaquer votre Société et d'être hérétique ? Voilà une plaisante hérésie, mes Pères! Et ainsi, quand on voit dans vos écrits que tant de personnes catholiques y sont appelées hérétiques, cela ne veut dire autre chose, sinon *que vous croyez qu'ils vous attaquent.* Il est bon, mes Pères, qu'on entende cet étrange langage, selon lequel il est sans doute que je suis un grand hérétique. Aussi c'est en ce sens que vous me donnez si souvent ce nom. Vous ne me retranchez de l'Eglise que parce que vous croyez que mes lettres vous font tort; et ainsi il ne me reste, pour devenir catholique, ou que d'approuver les excès de votre morale, ce que je ne pourrais faire sans renoncer à tout sentiment de piété, ou de vous persuader que je ne recherche en cela que votre véritable bien; et il faudrait que vous fussiez bien revenus de vos égarements pour le reconnaître. De sorte que je me trouve étrangement engagé dans l'hérésie, puisque la pureté de ma foi étant inutile pour me retirer de cette sorte d'erreur, je n'en puis sortir, ou qu'en trahissant ma conscience, ou qu'en réformant la vôtre. Jusque-là je serai toujours un méchant ou un imposteur, et quelque fidèle que j'aie été à rapporter vos passages, vous irez crier partout : *qu'il faut être organe du démon pour vous imputer des choses dont il n'y a marque ni vestige* dans vos livres; et vous ne ferez rien en cela que de conforme à votre maxime et à votre pratique ordinaire, tant le privilège que vous avez de mentir a d'étendue. Souffrez que je vous en donne un exemple que je choisis à dessein, parce que je répondrai en même temps à la neuvième de vos impostures; aussi bien elles ne méritent d'être réfutées qu'en passant.

Il y a dix ou douze ans qu'on vous reprocha cette maxime du P. Bauny : *Qu'il est permis de rechercher directement,* PRIMO ET PER SE, *une occasion prochaine de pécher pour le bien spirituel ou temporel de nous ou de notre prochain,* tr. 4. q. 14, dont il apporte pour exemple : *Qu'il est permis à chacun d'aller en des lieux publics pour convertir des femmes perdues, encore qu'il soit vraisemblable qu'on y péchera, pour avoir déjà expérimenté souvent qu'on est accoutumé de se laisser aller au péché par les caresses de ces femmes.* Que répondit à cela votre P. Caussin en 1644, dans son Apologie pour la Compagnie de Jésus, p. [120] ? *Qu'on voie l'endroit du P. Bauny, qu'on lise la page, les marges, les avant-propos, les suites, tout le reste, et même tout le livre, on n'y trouvera pas un seul vestige de cette sentence, qui ne pourrait tomber que dans l'âme d'un homme extrêmement perdu de conscience, et qui semble ne pouvoir être supposée que par l'organe du démon.* Et votre P. Pinthereau, en même style, 1. part., p. 24 : *Il faut être bien perdu de conscience pour enseigner une si détestable doctrine; mais il faut être pire qu'un démon pour l'attribuer au P. Bauny. Lecteur, il n'y en a ni marque ni vestige dans tout son livre.* Qui ne croirait que des gens qui parlent de ce ton-là eussent sujet de se plaindre, et qu'on aurait en effet imposé au P. Bauny ? Avez-vous rien assuré contre moi en de plus forts termes ? Et comment oserait-on s'imaginer qu'un passage fût en mots propres au lieu même où l'on le cite, quand on dit *qu'il n'y en a ni marque ni vestige dans tout le livre* ?

En vérité, mes Pères, voilà le moyen de vous faire croire jusqu'à ce qu'on vous réponde; mais c'est aussi le moyen de faire qu'on ne vous croie jamais plus, après qu'on vous aura répondu. Car il est si vrai que vous mentiez alors, que vous ne faites aujourd'hui aucune difficulté de reconnaître dans vos Réponses que cette maxime est dans le P. Bauny, au lieu même où on l'avait citée; et, ce qui est admirable, c'est qu'au lieu qu'elle était *détestable* il y a douze ans, elle est maintenant si innocente que, dans votre Neuvième Impost., p. 10, vous m'accusez *d'ignorance et de malice, de quereller le P. Bauny sur une opinion qui n'est point rejetée dans l'Ecole.* Qu'il est avantageux, mes Pères, d'avoir affaire à ces gens qui disent le pour et le contre! Je n'ai besoin que de vous-mêmes pour vous confondre. Car je n'ai à montrer que deux choses : l'une, que cette maxime ne vaut rien; l'autre, qu'elle est du P. Bauny. Et je prouverai l'un et l'autre par votre propre confession. En 1644, vous avez reconnu qu'elle est *détestable*, et en 1656 vous avouez qu'elle est du P. Bauny. Cette double reconnaissance me justifie assez, mes Pères; mais elle fait plus, elle découvre l'esprit de votre politique. Car dites-moi, je vous prie, quel est le but que vous vous proposez dans vos écrits ? Est-ce de parler avec sincérité ? Non, mes Pères, puisque vos réponses s'entre-détruisent. Est-ce de suivre la vérité de la foi ? Aussi peu, puisque vous autorisez une maxime qui est *détestable* selon vous-mêmes. Mais considérons que, quand vous avez dit que cette maxime est *détestable*, vous avez nié en même temps qu'elle fût du P. Bauny; et ainsi il était innocent; et, quand vous avouez qu'elle est de lui, vous soutenez en même temps qu'elle est bonne, et ainsi il est innocent encore. De sorte que, l'innocence de ce Père étant la seule chose commune à vos deux réponses, il est visible que c'est aussi la seule chose que vous y recherchez, et que vous n'avez pour objet que la défense de vos Pères, en disant d'une même maxime qu'elle est dans vos livres et qu'elle n'y est pas ; qu'elle est bonne et qu'elle est mauvaise, non pas selon la vérité, qui ne change jamais, mais selon votre intérêt, qui change à toute heure. Que ne pourrais-je vous dire là-dessus, car vous voyez bien que cela est convaincant ? Cependant rien ne vous est plus ordinaire ; et, pour en omettre une infinité d'exemples, je crois que vous vous contenterez que je vous en rapporte encore un.

On vous a reproché en divers temps une autre proposition du même P. Bauny, tr. 4, q. 22, p. 100 : *On ne doit dénier ni différer l'absolution à ceux qui sont dans les habitudes de crimes contre la loi de Dieu, de nature et de l'Eglise, encore qu'on n'y voie aucune espérance d'amendement : etsi emendationis futuræ spes nulla appareat.* Je vous prie sur cela, mes Pères, de me dire lequel y a le mieux répondu, selon votre goût, ou de votre P. Pinthereau, ou de votre P. Brisacier, qui défendent le P. Bauny en vos deux manières : l'un en condamnant cette proposition, mais en désavouant aussi qu'elle soit du P. Bauny ; l'autre en avouant qu'elle est du P. Bauny, mais en la justifiant en même temps. Ecoutez-les donc discourir. Voici le P. Pinthereau, p. 18 : *Qu'appelle-t-on franchir les bornes de toute pudeur, et passer au-delà de toute impudence, sinon d'imposer au P. Bauny, comme une chose avérée, une si damnable doctrine ? Jugez, lecteur, de l'indignité de cette calomnie, et voyez à qui les Jésuites ont affaire, et si l'auteur d'une si noire supposition ne doit pas passer désormais pour le truchement du père des mensonges.* Et voici maintenant votre P. Brisacier, 4. p., page 21 : *En effet, le P. Bauny dit ce que vous rapportez.* (C'est démentir le P. Pinthereau bien nettement) : *Mais*, ajoute-t-il pour justifier le P. Bauny, *vous qui reprenez cela, attendez, quand un pénitent sera à vos pieds, que son ange gardien hypothèque tous les droits qu'il a au ciel pour être sa caution. Attendez que Dieu le Père jure par son chef que David a menti quand il a dit, par le Saint-Esprit, que tout homme est menteur, trompeur et fragile ; et que ce pénitent ne soit plus menteur, fragile, changeant, ni pécheur comme les autres, et vous n'appliquerez le sang de Jésus-Christ sur personne.*

Que vous semble-t-il, mes Pères, de ces expressions

extravagantes et impies, que, s'il fallait attendre *qu'il y eût quelque espérance d'amendement* dans les pécheurs pour les absoudre, il faudrait attendre *que Dieu le Père jurât par son chef* qu'ils ne tomberaient jamais plus ? Quoi ! mes Pères, n'y a-t-il point de différence entre l'*espérance* et la *certitude ?* Quelle injure est-ce faire à la grâce de Jésus-Christ de dire qu'il est si peu possible que les Chrétiens sortent jamais des crimes contre la loi de Dieu, de nature et de l'Eglise, qu'on ne pourrait l'espérer *sans que le Saint-Esprit eût menti :* de sorte que, selon vous, si on ne donnait l'absolution à ceux *dont on n'espère aucun amendement,* le sang de Jésus-Christ demeurerait inutile, et on ne l'*appliquerait jamais sur personne !* A quel état, mes Pères, vous réduit le désir immodéré de conserver la gloire de vos auteurs, puisque vous ne trouvez que deux voies pour les justifier, l'imposture ou l'impiété ; et qu'ainsi la plus innocente manière de vous défendre est de désavouer hardiment les choses les plus évidentes !

De là vient que vous en usez si souvent. Mais ce n'est pas encore là tout ce que vous savez faire. Vous forgez des écrits pour rendre vos ennemis odieux, comme *la Lettre d'un ministre à M. Arnauld,* que vous débitâtes dans tout Paris, pour faire croire que le livre de la Fréquente Communion, approuvé par tant d'évêques et tant de docteurs, mais qui, à la vérité, vous était un peu contraire, avait été fait par une intelligence secrète avec les ministres de Charenton. Vous attribuez d'autres fois à vos adversaires des écrits pleins d'impiété, comme *la Lettre circulaire des Jansénistes,* dont le style impertinent rend cette fourbe trop grossière, et découvre trop clairement la malice ridicule de votre P. Meynier, qui ose s'en servir, p. 28, pour appuyer ses plus noires impostures. Vous citez quelquefois des livres qui ne furent jamais au monde, comme *Les Constitutions du Saint-Sacrement,* d'où vous rapportez des passages que vous fabriquez à plaisir, et qui font dresser les cheveux à la tête des simples, qui ne savent pas quelle est votre hardiesse à inventer et publier des mensonges : car il n'y a sorte de calomnie que vous n'ayez mise en usage. Jamais la maxime qui l'excuse ne pouvait être en meilleure main.

Mais celles-là sont trop aisées à détruire ; et c'est pourquoi vous en avez de plus subtiles, où vous ne particularisez rien, afin d'ôter toute prise et tout moyen d'y répondre ; comme quand le P. Brisacier dit *que ses ennemis commettent des crimes abominables, mais qu'il ne les veut pas rapporter.* Ne semble-t-il pas qu'on ne peut convaincre d'imposture un reproche si indéterminé ? Un habile homme néanmoins en a trouvé le secret ; et c'est encore un Capucin, mes Pères. Vous êtes aujourd'hui malheureux en Capucins, et je prévois qu'une autre fois vous le pourriez bien être en Bénédictins. Ce Capucin s'appelle le P. Valérien, de la maison des Comtes de Magnis. Vous apprendrez par cette petite histoire comment il répondit à vos calomnies. Il avait heureusement réussi à la conversion du Landgrave de Darmstadt. Mais vos Pères, comme s'ils eussent eu quelque peine de voir convertir un Prince souverain sans les y appeler, firent incontinent un livre contre lui (car vous persécutez les gens de bien partout), où falsifiant un de ses passages, ils lui imputent une doctrine *hérétique*. Ils firent aussi courir une lettre contre lui, où ils lui disaient : *Oh ! que nous avons de choses à découvrir,* sans dire quoi, *dont vous serez bien affligé ! Car, si vous n'y donnez ordre, nous serons obligés d'en avertir le Pape et les Cardinaux.* Cela n'est pas maladroit ; et je ne doute point, mes Pères, que vous ne leur parliez ainsi de moi : mais prenez garde de quelle sorte il y répond dans son livre imprimé à Prague l'année dernière, pag. 112 et suiv. *Que ferai-je,* dit-il, *contre ces injures vagues et indéterminées ? Comment convaincrai-je des reproches qu'on n'explique point ? En voici néanmoins le moyen : c'est que je déclare hautement et publiquement à ceux qui me menacent que ce sont des imposteurs insignes, et de très habiles et très impudents menteurs, s'ils ne découvrent ces crimes à toute la terre. Paraissez donc, mes accusateurs et publiez ces choses sur les toits au lieu que vous les avez dites à l'oreille, et que vous avez menti en assurance en les disant à l'oreille. Il y en a qui s'imaginent que ces disputes sont scandaleuses. Il est vrai que c'est exciter un scandale horrible que m'imputer un crime tel que l'hérésie, et de me rendre suspect de plusieurs autres. Mais je ne fais que remédier à ce scandale en soutenant mon innocence.*

En vérité, mes Pères, vous voilà malmenés, et jamais homme n'a été mieux justifié. Car il a fallu que les moindres apparences de crime vous aient manqué contre lui, puisque vous n'avez point répondu à un tel défi. Vous avez quelquefois de fâcheuses rencontres à essuyer, mais cela ne vous rend pas plus sages. Car quelque temps après vous l'attaquâtes encore de la même sorte sur un autre sujet, et il se défendit aussi de même, p. 151, en ces termes : *Ce genre d'hommes qui se rend insupportable à toute la chré-*

tienté aspire, sous le prétexte des bonnes œuvres, aux gran-
deurs et à la domination, en détournant à leurs fins presque
toutes les lois divines, humaines, positives et naturelles. Ils
attirent, ou par leur doctrine, ou par crainte, ou par espé-
rance, tous les grands de la terre, de l'autorité desquels ils
abusent pour faire réussir leurs détestables intrigues. Mais
leurs attentats, quoique si criminels, ne sont ni punis, ni
arrêtés : ils sont récompensés au contraire, et ils les commettent
avec la même hardiesse que s'ils rendaient un service à Dieu.
Tout le monde le reconnaît, tout le monde en parle avec
exécration; mais il y en a peu qui soient capables de s'oppo-
ser à une si puissante tyrannie. C'est ce que j'ai fait néan-
moins. J'ai arrêté leur impudence, et je l'arrêterai encore
par le même moyen. Je déclare donc qu'ils ont menti
très impudemment, MENTIRIS IMPUDENTISSIME. *Si les*
choses qu'ils m'ont reprochées sont véritables, qu'ils les
prouvent, ou qu'ils passent pour convaincus d'un mensonge
plein d'impudence. Leur procédé sur cela découvrira qui a
raison. Je prie tout le monde de l'observer, et de remarquer
cependant que ce genre d'hommes qui ne souffrent pas la
moindre des injures qu'ils peuvent repousser, font semblant de
souffrir très patiemment celles dont ils ne peuvent se défendre,
et couvrent d'une fausse vertu leur véritable impuissance.
C'est pourquoi j'ai voulu irriter plus vivement leur pudeur,
afin que les plus grossiers reconnaissent que, s'ils se taisent,
leur patience ne sera pas un effet de leur douceur, mais du
trouble de leur conscience.

Voilà ce qu'il dit, mes Pères, et ainsi : *Ces gens-là,*
dont on sait les histoires par tout le monde, sont si évidemment
injustes et si insolents dans leur impunité, qu'il faudrait que
j'eusse renoncé à Jésus-Christ et à son Eglise, si je ne détes-
tais leur conduite, et même publiquement, autant pour me
justifier que pour empêcher les simples d'en être séduits.

Mes Révérends Pères, il n'y a plus moyen de reculer.
Il faut passer pour des calomniateurs convaincus, et
recourir à votre maxime, que cette sorte de calomnie n'est
pas un crime. Ce Père a trouvé le secret de vous fermer la
bouche : c'est ainsi qu'il faut faire toutes les fois que vous
accusez les gens sans preuves. On n'a qu'à répondre à
chacun de vous comme le Père Capucin, *mentiris impu-*
dentissime. Car que répondrait-on autre chose, quand
votre Père Brisacier dit, par exemple, que ceux contre
qui il écrit *sont des portes d'enfer, des pontifes du diable,*
des gens déchus de la foi, de l'espérance et de la charité, qui
bâtissent le trésor de l'Antéchrist ? Ce que je ne dis pas

(ajoute-t-il) *par forme d'injure, mais par la force de la vérité.* S'amuserait-on à prouver qu'on n'est pas *porte d'enfer, et qu'on ne bâtit pas le trésor de l'Antéchrist ?*

Que doit-on répondre de même à tous les discours vagues de cette sorte, qui sont dans vos livres et dans vos avertissements sur mes lettres ? par exemple : *Qu'on s'applique les restitutions, en réduisant les créanciers dans la pauvreté; qu'on a offert des sacs d'argent à des savants religieux qui les ont refusés; qu'on donne des bénéfices pour faire semer des hérésies contre la foi; qu'on a des pensionnaires parmi les plus illustres ecclésiastiques et dans les Cours souveraines; que je suis aussi pensionnaire de Port-Royal, et que je faisais des romans avant mes Lettres,* moi qui n'en ai jamais lu aucun, et qui ne sais pas seulement le nom de ceux qu'a faits votre apologiste ? Qu'y a-t-il à dire à tout cela, mes Pères, sinon *Mentiris impudentissime,* si vous ne marquez toutes ces personnes, leurs paroles, le temps, le lieu ? Car il faut se taire, ou rapporter et prouver toutes les circonstances, comme je fais quand je vous conte les histoires du P. Alby et de Jean d'Alba. Autrement, vous ne ferez que vous nuire à vous-mêmes. Toutes vos fables pouvaient peut-être vous servir avant qu'on sût vos principes; mais à présent que tout est découvert, quand vous penserez dire à l'oreille *qu'un homme d'honneur, qui désire cacher son nom, vous a appris de terribles choses de ces gens-là,* on vous fera souvenir incontinent du *mentiris impudentissime* du bon Père Capucin. Il n'y a que trop longtemps que vous trompez le monde, et que vous abusez de la créance qu'on avait en vos impostures. Il est temps de rendre la réputation à tant de personnes calomniées. Car quelle innocence peut être si généralement reconnue, qu'elle ne souffre quelque atteinte par les impostures si hardies d'une Compagnie répandue par toute la terre, et qui sous des habits religieux, couvre des âmes si irréligieuses, qu'ils commettent des crimes tels que la calomnie, non pas contre leurs maximes, mais selon leurs propres maximes ? Ainsi l'on ne me blâmera point d'avoir détruit la créance qu'on pouvait avoir en vous; puisqu'il est bien plus juste de conserver à tant de personnes que vous avez décriées la réputation de piété qu'ils ne méritent pas de perdre, que de vous laisser la réputation de sincérité que vous ne méritez pas d'avoir. Et comme l'un ne se pouvait faire sans l'autre, combien était-il important de faire entendre qui vous êtes ! C'est ce que j'ai commencé de faire ici; mais il faut bien du temps pour achever. On le verra, mes Pères, et toute votre politique ne vous en peut garantir, puisque les efforts que vous pourriez faire pour l'empêcher ne serviraient qu'à faire connaître aux moins clairvoyants que vous avez eu peur, et que votre conscience vous reprochant ce que j'avais à vous dire, vous avez tout mis en usage pour le prévenir.

SEIZIÈME LETTRE
AUX RÉVÉRENDS PÈRES JÉSUITES

Du 4 décembre 1656.

MES RÉVÉRENDS PÈRES,

Voici la suite de vos calomnies, où je répondrai d'abord à celles qui restent de vos *Avertissements*. Mais comme tous vos autres livres en sont également remplis, ils me fourniront assez de matière pour vous entretenir sur ce sujet autant que je le jugerai nécessaire. Je vous dirai donc en un mot, sur cette fable que vous avez semée dans tous vos écrits contre Mr d'Ypres, que vous abusez malicieusement de quelques paroles ambiguës d'une de ses lettres, qui, étant capables d'un bon sens, doivent être prises en bonne part, selon l'esprit de l'Eglise, et ne peuvent être prises autrement que selon l'esprit de votre Société. Car pourquoi voulez-vous qu'en disant à son ami : *Ne vous mettez point tant en peine de votre neveu, je lui fournirai ce qui est nécessaire de l'argent qui est entre mes mains*, il ait voulu dire par là qu'il prenait cet argent pour ne le point rendre, et non pas qu'il l'avançait seulement pour le remplacer ? Mais ne faut-il pas que vous soyez bien imprudents d'avoir fourni vous-mêmes la conviction de votre mensonge par les autres lettres de Mr d'Ypres, que vous avez imprimées, qui marquent visiblement que ce n'était en effet que des *avances*, qu'il devait remplacer ? C'est ce qui paraît dans celle que vous rapportez, du [3] juillet 1619, en ces termes qui vous confondent : *Ne vous souciez pas* DES AVANCES ; *il ne lui manquera rien tant qu'il sera ici.* Et par celle du [26] janvier 1620, où il dit : *Vous avez trop de hâte, et quand il serait question de rendre compte, le peu de crédit que j'ai ici me ferait trouver de l'argent au besoin.*

Vous êtes donc des imposteurs, mes Pères, aussi bien sur ce sujet que sur votre conte ridicule du tronc de S. Merry. Car quel avantage pouvez-vous tirer de l'accusation qu'un de vos bons amis suscita à cet ecclésiastique que vous voulez déchirer ? Doit-on conclure qu'un homme est coupable parce qu'il est accusé ? Non, mes Pères. Des gens de piété comme lui pourront toujours être accusés tant qu'il y aura au monde des calomniateurs comme vous. Ce n'est donc pas par l'accusation, mais par l'arrêt qu'il en faut juger. Or, l'arrêt qui en fut rendu le 23 février 1656 le justifie pleinement ; outre que celui qui s'était engagé témérairement dans cette injuste procédure fut désavoué par ses collègues, et forcé lui-même à la rétracter. Et quant à ce que vous dites au même lieu de ce *fameux directeur qui se fit riche en un moment de neuf cent mille livres*, il suffit de vous renvoyer à MM. les Curés de S. Roch et de S. Paul, qui rendront témoignage à tout Paris de son parfait désintéressement dans cette affaire, et de votre malice inexcusable dans cette imposture.

En voilà assez pour des faussetés si vaines. Ce ne sont là que des coups d'essai de vos novices, et non pas les coups d'importance de vos grands profès. J'y viens donc, mes Pères ; je viens à cette calomnie, l'une des plus noires qui soient sorties de votre esprit. Je parle de cette audace insupportable avec laquelle vous avez osé imputer à de saintes religieuses et à leurs docteurs *de ne pas croire le mystère de la Transsubstantiation, ni la présence réelle de Jésus-Christ dans l'Eucharistie*. Voilà, mes Pères, une imposture digne de vous. Voilà un crime que Dieu seul est capable de punir, comme vous seuls êtes capables de le commettre. Il faut être aussi humble que ces humbles calomniées pour le souffrir avec patience ; et il faut être aussi méchant que de si méchants calomniateurs pour le croire. Je n'entreprends donc pas de les en justifier ; elles n'en sont point suspectes. Si elles avaient besoin de défenseurs, elles en auraient de meilleurs que moi. Ce que j'en dirai ici ne sera pas pour montrer leur innocence, mais pour montrer votre malice. Je veux seulement vous en faire horreur à vous-mêmes, et faire entendre à tout le monde qu'après cela il n'y a rien dont vous ne soyez capables.

Vous ne manquerez pas néanmoins de dire que je suis de Port-Royal ; car c'est la première chose que vous dites à quiconque combat vos excès : comme si on ne trouvait qu'à Port-Royal des gens qui eussent assez de zèle pour

défendre contre vous la pureté de la morale chrétienne.
Je sais, mes Pères, le mérite de ces pieux solitaires qui s'y
étaient retirés, et combien l'Eglise est redevable à leurs
ouvrages si édifiants et si solides. Je sais combien ils ont
de piété et de lumière, car, encore que je n'aie jamais eu
d'établissement avec eux, comme vous le voulez faire
croire, sans que vous sachiez qui je suis, je [ne] laisse pas
d'en connaître quelques-uns et d'honorer la vertu de
tous. Mais Dieu n'a pas renfermé dans ce nombre seul
tous ceux qu'il veut opposer à vos désordres. J'espère
avec son secours, mes Pères, de vous le faire sentir ; et
s'il me fait la grâce de me soutenir dans le dessein qu'il
me donne d'employer pour lui tout ce que j'ai reçu de lui,
je vous parlerai de telle sorte que je vous ferai peut-être
regretter de n'avoir pas affaire à un homme de Port-
Royal. Et pour vous le témoigner, mes Pères, c'est qu'au
lieu que ceux que vous outragez par cette insigne calomnie
se contentent d'offrir à Dieu leurs gémissements pour
vous en obtenir le pardon, je me sens obligé, moi qui n'ai
point de part à cette injure, de vous en faire rougir à la
face de toute l'Eglise, pour vous procurer cette confusion
salutaire dont parle l'Ecriture, qui est presque l'unique
remède d'un endurcissement tel que le vôtre : *Imple
facies eorum ignominia, et quærent nomen tuum, Domine.*

Il faut arrêter cette insolence, qui n'épargne point les
lieux les plus saints. Car qui pourra être en sûreté après
une calomnie de cette nature ? Quoi ! mes Pères, afficher
vous-mêmes dans Paris un livre si scandaleux avec le
nom de votre Père Meynier à la tête, et sous cet infâme
titre : *Le Port-Royal et Genève d'intelligence contre le
très Saint-Sacrement de l'Autel*, où vous accusez de cette
apostasie non seulement M. l'abbé de Saint-Cyran et
M. Arnauld, mais aussi la Mère Agnès sa sœur, et toutes
les religieuses de ce monastère, dont vous dites, pag. 96,
*que leur foi est aussi suspecte touchant l'Eucharistie que celle
de M. Arnauld*, lequel vous soutenez pag. 4 être *effectivement calviniste.* Je demande là-dessus à tout le monde
s'il y a dans l'Eglise des personnes sur qui vous puissiez
faire tomber un si abominable reproche avec moins de
vraisemblance. Car, dites-moi, mes Pères, si ces religieuses
et leurs directeurs étaient *d'intelligence avec Genève contre
le très Saint-Sacrement de l'Autel*, ce qui est horrible à
penser, pourquoi auraient-elles pris pour le principal
objet de leur piété ce sacrement qu'elles auraient en
abomination ? Pourquoi auraient-elles joint à leur règle

l'institution du Saint-Sacrement ? Pourquoi auraient-elles
pris l'habit du Saint-Sacrement, pris le nom de filles
du Saint-Sacrement, appelé leur église l'Eglise du Saint-
Sacrement ? Pourquoi auraient-elles demandé et obtenu
de Rome la confirmation de cette institution, et le pouvoir
de dire tous les jeudis l'office du Saint-Sacrement, où
la foi de l'Eglise est si parfaitement exprimée, si elles
avaient conjuré avec Genève d'abolir cette foi de l'Eglise ?
Pourquoi se seraient-elles obligées, par une dévotion particulière, approuvée aussi par le Pape, d'avoir sans cesse,
nuit et jour, des religieuses en présence de cette sainte
Hostie, pour réparer, par leurs adorations perpétuelles
envers ce sacrifice perpétuel, l'impiété de l'hérésie qui
l'a voulu anéantir ? Dites-moi donc, mes Pères, si vous le
pouvez, pourquoi de tous les mystères de notre religion
elles auraient laissé ceux qu'elles croient pour choisir
celui qu'elles ne croiraient pas ? Et pourquoi elles se
seraient dévouées d'une manière si pleine et si entière à
ce mystère de notre foi, si elles le prenaient, comme les
hérétiques, pour le mystère d'iniquité ? Que répondez-
vous, mes Pères, à des témoignages si évidents, non pas
seulement de paroles, mais d'actions ; et non pas de
quelques actions particulières, mais de toute la suite d'une
vie entièrement consacrée à l'adoration de Jésus-Christ
résidant sur nos autels ? Que répondez-vous de même
aux livres que vous appelez de Port-Royal, qui sont tout
remplis de termes les plus précis dont les Pères et les
Conciles se soient servis pour marquer l'essence de ce
mystère ? C'est une chose ridicule, mais horrible, de vous
y voir répondre dans tout votre libelle en cette sorte :
M. Arnauld, dites-vous, parle bien de *transsubstantiation*;
mais il entend peut-être *une transsubstantiation significative*. Il témoigne bien croire *la présence réelle* : mais qui
nous a dit qu'il ne l'entend pas *d'une figure vraie et réelle* ?
Où en sommes-nous, mes Pères ? et qui ne ferez-vous
point passer pour Calviniste quand il vous plaira, si on
vous laisse la licence de corrompre les expressions les
plus canoniques et les plus saintes par les malicieuses
subtilités de vos nouvelles équivoques ? Car qui s'est
jamais servi d'autres termes que de ceux-là, et surtout
dans de simples discours de piété, où il ne s'agit point de
controverses ? Et cependant l'amour et le respect qu'ils
ont pour ce saint mystère leur en a tellement fait remplir
tous leurs écrits, que je vous défie, mes Pères, quelque
artificieux que vous soyez, d'y trouver ni la moindre appa-

rence d'ambiguïté, ni la moindre convenance avec les sentiments de Genève.

Tout le monde sait, mes Pères, que l'hérésie de Genève consiste essentiellement, comme vous le rapportez vous-mêmes, à croire que Jésus-Christ n'est point enfermé dans ce Sacrement; qu'il est impossible qu'il soit en plusieurs lieux; qu'il n'est vraiment que dans le Ciel, et que ce n'est que là où on le doit adorer, et non pas sur l'autel; que la substance du pain demeure; que le corps de Jésus-Christ n'entre point dans la bouche ni dans la poitrine; qu'il n'est mangé que par la foi, et qu'ainsi les méchants ne le mangent point; et que la Messe n'est point un sacrifice, mais une abomination. Ecoutez donc, mes Pères, de quelle manière *Port-Royal est d'intelligence avec Genève dans leurs livres.* On y lit, à votre confusion : *que la chair et le sang de Jésus-Christ sont contenus sous les espèces du pain et du vin,* 2. lettre de M. Arnauld, p. [239]. *Que le Saint des Saints est présent dans le Sanctuaire, et qu'on l'y doit adorer, ibid.,* p. 243. *Que Jésus-Christ habite dans les pécheurs qui communient, par la présence réelle et véritable de son corps dans leur poitrine, quoique non par la présence de son esprit dans leur cœur,* Fréq. Com., 3. part., chap. 16. *Que les cendres mortes des corps des saints tirent leur principale dignité de cette semence de vie qui leur reste de l'attouchement de la chair immortelle et vivifiante de Jésus-Christ,* 1. part., ch. 40. *Que ce n'est par aucune puissance naturelle, mais par la toute-puissance de Dieu, à laquelle rien n'est impossible, que le corps de Jésus-Christ est enfermé sous l'Hostie et sous la moindre partie de chaque Hostie,* Théolog. fam., leç. 15. *Que la vertu divine est présente pour produire l'effet que les paroles de la consécration signifient, ibid.* Que *Jésus-Christ, qui est rabaissé et couché sur l'autel, est en même temps élevé dans sa gloire; qu'il est, par lui-même et par sa puissance ordinaire, en divers lieux en même temps, au milieu de l'Eglise triomphante, et au milieu de l'Eglise militante et voyagère,* De la suspension, rais. 21. *Que les espèces sacramentales demeurent suspendues, et subsistent extraordinairement sans être appuyées d'aucun sujet; et que le corps de Jésus-Christ est aussi suspendu sous les espèces; qu'il ne dépend point d'elles, comme les substances dépendent des accidents, ibid.,* 23. *Que la substance du pain se change en laissant les accidents immuables,* Heures dans la prose du S. Sacrement. *Que Jésus-Christ repose dans l'Eucharistie avec la même gloire qu'il a dans le Ciel,* Lettres de M. de Saint-Cyran, tom, 1. let. 93. *Que son humanité glorieuse réside dans les tabernacles de l'Eglise, sous les espèces du pain qui le couvrent visiblement ; et que, sachant que nous sommes grossiers, il nous conduit ainsi à l'adoration de sa divinité présente en tous lieux par celle de son humanité présente en un lieu particulier,* ibid. : *Que nous recevons le corps de Jésus-Christ sur la langue, et qu'il la sanctifie par son divin attouchement,* Lettre 32. *Qu'il entre dans la bouche du prêtre,* Lettre [75]. *Que, quoique Jésus-Christ se soit rendu accessible dans le Saint-Sacrement par un effet de son amour et de sa clémence, il ne laisse pas d'y conserver son inaccessibilité comme une condition inséparable de sa nature divine ; parce qu'encore que le seul corps et le seul sang y soient par la vertu des paroles,* vi verborum, *comme parle l'école, cela n'empêche pas que toute sa divinité, aussi bien que toute son humanité, n'y soit par une conjonction nécessaire,* Défense du Chapelet du S. Sacrement, p. 217. Et enfin, que *l'Eucharistie est tout ensemble Sacrement et Sacrifice,* Théol. fam., leç. 15, *et qu'encore que ce Sacrifice soit une commémoration de celui de la Croix, toutefois il y a cette différence, que celui de la Messe n'est offert que pour l'Eglise seule et pour les fidèles qui sont dans sa communion, au lieu que celui de la Croix a été offert pour tout le monde, comme l'Ecriture parle,* ibid., p. 153. Cela suffit, mes Pères, pour faire voir clairement qu'il n'y eut peut-être jamais une plus grande impudence que la vôtre. Mais je veux encore vous faire prononcer cet arrêt à vous-mêmes contre vous-mêmes. Car que demandez-vous, afin d'ôter toute apparence qu'un homme soit d'intelligence avec Genève ? *Si M. Arnauld,* dit votre Père Meynier, p. 83, *eût dit qu'en cet adorable mystère il n'y a aucune substance du pain sous les espèces, mais seulement dans la chair et le sang de Jésus-Christ, j'eusse avoué qu'il se serait déclaré entièrement contre Genève.* Avouez-le donc, imposteurs, et faites-lui une réparation publique. Combien de fois l'avez-vous vu dans les passages que je viens de citer ? Mais, de plus, la *Théologie familière* de M. de Saint-Cyran étant approuvée par M. Arnauld, elle contient les sentiments de l'un et de l'autre. Lisez donc toute la Leçon 15, et surtout l'article second, et vous y trouverez les paroles que vous demandez encore plus formellement que vous-mêmes ne les exprimez. *Y a-t-il du pain dans l'Hostie, et du vin dans le Calice ? Non ; car toute substance du pain et du vin sont ôtées pour faire place à celle du corps et du sang de JESUS-CHRIST, laquelle y demeure seule, couverte des qualités et des espèces du pain et du vin.*

Eh bien, mes Pères ! direz-vous encore que le Port-Royal

n'enseigne rien *que Genève ne reçoive*, et que M. Arnauld n'a rien dit, dans sa seconde Lettre, *qui ne pût être dit par un ministre* de Charenton ? Faites donc parler Mestrezat comme parle M. Arnauld dans cette lettre, pag. 237 et suiv. Faites lui dire *Que c'est un mensonge infâme de l'accuser de nier la transsubstantiation ; qu'il prend pour fondement de ses livres la vérité de la présence réelle du Fils de Dieu, opposée à l'hérésie des Calvinistes ; qu'il se tient heureux d'être en un lieu où l'on adore continuellement le Saint des Saints dans le Sanctuaire,* ce qui est beaucoup plus contraire à la créance des Calvinistes que la présence réelle même; puisque comme dit le cardinal de Richelieu, dans ses Controverses, p. 536 : *Les nouveaux Ministres de France s'étant unis avec les Luthériens qui croient la présence réelle de Jésus-Christ dans l'Eucharistie, ils ont déclaré qu'ils ne demeurent séparés de l'Eglise, touchant ce mystère, qu'à cause de l'adoration que les Catholiques rendent à l'Eucharistie.* Faites signer à Genève tous les passages que je vous ai rapportés des livres de Port-Royal, et non pas seulement les passages, mais les traités entiers touchants ce mystère, comme le livre de la Fréquente Communion, l'Explication des Cérémonies de la messe, l'Exercice durant la messe, les Raisons de la suspension du S. Sacrement, la traduction des Hymnes dans les Heures de Port-Royal, etc. Et enfin faites établir à Charenton cette institution sainte d'adorer sans cesse Jésus-Christ enfermé dans l'Eucharistie, comme on fait à Port-Royal, et ce sera le plus signalé service que vous puissiez rendre à l'Eglise, puisque alors le Port-Royal ne sera pas d'*intelligence avec Genève*, mais Genève d'intelligence avec le Port-Royal et toute l'Eglise.

En vérité, mes Pères, vous ne pouviez plus mal choisir que d'accuser le Port-Royal de ne pas croire l'Eucharistie; mais je veux faire voir ce qui vous y a engagés. Vous savez que j'entends un peu votre politique. Vous l'avez bien suivie en cette rencontre. Si M. l'abbé de Saint-Cyran et M. Arnauld n'avaient fait que dire ce qu'on doit croire touchant ce mystère, et non pas ce qu'on doit faire pour s'y préparer, ils auraient été les meilleurs catholiques du monde, et il ne se serait point trouvé d'équivoques dans leurs termes de *présence réelle* et de *transsubstantiation*. Mais, parce qu'il faut que tous ceux qui combattent vos relâchements soient hérétiques, et dans le point même où il les combattent, comment M. Arnauld ne le serait-il pas sur l'Eucharistie, après avoir fait un livre exprès contre les profanations que vous faites de ce sacrement ?

Quoi, mes Pères! il aurait dit impunément : *Qu'on ne doit point donner le corps de Jésus-Christ à ceux qui retombent toujours dans les mêmes crimes, et auxquels on ne voit aucune espérance d'amendement ; et qu'on doit les séparer quelque temps de l'autel, pour se purifier par une pénitence sincère, afin de s'en approcher ensuite avec fruit.* Ne souffrez pas qu'on parle ainsi, mes Pères ; vous n'auriez pas tant de gens dans vos confessionnaux. Car votre P. Brisacier dit *que si vous suiviez cette méthode vous n'appliqueriez le sang de Jésus-Christ sur personne.* Il vaut bien mieux pour vous qu'on suive la pratique de votre Société, que votre P. Mascarenhas rapporte dans un livre approuvé par vos docteurs, et même par votre R. P. Général, qui est : *Que toutes sortes de personnes, et même les prêtres, peuvent recevoir le Corps de Jésus-Christ le jour même qu'ils se sont souillés par des péchés abominables ; que, bien loin qu'il y ait de l'irrévérence en ces communions, on est louable au contraire d'en user de la sorte ; que les confesseurs ne les en doivent point détourner, et qu'ils doivent au contraire conseiller à ceux qui viennent de commettre ces crimes de communier à l'heure même, parce que encore que l'Eglise l'ait défendu, cette défense est abolie par la pratique universelle de toute la terre.* Mascar, tr. 4. disp. 5, n. 284.

Voilà ce que c'est, mes Pères, d'avoir des Jésuites par toute la terre. Voilà la pratique universelle que vous y avez introduite et que vous y voulez maintenir. Il n'importe que les tables de Jésus-Christ soient remplies d'abominations, pourvu que vos églises soient pleines de monde. Rendez donc ceux qui s'y opposent hérétiques sur le Saint-Sacrement : il le faut, à quelque prix que ce soit. Mais comment le pourrez-vous faire après tant de témoignages invincibles qu'ils ont donnés de leur foi ? N'avez-vous point de peur que je rapporte les quatre grandes preuves que vous donnez de leur hérésie ? Vous le devriez, mes Pères, et je ne dois point vous en épargner la honte. Examinons donc la première.

M. de Saint-Cyran, dit le P. Meynier, *en consolant un de ses amis sur la mort de sa mère, tom. I, Lettre 14, dit que le plus agréable sacrifice qu'on puisse offrir à Dieu dans ces rencontres est celui de la patience : donc il est Calviniste.* Cela est bien subtil, mes Pères, et je ne sais si personne en voit la raison. Apprenons-la donc de lui : *Parce*, dit ce grand controversiste, *qu'il ne croit donc pas le sacrifice de la Messe. Car c'est celui-là le plus agréable à Dieu de tous.* Que l'on dise maintenant que les Jésuites ne savent pas raisonner.

Ils le savent de telle sorte, qu'ils rendront hérétique tout ce qu'ils voudront, et même l'Ecriture sainte. Car ne serait-ce pas une hérésie de dire, comme fait l'Ecclésiastique : *Il n'y a rien de pire que d'aimer l'argent, nihil est iniquius quam amare pecuniam;* comme si les adultères, les homicides et l'idolâtrie n'étaient pas de plus grands crimes ? Et à qui n'arrive-t-il point de dire à toute heure des choses semblables; et que, par exemple, le sacrifice d'un cœur contrit et humilié est le plus agréable aux yeux de Dieu; parce qu'en ces discours on ne pense qu'à comparer quelques vertus intérieures les unes aux autres, et non pas au sacrifice de la Messe, qui est d'un ordre tout différent et infiniment plus relevé ? N'êtes-vous donc pas ridicules, mes Pères, et faut-il, pour achever de vous confondre, que je vous représente les termes de cette même Lettre où M. de Saint-Cyran parle de sacrifice de la Messe comme du *plus excellent* de tous, en disant : *Qu'on offre à Dieu tous les jours et en tous lieux le sacrifice du corps de son Fils, qui n'a point trouvé* DE PLUS EXCELLENT MOYEN *que celui-là pour honorer son Père ?* Et ensuite : *Que Jésus-Christ nous a obligés de prendre en mourant son corps sacrifié, pour rendre plus agréable à Dieu le sacrifice du nôtre, et pour se joindre [à nous] lorsque nous mourons, afin de nous fortifier en sanctifiant par sa présence le dernier sacrifice que nous faisons à Dieu de notre vie et de notre corps.* Dissimulez tout cela, mes Pères, et ne laissez pas de dire qu'il détournait de communier à la mort, comme vous faites, p. [35], et qu'il ne croyait pas le sacrifice de la Messe : car rien n'est trop hardi pour des calomniateurs de profession.

Votre seconde preuve en est un grand témoignage. Pour rendre Calviniste feu M. de Saint-Cyran, à qui vous attribuez le livre de *Petrus Aurelius*, vous vous servez d'un passage où Aurelius explique, pag. 89, de quelle manière l'Eglise se conduit à l'égard des prêtres, et même des évêques qu'elle veut déposer ou dégrader. *L'Eglise*, dit-il, *ne pouvant pas leur ôter la puissance de l'Ordre, parce que le caractère est ineffaçable, elle fait ce qui est en elle; elle ôte de sa mémoire ce caractère qu'elle ne peut ôter de l'âme de ceux qui l'ont reçu : elle les considère comme s'ils n'étaient plus prêtres ou évêques; de sorte que, selon le langage ordinaire de l'Eglise, on peut dire qu'ils ne le sont plus, quoiqu'ils le soient toujours quant au caractère : Ob indelebilitatem characteris.* Vous voyez mes Pères, que cet auteur, approuvé par trois Assemblées générales du Clergé de France, dit clairement que le caractère de la Prêtrise est ineffaçable, et cependant vous lui faites dire tout au contraire, en ce lieu même, *que le caractère de la Prêtrise n'est pas ineffaçable.* Voilà une insigne calomnie, c'est-à-dire, selon vous, un petit péché véniel. Car ce livre vous avait fait tort, ayant réfuté les hérésies de vos confrères d'Angleterre touchant l'autorité épiscopale. Mais voici une insigne extravagance : c'est qu'ayant faussement supposé que M. de Saint-Cyran tient que ce caractère est effaçable, vous en concluez qu'il ne croit donc pas la présence réelle de Jésus-Christ dans l'Eucharistie.

N'attendez pas que je vous réponde là-dessus, mes Pères. Si vous n'avez point de sens commun, je ne puis pas vous en donner. Tous ceux qui en ont se moqueront assez de vous aussi bien que de votre troisième preuve, qui est fondée sur ces paroles de la Fréq. Comm., 3. p., ch. 11 : *que Dieu nous donne dans l'Eucharistie* LA MÊME VIANDE *qu'aux saints dans le Ciel, sans qu'il y ait d'autre différence, sinon qu'ici il nous en ôte la vue et le goût sensible, réservant l'un et l'autre pour le ciel.* En vérité, mes Pères ces paroles expriment si naïvement le sens de l'Eglise, que j'oublie à toute heure par où vous vous y prenez pour en abuser. Car je n'y vois autre chose, sinon ce que le Concile de Trente enseigne, Sess. 13, c. 8, qu'il n'y a point d'autre différence entre Jésus-Christ dans l'Eucharistie et Jésus-Christ dans le ciel, sinon qu'il est ici voilé, et non pas là. M. Arnauld ne dit pas qu'il n'y a point d'autre différence en la manière de recevoir Jésus-Christ, mais seulement qu'il n'y en a point d'autre en Jésus-Christ que l'on reçoit. Et cependant vous voulez, contre toute raison, lui faire dire par ce passage qu'on ne mange non plus ici Jésus-Christ de bouche que dans le ciel : d'où vous concluez son hérésie.

Vous me faites pitié, mes Pères. Faut-il vous expliquer cela davantage ? Pourquoi confondez-vous cette nourriture divine avec la manière de la recevoir ? Il n'y a qu'une seule différence, comme je le viens de dire, dans cette nourriture sur la terre et dans le ciel, qui est qu'elle est ici cachée sous des voiles qui nous en ôtent la vue et le goût sensible : mais il y a plusieurs différences dans la manière de la recevoir ici et là, dont la principale est que, comme dit M. Arnauld, 3e part., ch. 16, *il entre ici dans la bouche et dans la poitrine et des bons et des méchants*, ce qui n'est pas dans le Ciel.

Et si vous ignorez la raison de cette diversité, je vous dirai, mes Pères, que la cause pour laquelle Dieu a établi

ces différentes manières de recevoir une même viande,
est la différence qui se trouve entre l'état des Chrétiens
en cette vie et celui des bienheureux dans le Ciel. L'état
des Chrétiens, comme dit le cardinal Du Perron après
les Pères, tient le milieu entre l'état des bienheureux et
l'état des Juifs. Les bienheureux possèdent Jésus-Christ
réellement sans figure et sans voile. Les Juifs n'ont possédé
de Jésus-Christ que les figures et les voiles, comme était
la manne et l'agneau pascal. Et les Chrétiens possèdent
Jésus-Christ dans l'Eucharistie véritablement et réellement, mais encore couvert de voiles. *Dieu*, dit saint Eucher,
*s'est fait trois tabernacles : la synagogue, qui n'a eu que les
ombres sans vérité; l'Eglise, qui a la vérité et les ombres; et
le Ciel où il n'y a point d'ombres, mais la seule vérité.* Nous
sortirions de l'état où nous sommes, qui est l'état de foi,
que saint Paul oppose tant à la loi qu'à la claire vision, si
nous ne possédions que les figures sans Jésus-Christ,
parce que c'est le propre de la loi de n'avoir que l'ombre, et
non la substance des choses. Et nous en sortirions encore, si
nous le possédions visiblement; parce que la foi, comme
dit le même Apôtre, n'est point des choses qui se voient.
Et ainsi l'Eucharistie est parfaitement proportionnée à
notre état de foi, parce qu'elle enferme véritablement
Jésus-Christ, mais voilé. De sorte que cet état serait détruit,
si Jésus-Christ n'était pas réellement sous les espèces du
pain et du vin, comme le prétendent les hérétiques : et
il serait détruit encore, si nous le recevions à découvert
comme dans le Ciel; puisque ce serait confondre notre
état, ou avec l'état du Judaïsme, ou avec celui de la
gloire.

Voilà, mes Pères, la raison mystérieuse et divine de ce
mystère tout divin. Voilà ce qui nous fait abhorrer les
Calvinistes, comme nous réduisant à la condition des
Juifs; et ce qui nous fait aspirer à la gloire des bienheureux,
qui nous donnera la pleine et éternelle jouissance de Jésus-
Christ. Par où vous voyez qu'il y a plusieurs différences
entre la manière dont il se communique aux Chrétiens
et aux bienheureux, et qu'entre autres on le reçoit ici de
bouche et non dans le Ciel; mais qu'elles dépendent toutes
de la seule différence qui est entre l'état de la foi où nous
sommes et l'état de la claire vision où ils sont. Et c'est,
mes Pères, ce que M. Arnauld a dit si clairement en ces
termes : *qu'il faut qu'il n'y ait point d'autre différence entre
la pureté de ceux qui reçoivent Jésus-Christ dans l'Eucharistie,
et celle des bienheureux, qu'autant qu'il y en a entre la foi et*

*la claire vision de Dieu, de laquelle seule dépend la différente
manière dont on le mange dans la terre et dans le Ciel.* Vous
devriez, mes Pères, avoir révéré dans ces paroles ces saintes
vérités, au lieu de les corrompre pour y trouver une
hérésie qui n'y fut jamais, et qui n'y saurait être, qui est
qu'on ne mange Jésus-Christ que par la foi, et non par la
bouche, comme le disent malicieusement vos Pères Annat
et Meynier, qui en font le capital de leur accusation.

Vous voilà donc bien mal en preuves, mes Pères; et
c'est pourquoi vous avez eu recours à un nouvel artifice,
qui a été de falsifier le Concile de Trente, afin de faire que
M. Arnauld n'y fût pas conforme, tant vous avez de moyens
de rendre le monde hérétique. C'est ce que fait le P. Meynier en cinquante endroits de son livre, et huit ou dix fois
en la seule p. 54, où il prétend que, pour s'exprimer en
catholique, ce n'est pas assez de dire : je crois que Jésus-
Christ est présent réellement dans l'Eucharistie; mais
qu'il faut dire : *Je crois*, AVEC LE CONCILE, *qu'il y est présent d'une vraie* PRÉSENCE LOCALE, *ou localement.* Et sur
cela il cite le Concile, Sess. 13, can. 3, can. 4, can. 6.
Qui ne croirait en voyant le mot de *présence locale* cité de
trois Canons d'un Concile Universel, qu'il y serait effectivement ? Cela vous a pu servir avant ma quinzième
lettre; mais à présent, mes Pères, on ne s'y prend plus.
On va voir le Concile, et on trouve que vous êtes des
imposteurs; car ces termes de *présence locale, localement,
localité,* n'y furent jamais : et je vous déclare de plus, mes
Pères, qu'ils ne sont dans aucun autre lieu de ce Concile,
ni dans aucun autre Concile précédent, ni dans aucun
Père de l'Eglise. Je vous prie donc sur cela, mes Pères,
de dire si vous prétendez rendre suspects de Calvinisme
tous ceux qui n'ont point usé de ce terme ? Si cela est, le
Concile de Trente en est suspect, et tous les saints Pères
sans exception. N'avez-vous point d'autre voie pour
rendre M. Arnauld hérétique, sans offenser tant de gens
qui ne vous ont point fait de mal, et entre autres saint
Thomas, qui est un des plus grands défenseurs de l'Eucharistie, et qui s'est si peu servi de ce terme, qu'il l'a rejeté
au contraire, 3 p, q. 76, a 5, où il dit : *Nullo modo corpus
Christi est in hoc sacramento localiter ?* Qui êtes-vous
donc, mes Pères, pour imposer de votre autorité de
nouveaux termes, dont vous ordonnez de se servir pour
bien exprimer sa foi : comme si la profession de foi
dressée par les Papes, selon l'ordre du Concile, où ce
terme ne se trouve point, était défectueuse, et laissait

une ambiguïté dans la créance des fidèles, que vous seuls eussiez découverte ? Quelle témérité de prescrire ces termes aux docteurs mêmes! Quelle fausseté de les imposer à des Conciles généraux! Et quelle ignorance de ne savoir pas les difficultés que les saints les plus éclairés ont fait de les recevoir! *Rougissez*, mes Pères, *de vos impostures ignorantes*, comme dit l'Ecriture aux imposteurs ignorants comme vous : *De mendacio ineruditionis tuæ confundere.*

N'entreprenez donc plus de faire les maîtres; vous n'avez ni le caractère ni la suffisance pour cela. Mais, si vous voulez faire vos propositions plus modestement, on pourra les écouter; car, encore que ce mot de *présence locale* ait été rejeté par saint Thomas, comme vous avez vu, à cause que le corps de Jésus-Christ n'est pas en l'Eucharistie dans l'étendue ordinaire des corps en leur lieu, néanmoins ce terme a été reçu par quelques nouveaux auteurs de controverse, parce qu'ils entendent seulement par là que le corps de Jésus-Christ est vraiment sous les espèces, lesquelles étant en un lieu particulier, le corps de Jésus-Christ y est aussi. Et en ce sens M. Arnauld ne fera point de difficulté de l'admettre, puisque M. de Saint-Cyran et lui ont déclaré tant de fois que Jésus-Christ, dans l'Eucharistie, est véritablement en un lieu particulier, et miraculeusement en plusieurs lieux à la fois. Ainsi tous vos raffinements tombent par terre, et vous n'avez pu donner la moindre apparence à une accusation qu'il n'eût été permis d'avancer qu'avec des preuves invincibles.

Mais à quoi sert, mes Pères, d'opposer leur innocence à vos calomnies ? Vous ne leur attribuez pas ces erreurs dans la croyance qu'ils les soutiennent, mais dans la croyance qu'ils vous nuisent. C'en est assez, selon votre théologie, pour les calomnier sans crime; et vous pouvez, sans confession ni pénitence, dire la messe en même temps que vous imputez à des prêtres qui la disent tous les jours de croire que c'est une pure idolâtrie : ce qui serait un si horrible sacrilège, que vous-mêmes avez fait pendre en effigie votre propre Père Jarrige, sur ce qu'il avait dit la messe *au temps où il était d'intelligence avec Genève.*

Je m'étonne donc, non pas de ce que vous leur imposez avec si peu de scrupule des crimes si grands et si faux, mais de ce que vous leur imposez avec si peu de prudence des crimes si peu vraisemblables : car vous disposez bien des péchés à votre gré; mais pensez-vous disposer de même de la créance des hommes ? En vérité, mes Pères, s'il fallait que le soupçon de Calvinisme tombât sur eux

ou sur vous, je vous trouverais en mauvais termes. Leurs
discours sont aussi catholiques que les vôtres; mais leur
conduite confirme leur foi, et la vôtre la dément : car,
si vous croyez aussi bien qu'eux que ce pain est réellement
changé au corps de Jésus-Christ, pourquoi ne demandez-
vous pas comme eux que le cœur de pierre et de glace
de ceux à qui vous conseillez de s'en approcher soit
sincèrement changé en un cœur de chair et d'amour ?
Si vous croyez que Jésus-Christ y est dans un état de mort,
pour apprendre à ceux qui s'en approchent à mourir au
monde, au péché et à eux-mêmes, pourquoi portez-vous à
en approcher ceux en qui tous les vices et les passions criminelles sont encore toutes vivantes ? Et comment jugez-
vous dignes de manger le pain du Ciel ceux qui ne le
seraient pas de manger celui de la terre ?

O grands vénérateurs de ce saint mystère, dont le zèle
s'emploie à persécuter ceux qui l'honorent par tant de
communions saintes, et à flatter ceux qui le déshonorent
par tant de communions sacrilèges! Qu'il est digne de ces
défenseurs d'un si pur et si adorable sacrifice de faire
environner la table de Jésus-Christ de pécheurs envieillis
tout sortant de leurs infamies, et de placer au milieu d'eux
un prêtre que son confesseur même envoie de ses impudi-
cités à l'autel, pour y offrir, en la place de Jésus-Christ,
cette victime toute sainte au Dieu de sainteté, et la porter
de ses mains souillées en ces bouches toutes souillées!
Ne sied-il pas bien à ceux qui pratiquent cette conduite
par toute la terre, selon des maximes approuvées de leur
propre Général, d'imputer à l'auteur de la Fréquente Communion et aux Filles du Saint-Sacrement de ne pas croire le
Saint-Sacrement ?

Cependant cela ne leur suffit pas encore; il faut, pour
satisfaire leur passion, qu'ils les accusent enfin d'avoir
renoncé à Jésus-Christ et à leur baptême. Ce ne sont pas
là, mes Pères, des contes en l'air comme les vôtres; ce sont
les funestes emportements par où vous avez comblé la
mesure de vos calomnies. Une si insigne fausseté n'eût
pas été en des mains dignes de la soutenir en demeurant
en celles de votre bon ami Filleau, par qui vous l'avez
fait naître : votre Société se l'est attribuée ouvertement;
et votre Père Meynier vient de soutenir, *comme une vérité
certaine*, que Port-Royal forme une cabale secrète depuis
trente-cinq ans, dont M. de Saint-Cyran et M. d'Ypres
ont été les chefs, *pour ruiner le mystère de l'Incarnation, faire
passer l'Evangile pour une histoire apocryphe, exterminer la*

religion chrétienne, et élever le Déisme sur les ruines du Christianisme. Est-ce là tout, mes Pères ? Serez-vous satisfaits si l'on croit tout cela de ceux que vous haïssez ? Votre animosité serait-elle enfin assouvie, si vous les aviez mis en horreur non seulement à tous ceux qui sont dans l'Eglise, par *l'intelligence avec Genève,* dont vous les accusez, mais encore à tous ceux qui croient en Jésus-Christ, quoique hors l'Eglise, par le *Déisme* que vous leur imputez ?

Mais à qui prétendez-vous persuader, sur votre seule parole, sans la moindre apparence de preuve, et avec toutes les contradictions imaginables, que des prêtres qui ne prêchent que la grâce de Jésus-Christ, la pureté de l'Evangile et les obligations du baptême, ont renoncé à leur baptême, à l'Evangile et à Jésus-Christ ? Qui le croira mes Pères ? Le croyez-vous vous-mêmes, misérables que vous êtes ? Et à quelle extrémité êtes-vous réduits, puisqu'il faut nécessairement ou que vous prouviez qu'ils ne croient pas en Jésus-Christ, ou que vous passiez pour les plus abandonnés calomniateurs qui furent jamais! Prouvez-le donc, mes Pères. Nommez *cet ecclésiastique de mérite,* que vous dites avoir assisté à cette Assemblée de Bourg-Fontaine en 1621, et avoir découvert à votre Filleau le dessein qui y fut pris de détruire la religion chrétienne; nommez ces six personnes que vous dites y avoir formé cette conspiration; nommez *celui qui est désigné par ces lettres A. A.,* que vous dites, p. 15, *n'être pas Antoine Arnauld,* parce qu'il vous a convaincus qu'il n'avait alors que neuf ans, *mais un autre que vous dites être encore en vie, et trop bon ami de M. Arnauld pour lui être inconnu.* Vous le connaissez donc, mes Pères; et par conséquent, si vous n'êtes vous-mêmes sans religion, vous êtes obligés de déférer cet impie au Roi et au Parlement, pour le faire punir comme il le mériterait. Il faut parler, mes Pères; il faut le nommer, ou souffrir la confusion de n'être plus regardés que comme des menteurs indignes d'être jamais crus. C'est en cette manière que le bon P. Valérien nous a appris qu'il fallait *mettre à la gêne* et pousser à bout de tels imposteurs. Votre silence là-dessus sera une pleine et entière conviction de cette calomnie diabolique. Les plus aveugles de vos amis seront contraints d'avouer *que ce ne sera point un effet de votre vertu, mais de votre impuissance,* et d'admirer que vous ayez été si méchants que de l'étendre jusqu'aux religieuses de Port-Royal, et de dire, comme vous faites, p. 14, que *le Chapelet secret du Saint-*

Sacrement, composé par l'une d'elles, a été le premier fruit
de cette conspiration contre Jésus-Christ ; et dans la page 95,
qu'on leur a inspiré toutes les détestables maximes de cet écrit,
qui est, selon vous, une instruction *de Déisme*. On a déjà
ruiné invinciblement vos impostures sur cet écrit, dans
la défense de la Censure de feu M. l'archevêque de Paris
contre votre P. Brisacier. Vous n'avez rien à y repartir ;
et vous ne laissez pas d'en abuser encore d'une manière
plus honteuse que jamais, pour attribuer à des filles d'une
piété connue de tout le monde le comble de l'impiété.
Cruels et lâches persécuteurs, faut-il donc que les cloîtres
les plus retirés ne soient pas des asiles contre vos calomnies ! Pendant que ces saintes Vierges adorent nuit et
jour Jésus-Christ au Saint-Sacrement, selon leur institution, vous ne cessez nuit et jour de publier qu'elles ne
croient pas qu'il soit ni dans l'Eucharistie, ni même à la
droite de son Père ; et vous les retranchez publiquement
de l'Eglise pendant qu'elles prient dans le secret pour
vous et pour toute l'Eglise. Vous calomniez celles qui
n'ont point d'oreilles pour vous ouïr, ni de bouche pour
vous répondre. Mais Jésus-Chrsit, en qui elles sont cachées
pour ne paraître qu'un jour avec lui, vous écoute, et répond
pour elles. On l'entend aujourd'hui, cette voix sainte et
terrible, qui étonne la nature, et qui console l'Eglise.
Et je crains, mes Pères, que ceux qui endurcissent leurs
cœurs, et qui refusent avec opiniâtreté de l'ouïr quand il
parle en Dieu, ne soient forcés de l'ouïr avec effroi quand
il leur parlera en Juge.

Car enfin, mes Pères, quel compte lui pourrez-vous
rendre de tant de calomnies lorsqu'il les examinera non
sur les fantaisies de vos Pères Discastillus, Gans et Pennalossa, qui les excusent, mais sur les règles de sa vérité
éternelle et sur les saintes ordonnances de son Eglise, qui,
bien loin d'excuser ce crime, l'abhorre tellement qu'elle
l'a puni de même qu'un homicide volontaire ? Car elle a
différé aux calomniateurs, aussi bien qu'aux meurtriers,
la communion jusques à la mort, par le I. et II. Concile
d'Arles. Le Concile de Latran a jugé indignes de l'état
ecclésiastique ceux qui en ont été convaincus, quoiqu'ils
s'en fussent corrigés. Les Papes ont même menacé ceux
qui auraient calomnié des évêques, des prêtres ou des
diacres, de ne leur point donner la communion à la mort.
Et les auteurs d'un écrit diffamatoire, qui ne peuvent
prouver ce qu'ils ont avancé, sont condamnés par le Pape
Adrien *à être fouettés*, mes Révérends Pères, *flagellentur*,

tant l'Eglise a toujours été éloignée des erreurs de votre
Société si corrompue, qu'elle excuse d'aussi grands
crimes que la calomnie, pour les commettre elle-même
avec plus de liberté.

Certainement, mes Pères, vous seriez capables de produire par là beaucoup de maux, si Dieu n'avait permis
que vous ayez fourni vous-mêmes les moyens de les
empêcher et de rendre toutes vos impostures sans effet;
car il ne faut que publier cette étrange maxime qui les
exempte de crime, pour vous ôter toute créance. La calomnie est inutile, si elle n'est jointe à une grande réputation
de sincérité. Un médisant ne peut réussir, s'il n'est en
estime d'abhorrer la médisance comme un crime dont il
est incapable. Et ainsi, mes Pères, votre propre principe
vous trahit. Vous l'avez établi pour assurer votre conscience; car vous vouliez médire sans être damnés, et
être *de ces saints et pieux calomniateurs* dont parle saint
Athanase. Vous avez donc embrassé, pour vous sauver
de l'Enfer, cette maxime, qui vous en sauve sur la foi de
vos docteurs : mais cette maxime même, qui vous garantit,
selon eux, des maux que vous craignez en l'autre vie,
vous ôte en celle-ci l'utilité que vous en espériez : de
sorte qu'en pensant éviter le vice de la médisance vous en
avez perdu le fruit : tant le mal est contraire à soi-même,
et tant il s'embarrasse et se détruit par sa propre malice.

Vous calomnieriez donc plus utilement pour vous, en
faisant profession de dire avec saint Paul que les simples
médisants, *maledici*, sont indignes de voir Dieu, puisque
au moins vos médisances en seraient plutôt crues, quoique
à la vérité vous vous condamneriez vous-mêmes. Mais
en disant, comme vous faites, que la calomnie contre vos
ennemis n'est pas un crime, vos médisances ne seront
point crues, et vous ne laisserez pas de vous damner :
car il est certain, mes Pères, et que vos auteurs graves
n'anéantiront pas la justice de Dieu, et que vous ne pouviez donner une preuve plus certaine que vous n'êtes pas
dans la vérité qu'en recourant au mensonge. Si la vérité
était pour vous, elle combattrait pour vous, elle vaincrait
pour vous; et, quelques ennemis que vous eussiez, *la
vérité vous en délivrerait*, selon sa promesse. Vous n'avez
recours au mensonge que pour soutenir les erreurs dont
vous flattez les pécheurs du monde, et pour appuyer les
calomnies dont vous opprimez les personnes de piété qui
s'y opposent. La vérité étant contraire à vos fins, il a
fallu mettre *votre confiance au mensonge*, comme dit un

Prophète : Vous avez dit : *Les malheurs qui affligent les hommes ne viendront pas jusques à nous : car nous avons espéré au mensonge, et le mensonge nous protégera.* Mais que leur répond le Prophète ? *D'autant,* dit-il, *que vous avez mis votre espérance en la calomnie et au tumulte,* sperastis in calumnia et in tumultu, *cette iniquité vous sera imputée, et votre ruine sera semblable à celle d'une haute muraille qui tombe d'une chute imprévue, et à celle d'un vaisseau de terre qu'on brise et qu'on écrase en toutes ses parties par un effort si puissant et si universel qu'il n'en restera pas un test avec lequel on puisse puiser un peu d'eau ou porter un peu de feu : parce que,* comme dit un autre Prophète, *vous avez affligé le cœur du juste, que je n'ai point affligé moi-même ; et vous avez flatté et fortifié la malice des impies. Je retirerai donc mon peuple de vos mains, et je ferai connaître que je suis leur Seigneur et le vôtre.*

Oui, mes Pères, il faut espérer que, si vous ne changez d'esprit, Dieu retirera de vos mains ceux que vous trompez depuis si longtemps, soit en les laissant dans leurs désordres par votre mauvaise conduite, soit en les empoisonnant par vos médisances. Il fera concevoir aux uns que les fausses règles de vos casuites ne les mettront point à couvert de sa colère, et il imprimera dans l'esprit des autres la juste crainte de se perdre en vous écoutant et en ajoutant foi à vos impostures, comme vous vous perdez vous-mêmes en les inventant et en les semant dans le monde. Car il ne s'y faut pas tromper : on ne se moque point de Dieu, et on ne viole point impunément le commandement qu'il nous a fait dans l'Evangile, de ne point condamner notre prochain sans être bien assuré qu'il est coupable. Et ainsi, quelque profession de piété que fassent ceux qui se rendent faciles à recevoir vos mensonges, et sous quelque prétexte de dévotion qu'ils le fassent, ils doivent appréhender d'être exclus du royaume de Dieu pour ce seul crime, d'avoir imputé d'aussi grands crimes que l'hérésie et le schisme à des prêtres catholiques et à de saintes religieuses sans autres preuves que des impostures aussi grossières que les vôtres. *Le démon,* dit M. de Genève, *est sur la langue de celui qui médit, et dans l'oreille de celui qui l'écoute. Et la médisance,* dit saint Bernard, Cant. 24, *est un poison qui éteint la charité en l'un et en l'autre. De sorte qu'une seule calomnie peut être mortelle à une infinité d'âmes, puisqu'elle tue non seulement ceux qui la publient, mais encore tous ceux qui ne la rejettent pas.*

Mes Révérends Pères, mes Lettres n'avaient pas accoutumé de se suivre de si près, ni d'être si étendues. Le peu de temps que j'ai eu a été cause de l'un et de l'autre. Je n'ai fait celle-ci plus longue que parce que je n'ai pas eu le loisir de la faire plus courte. La raison qui m'a obligé de me hâter vous est mieux connue qu'à moi. Vos réponses vous réussissaient mal. Vous avez bien fait de changer de méthode; mais je ne sais si vous avez bien choisi, et si le monde ne dira pas que vous avez eu peur des Bénédictins.

Je viens d'apprendre que celui que tout le monde faisait auteur de vos Apologies les désavoue, et se fâche qu'on les lui attribue. Il a raison et j'ai eu tort de l'en avoir soupçonné; car, quelque assurance qu'on m'en eût donnée, je devais penser qu'il avait trop de jugement pour croire vos impostures, et trop d'honneur pour les publier sans les croire. Il y a peu de gens du monde capables de ces excès qui vous sont propres, et qui marquent trop votre caractère, pour me rendre excusable de ne vous y avoir pas reconnus. Le bruit commun m'avait emporté : mais cette excuse, qui serait trop bonne pour vous, n'est pas suffisante pour moi, qui fais profession de ne rien dire sans preuve certaine, et qui n'en ai dit aucune que celle-là. Je m'en repens, je la désavoue, et je souhaite que vous profitiez de mon exemple.

DIX-SEPTIÈME LETTRE
AU RÉVÉREND PÈRE ANNAT, JÉSUITE

Du 23 janvier 1657.

MON RÉVÉREND PÈRE,

Votre procédé m'avait fait croire que vous désiriez que nous demeurassions en repos de part et d'autre, et je m'y étais disposé. Mais vous avez depuis produit tant d'écrits en peu de temps, qu'il paraît bien qu'une paix n'est guère assurée quand elle dépend du silence des Jésuites. Je ne sais si cette rupture vous sera fort avantageuse; mais pour moi, je ne suis pas fâché qu'elle me donne le moyen de détruire ce reproche ordinaire d'hérésie dont vous remplissez tous vos livres.

Il est temps que j'arrête une fois pour toutes cette hardiesse que vous prenez de me traiter d'hérétique, qui s'augmente tous les jours. Vous le faites dans ce livre que vous venez de publier d'une manière qui ne se peut plus souffrir, et qui me rendrait enfin suspect, si je ne vous y répondais comme le mérite un reproche de cette nature. J'avais méprisé cette injure dans les écrits de vos confrères, aussi bien qu'une infinité d'autres qu'ils y mêlent indifféremment. Ma 15. lettre y avait assez répondu; mais vous en parlez maintenant d'un autre air, et vous en faites sérieusement le capital de votre défense; c'est presque la seule chose que vous employez. Car vous dites *que, pour toute réponse à mes 15 lettres, il suffit de dire 15 fois que je suis hérétique, et qu'étant déclaré tel, je ne mérite aucune créance.* Enfin vous ne mettez pas mon apostasie en question, et vous la supposez comme un principe ferme, sur lequel vous bâtissez hardiment. C'est donc tout de bon, mon Père, que vous me traitez d'hérétique, et c'est aussi tout de bon que je vous y vas répondre.

Vous savez bien, mon Père, que cette accusation est si importante, que c'est une témérité insupportable de l'avancer, si on n'a pas de quoi la prouver. Je vous demande quelles preuves vous en avez. Quand m'a-t-on vu à Charenton ? Quand ai-je manqué à la messe et aux devoirs des Chrétiens à leur paroisse ? Quand ai-je fait quelque action d'union avec les hérétiques, ou de schisme avec l'Eglise ? Quel Concile ai-je contredit ? Quelle Constitution de Pape ai-je violée ? Il faut répondre, mon Père, ou... vous m'entendez bien. Et que répondez-vous ? Je prie tout le monde de l'observer. Vous supposez premièrement *que celui qui écrit les Lettres est de Port-Royal.* Vous dites ensuite *que le Port-Royal est déclaré hérétique;* d'où vous concluez *que celui qui écrit les Lettres est déclaré hérétique.* Ce n'est donc pas sur moi, mon Père, que tombe le fort de cette accusation, mais sur le Port-Royal; et vous ne m'en chargez que parce que vous supposez que j'en suis. Ainsi, je n'aurai pas grand-peine à m'en défendre, puisque je n'ai qu'à vous dire que je n'en suis pas, et à vous renvoyer à mes Lettres, où j'ai dit *que je suis seul,* et en propres termes, *que je ne suis point de Port-Royal,* comme j'ai fait dans la 16. qui a précédé votre livre.

Prouvez donc d'une autre manière que je suis hérétique, ou tout le monde reconnaîtra votre impuissance. Prouvez par mes écrits que je ne reçois pas la Constitution. Ils ne sont pas en si grand nombre; il n'y a que 16 Lettres à examiner, où je vous défie, et vous, et toute la terre, d'en produire la moindre marque. Mais je vous y ferai bien voir le contraire. Car, quand j'ai dit, par exemple, dans la 14. : *Qu'en tuant, selon vos maximes, ses frères en péché mortel, on damne ceux pour qui Jésus-Christ est mort,* n'ai-je pas visiblement reconnu que Jésus-Christ est mort pour ces damnés, et qu'ainsi il est faux, *qu'il ne soit mort que pour les seuls prédestinés,* ce qui est condamné dans la cinquième proposition ? Il est donc sûr, mon Père, que je n'ai rien dit pour soutenir ces propositions impies, que je déteste de tout mon cœur. Et quand le Port-Royal les tiendrait, je vous déclare que vous n'en pouvez rien conclure contre moi, parce que, grâces à Dieu, je n'ai d'attaches sur la terre qu'à la seule Eglise Catholique, Apostolique et Romaine, dans laquelle je veux vivre et mourir, et dans la communion avec le Pape son souverain chef, hors de laquelle je suis très persuadé qu'il n'y a point de salut.

Que ferez-vous à une personne qui parle de cette sorte,

et par où m'attaquerez-vous, puisque ni mes discours ni
mes écrits donnent aucun prétexte à vos accusations
d'hérésie, et que je trouve ma sûreté contre vos menaces
dans l'obscurité qui me couvre ? Vous vous sentez frappés
par une main invisible, qui rend vos égarements visibles
à toute la terre; et vous essayez en vain de m'attaquer en
la personne de ceux auxquels vous me croyez uni. Je ne
vous crains ni pour moi, ni pour aucun autre, n'étant
attaché ni à quelque communauté, ni à quelque particulier que ce soit. Tout le crédit que vous pouvez avoir est
inutile à mon égard. Je n'espère rien du monde, je n'en
appréhende rien, je n'en veux rien; je n'ai besoin, par la
grâce de Dieu, ni du bien, ni de l'autorité de personne.
Ainsi, mon Père, j'échappe à toutes vos prises. Vous ne
me sauriez prendre de quelque côté que vous le tentiez.
Vous pouvez bien toucher le Port-Royal, mais non pas
moi. On a bien délogé des gens de Sorbonne, mais cela
ne me déloge pas de chez moi. Vous pouvez bien préparer
des violences contre des prêtres et des docteurs, mais
non pas contre moi, qui n'ai point ces qualités. Et ainsi
peut-être n'eûtes-vous jamais affaire à une personne qui
fût si hors de vos atteintes, et si propre à combattre vos
erreurs, étant libre, sans engagement, sans attachement,
sans liaison, sans relations, sans affaires, assez instruit
de vos maximes, et bien résolu de les pousser autant
que je croirai que Dieu m'y engagera, sans qu'aucune
considération humaine puisse arrêter ni ralentir mes poursuites.

A quoi vous sert-il donc, mon Père, lorsque vous ne
pouvez rien contre moi, de publier tant de calomnies
contre des personnes qui ne sont point mêlées dans nos
différends, comme font tous vos Pères ? Vous n'échapperez pas par ces fuites; vous sentirez la force de la vérité
que je vous oppose. Je vous dis que vous anéantissez la
morale chrétienne en la séparant de l'amour de Dieu,
dont vous dispensez les hommes; et vous me parlez de
la mort du père Mester, que je n'ai vu de ma vie. Je vous
dis que vos auteurs permettent de tuer pour une pomme,
quand il est honteux de la laisser perdre; et vous me
dites *qu'on a ouvert un tronc à Saint-Merri*. Que voulez-
vous dire de même, de me prendre tous les jours à partie
sur le livre *De la sainte Virginité*, fait par un P. de l'Ora-
toire que je ne vis jamais, non plus que son livre ? Je vous
admire, mon Père, de considérer ainsi tous ceux qui vous
sont contraires comme une seule personne. Votre haine

les embrasse tous ensemble, et en forme comme un corps de réprouvés, dont vous voulez que chacun réponde pour tous les autres.

Il y a bien de la différence entre les Jésuites et ceux qui les combattent. Vous composez véritablement un corps uni sous un seul chef; et vos règles, comme je l'ai fait voir, vous défendent de rien imprimer sans l'aveu de vos supérieurs, qui sont rendus responsables des erreurs de tous les particuliers, *sans qu'ils puissent s'excuser en disant qu'ils n'ont pas remarqué les erreurs qui y sont enseignées, parce qu'ils les doivent remarquer* selon vos ordonnances, et selon les lettres de vos Généraux Aquaviva, Vittelleschi, etc. C'est donc avec raison qu'on vous reproche les égarements de vos confrères, qui se trouvent dans leurs ouvrages approuvés par vos supérieurs et par les théologiens de votre Compagnie. Mais quant à moi, mon Père, il en faut juger autrement. Je n'ai pas souscrit le livre *De la sainte Virginité*. On ouvrirait tous les troncs de Paris sans que j'en fusse moins catholique. Et enfin je vous déclare hautement et nettement que personne ne répond de mes Lettres que moi, et que je ne réponds de rien que de mes Lettres.

Je pourrais en demeurer là, mon Père, sans parler de ces autres personnes que vous traitez d'hérétiques pour me comprendre dans cette accusation. Mais, comme j'en suis l'occasion, je me trouve engagé en quelque sorte à me servir de cette même occasion pour en tirer trois avantages. Car c'en est un bien considérable de faire paraître l'innocence de tant de personnes calomniées. C'en est un autre, et bien propre à mon sujet, de montrer toujours les artifices de votre politique dans cette accusation. Mais celui que j'estime le plus est que j'apprendrai par là à tout le monde la fausseté de ce bruit scandaleux que vous semez de tous côtés, *que l'Eglise est divisée par une nouvelle hérésie*. Et comme vous abusez une infinité de personnes en leur faisant accroire que les points sur lesquels vous essayez d'exciter un si grand orage sont essentiels à la foi, je trouve d'une extrême importance de détruire ces fausses impressions, et d'expliquer ici nettement en quoi ils consistent, pour montrer qu'en effet il n'y a point d'hérétiques dans l'Eglise.

Car n'est-il pas vrai que, si l'on demande en quoi consiste l'hérésie de ceux que vous appelez Jansénistes, on répondra incontinent que c'est en ce que ces gens-là disent *que les commandements de Dieu sont impossibles;*

qu'on ne peut résister à la grâce, et qu'on n'a pas la liberté de faire le bien et le mal; que Jésus-Christ n'est pas mort pour tous les hommes, mais seulement pour les prédestinés et enfin, qu'ils soutiennent les cinq propositions condamnées par le Pape ? Ne faites-vous pas entendre que c'est pour ce sujet que vous persécutez vos adversaires ? N'est-ce pas ce que vous dites dans vos livres, dans vos entretiens, dans vos catéchismes, comme vous fîtes encore aux fêtes de Noël à Saint-Louis, en demandant à une de vos petites bergères : *Pour qui est venu Jésus-Christ, ma fille ? Pour tous les hommes, mon Père. Eh quoi ! ma fille, vous n'êtes donc pas de ces nouveaux hérétiques qui disent qu'il n'est venu que pour les prédestinés ?* Les enfants vous croient là-dessus, et plusieurs autres aussi; car vous les entretenez de ces mêmes fables dans vos sermons, comme votre Père Crasset à Orléans, qui en a été interdit. Et je vous avoue que je vous ai cru aussi autrefois. Vous m'aviez donné cette même idée de toutes ces personnes-là. De sorte que, lorsque vous les pressiez sur ces propositions, j'observais avec attention quelle serait leur réponse; et j'étais fort disposé à ne les voir jamais, s'ils n'eussent déclaré qu'ils y renonçaient comme à des impiétés visibles. Mais ils le firent bien hautement. Car M. de Sainte-Beuve, professeur du roi en Sorbonne, censura dans ses écrits publics ces cinq propositions longtemps avant le Pape; et ces docteurs firent paraître plusieurs écrits, et entre autres celui *De la Grâce victorieuse,* qu'ils produisirent en même temps, où ils rejettent ces propositions et comme hérétiques et comme étrangères. Car ils disent, dans la préface, *que ce sont des propositions hérétiques et Luthériennes, fabriquées et forgées à plaisir, qui ne se trouvent ni dans Jansénius ni dans ses défenseurs;* ce sont leurs termes. Ils se plaignent de ce qu'on les leur attribue, et vous adressent pour cela ces paroles de saint Prosper, le premier disciple de saint Augustin, leur maître, à qui les Semi-Pélagiens de France en imputèrent de pareilles pour le rendre odieux. *Il y a,* dit ce saint, *des personnes qui ont une passion si aveugle de nous décrier, qu'ils en ont pris un moyen qui ruine leur propre réputation. Car ils ont fabriqué à dessein de certaines propositions pleines d'impiétés et de blasphèmes, qu'ils envoient de tous côtés pour faire croire que nous les soutenons au même sens qu'ils ont exprimé par leur écrit. Mais on verra, par cette réponse, et notre innocence et la malice de ceux qui nous ont imputé ces impiétés, dont ils sont les uniques inventeurs.*

En vérité, mon Père, lorsque je les ouïs parler de la sorte avant la Constitution; quand je vis qu'ils la reçurent ensuite avec tout ce qui se peut de respect; qu'ils offrirent de la souscrire, et que M. Arnauld eut déclaré tout cela, plus fortement que je ne le puis rapporter, dans toute sa seconde lettre, j'eusse cru pécher de douter de leur foi. Et en effet, ceux qui avaient voulu refuser l'absolution à leurs amis avant la lettre de M. Arnauld ont déclaré, depuis, qu'après qu'il avait si nettement condamné ces erreurs qu'on lui imputait, il n'y avait aucune raison de le retrancher, ni lui ni ses amis, de l'Eglise. Mais vous n'en avez pas usé de même; et c'est sur quoi je commençai à me défier que vous agissiez avec passion.

Car, au lieu que vous les aviez menacés de leur faire signer cette Constitution quand vous pensiez qu'ils y résisteraient, lorsque vous vîtes qu'ils s'y portaient d'eux-mêmes, vous n'en parlâtes plus. Et, quoiqu'il semblât que vous dussiez après cela être satisfait de leur conduite, vous ne laissâtes pas de les traiter encore d'hérétiques; *parce*, disiez-vous, *que leur cœur démentait leur main, et qu'ils étaient catholiques extérieurement, et hérétiques intérieurement*, comme vous-même l'avez dit dans votre Rép. à quelques demandes, p. 27 et 47.

Que ce procédé me parut étrange, mon Père! Car de qui n'en peut-on pas dire autant? Et quel trouble n'exciterait-on point par ce prétexte? *Si l'on refuse*, dit saint Grégoire, Pape, *de croire la confession de foi de ceux qui la donnent conforme aux sentiments de l'Eglise, on remet en doute la foi de toutes les personnes catholiques.* Je craignis donc, mon Père, *que votre dessein ne fût de rendre ces personnes hérétiques sans qu'ils le fussent*, comme parle le même Pape sur une dispute pareille de son temps; *parce*, dit-il, *que ce n'est pas s'opposer aux hérésies, mais c'est faire une injure que de refuser de croire ceux qui par leur confession témoignent d'être dans la véritable foi : Hoc non est hæresim purgare, sed facere.* Mais je connus en vérité qu'il n'y avait point en effet d'hérétiques dans l'Eglise, quand je vis qu'ils s'étaient si bien justifiés de toutes ces hérésies, que vous ne pûtes plus les accuser d'aucune erreur contre la foi, et que vous fûtes réduits à les entreprendre seulement sur des questions de fait touchant Jansénius, qui ne pouvaient être matière d'hérésie. Car vous les voulûtes obliger à reconnaître *que ces propositions étaient dans Jansénius, mot à mot, toutes, et en propres termes*, comme vous l'écrivîtes encore vous-mêmes : *Singu-*

lares, individuæ, totidem verbis apud Jansenium contentæ,
dans vos *Cavilli*, p. 39 ★.

Dès lors votre dispute commença à me devenir indifférente. Quand je croyais que vous disputiez de la vérité
ou de la fausseté des propositions, je vous écoutais avec
attention, car cela touchait la foi; mais, quand je vis que
vous ne disputiez plus que pour savoir si elles étaient *mot
à mot* dans Jansénius ou non, comme la religion n'y était
plus intéressée, je ne m'y intéressai plus aussi. Ce n'est
pas qu'il n'y eût bien de l'apparence que vous disiez vrai :
car de dire que des paroles sont *mot à mot* dans un auteur,
c'est à quoi l'on ne peut se méprendre. Aussi je ne m'étonne
pas que tant de personnes, et en France et à Rome, aient
cru, sur une expression si peu suspecte, que Jansénius
les avait enseignées en effet. Et c'est pourquoi je ne fus
pas peu surpris d'apprendre que ce même point de fait
que vous aviez proposé comme si certain et si important
était faux, et qu'on vous défia de citer les pages de Jansénius où vous aviez trouvé ces propositions *mot à mot*,
sans que vous l'ayez jamais pu faire.

Je rapporte toute cette suite parce qu'il me semble que
cela découvre assez l'esprit de votre Société en toute cette
affaire, et qu'on admirera de voir que, malgré tout ce que
je viens de dire, vous n'ayez pas cessé de publier qu'ils
étaient toujours hérétiques. Mais vous avez seulement
changé leur hérésie selon le temps. Car, à mesure qu'ils
se justifiaient de l'une, vos Pères en substituaient une
autre, afin qu'ils n'en fussent jamais exempts. Ainsi, en
1653, leur hérésie était sur la qualité des propositions.
Ensuite elle fut sur le *mot à mot*. Depuis vous la mîtes
dans le cœur. Mais aujourd'hui on ne parle plus de tout
cela; et l'on veut qu'ils soient hérétiques, s'ils ne signent
*que le sens de la doctrine de Jansénius se trouve dans le
sens de ces cinq propositions.*

Voilà le sujet de votre dispute présente. Il ne vous suffit
pas qu'ils condamnent les cinq propositions, et encore
tout ce qu'il y aurait dans Jansénius qui pourrait y être
conforme et contraire à saint Augustin; car ils font tout
cela. De sorte qu'il n'est pas question de savoir, par
exemple, *si Jésus-Christ n'est mort que pour les prédestinés;*
ils condamnent cela aussi bien que vous; mais si Jansénius
est de ce sentiment-là, ou non. Et c'est sur quoi je vous
déclare plus que jamais que votre dispute me touche peu,

★ Lire ch. 39. (Note des éditeurs.)

comme elle touche peu l'Eglise. Car, encore que je ne sois pas docteur non plus que vous, mon Père, je vois bien néanmoins qu'il n'y va point de la foi, puisqu'il n'est question que de savoir quel est le sens de Jansénius. S'ils croyaient que sa doctrine fût conforme au sens propre et littéral de ces propositions, ils la condamneraient; et ils ne refusent de le faire que parce qu'ils sont persuadés qu'elle en est bien différente; ainsi, quand ils l'entendraient mal, ils ne seraient pas hérétiques, puisqu'ils ne l'entendent qu'en un sens catholique.

Et, pour expliquer cela par un exemple, je prendrai la diversité de sentiments qui fut entre saint Basile et saint Athanase touchant les écrits de saint Denis d'Alexandrie, dans lesquels saint Basile, croyant trouver le sens d'Arius contre l'égalité du Père et du Fils, il les condamna comme hérétiques : mais saint Athanase, au contraire, y croyant trouver le véritable sens de l'Eglise, il les soutint comme catholiques. Pensez-vous donc, mon Père, que saint Basile, qui tenait ces écrits pour ariens, eût droit de traiter saint Athanase d'hérétique, parce qu'il les défendait ? Et quel sujet en eût-il eu, puisque ce n'était pas l'Arianisme qu'il défendait, mais la vérité de la foi qu'il pensait y être ? Si ces deux saints fussent convenus du véritable sens de ces écrits, et qu'ils y eussent tous deux reconnu cette hérésie, sans doute saint Athanase n'eût pu les approuver sans hérésie : mais, comme ils étaient en différend touchant ce sens, saint Athanase était catholique en les soutenant, quand même il les eût mal entendus; puisque ce n'eût été qu'une erreur de fait, et qu'il ne défendait dans cette doctrine que la foi catholique qu'il y supposait.

Je vous en dis de même, mon Père. Si vous conveniez du sens de Jansénius, et que vos adversaires fussent d'accord avec vous qu'il tient, par exemple, *qu'on ne peut résister à la grâce*, ceux qui refuseraient de le condamner seraient hérétiques. Mais lorsque vous disputez de son sens, et qu'ils croient que, selon sa doctrine, *on peut résister à la grâce*, vous n'avez aucun sujet de les traiter d'hérétiques, quelque hérésie que vous lui attribuiez vous-mêmes, puisqu'ils condamnent le sens que vous y supposez, et que vous n'oseriez condamner le sens qu'ils y supposent. Si vous voulez donc les convaincre, montrez que le sens qu'ils attribuent à Jansénius est hérétique; car alors ils le seront eux-mêmes. Mais comment le pourriez-vous faire, puisqu'il est constant, selon votre propre aveu, que celui qu'ils lui donnent n'est point condamné ?

Pour vous le montrer clairement, je prendrai pour principe ce que vous reconnaissez vous-mêmes, *que la doctrine de la grâce efficace n'a point été condamnée, et que le Pape n'y a point touché par sa Constitution.* Et en effet, quand il voulut juger des cinq propositions, le point de la grâce efficace fut mis à couvert de toute censure. C'est ce qui paraît parfaitement par les Avis des Consulteurs auxquels le Pape les donna à examiner. J'ai ces Avis entre mes mains, aussi bien que plusieurs personnes dans Paris, et entre autres M. l'évêque de Montpellier, qui les apporta de Rome. On y voit que leurs opinions furent partagées, et que les principaux d'entre eux, comme le Maître du sacré Palais, le commissaire du saint Office, le Général des Augustins, et d'autres, croyant que ces propositions pouvaient être prises au sens de la grâce efficace, furent d'avis qu'elles ne devaient point être censurées; au lieu que les autres, demeurant d'accord qu'elles n'eussent pas dû être condamnées si elles eussent eu ce sens, estimèrent qu'elles le devaient être, parce que, selon ce qu'ils déclarent, leur sens propre et naturel en était très éloigné. Et c'est pourquoi le Pape les condamna, et tout le monde s'est rendu à son jugement.

Il est donc sûr, mon Père, que la grâce efficace n'a point été condamnée. Aussi est-elle si puissamment soutenue par saint Augustin, par saint Thomas et toute son école, par tant de Papes et de Conciles, et par toute la tradition, que ce serait une impiété de la taxer d'hérésie. Or tous ceux que vous traitez d'hérétiques déclarent qu'ils ne trouvent autre chose dans Jansénius que cette doctrine de la grâce efficace; et c'est la seule chose qu'ils ont soutenue dans Rome. Vous-mêmes l'avez reconnu, *Cavill.*, p. 35, où vous avez déclaré *qu'en parlant devant le Pape ils ne dirent aucun mot des propositions*, ne verbum quidem, *et qu'ils employèrent tout le temps à parler de la grâce efficace*. Et ainsi, soit qu'ils se trompent ou non dans cette supposition, il est au moins sans doute que le sens qu'ils supposent n'est point hérétique, et que par conséquent ils ne le sont point. Car, pour dire la chose en deux mots, ou Jansénius n'a enseigné que la grâce efficace, et en ce cas il n'a point d'erreurs; ou il a enseigné autre chose, et en ce cas il n'a point de défenseurs. Toute la question est donc de savoir si Jansénius a enseigné en effet autre chose que la grâce efficace; et, si l'on trouve que oui, vous aurez la gloire de l'avoir mieux entendu : mais ils n'auront point le malheur d'avoir erré dans la foi.

Il faut donc louer Dieu, mon Père, de ce qu'il n'y a point en effet d'hérésie dans l'Eglise, puisqu'il ne s'agit en cela que d'un point de fait qui n'en peut former; car l'Eglise décide les points de foi avec une autorité divine, et elle retranche de son corps tous ceux qui refusent de les recevoir. Mais elle n'en use pas de même pour les choses de fait; et la raison en est que notre salut est attaché à la foi qui nous a été révélée, et qui se conserve dans l'Eglise par la tradition, mais qu'il ne dépend point des autres faits particuliers qui n'ont point été révélés de Dieu. Ainsi on est obligé de croire que les commandements de Dieu ne sont pas impossibles; mais on n'est pas obligé de savoir ce que Jansénius a enseigné sur ce sujet. C'est pourquoi Dieu conduit l'Eglise, dans la détermination des points de la foi, par l'assistance de son esprit, qui ne peut errer; au lieu que, dans les choses de fait, il la laisse agir par les sens et par la raison, qui en sont naturellement les juges : car il n'y a que Dieu qui ait pu instruire l'Eglise de la foi. Mais il n'y a qu'à lire Jansénius pour savoir si des propositions sont dans son livre. Et de là vient que c'est une hérésie de résister aux décisions de foi, parce que c'est opposer son esprit propre à l'esprit de Dieu. Mais ce n'est pas une hérésie, quoique ce puisse être une témérité, que de ne pas croire certains faits particuliers, parce que ce n'est qu'opposer la raison, qui peut être claire, à une autorité qui est grande, mais qui en cela n'est pas infaillible.

C'est ce que tous les théologiens reconnaissent, comme il paraît par cette maxime du Cardinal Bellarmin, de votre Société : *Les Conciles généraux et légitimes ne peuvent errer en définissant les dogmes de foi; mais ils peuvent errer en des questions de fait.* Et ailleurs : *Le Pape, comme Pape, et même à la tête d'un Concile universel, peut errer dans les controverses particulières de fait, qui dépendent principalement de l'information et du témoignage des hommes.* Et le Cardinal Baronius de même : *Il faut se soumettre entièrement aux décisions des Conciles dans les points de foi; mais, pour ce qui concerne les personnes et leurs écrits, les censures qui en ont été faites ne se trouvent pas avoir été gardées avec tant de rigueur, parce qu'il n'y a personne à qui il ne puisse arriver d'y être trompé.* C'est aussi pour cette raison que M. l'Archevêque de Toulouse a tiré cette règle des lettres de deux grands Papes, saint Léon et Pélage II : *Que le propre objet des Conciles est la foi, et tout ce qui s'y résout hors de la*

*foi peut être revu et examiné de nouveau ; au lieu qu'on ne
doit plus examiner ce qui a été décidé en matière de foi, parce
que, comme dit Tertullien, la règle de la foi est seule immobile
et irrétractable.*

De là vient qu'au lieu qu'on n'a jamais vu les Conciles
généraux et légitimes contraires les uns aux autres dans les
points de foi, *parce que*, comme dit M. de Toulouse, *il n'est
pas seulement permis d'examiner de nouveau ce qui a été déjà
décidé en matière de foi*, on a vu quelquefois ces mêmes
Conciles opposés sur des points de fait où il s'agissait de
l'intelligence du sens d'un auteur, *parce que*, comme dit
encore M. de Toulouse, après qu'il cite, *tout ce
qui se résout dans les Conciles hors de la foi peut être revu et
examiné de nouveau.* C'est ainsi que le IV. et le V. Concile
paraissent contraires l'un à l'autre, en l'interprétation des
mêmes auteurs ; et la même chose arriva entre deux Papes,
sur une proposition de certains moines de Scythie ; car,
après que le Pape Hormisdas l'eut condamnée en l'entendant en un mauvais sens, le Pape Jean II, son successeur,
l'examinant de nouveau, et l'entendant en un bon sens,
l'approuva et la déclara catholique. Diriez-vous, pour cela,
qu'un de ces Papes fut hérétique ? Et ne faut-il donc pas
avouer que, pourvu que l'on condamne le sens hérétique
qu'un Pape aurait supposé dans un écrit, on n'est pas
hérétique pour ne pas condamner cet écrit, en le prenant
en un sens qu'il est certain que le Pape n'a pas condamné,
puisque autrement l'un de ces deux Papes serait tombé
dans l'erreur ?

J'ai voulu, mon Père, vous accoutumer à ces contrariétés qui arrivent entre les catholiques sur des questions
de fait touchant l'intelligence du sens d'un auteur,
en vous montrant sur cela un Père de l'Eglise contre un
autre, un Pape contre un Pape, et un Concile contre
un Concile, pour vous mener de là à d'autres exemples
d'une pareille opposition, mais plus disproportionnée ;
car vous y verrez des Conciles et des Papes d'un côté,
et des Jésuites de l'autre, qui s'opposeront à leurs décisions touchant le sens d'un auteur, sans que vous accusiez
vos confrères, je ne dis pas d'hérésie, mais non pas même
de témérité.

Vous savez bien, mon Père, que les écrits d'Origène
furent condamnés par plusieurs Conciles et par plusieurs
Papes, et même par le V. Concile général, comme contenant des hérésies, et entre autres celle *de la réconciliation
des démons au jour du jugement.* Croyez-vous sur cela qu'il

soit d'une nécessité absolue, pour être catholique, de confesser qu'Origène a tenu en effet ces erreurs, et qu'il ne suffise pas de les condamner sans les lui attribuer ? Si cela était, que deviendrait votre Père Halloix, qui a soutenu la pureté de la foi d'Origène, aussi bien que plusieurs autres catholiques qui ont entrepris la même chose, comme Pic de la Mirande et Genebrard, docteur de Sorbonne ? Et n'est-il pas certain encore que ce même V. Concile général condamna les écrits de Théodoret contre S. Cyrille *comme impies, contraires à la vraie foi, et contenant l'hérésie Nestorienne* ? Et cependant le P. Sirmond, Jésuite, n'a pas laissé de le défendre, et de dire, dans la vie de ce Père, *que ces mêmes écrits sont exempts de cette hérésie Nestorienne.*

Vous voyez donc, mon Père, que, quand l'Eglise condamne des écrits, elle y suppose une erreur qu'elle y condamne ; et alors il est de foi que cette erreur est condamnée, mais qu'il n'est pas de foi que ces écrits contiennent en effet l'erreur que l'Eglise y suppose. Je crois que cela est assez prouvé ; et ainsi je finirai ces exemples par celui du Pape Honorius, dont l'histoire est si connue. On sait qu'au commencement du septième siècle, l'Eglise étant troublée par l'hérésie des Monothélites, ce Pape, pour terminer le différend, fit un décret qui semblait favoriser ces hérétiques, de sorte que plusieurs en furent scandalisés. Cela se passa néanmoins avec peu de bruit sous son Pontificat : mais, cinquante ans après, l'Eglise étant assemblée dans le sixième Concile général, où le Pape Agathon présidait par ses légats, ce décret y fut déféré ; et après avoir été lu et examiné, il fut condamné comme contenant l'hérésie des Monothélites, et brûlé en cette qualité en pleine assemblée, avec les autres écrits de ces hérétiques. Et cette décision fut reçue avec tant de respect et d'uniformité dans toute l'Eglise, qu'elle fut confirmée ensuite par deux autres Conciles généraux, et même par les Papes Léon II et Adrien II, qui vivait deux cents ans après, sans que personne ait troublé ce consentement si universel et si paisible durant sept ou huit siècles. Cependant quelques auteurs de ces derniers temps, et entre autres le Cardinal Bellarmin, n'ont pas cru se rendre hérétiques pour avoir soutenu, contre tant de Papes et de Conciles, que les écrits d'Honorius sont exempts de l'erreur qu'ils avaient déclaré y être : *Parce*, dit-il, *que, des Conciles généraux pouvant errer dans les questions de fait, on peut dire en toute assurance que le VI. Concile s'est trompé en ce fait-là, et que, n'ayant pas bien entendu le sens des lettres d'Honorius, il a mis à tort ce Pape au nombre des hérétiques.*

Remarquez donc bien, mon Père, que ce n'est pas être hérétique de dire que le pape Honorius ne l'était pas, encore que plusieurs Papes et plusieurs Conciles l'eussent déclaré, et même après l'avoir examiné. Je viens donc maintenant à notre question, et je vous permets de faire votre cause aussi bonne que vous le pourrez. Que direz-vous mon Père, pour rendre vos adversaires hérétiques ? *Que le Pape Innocent X a déclaré que l'erreur des cinq propositions est dans Jansénius ?* Je vous laisse dire tout cela. Qu'en concluez-vous : *Que c'est être hérétique de ne pas reconnaître que l'erreur des cinq propositions est dans Jansénius ?* Que vous en semble-t-il, mon Père ? N'est-ce donc pas ici une question de fait de même nature que les précédentes ? Le Pape a déclaré que l'erreur des cinq propositions est dans Jansénius, de même que ses prédécesseurs avaient déclaré que l'erreur des Nestoriens et des Monothélites était dans les écrits de Théodoret et d'Honorius. Sur quoi vos Pères ont écrit qu'ils condamnent bien ces hérésies, mais qu'ils ne demeurent pas d'accord que ces auteurs les aient tenues; de même que vos adversaires disent aujourd'hui qu'ils condamnent bien ces cinq propositions, mais qu'ils ne sont pas d'accord que Jansénius les ait enseignées. En vérité, mon Père, ces cas-là sont bien semblables; et s'il s'y trouve quelque différence, il est aisé de voir combien elle est à l'avantage de la question présente, par la comparaison de plusieurs circonstances particulières qui sont visibles d'elles-mêmes, et que je ne m'arrête pas à rapporter. D'où vient donc, mon Père, que, dans une même cause, vos Pères sont catholiques, et vos adversaires hérétiques ? Et par quelle étrange exception les privez-vous d'une liberté que vous donnez à tout le reste des fidèles ?

Qur direz-vous sur cela, mon Père ? *Que le Pape a confirmé sa Constitution par un Bref ?* Je vous répondrai que deux Conciles généraux et deux Papes ont confirmé la condamnation des lettres d'Honorius. Mais quelle force prétendez-vous faire sur les paroles de ce Bref par lesquelles le Pape déclare *qu'il a condamné la doctrine de Jansénius dans ces cinq propositions ?* Qu'est-ce que cela ajoute à la Constitution, et que s'ensuit-il de là, sinon que, comme le VI. Concile condamna la doctrine d'Honorius, parce qu'il croyait qu'elle était la même que celle des Monothélites, de même le Pape a dit qu'il a condamné la doctrine de Jansénius dans ces cinq propositions, parce qu'il a supposé qu'elle était la même que ces cinq propositions ? Et comment ne l'eût-il pas cru ? Votre Société ne publie autre chose ; et vous-même, mon Père, qui avez dit qu'elles y sont *mot à mot*, vous étiez à Rome au temps de la censure, car je vous rencontre partout. Se fût-il défié de la sincérité ou de la suffisance de tant de religieux graves ? Et comment n'eût-il pas cru que la doctrine de Jansénius était la même que celle des cinq propositions, dans l'assurance que vous lui aviez donnée qu'elles étaient *mot à mot* de cet auteur ? Il est donc visible, mon Père, que, s'il se trouve que Jansénius ne les ait pas tenues, il ne faudra pas dire, comme vos Pères ont fait dans leurs exemples, que le Pape s'est trompé en ce point de fait, ce qu'il est toujours fâcheux de publier : mais il ne faudra que dire que vous avez trompé le Pape ; ce qui n'apporte plus de scandale, tant on vous connaît maintenant.

Ainsi, mon Père, toute cette matière est bien éloignée de pouvoir former une hérésie. Mais comme vous voulez en faire une à quelque prix que ce soit, vous avez essayé de détourner la question du point de fait pour la mettre en un point de foi ; et c'est ce que vous faites en cette sorte : *Le Pape*, dites-vous, *déclare qu'il a condamné la doctrine de Jansénius dans ces cinq propositions : donc il est de foi que la doctrine de Jansénius touchant ces cinq propositions est hérétique, telle qu'elle soit.* Voilà, mon Père, un point de foi bien étrange, qu'une doctrine est hérétique telle qu'elle puisse être. Et quoi ! si, selon Jansénius, *on peut résister à la grâce intérieure*, et s'il est faux selon lui, *que* Jésus-Christ *ne soit mort que pour les seuls prédestinés*, cela sera-t-il aussi condamné, parce que c'est sa doctrine ? Sera-t-il vrai, dans la Constitution du Pape, *que l'on a la liberté de faire le bien et le mal*, et cela sera-t-il faux dans Jansénius ? Et par quelle fatalité sera-t-il si malheureux, que la vérité devienne hérésie dans son livre ? Ne faut-il donc pas confesser qu'il n'est hérétique qu'au cas qu'il soit conforme à ces erreurs condamnées ; puisque la Constitution du Pape est la règle à laquelle on doit appliquer Jansénius pour juger de ce qu'il est selon le rapport qu'il y aura, et qu'ainsi on résoudra cette question, *savoir si sa doctrine est hérétique*, par cette autre question de fait, *savoir si elle est conforme au sens naturel de ces propositions*, étant impossible qu'elle ne soit hérétique, si elle y est conforme, et qu'elle ne soit catholique, si elle y est contraire ? Car enfin, puisque selon le Pape et les évêques, les *propositions sont condamnées en leur sens propre et naturel*, il est impossible qu'elles soient condamnées au sens de Jansénius, sinon au cas que le sens de Jansénius soit le même que le sens propre et naturel de ces propositions, ce qui est un point de fait.

La question demeure donc toujours dans ce point de fait, sans qu'on puisse en aucune sorte l'en tirer pour la mettre dans le droit. Et ainsi on n'en peut faire une matière d'hérésie; mais vous en pourriez bien faire un prétexte de persécution, s'il n'y avait sujet d'espérer qu'il ne se trouvera point de personnes qui entrent assez dans vos intérêts pour suivre un procédé si injuste, et qui veuillent contraindre de signer, comme vous le souhaitez, *que l'on condamne ces propositions au sens de Jansénius*, sans expliquer ce que c'est que ce sens de Jansénius. Peu de gens sont disposés à signer une confession de foi en blanc. Or, c'en serait signer une en blanc, qu'on remplirait ensuite de tout ce qu'il vous plairait, puisqu'il vous serait libre d'interpréter à votre gré ce que c'est que ce sens de Jansénius qu'on n'aurait pas expliqué. Qu'on l'explique donc auparavant, autrement vous nous feriez encore ici un pouvoir prochain, *abstrahendo ab omni sensu*. Vous savez que cela ne réussit pas dans le monde. On y hait l'ambiguïté, et surtout en matière de foi, où il est bien juste d'entendre pour le moins ce que c'est que l'on condamne. Et comment se pourrait-il faire que des docteurs, qui sont persuadés que Jansénius n'a point d'autre sens que celui de la grâce efficace, consentent à déclarer qu'ils condamnent sa doctrine sans l'expliquer, puisque, dans la créance qu'ils en ont, et dont on ne les retire point, ce ne serait autre chose que condamner la grâce efficace, qu'on ne peut condamner sans crime? Ne serait-ce donc pas une étrange tyrannie de les mettre dans cette malheureuse nécessité, ou de se rendre coupables devant Dieu, s'ils signaient cette condamnation contre leur conscience ou d'être traités d'hérétiques, s'ils refusaient de le faire?

Mais tout cela se conduit avec mystère. Toutes vos démarches sont politiques. Il faut que j'explique pourquoi vous n'expliquez pas ce sens de Jansénius. Je n'écris que pour découvrir vos desseins, et pour les rendre inutiles en les découvrant. Je dois donc apprendre à ceux qui l'ignorent que votre principal intérêt dans cette dispute étant de relever la grâce suffisante de votre Molina, vous ne le pouvez faire sans ruiner la grâce efficace, qui y est tout opposée. Mais comme vous voyez celle-ci aujourd'hui autorisée à Rome, et parmi tous les savants de l'Eglise, ne la pouvant combattre en elle-même, vous vous êtes avisés de l'attaquer sans qu'on s'en aperçoive, sous le nom de la doctrine de Jansénius. [Ainsi il a fallu que vous ayez recherché de faire condamner Jansénius] sans l'expliquer, et que, pour y réussir, vous ayez fait entendre que sa doctrine n'est point celle de la grâce efficace, afin qu'on croie pouvoir condamner l'une sans l'autre. De là vient que vous essayez aujourd'hui de le persuader à ceux qui n'ont aucune connaissance de cet auteur. Et c'est ce que vous faites encore vous-même, mon Père, dans vos *Cavilli*, p. 23, par ce fin raisonnement : *Le Pape a condamné la doctrine de Jansénius ; or, le Pape n'a pas condamné la doctrine de la grâce efficace : donc la doctrine de la grâce efficace est différente de celle de Jansénius.* Si cette preuve était concluante, on montrerait de même qu'Honorius et tous ceux qui le soutiennent sont hérétiques en cette sorte : le VI. Concile a condamné la doctrine d'Honorius ; or, le Concile n'a pas condamné la doctrine de l'Eglise ; donc la doctrine d'Honorius est différente de celle de l'Eglise ; donc tous ceux qui le défendent sont hérétiques. Il est visible que cela ne conclut rien, puisque le Pape n'a condamné que la doctrine des cinq propositions, qu'on lui a fait entendre être celle de Jansénius.

Mais il n'importe ; car vous ne voulez pas vous servir longtemps de ce raisonnement. Il durera assez, tout faible qu'il est, pour le besoin que vous en avez. Il ne vous est nécessaire que pour faire que ceux qui ne veulent pas condamner la grâce efficace condamnent Jansénius sans scrupule. Quand cela sera fait, on oubliera bientôt votre argument, et les signatures demeurant en témoignage éternel de la condamnation de Jansénius, vous prendrez l'occasion d'attaquer directement la grâce efficace, par cet autre raisonnement bien plus solide, que vous formerez en son temps : *La doctrine de Jansénius*, direz-vous, *a été condamnée par les souscriptions universelles de toute l'Eglise : Or, cette doctrine est manifestement celle de la grâce efficace ;* et vous prouverez cela bien facilement. *Donc la doctrine de la grâce efficace est condamnée par l'aveu même de ses défenseurs.*

Voilà pourquoi vous proposez de signer cette condamnation d'une doctrine sans l'expliquer. Voilà l'avantage que vous prétendez tirer de ces souscriptions. Mais si vos adversaires y résistent, vous tendez un autre piège à leur refus. Car, ayant joint adroitement la question de foi à celle de fait, sans vouloir permettre qu'ils l'en séparent, ni qu'ils signent l'une sans l'autre, comme ils ne pourront souscrire

les deux ensemble, vous irez publier partout qu'ils ont
refusé les deux ensemble. Et ainsi, quoiqu'ils ne refusent
en effet que de reconnaître que Jansénius ait tenu ces propositions qu'ils condamnent, ce qui ne peut faire d'hérésie,
vous direz hardiment qu'ils ont refusé de condamner
les propositions en elles-mêmes, et que c'est là leur
hérésie.

Voilà le fruit que vous tireriez de leur refus, qui ne vous
serait pas moins utile que celui que vous tireriez de leur
consentement. De sorte que, si on exige ces signatures,
ils tomberont toujours dans vos embûches, soit qu'ils
signent, ou qu'ils ne signent pas ; et vous aurez votre
compte de part ou d'autre : tant vous avez eu d'adresse
à mettre les choses en état de vous être toujours avantageuses, quelque pente qu'elles puissent prendre.

Que je vous connais bien, mon Père ; et que j'ai de douleur de voir que Dieu vous abandonne, jusqu'à vous
faire réussir si heureusement dans une conduite si malheureuse ! Votre bonheur est digne de compassion, et ne
peut être envié que par ceux qui ignorent quel est le véritable bonheur. C'est être charitable que de traverser celui
que vous recherchez en toute cette conduite ; puisque vous
ne l'appuyez que sur le mensonge, et que vous ne tendez
qu'à faire croire l'une de ces deux faussetés : ou que
l'Eglise a condamné la grâce efficace, ou que ceux qui la
défendent soutiennent les cinq erreurs condamnées.

Il faut donc apprendre à tout le monde, et que la grâce
efficace n'est pas condamnée par votre propre aveu, et que
personne ne soutient ces erreurs ; afin qu'on sache que ceux
qui refuseraient de signer ce que vous voudriez qu'on
exigeât d'eux ne le refusent qu'à cause de la question de
fait ; et qu'étant prêts à signer celle de foi, ils ne sauraient
être hérétiques par ce refus ; puisqu'enfin il est bien de foi
que ces propositions sont hérétiques, mais qu'il ne sera
jamais de foi qu'elles soient de Jansénius. Ils sont sans
erreur, cela suffit. Peut-être interprètent-ils Jansénius trop
favorablement ; mais peut-être ne l'interprétez-vous pas
assez favorablement. Je n'entre pas là-dedans. Je sais au
moins que, selon vos maximes, vous croyez pouvoir
sans crime publier qu'il est hérétique contre votre propre
connaissance ; au lieu que, selon les leurs, ils ne pourraient
sans crime dire qu'il est catholique, s'ils n'en étaient persuadés. Ils sont donc plus sincères que vous, mon Père ;
ils ont plus examiné Jansénius que vous ; ils ne sont pas
moins intelligents que vous ; ils ne sont donc pas moins

croyables que vous. Mais quoi qu'il en soit de ce point de fait, ils sont certainement catholiques, puisqu'il n'est pas nécessaire, pour l'être, de dire qu'un autre ne l'est pas, et que, sans charger personne d'erreur, c'est assez de s'en décharger soi-même.

DIX-HUITIÈME LETTRE
AU RÉVÉREND PÈRE ANNAT, JÉSUITE

Le 24 mars 1657.

MON RÉVÉREND PÈRE,

Il y a longtemps que vous travaillez à trouver quelque erreur dans vos adversaires; mais je m'assure que vous avouerez à la fin qu'il n'y a peut-être rien de si difficile que de rendre hérétiques ceux qui ne le sont pas, et qui ne fuient rien tant que de l'être. J'ai fait voir, dans ma dernière Lettre, combien vous leur aviez imputé d'hérésies l'une après l'autre, manque d'en trouver une que vous ayez pu longtemps maintenir; de sorte qu'il ne vous était plus resté que de les en accuser, sur ce qu'ils refusaient de condamner le sens de Jansénius, que vous vouliez qu'ils condamnassent sans qu'on l'expliquât. C'était bien manquer d'hérésies à leur reprocher que d'en être réduit là. Car qui a jamais ouï parler d'une hérésie que l'on ne puisse exprimer? Aussi on vous a facilement répondu, en vous représentant que, si Jansénius n'a point d'erreurs, il n'est pas juste de le condamner; et que, s'il en a, vous deviez les déclarer, afin que l'on sût au moins ce que c'est que l'on condamne. Vous ne l'aviez néanmoins jamais voulu faire; mais vous aviez essayé de fortifier votre prétention par des décrets qui ne faisaient rien pour vous, puisqu'on n'y explique en aucune sorte le sens de Jansénius, qu'on dit avoir été condamné dans ces cinq propositions. Or ce n'était pas là le moyen de terminer vos disputes. Si vous conveniez de part et d'autre du véritable sens de Jansénius, et que vous ne fussiez plus en différend que de savoir si ce sens est hérétique ou non, alors les jugements qui déclareraient que ce sens est hérétique toucheraient ce qui serait véritablement en question. Mais la grande dispute étant de savoir quel est ce sens de Jansénius, les uns disant qu'ils n'y voient que le sens de saint Augustin et de saint Thomas ; et les autres, qu'ils y en voient un qui est hérétique, et qu'ils n'expriment point ; il est clair qu'une Constitution qui ne dit pas un mot touchant ce différend, et qui ne fait que condamner en général le sens de Jansénius sans l'expliquer, ne décide rien de ce qui est en dispute.

C'est pourquoi l'on vous a dit cent fois que votre différend n'étant que sur ce fait, vous ne le finiriez jamais qu'en déclarant ce que vous entendez par le sens de Jansénius. Mais comme vous vous étiez toujours opiniâtrés à le refuser, je vous ai enfin poussé dans la dernière Lettre, où j'ai fait entendre que ce n'est pas sans mystère que vous aviez entrepris de faire condamner ce sens sans l'expliquer, et que votre dessein était de faire retomber un jour cette condamnation indéterminée sur la doctrine de la grâce efficace, en montrant que ce n'est autre chose que celle de Jansénius, ce qui ne vous serait pas difficile. Cela vous a mis dans la nécessité de répondre ; car, si vous vous fussiez encore obstinés après cela à ne point expliquer ce sens, il eût paru aux moins éclairés que vous n'en vouliez en effet qu'à la grâce efficace ; ce qui eût été la dernière confusion pour vous, dans la vénération qu'a l'Eglise pour une doctrine si sainte.

Vous avez donc été obligé de vous déclarer ; et c'est ce que vous venez de faire en répondant à ma Lettre, où je vous avais représenté *que, si Jansénius avait, sur ces cinq propositions, quelque autre sens que celui de la grâce efficace, il n'avait point de défenseurs ; mais que, s'il n'avait point d'autre sens que celui de la grâce efficace, il n'avait point d'erreurs.* Vous n'avez pu désavouer cela, mon Père ; mais vous y faites une distinction en cette sorte, page 21 : *Il ne suffit pas* dites-vous, *pour justifier Jansénius, de dire qu'il ne tient que la grâce efficace, parce qu'on la peut tenir en deux manières : l'une hérétique, selon Calvin, qui consiste à dire que la volonté mue par la grâce n'a pas le pouvoir d'y résister ; l'autre, orthodoxe, selon les Thomistes et les Sorbonnistes, qui est fondée sur des principes établis par les Conciles, qui est que la grâce efficace par elle-même gouverne la volonté de telle sorte, qu'on a toujours le pouvoir d'y résister.*

On vous accorde tout cela, mon Père, et vous finissez en disant *que Jansénius serait catholique, s'il défendait la grâce efficace selon les Thomistes : mais qu'il est hérétique, parce qu'il est contraire aux Thomistes et conforme à Calvin, qui nie le pouvoir de résister à la grâce.* Je n'examine pas

ici, mon Père, ce point de fait; savoir, si Jansénius est
en effet conforme à Calvin. Il me suffit que vous le pré-
tendiez, et que vous nous fassiez savoir aujourd'hui que,
par le sens de Jansénius, vous n'avez entendu autre chose
que celui de Calvin. N'était-ce donc que cela, mon Père,
que vous vouliez dire ? N'était-ce que l'erreur de Calvin
que vous vouliez faire condamner sous le nom du sens
de Jansénius ? Que ne le déclariez-vous plus tôt ? Vous
vous fussiez bien épargné de la peine; car, sans Bulles ni
Brefs, tout le monde eût condamné cette erreur avec vous.
Que cet éclaircissement était nécessaire, et qu'il lève de
difficultés! Nous ne savions, mon Père, quelle erreur les
Papes et les évêques avaient voulu condamner sous le
nom du sens de Jansénius. Toute l'Eglise en était dans
une peine extrême, et personne ne nous le voulait expliquer. Vous le faites, maintenant, mon Père, vous que tout
votre parti considère comme le chef et le premier moteur
de tous ses conseils, et qui savez le secret de toute cette
conduite. Vous nous l'avez donc dit, que ce sens de
Jansénius n'est autre chose que le sens de Calvin condamné
par le Concile. Voilà bien des doutes résolus. Nous
savons maintenant que l'erreur qu'ils ont eu dessein de
condamner sous ces termes du *sens de Jansénius* n'est
autre chose que le sens de Calvin, et qu'ainsi nous
demeurons dans l'obéissance à leurs décrets en condamnant
avec eux ce sens de Calvin qu'ils ont voulu condamner.
Nous ne sommes plus étonnés de voir que les Papes et
quelques évêques aient été si zélés contre le sens de
Jansénius. Comment ne l'auraient-ils pas été, mon Père,
ayant créance en ceux qui disent publiquement que ce
sens est le même que celui de Calvin ?

  Je vous déclare donc, mon Père, que vous n'avez plus
rien à reprendre en vos adversaires, parce qu'ils détestent
assurément ce que vous détestez. Je suis seulement
étonné de voir que vous l'ignoriez, et que vous ayez si
peu de connaissance de leurs sentiments sur ce sujet,
qu'ils ont tant de fois déclarés dans leurs ouvrages. Je
m'assure que, si vous en étiez mieux informé, vous auriez
du regret de ne vous être pas instruit avec un esprit de
paix d'une doctrine si pure et si chrétienne, que la passion
vous fait combattre sans la connaître. Vous verriez, mon
Père, que non seulement ils tiennent qu'on résiste effectivement à ces grâces faibles, qu'on appelle excitantes ou
inefficaces, en n'exécutant pas le bien qu'elles nous
inspirent, mais qu'ils sont encore aussi fermes à souteni-

contre Calvin le pouvoir que la volonté a de résister
même à la grâce efficace et victorieuse qu'à défendre
contre Molina le pouvoir de cette grâce sur la volonté,
aussi jaloux de l'une de ces vérités que de l'autre. Ils ne
savent que trop que l'homme, par sa propre nature, a
toujours le pouvoir de pécher et de résister à la grâce,
et que, depuis sa corruption, il porte un fonds malheureux
de concupiscence, qui lui augmente infiniment ce pouvoir; mais que néanmoins, quand il plaît à Dieu de le
toucher par sa miséricorde, il lui fait faire ce qu'il veut et
en la manière qu'il le veut, sans que cette infaillibilité
de l'opération de Dieu détruise en aucune sorte la liberté
naturelle de l'homme, par les secrètes et admirables
manières dont Dieu opère ce changement, que saint Augustin a si excellemment expliquées, et qui dissipent toutes
les contradictions imaginaires que les ennemis de la
grâce efficace se figurent entre le pouvoir souverain de la
grâce sur le libre arbitre et la puissance qu'a le libre
arbitre de résister à la grâce; car, selon ce grand saint,
que les Papes de l'Eglise ont donné pour règle en cette
matière, Dieu change le cœur de l'homme par une douceur
céleste qu'il y répand, qui, surmontant la délectation de
la chair, fait que l'homme sentant d'un côté sa mortalité
et son néant, et découvrant de l'autre la grandeur et
l'éternité de Dieu, conçoit du dégoût pour les délices du
péché, qui le séparent du bien incorruptible. Trouvant sa
plus grande joie dans le Dieu qui le charme, il s'y porte
infailliblement de lui-même, par un mouvement tout
libre, tout volontaire, tout amoureux; de sorte que ce lui
serait une peine et un supplice de s'en séparer. Ce n'est
pas qu'il ne puisse toujours s'en éloigner, et qu'il ne s'en
éloignât effectivement, s'il le voulait. Mais comment le
voudrait-il, puisque la volonté ne se porte jamais qu'à ce
qu'il lui plaît le plus, et que rien ne lui plaît tant alors
que ce bien unique, qui comprend en soi tous les autres
biens ? *Quod enim amplius nos delectat, secundum id opere-
mur necesse est*, comme dit saint Augustin.

C'est ainsi que Dieu dispose de la volonté libre de
l'homme sans lui imposer de nécessité; et que le libre
arbitre, qui peut toujours résister à la grâce, mais qui ne
le veut pas toujours, se porte aussi librement qu'infailliblement à Dieu, lorsqu'il veut l'attirer par la douceur de
ses inspirations efficaces.

Ce sont là, mon Père, les divins principes de saint Augustin et de saint Thomas, selon lesquels il est véritable que

nous pouvons résister à la grâce, contre l'opinion de Calvin;
et que néanmoins, comme dit le pape Clément VIII, dans
son écrit adressé à la Congrégation *De auxiliis : Dieu forme
en nous le mouvement de notre volonté, et dispose efficace-
ment de notre cœur, par l'empire que sa majesté suprême a
sur les volontés des hommes aussi bien que sur le reste des
créatures qui sont sous le ciel, selon saint Augustin.*

C'est encore selon ces principes que nous agissons de
nous-mêmes; ce qui fait que nous avons des mérites qui
sont véritablement nôtres, contre l'erreur de Calvin, et
que néanmoins, Dieu étant le premier principe de nos
actions et *faisant en nous ce qui lui est agréable,* comme dit
saint Paul, *nos mérites sont des dons de Dieu,* comme dit le
Concile de Trente.

C'est par là qu'est détruite cette impiété de Luther,
condamnée par le même Concile, *que nous ne coopérons
en aucune sorte à notre salut, non plus que des choses inani-
mées;* et c'est par là qu'est encore détruite l'impiété de
l'école de Molina, qui ne veut pas reconnaître que c'est
la force de la grâce même qui fait que nous coopérons
avec elle dans l'œuvre de notre salut : par où il ruine ce
principe de foi établi par saint Paul, *que c'est Dieu qui
forme en nous et la volonté et l'action.*

Et c'est enfin par ce moyen que s'accordent tous ces
passages de l'Ecriture, qui semblent les plus opposés : *
Convertissez-vous à Dieu : Seigneur, convertissez-nous à
vous. Rejetez vos iniquités hors de vous : c'est Dieu qui ôte
les iniquités de son peuple. Faites des œuvres dignes de pénitence : Seigneur, vous avez fait en nous toutes nos œuvres.
Faites-vous un cœur nouveau et un esprit nouveau : Je vous
donnerai un esprit nouveau, et je créerai en vous un cœur
nouveau,* etc.

L'unique moyen d'accorder ces contrariétés apparentes
qui attribuent nos bonnes actions tantôt à Dieu et tantôt
à nous, est de reconnaître que, comme dit saint Augustin,
*nos actions sont nôtres, à cause du libre arbitre qui les produit;
et qu'elles sont aussi de Dieu, à cause de sa grâce qui fait
que notre [libre] arbitre les produit.* Et que, comme il dit
ailleurs, Dieu nous fait faire ce qu'il lui plaît, en nous
faisant vouloir ce que nous pourrions ne vouloir pas :
A Deo factum est ut vellent quod nolle potuissent.

Ainsi, mon Père, vos adversaires sont parfaitement
d'accord avec les nouveaux Thomistes mêmes, puisque
les Thomistes tiennent comme eux, et le pouvoir de
résister à la grâce, et l'infaillibilité de l'effet de la grâce,

qu'ils font profession de soutenir si hautement, selon cette maxime capitale de leur doctrine, qu'Alvarez, l'un des plus considérables d'entre eux, répète si souvent dans son livre, et qu'il exprime, Disp. 72, n. 4, en ces termes : *Quand la grâce efficace meut le libre arbitre, il consent infailliblement, parce que l'effet de la grâce est de faire qu'encore qu'il puisse ne pas consentir, il consente néanmoins en effet.* Dont il donne pour raison celle-ci de saint Thomas, son Maître ; *Que la volonté de Dieu ne peut manquer d'être accomplie ; et qu'ainsi, quand il veut qu'un homme consente à la grâce, il consent infailliblement, et même nécessairement, non pas d'une nécessité absolue, mais d'une nécessité d'infaillibilité.* En quoi la grâce ne blesse pas *le pouvoir qu'on a de résister si on le veut ;* puisqu'elle fait seulement qu'on ne veut pas y résister, comme votre Père Pétau le reconnaît en ces termes, [10]. 1, p. 602 : *La grâce de Jésus-Christ fait qu'on persévère infailliblement dans la piété, quoique non par nécessité : car on peut n'y pas consentir si on le veut, comme dit le Concile ; mais cette même grâce fait que l'on ne le veut pas.*

C'est là, mon Père, la doctrine constante de saint Augustin, de saint Prosper, des Pères qui les ont suivis, des Conciles, de saint Thomas, de tous les Thomistes en général. C'est aussi celle de vos adversaires, quoique vous ne l'ayez pas pensé ; et c'est enfin celle que vous venez d'approuver vous-même en ces termes : *La doctrine de la grâce efficace, qui reconnaît qu'on a le pouvoir d'y résister, est orthodoxe, appuyée sur les Conciles, et soutenue par les Thomistes et les Sorbonnistes.* Dites la vérité, mon Père : si vous eussiez su que vos adversaires tiennent effectivement cette doctrine, peut-être que l'intérêt de votre Compagnie vous eût empêché d'y donner cette approbation publique : mais, vous étant imaginé qu'ils y étaient opposés, ce même intérêt de votre Compagnie vous a porté à autoriser des sentiments que vous croyiez contraires aux leurs ; et par cette méprise, voulant ruiner leurs principes, vous les avez vous-mêmes parfaitement établis. De sorte qu'on voit aujourd'hui, par une espèce de prodige, les défenseurs de la grâce efficace justifiés par les défenseurs de Molina : tant la conduite de Dieu est admirable pour faire concourir toutes choses à la gloire de sa vérité.

Que tout le monde apprenne donc, par votre propre déclaration, que cette vérité de la grâce efficace, nécessaire à toutes les actions de piété, qui est si chère à l'Église, et qui est le prix du sang de son Sauveur, est si constamment catholique, qu'il n'y a pas un catholique, jusques aux Jésuites mêmes, qui ne la reconnaisse pour orthodoxe. Et l'on saura en même temps, par votre propre confession, qu'il n'y a pas le moindre soupçon d'erreur dans ceux que vous en avez tant accusés, car, quand vous leur en imputiez de cachées sans les vouloir découvrir, il leur était aussi difficile de s'en défendre qu'il vous était facile de les en accuser de cette sorte ; mais maintenant que vous venez de déclarer que cette erreur qui vous oblige à les combattre est celle de Calvin, que vous pensiez qu'ils soutinssent, il n'y a personne qui ne voie clairement qu'ils sont exempts de toute erreur, puisqu'ils sont si contraires à la seule que vous leur imposez, et qu'ils protestent, par leurs discours, par leurs livres, et par tout ce qu'ils peuvent produire pour témoigner leurs sentiments, qu'ils condamnent cette hérésie de tout leur cœur, et de la même manière que font les Thomistes, que vous reconnaissez sans difficulté pour catholiques, et qui n'ont jamais été suspects de ne le pas être.

Que direz-vous donc maintenant contre eux, mon Père ? Qu'encore qu'ils ne suivent pas le sens de Calvin, ils sont néanmoins hérétiques, parce qu'ils ne veulent pas reconnaître que le sens de Jansénius est le même que celui de Calvin ? Oseriez-vous dire que ce soit là une matière d'hérésie ? Et n'est-ce pas une pure question de fait qui n'en peut former ? C'en serait bien une de dire qu'on n'a pas le pouvoir de résister à la grâce efficace ; mais en est-ce une de douter si Jansénius le soutient ? Est-ce une vérité révélée ? Est-ce un article de foi qu'il faille croire sur peine de damnation ? Et n'est-ce pas malgré vous un point de fait pour lequel il serait ridicule de prétendre qu'il y eût des hérétiques dans l'Eglise ?

Ne leur donnez donc plus ce nom, mon Père, mais quelque autre qui soit proportionné à la nature de votre différend. Dites que ce sont des ignorants et des stupides, et qu'ils entendent mal Jansénius ; ce seront des reproches assortis à votre dispute ; mais de les appeler hérétiques, cela n'y a nul rapport. Et comme c'est la seule injure dont je les veux défendre, je ne me mettrai pas beaucoup en peine de montrer qu'ils entendent bien Jansénius. Tout ce que je vous en dirai est qu'il me semble, mon Père, qu'en le jugeant par vos propres règles, il est difficile qu'il ne passe pour catholique, car voici ce que vous établissez pour l'examiner.

Pour savoir, dites-vous, *si Jansénius est à couvert, il faut savoir s'il défend la grâce efficace à la manière de Calvin, qui nie qu'on ait le pouvoir d'y résister; car alors il serait hérétique : ou à la manière des Thomistes, qui l'admettent, car alors il serait Catholique.* Voyez donc, mon Père, s'il tient qu'on a le pouvoir de résister, quand il dit, dans des traités entiers, et entre autres, au t. 3, l. 8, c. 20, *qu'on a toujours le pouvoir de résister à la grâce, selon le Concile :* QUE LE LIBRE ARBITRE PEUT TOUJOURS AGIR ET N'AGIR PAS, *vouloir et ne vouloir pas, consentir et ne consentir pas, faire le bien et le mal, que l'homme en cette vie a toujours ces deux libertés, que vous appelez* [de contrariété et] *de contradiction.* Voyez de même s'il n'est pas contraire à l'erreur de Calvin, telle que vous-même la représentez, lui qui montre, dans tout le chap. 21, *que l'Eglise a condamné cet hérétique, qui soutient que la grâce n'agit pas sur le libre arbitre en la manière qu'on l'a cru si longtemps dans l'Eglise, en sorte qu'il soit ensuite au pouvoir du libre arbitre de consentir ou de ne consentir pas, au lieu que, selon saint Augustin et le Concile, on a toujours le pouvoir de ne consentir pas, si on le veut, et que, selon saint Prosper, Dieu donne à ses élus mêmes la volonté de persévérer, en sorte qu'il ne leur ôte pas la puissance de vouloir le contraire.* Et enfin jugez s'il n'est pas d'accord avec les Thomistes, lorsqu'il déclare, c. 4, *que tout ce que les Thomistes ont écrit pour accorder l'efficacité de la grâce avec le pouvoir d'y résister est si conforme à son sens, qu'on n'a qu'à voir leurs livres pour y apprendre ses sentiments : Quod ipsi dixerunt, dictum puta.*

Voilà comme il parle sur tous ces chefs, et c'est sur quoi je m'imagine qu'il croit le pouvoir de résister à la grâce; qu'il est contraire à Calvin, et conforme aux Thomistes, parce qu'il le dit, et qu'ainsi il est catholique selon vous. Que si vous avez quelque voie pour connaître le sens d'un auteur autrement que par ses expressions, et que, sans rapporter aucun de ses passages, vous vouliez soutenir, contre toutes ses paroles, qu'il nie le pouvoir de résister, et qu'il est pour Calvin contre les Thomistes, n'ayez pas peur, mon Père, que je vous accuse d'hérésie pour cela : je dirai seulement qu'il semble que vous entendez mal Jansénius; mais nous n'en serons pas moins enfants de la même Eglise.

D'où vient donc, mon Père, que vous agissez dans ce différend d'une manière si passionnée, et que vous traitez comme vos plus cruels ennemis, et comme les plus dangereux hérétiques, ceux que vous ne pouvez accuser d'aucune erreur, ni d'autre chose, sinon qu'ils n'entendent pas Jansénius comme vous ? Car de quoi disputez-vous, sinon du sens de cet auteur ? Vous voulez qu'ils le condamnent, mais il vous demandent ce que vous entendez par là. Vous dites que vous entendez l'erreur de Calvin; ils répondent qu'ils la condamnent : et ainsi, si vous n'en voulez pas aux syllabes, mais à la chose qu'elles signifient, vous devez être satisfait. S'ils refusent de dire qu'ils condamnent le sens de Jansénius, c'est parce qu'ils croient que c'est celui de saint Thomas. Et ainsi, ce mot est bien équivoque entre vous. Dans votre bouche il signifie le sens de Calvin; dans la leur, c'est le sens de saint Thomas; de sorte que ces différentes idées que vous avez d'un même terme, causant toutes vos divisions, si j'étais maître de vos disputes, je vous interdirais le mot de Jansénius de part et d'autre. Et ainsi, en n'exprimant que ce que vous entendez par là, on verrait que vous ne demandez autre chose que la condamnation du sens de Calvin, à quoi ils consentent; et qu'ils ne demandent autre chose que la défense du sens de saint Augustin et de saint Thomas, en quoi vous êtes tous d'accord.

Je vous déclare donc, mon Père, que, pour moi, je les tiendrai toujours pour catholiques, soit qu'ils condamnent Jansénius, s'ils y trouvent des erreurs, soit qu'ils ne le condamnent point quand ils n'y trouvent que ce que vous-même déclarez être catholique; et que je leur parlerai comme saint Jérôme à Jean évêque de Jérusalem, accusé de tenir huit propositions d'Origène. *Ou condamnez Origène*, disait ce saint, *si vous reconnaissez qu'il a tenu ces erreurs, ou bien niez qu'il les ait tenues : Aut nega hoc dixisse eum qui arguitur ; aut, si locutus est talia, eum damna qui dixerit.*

Voilà, mon Père, comment agissent ceux qui n'en veulent qu'aux erreurs, et non pas aux personnes, au lieu que vous, qui en voulez aux personnes plus qu'aux erreurs, vous trouvez que ce n'est rien de condamner les erreurs, si on ne condamne les personnes à qui vous les voulez imputer.

Que votre procédé est violent, mon Père, mais qu'il est peu capable de réussir! Je vous l'ai dit ailleurs, et je vous le redis encore, la violence et la vérité ne peuvent rien l'une sur l'autre. Jamais vos accusations ne furent plus outrageuses, et jamais l'innocence de vos adversaires ne fut plus connue : jamais la grâce efficace ne fut plus arti- ficieusement attaquée, et jamais nous ne l'avons vue si affermie. Vous employez les derniers efforts pour faire croire que vos disputes sont sur des points de foi, et jamais on ne connut mieux que toute votre dispute n'est que sur un point de fait. Enfin nous remuons toutes choses pour faire croire que ce point de fait est véritable, et jamais on ne fut plus disposé à en douter. Et la raison en est facile : c'est, mon Père, que vous ne prenez pas les voies naturelles pour faire croire un point de fait, qui sont de convaincre les sens, et de montrer dans un livre les mots que l'on dit y être. Mais vous allez chercher des moyens si éloignés de cette simplicité, que cela frappe nécessairement les plus stupides. Que ne preniez-vous la même voie que j'ai tenue dans mes lettres pour découvrir tant de mauvaises maximes de vos auteurs, qui est de citer fidèlement les lieux d'où elles sont tirées ? C'est ainsi qu'ont fait les Curés de Paris; et cela ne manque jamais de persuader le monde. Mais qu'auriez-vous dit, et qu'aurait-on pensé, lorsqu'ils vous reprochèrent, par exemple, cette proposition du P. Lamy : *Qu'un religieux peut tuer celui qui menace de publier des calomnies contre lui ou contre sa communauté, quand il ne s'en peut défendre autrement*, s'ils n'avaient point cité le lieu où elle est en propres termes; que, quelque demande qu'on leur en eût faite, ils se fussent toujours obstinés à le refuser; et qu'au lieu de cela, ils eussent été à Rome obtenir une Bulle qui ordonnât à tout le monde de le reconnaître ? N'aurait-on pas jugé sans doute qu'ils auraient surpris le Pape, et qu'ils n'auraient eu recours à ce moyen extraordinaire que manque des moyens naturels que les vérités de fait mettent en main à tous ceux qui les soutiennent ? Aussi ils n'ont fait que marquer que le Père Lamy enseigne cette doctrine au *to. 5, disp. 36, n. 118, p. 544 de l'édition de Douai;* et ainsi tous ceux qui l'ont voulu voir l'ont trouvée. et personne n'en a pu douter. Voilà une manière bien facile et bien prompte de vider les questions de fait où l'on a raison.

D'où vient donc, mon Père, que vous n'en usez pas de la sorte ? Vous avez dit, dans vos Cavilli, *que les cinq propositions sont dans Jansénius mot à mot, toutes, en propres termes, iisdem verbis.* On vous a dit que non. Qu'y avait-il à faire là-dessus sinon ou de citer la page, si vous les aviez vues en effet, ou de confesser que vous vous étiez trompé ? Mais vous ne faites ni l'un ni l'autre, et, au lieu de cela, voyant bien que tous les endroits de Jansénius, que vous alléguez quelquefois pour éblouir le monde,

ne sont point les *Propositions condamnées, individuelles et
singulières* que vous vous étiez engagé de faire voir dans
son livre, vous nous présentez des Constitutions qui
déclarent qu'elles en sont extraites, sans marquer le lieu.

Je sais, mon Père, le respect que les Chrétiens doivent
au Saint-Siège, et vos adversaires témoignent assez d'être
très résolus à ne s'en départir jamais. Mais ne vous imaginez pas que ce fût en manquer que de représenter au
Pape, avec toute la soumission que des enfants doivent à
leur père, et les membres à leur chef, qu'on peut l'avoir
surpris en ce point de fait; qu'il ne l'a point fait examiner
depuis son pontificat, et que son prédécesseur Innocent X
avait fait seulement examiner si les propositions étaient
hérétiques, mais non pas si elles étaient de Jansénius.
Ce qui a fait dire au Commissaire du Saint-Office, l'un
des principaux examinateurs, *qu'elles ne pouvaient être
censurées au sens d'aucun auteur : non sunt qualificabiles in
sensu proferentis; parce qu'elles leur avaient été présentées
pour être examinées en elles-mêmes, et sans considérer de quel
auteur elles pouvaient être : in abstracto, et ut præscindunt ab
omni proferente,* comme il se voit dans leurs suffrages
nouvellement imprimés : que plus de soixante docteurs,
et un grand nombre d'autres personnes habiles et pieuses
ont lu ce livre exactement sans les y avoir jamais vues, et
qu'ils y en ont trouvé de contraires; que ceux qui ont donné
cette impression au Pape pourraient bien avoir abusé de la
créance qu'il a en eux, étant intéressés, comme ils le sont,
à décrier cet auteur, qui a convaincu Molina de plus de
cinquante erreurs; que ce qui rend la chose plus croyable,
est qu'ils ont cette maxime, l'une des plus autorisées de
leur théologie, *qu'ils peuvent calomnier sans crime ceux
dont ils se croient injustement attaqués;* et qu'ainsi leur
témoignage étant si suspect, et le témoignage des autres
étant si considérable, on a quelque sujet de supplier Sa
Sainteté, avec toute l'humilité possible, de faire examiner
ce fait en présence des docteurs de l'un et de l'autre parti,
afin d'en pouvoir former une décision solennelle et régu-
lière. *Qu'on assemble des juges habiles,* disait saint Basile
sur un semblable sujet, Ep. 75; *que chacun y soit libre;
qu'on examine mes écrits, qu'on voie s'il y a des erreurs contre
la foi; qu'on lise les objections et les réponses, afin que ce soit
un jugement rendu avec connaissance de cause et dans les
formes, et non pas une diffamation sans examen.*

Ne prétendez pas, mon Père, de faire passer pour peu
soumis au Saint-Siège ceux qui en useraient de la sorte.

Les Papes sont bien éloignés de traiter les Chrétiens avec cet empire que l'on voudrait exercer sous leur nom. L'Eglise, dit le pape saint Grégoire, *In Job.*, lib. 8, c. [2, § 3], *qui a été formée dans l'école d'humilité, ne commande pas avec autorité, mais persuade par raison ce qu'elle enseigne à ses enfants qu'elle croit engagés dans quelque erreur : recta quæ errantibus dicit, non quasi ex auctoritate præcipit, sed ex ratione persuadet.* Et bien loin de tenir à déshonneur de réformer un jugement où on les aurait surpris, ils en font gloire au contraire, comme le témoigne saint Bernard, Ep. 180. *Le Siège Apostolique*, dit-il, *a cela de recommandable, qu'il ne se pique pas d'honneur, et se porte volontiers à révoquer ce qu'on en a tiré par surprise; aussi est-il bien juste que personne ne profite de l'injustice, et principalement devant le Saint-Siège.*

Voilà, mon Père, les vrais sentiments qu'il faut inspirer aux Papes, puisque tous les théologiens demeurent d'accord qu'ils peuvent être surpris, et que cette qualité suprême est si éloignée de les en garantir, qu'elle les y expose au contraire davantage, à cause du grand nombre des soins qui les partagent. C'est ce que dit le même saint Grégoire à des personnes qui s'étonnaient de ce qu'un autre Pape s'était laissé tromper. *Pourquoi admirez-vous*, dit-il l. 1, Dial., *que nous soyons trompés, nous qui sommes des hommes ? N'avez-vous pas vu que David, ce roi qui avait l'esprit de prophétie, ayant donné créance aux impostures de Siba, rendit un jugement injuste contre le fils de Jonathas ? Qui trouvera donc étrange que des imposteurs nous surprennent quelquefois, nous qui ne sommes point Prophètes ? La foule des affaires nous accable; et notre esprit, qui, étant partagé en tant de choses, s'applique moins à chacune en particulier, en est plus aisément trompé en une.* En vérité, mon Père, je crois que les Papes savent mieux que vous s'ils peuvent être surpris ou non. Ils nous déclarent eux-mêmes que les Papes et que les plus grands Rois sont plus exposés à être trompés que les personnes qui ont moins d'occupations importantes. Il les en faut croire, et il est bien aisé de s'imaginer par quelle voie on arrive à les surprendre. Saint Bernard en fait la description dans la lettre qu'il écrivit à Innocent II, en cette sorte : *Ce n'est pas une chose étonnante, ni nouvelle, que l'esprit de l'homme puisse tromper et être trompé. Des religieux sont venus à nous dans un esprit de mensonge et d'illusion. Ils vous ont parlé contre un évêque qu'ils haïssent, et dont la vie a été exemplaire. Ces personnes mordent comme des chiens, et veulent faire passer le bien pour*

*le mal. Cependant, très-saint Père, vous vous mettez en colère
contre votre fils. Pourquoi avez-vous donné un sujet de joie à
ses adversaires ? Ne croyez pas à tout esprit, mais éprouvez si
les esprits sont de Dieu. J'espère que, quand vous aurez connu
la vérité, tout ce qui a été fondé sur un faux rapport sera
dissipé. Je prie l'esprit de vérité de vous donner la grâce de
séparer la lumière des ténèbres, et de réprouver le mal pour
favoriser le bien.* Vous voyez donc, mon Père, que le degré
éminent où sont les Papes ne les exempte pas de surprise,
et qu'il ne fait autre chose que rendre leurs surprises plus
dangereuses et plus importantes. C'est ce que saint Bernard représente au Pape Eugène, *De Consid.*, l. 2, c. ult. :
*Il y a un autre défaut si général, que je n'ai vu personne des
grands du monde qui l'évite.* C'est, saint Père, la trop grande
crédulité d'où naissent tant de désordres ; car c'est de là que
viennent les persécutions violentes contre les innocents, les
préjugés injustes contre les absents, et les colères terribles
pour des choses de néant, *pro nihilo.* Voilà, saint Père, un mal
universel, duquel, si vous êtes exempt, je dirai que vous êtes
le seul qui ayez cet avantage entre tous vos confrères.

Je m'imagine, mon Père, que cela commence à vous
persuader que les Papes sont exposés à être surpris. Mais,
pour vous le montrer parfaitement, je vous ferai seulement
ressouvenir des exemples que vous-même rapportez dans
votre livre, de Papes et d'Empereurs, que des hérétiques
ont surpris effectivement. Car vous dites qu'Apollinaire
surprit le pape Damase, de même que Célestius surprit
Zozime. Vous dites encore qu'un nommé Athanase trompa
l'empereur Héraclius, et le porta à persécuter les Catholiques ; et qu'enfin Sergius obtint d'Honorius ce décret
qui fut brûlé au 6. Concile, *en faisant*, dites-vous, *le bon
valet auprès de ce Pape.*

Il est donc constant par vous-même que ceux, mon
Père, qui en usent ainsi auprès des Rois et des Papes, les
engagent quelquefois artificieusement à persécuter ceux
qui défendent la vérité de la foi en pensant persécuter des
hérésies. Et de là vient que les Papes, qui n'ont rien tant
en horreur que ces surprises, ont fait d'une Lettre
d'Alexandre III une loi ecclésiastique, insérée dans le droit
canonique, pour permettre de suspendre l'exécution de
leurs Bulles et de leurs Décrets quand on croit qu'ils ont
été trompés. *Si quelquefois*, dit ce Pape à l'archevêque de
Ravenne, *nous envoyons à votre fraternité des décrets qui
choquent vos sentiments, ne vous en inquiétez pas. Car ou vous
les exécuterez avec révérence, ou vous nous manderez la*

raison que vous croyez avoir de ne le pas faire, parce que nous trouverons bon que vous n'exécutiez pas un décret qu'on aurait tiré de nous par surprise et par artifice. C'est ainsi qu'agissent les Papes qui ne cherchent qu'à éclaircir les différends des Chrétiens, et non pas à suivre la passion de ceux qui veulent y jeter le trouble. Ils n'usent pas de domination, comme disent saint Pierre et saint Paul après Jésus-Christ; mais l'esprit qui paraît en toute leur conduite est celui de paix et de vérité. Ce qui fait qu'ils mettent ordinairement dans leurs lettres cette clause, qui est sous-entendue en toutes : *Si ita est; si preces veritate nitantur : Si la chose est comme on nous la fait entendre, si les faits sont véritables.* D'où il se voit que, puisque les Papes ne donnent de force à leurs Bulles qu'à mesure qu'elles sont appuyées sur des faits véritables, ce ne sont pas les Bulles seules qui prouvent la vérité des faits; mais qu'au contraire, selon les Canonistes mêmes, c'est la vérité des faits qui rend les Bulles recevables.

D'où apprendrons-nous donc la vérité des faits ? Ce sera des yeux, mon Père, qui en sont les légitimes juges, comme la raison l'est des choses naturelles et intelligibles, et la foi des choses surnaturelles et révélées. Car, puisque vous m'y obligez, mon Père, je vous dirai que, selon les sentiments de deux des plus grands Docteurs de l'Eglise, saint Augustin et saint Thomas, ces trois principes de nos connaissances, les sens, la raison et la foi, ont chacun leurs objets séparés, et leur certitude dans cette étendue. Et, comme Dieu a voulu se servir de l'entremise des sens pour donner entrée à la foi, *fides ex auditu*, tant s'en faut que la foi détruise la certitude des sens, que ce serait au contraire détruire la foi que de vouloir révoquer en doute le rapport fidèle des sens. C'est pourquoi saint Thomas remarque expressément que Dieu a voulu que les accidents sensibles subsistassent dans l'Eucharistie, afin que les sens, qui ne jugent que de ces accidents, ne fussent pas trompés : *Ut sensus a deceptione reddantur immunes.*

Concluons donc de là que, quelque proposition qu'on nous présente à examiner, il en faut d'abord reconnaître la nature, pour voir auquel de ces trois principes nous devons nous en rapporter. S'il s'agit d'une chose surnaturelle, nous n'en jugerons ni par les sens, ni par la raison, mais par l'Ecriture et par les décisions de l'Eglise. S'il s'agit d'une proposition non révélée et proportionnée à la raison naturelle, elle en sera le premier juge. Et s'il s'agit enfin d'un point de fait, nous en croirons les sens, auxquels il appartient naturellement d'en connaître.

Cette règle est si générale que, selon saint Augustin et saint Thomas, quand l'Ecriture même nous présente quelque passage, dont le premier sens littéral se trouve contraire à ce que les sens ou la raison reconnaissent avec certitude, il ne faut pas entreprendre de les désavouer en cette rencontre pour les soumettre à l'autorité de ce sens apparent de l'Ecriture; mais il faut interpréter l'Ecriture, et y chercher un autre sens qui s'accorde avec cette vérité sensible; parce que la parole de Dieu étant infaillible dans les faits mêmes, et le rapport des sens et de la raison agissant dans leur étendue étant certain aussi, il faut que ces deux vérités s'accordent; et comme l'Ecriture se peut interpréter en différentes manières, au lieu que le rapport des sens est unique, on doit, en ces matières, prendre pour la véritable interprétation de l'Ecriture celle qui convient au rapport fidèle des sens. *Il faut*, dit saint Thomas, 1 p., q. 68, a. 1, *observer deux choses, selon saint Augustin : l'une, que l'Ecriture a toujours un sens véritable ; l'autre que, comme elle peut recevoir plusieurs sens, quand on en trouve un que la raison convainc certainement de fausseté, il ne faut pas s'obstiner à dire que c'en soit le sens naturel, mais en chercher un autre qui s'y accorde.*

C'est ce qu'il explique par l'exemple du passage de la Genèse, où il est écrit *que Dieu créa deux grands luminaires, le soleil et la lune, et aussi les étoiles ;* par où l'Ecriture semble dire que la lune est plus grande que toutes les étoiles : mais parce qu'il est constant, par des démonstrations indubitables, que cela est faux, on ne doit pas, dit ce saint, s'opiniâtrer à défendre ce sens littéral, mai il faut en chercher un autre conforme à cette vérité de fait; comme en disant : *Que le mot de grand luminaire ne marque que la grandeur de la lumière de la lune à notre égard, et non pas la grandeur de son corps en lui-même.*

Que si on voulait en user autrement, ce ne serait pas rendre l'Ecriture vénérable, mais ce serait au contraire l'exposer au mépris des infidèles; *parce*, comme dit saint Augustin, *que, quand ils auraient connu que nous croyons dans l'Ecriture des choses qu'ils savent certainement être fausses, ils se riraient de notre crédulité dans les autres choses qui sont plus cachées, comme la résurrection des morts et la vie éternelle. Et ainsi,* ajoute saint Thomas, *ce serait leur rendre notre religion méprisable, et même leur en fermer l'entrée.*

Et ce serait aussi, mon Père, le moyen d'en fermer l'entrée aux hérétiques, et de leur rendre l'autorité du Pape méprisable, que de refuser de tenir pour catholiques ceux

qui ne croiraient pas que des paroles sont dans un livre
où elles ne se trouvent point, parce qu'un Pape l'aurait
déclaré par surprise. Car ce n'est que l'examen d'un livre
qui peut faire savoir que des paroles y sont. Les choses
de fait ne se prouvent que par les sens. Si ce que vous
soutenez est véritable, montrez-le; sinon ne sollicitez
personne pour le faire croire; ce serait inutilement. Toutes
les puissances du monde ne peuvent par autorité persuader
un point de fait, non plus que le changer; car il n'y a rien
qui puisse faire que ce qui est ne soit pas.

C'est en vain, par exemple, que des religieux de Ratis-
bonne obtinrent du pape saint Léon IX un décret solennel,
par lequel il déclara que le corps de saint Denis, premier
évêque de Paris, qu'on tient communément être l'Aréopa-
gite, avait été enlevé de France, et porté dans l'église de
leur monastère. Cela n'empêche pas que le corps de ce
saint n'ait toujours été et ne soit encore dans la célèbre
abbaye qui porte son nom, dans laquelle vous auriez
peine à faire recevoir cette Bulle, quoique ce Pape y
témoigne avoir examiné la chose *avec toute la diligence possible, diligentissime, et avec le conseil de plusieurs évêques et
prélats; de sorte qu'il oblige étroitement tous les Français
districte præcipientes, de reconnaître et de confesser qu'ils
n'ont plus ces saintes reliques.* Et néanmoins les Français,
qui savaient la fausseté de ce fait par leurs propres yeux,
et qui, ayant ouvert la châsse, y trouvèrent toutes ces
reliques entières, comme le témoignent les historiens de ce
temps-là, crurent alors, comme on l'a toujours cru depuis,
le contraire de ce que ce saint Pape leur avait enjoint de
croire, sachant bien que même les saints et les prophètes
sont sujets à être surpris.

Ce fut aussi en vain que vous obtîntes contre Galilée
ce décret de Rome, qui condamnait son opinion touchant
le mouvement de la Terre. Ce ne sera pas cela qui prou-
vera qu'elle demeure en repos; et si l'on avait des observa-
tions constantes qui prouvassent que c'est elle qui tourne,
tous les hommes ensemble ne l'empêcheraient pas de tourner, et ne s'empêcheraient pas de tourner aussi avec elle.
Ne vous imaginez pas de même que les lettres du pape
Zacharie pour l'excommunication de saint Virgile, sur ce
qu'il tenait qu'il y avait des antipodes, aient anéanti ce
nouveau monde; et qu'encore qu'il eût déclaré que cette
opinion était une erreur bien dangereuse, le roi d'Espagne
ne se soit pas bien trouvé d'en avoir plutôt cru Christophe
Colomb qui en venait, que le jugement de ce Pape qui n'y

avait pas été; et que l'Eglise n'en ait pas reçu un grand avantage, puisque cela a procuré la connaissance de l'Evangile à tant de peuples qui fussent péris dans leur infidélité.

Vous voyez donc, mon Père, quelle est la nature des choses de fait, et par quels principes on en doit juger; d'où il est aisé de conclure, sur notre sujet, que, si les cinq propositions ne sont point de Jansénius, il est impossible qu'elles en aient été extraites, et que le seul moyen d'en bien juger et d'en persuader le monde, est d'examiner ce livre en une conférence réglée, comme on vous le demande depuis si longtemps. Jusque-là vous n'avez aucun droit d'appeler vos adversaires opiniâtres : car ils seront sans blâme sur ce point de fait, comme ils sont sans erreurs sur les points de foi; catholiques sur le droit, raisonnables sur le fait, et innocents en l'un et en l'autre.

Qui ne s'étonnera donc, mon Père, en voyant d'un côté une justification si pleine, de voir de l'autre des accusations si violentes ? Qui penserait qu'il n'est question entre vous que d'un fait de nulle importance, qu'on veut faire croire sans le montrer ? Et qui oserait s'imaginer qu'on fît par toute l'Eglise tant de bruit pour rien, *pro nihilo*, mon Père, comme le dit saint Bernard ? Mais c'est cela même qui est le principal artifice de votre conduite, de faire croire qu'il y va de tout en une affaire qui n'est de rien; et de donner à entendre aux personnes puissantes qui vous écoutent qu'il s'agit dans vos disputes des erreurs les plus pernicieuses de Calvin, et des principes les plus importants de la foi, afin que, dans cette persuasion, ils emploient tout leur zèle et toute leur autorité contre ceux que vous combattez, comme si le salut de la religion catholique en dépendait : au lieu que, s'ils venaient à connaître qu'il n'est question que de ce petit point de fait, ils n'en seraient nullement touchés, et ils auraient au contraire bien du regret d'avoir fait tant d'efforts pour suivre vos passions particulières en une affaire qui n'est d'aucune conséquence pour l'Eglise.

Car enfin, pour prendre les choses au pis, quand même il serait véritable que Jansénius aurait tenu ces propositions, quel malheur arriverait-il de ce que quelques personnes en douteraient, pourvu qu'ils les détestent, comme ils le font publiquement ? N'est-ce pas assez qu'elles soient condamnées par tout le monde sans exception, au sens même où vous avez expliqué que vous voulez qu'on les condamne ? En seraient-elles plus censurées, quand on dirait que Jansénius les a tenues ? A quoi servirait donc d'exiger cette reconnaissance, sinon à décrier un docteur et un évêque qui est mort dans la communion de l'Eglise ? Je ne vois pas que ce soit là un si grand bien, qu'il faille l'acheter par tant de troubles. Quel intérêt y a l'Etat, le Pape, les évêques, les docteurs et toute l'Eglise ? Cela ne les touche en aucune sorte, mon Père, et il n'y a que votre seule Société qui recevrait véritablement quelque plaisir de cette diffamation d'un auteur qui vous a fait quelque tort. Cependant tout se remue, parce que vous faites entendre que tout est menacé. C'est la cause secrète qui donne le branle à tous ces grands mouvements, qui cesseraient aussitôt qu'on aurait su le véritable état de vos disputes. Et c'est pourquoi, comme le repos de l'Eglise dépend de cet éclaircissement, il était d'une extrême importance de le donner, afin que, tous vos déguisements étant découverts, il paraisse à tout le monde que vos accusations sont sans fondement, vos adversaires sans erreur, et l'Eglise sans hérésie.

Voilà, mon Père, le bien que j'ai eu pour objet de procurer, qui me semble si considérable pour toute la religion, que j'ai de la peine à comprendre comment ceux à qui vous donnez tant de sujet de parler, peuvent demeurer dans le silence. Quand les injures que vous leur faites ne les toucheraient pas, celles que l'Eglise souffre devraient, ce me semble, les porter à s'en plaindre : outre que je doute que des ecclésiastiques puissent abandonner leur réputation à la calomnie, surtout en matière de foi. Cependant ils vous laissent dire tout ce qui vous plaît; de sorte que, sans l'occasion que vous m'en avez donnée par hasard, peut-être que rien ne se serait opposé aux impressions scandaleuses que vous semez de tous côtés. Ainsi leur patience m'étonne, et d'autant plus qu'elle ne peut m'être suspecte ni de timidité, ni d'impuissance, sachant bien qu'ils ne manquent ni de raison pour leur justification, ni de zèle pour la vérité. Je les vois néanmoins si religieux à se taire que je crains qu'il n'y ait en cela de l'excès. Pour moi, mon Père, je ne crois pas le pouvoir faire. Laissez l'Eglise en paix, et je vous y laisserai de bon cœur. Mais pendant que vous ne travaillerez qu'à y entretenir le trouble, ne doutez pas qu'il ne se trouve des enfants de la paix qui se croiront obligés d'employer tous leurs efforts pour y conserver la tranquillité.

FACTUM

POUR LES CURÉS DE PARIS, CONTRE UN LIVRE INTITULÉ :
APOLOGIE POUR LES CASUISTES, CONTRE LES CALOMNIES DES
JANSÉNISTES, ET CONTRE CEUX QUI L'ONT COMPOSÉ, IMPRIMÉ
ET DÉBITÉ.

Notre cause est la cause de la morale chrétienne : nos
parties sont les casuistes qui la corrompent. L'intérêt
que nous y avons est celui des consciences dont nous
sommes chargés; et la raison qui nous porte à nous
élever, avec plus de vigueur que jamais, contre ce nouveau
libelle, est que la hardiesse des casuistes augmentant
tous les jours, et étant ici arrivée à son dernier excès,
nous sommes obligés d'avoir recours aux derniers remèdes,
et de porter nos plaintes à tous les tribunaux où nous
croirons le devoir faire, pour y poursuivre sans relâche
la condamnation et la censure de ces pernicieuses maximes.

Pour faire voir à tout le monde la justice de notre prétention, il n'y a qu'à représenter clairement l'état de
l'affaire, et la manière dont les nouveaux casuistes se sont
conduits depuis le commencement de leurs entreprises,
jusques à ce dernier livre qui en est le couronnement; afin
qu'en voyant combien la patience avec laquelle ils ont été
jusqu'ici soufferts a été pernicieuse à l'Eglise, on connaisse
la nécessité qu'il y a de n'en plus avoir aujourd'hui. Mais il
importe auparavant de bien faire entendre en quoi consiste
principalement le venin de leurs méchantes doctrines, à
quoi on ne fait pas assez de réflexion.

Ce qu'il y a de plus pernicieux dans ces nouvelles
morales, est qu'elles ne vont pas seulement à corrompre les
mœurs, mais à corrompre la règle des mœurs; ce qui est
d'une importance tout autrement considérable. Car c'est

un mal bien moins dangereux et bien moins général d'introduire des dérèglements, en laissant subsister les lois qui les défendent, que de pervertir les lois et de justifier les dérèglements; parce que, comme la nature de l'homme tend toujours au mal dès sa naissance, et qu'elle n'est ordinairement retenue que par la crainte de la loi, aussitôt que cette barrière est ôtée, la concupiscence se répand sans obstacle; de sorte qu'il n'y a point de différence entre rendre les vices permis et rendre tous les hommes vicieux.

Et de là vient que l'Eglise a toujours eu un soin particulier de conserver inviolablement les règles de sa morale, au milieu des désordres de ceux qu'elle n'a pu empêcher de les violer. Ainsi, quand on y a vu des [mauvais] chrétiens, on y a vu au même temps des lois saintes qui les condamnaient et les rappelaient à leur devoir; et il ne s'était point encore trouvé, avant ces nouveaux casuistes, que personne eût entrepris dans l'Eglise de renverser publiquement la pureté de ses règles.

Cet attentat était réservé à ces derniers temps, que le Clergé de France appelle *la lie et la fin des siècles*, où ces nouveaux théologiens, au lieu d'accommoder la vie des hommes aux préceptes de Jésus-Christ, ont entrepris d'accommoder les préceptes et les règles de Jésus-Christ aux intérêts, aux passions et aux plaisirs des hommes. C'est par cet horrible renversement qu'on a vu ceux qui se donnent la qualité de docteurs et de théologiens substituer à la véritable morale, qui ne doit avoir pour principe que l'autorité divine, et pour fin que la charité, une morale toute humaine, qui n'a pour principe que la raison, et pour fin que la concupiscence et les passions de la nature. C'est ce qu'ils déclarent avec une hardiesse incroyable, comme on le verra en ce peu de maximes qui leur sont les plus ordinaires. *Une action*, disent-ils, *est probable et sûre en conscience, si elle est appuyée sur une raison raisonnable, ratione rationabili, ou sur l'autorité de quelques auteurs graves, ou même d'un seul, ou si elle a pour fin un objet honnête.* Et on verra ce qu'ils appellent un objet honnête par ces exemples qu'ils en donnent. *Il est permis*, disent-ils, *de tuer celui qui nous fait quelque injure, pourvu qu'on n'ait en cela pour objet que le désir d'acquérir l'estime des hommes, ad captandam hominum æstimationem. On peut aller au lieu assigné pour se battre en duel, pourvu que ce soit dans le dessein de ne pas passer pour une poule, mais de passer pour un homme de cœur, vir et non gallina. On peut donner de l'argent pour un bénéfice, pourvu qu'on n'ait d'autre intention que l'avantage*

temporel qui nous en revient, et non pas d'égaler une chose
temporelle à une chose spirituelle. Une femme peut se parer,
quelque mal qu'il en arrive, pourvu qu'elle ne le fasse que par
l'inclination naturelle qu'elle a à la vanité, ob naturalem fastus
inclinationem. On peut boire et manger tout son saoul sans
nécessité, pourvu que ce soit pour la seule volupté et sans nuire
à sa santé, parce que l'appétit naturel peut jouir sans aucun
péché des actions qui lui sont propres, licite potest appetitus
naturalis suis actibus frui.

On voit, en ce peu de mots, l'esprit de ces casuistes, et
comment, en détruisant les règles de la piété, ils font succé-
der au précepte de l'Ecriture, qui nous oblige de rapporter
toutes nos actions à Dieu, une permission brutale de les
rapporter toutes à nous-mêmes : c'est-à-dire, qu'au lieu
que Jésus-Christ est venu pour amortir en nous les concupiscences du vieil homme, et y faire régner la charité de
l'homme nouveau, ceux-ci sont venus pour faire revivre
les concupiscences et éteindre l'amour de Dieu, dont ils
dispensent les hommes, et déclarent que c'est assez pourvu
qu'on ne le haïsse pas.

Voilà la morale toute charnelle qu'ils ont apportée, qui
n'est appuyée que *sur le bras de chair,* comme parle l'Ecriture, et dont ils ne donnent pour fondement, sinon que
Sanchez, Molina, Escobar, Azor, etc., la trouvent raisonnable; d'où ils concluent *qu'on la peut suivre en toute sûreté*
de conscience et sans aucun risque de se damner.

C'est une chose étonnante, que la témérité des hommes
se soit portée jusqu'à ce point. Mais cela s'est conduit
insensiblement et par degrés en cette sorte.

Ces opinions accommodantes ne commencèrent pas par
cet excès, mais par des choses moins grossières, et qu'on
proposait seulement comme des doutes. Elles se fortifièrent
peu à peu par le nombre des sectateurs, dont les maximes
relâchées ne manquent jamais : de sorte qu'ayant déjà
formé un corps considérable de casuistes qui les soutenaient, les ministres de l'Eglise, craignant de choquer
ce grand nombre, et espérant que la douceur et la raison
seraient capables de ramener ces personnes égarées, sup-
portèrent ces désordres avec une patience qui a paru par
l'événement, non seulement inutile, mais dommageable :
car, se voyant ainsi en liberté d'écrire, ils ont tant écrit en
peu de temps, que l'Eglise gémit aujourd'hui sous cette
monstrueuse charge de volumes. La licence de leurs opinions, qui s'est accrue avec le nombre de leurs livres, les
a fait avancer à grands pas dans la corruption des senti-

ments et dans la hardiesse de les proposer. Ainsi les maximes qu'ils n'avaient jetées d'abord que comme de simples pensées furent bientôt données pour probables; ils passèrent de là à les produire pour sûres en conscience, et enfin pour aussi sûres que les opinions contraires, par un progrès si hardi, qu'enfin les puissances de l'Eglise commençant à s'en émouvoir, on fit diverses censures de ces doctrines. L'Assemblée générale de France les censura en 1642, dans le livre du P. Bauny Jésuite, où elles sont presque toutes ramassées; car ces livres ne font que se copier les uns et les autres. La Sorbonne les condamna de même; la Faculté de Louvain ensuite, et feu M. l'Archevêque de Paris aussi, par plusieurs censures. De sorte qu'il y avait sujet d'espérer que tant d'autorités jointes ensemble arrêteraient un mal qui croissait toujours. Mais on fut bien obligé d'en demeurer à ce point : le P. Héreau fit, au Collège de Clermont, des leçons si étranges pour permettre l'homicide, et les PP. Flahaut et Le Court en firent de même à Caen de si terribles pour autoriser les duels, que cela obligea l'Université de Paris à en demander justice au Parlement, et à entreprendre cette longue procédure qui a été connue de tout le monde. Le P. Héreau ayant été, sur cette accusation, condamné par le Conseil à tenir prison dans le Collège des Jésuites, avec défenses d'enseigner dorénavant, cela assoupit un peu l'ardeur des casuistes; mais ils ne faisaient cependant que préparer de nouvelles matières, pour les produire toutes à la fois en un temps plus favorable.

En effet, on vit paraître, un peu après, Escobar, le P. Lamy, Mascarenhas, Caramuel et plusieurs autres, tellement remplis des opinions déjà condamnées, et de plusieurs nouvelles plus horribles qu'auparavant, que nous, qui, par la connaissance que nous avons de l'intérieur des consciences, remarquions le tort que ces dérèglements y apportaient, nous nous crûmes obligés à nous y opposer fortement. Ce fut pourquoi nous nous adressâmes, les années dernières, à l'Assemblée du Clergé qui se tenait alors, pour y demander la condamnation des principales propositions de ces derniers auteurs, dont nous leur présentâmes un extrait.

Ce fut là que la chaleur de ceux qui les voulaient défendre parut : ils employèrent les sollicitations les plus puissantes, et toutes sortes de moyens pour en empêcher la censure, ou au moins pour la faire différer, espérant qu'en la prolongeant jusqu'à la fin de l'Assemblée, on n'aurait plus le temps d'y travailler. Cela leur réussit en partie ; et néanmoins, quelque artifice qu'ils y aient apporté, quelques affaires qu'eût l'Assemblée sur la fin, et quoique nous n'eussions de notre côté que la seule vérité, qui a si peu de force aujourd'hui, cela ne put empêcher, par la providence de Dieu, que l'Assemblée ne résolût de ne se point séparer sans laisser des marques authentiques de son indignation contre ces relâchements, et du désir qu'elle avait eu d'en faire une condamnation solennelle, si le temps le lui eût permis.

Et pour le faire connaître à tout le monde, ils firent une Lettre circulaire à tous Nosseigneurs les Prélats du royaume en leur envoyant le livre de l'*Instruction des prêtres*, par saint Charles, imprimé l'année dernière par leur ordre avec cette Lettre, où, pour combattre ces méchantes maximes, ils commencèrent par celle de la probabilité, qui est le fondement de toutes. Voici leurs termes. *Il y a longtemps que nous gémissons, avec raison, de voir nos diocèses pour ce point, non seulement au même état que la Province de saint Charles, mais dans un qui est beaucoup plus déplorable. Car si nos confesseurs sont plus éclairés que les siens, il y a grand danger qu'ils ne s'engagent dans de certaines opinions modernes, qui ont tellement altéré la morale chrétienne et les maximes de l'Evangile, qu'une profonde ignorance serait beaucoup plus souhaitable qu'une telle science, qui apprend à tenir toutes choses problématiques, et à chercher des moyens, non pas pour exterminer les mauvaises habitudes des hommes, mais pour les justifier, et pour leur donner l'invention de les satisfaire en conscience.*

Ils viennent ensuite aux accommodements qu'ils ont établi sur ce principe de la probabilité. *Car*, disent-ils, *au lieu que Jésus-Christ nous donne ses préceptes et nous laisse ses exemples, afin que ceux qui croient en lui y obéissent et y accommodent leur vie, le dessein de ces auteurs paraît être d'accommoder les préceptes et les règles de Jésus-Christ aux intérêts, aux plaisirs et aux passions des hommes : tant ils se montrent ingénieux à flatter leur avarice et leur ambition par des ouvertures qu'ils leur donnent pour se venger de leurs ennemis, pour prêter leur argent à usure, pour entrer dans les dignités ecclésiastiques par toutes sortes de voies, et pour conserver le faux honneur que le monde a établi par des voies toutes sanglantes.* Et après avoir traité de ridicule la méthode des casuistes de bien diriger l'intention, ils condamnent fortement l'abus qu'ils font des sacrements.

Et enfin, pour témoigner à toute l'Eglise que ce qu'ils

ont fait était peu au prix de ce qu'ils eussent voulu faire, s'ils en eussent eu le pouvoir, ils finissent en cette sorte : *Plusieurs curés de la ville de Paris et des autres villes principales de ce royaume, par les plaintes qu'ils nous ont faites de ces désordres, avec la permission de Messeigneurs leurs prélats et par les conjurations d'y apporter quelque remède, ont encore augmenté notre zèle et redoublé notre douleur; s'ils se fussent plus tôt adressés à notre Assemblée qu'ils n'ont fait, nous eussions examiné, avec un soin très exact, toutes les propositions nouvelles des casuistes dont ils nous ont donné les extraits, et prononcé un jugement solennel qui eût arrêté le cours de cette peste des consciences. Mais ayant manqué de loisir pour faire cet examen avec toute la diligence et l'exactitude que demandait l'importance du sujet, nous avons cru que nous ne pouvions, pour le présent, apporter un meilleur remède à un désordre si déplorable, que de faire imprimer, aux dépens du Clergé, les instructions dressées par saint Charles Borromée, pour apprendre à ses confesseurs de quelle façon ils se doivent conduire en l'administration du sacrement de pénitence, et de les envoyer à tous Messeigneurs les évêques du royaume.*

Les sentiments de Nosseigneurs les évêques ayant paru par là d'autant plus visiblement, qu'on ne peut douter que ce ne soit la seule force de la vérité qui les a obligés à parler de cette sorte, nous croyions que les auteurs de ces nouveautés seraient désormais plus retenus; et qu'ayant vu tous les curés des principales villes de France et Nosseigneurs leurs prélats unis à condamner leur doctrine, ils demeuraient à l'avenir en repos, et qu'ils s'estimeraient bienheureux d'avoir évité une censure telle qu'ils l'avaient méritée, et aussi éclatante que les excès qu'ils avaient commis contre l'Eglise.

Les choses étaient en cet état, et nous ne pensions plus qu'à instruire paisiblement nos peuples des maximes pieuses et chrétiennes, sans crainte d'y être troublés, lorsque ce nouveau livre a paru, duquel il s'agit aujourd'hui, qui, étant l'Apologie de tous les Casuistes, contient seul autant que tous les autres ensemble, et renouvelle toutes les propositions condamnées avec un scandale, et une témérité d'autant plus digne de censure, qu'on l'ose produire après tant de censures méprisées, et d'autant plus punissable, qu'on doit reconnaître, par l'inutilité des remèdes dont on a usé jusqu'ici, la nécessité qu'il y a d'en employer de plus puissants pour arrêter, une fois pour toutes, un mal si dangereux et si rebelle.

Nous venons maintenant aux raisons particulières que nous avons de poursuivre la condamnation de ce libelle. Il y en a plusieurs bien considérables. La première est la hardiesse tout extraordinaire dont on soutient dans ce livre les plus abominables propositions des casuistes. Car ce n'est plus avec déguisement qu'on y agit. On ne s'y défend plus comme autrefois, en disant que ce sont des propositions qu'on leur impute. Ils agissent ici plus ouvertement. Ils les avouent et les soutiennent en même temps, comme sûres en conscience, *et aussi sûres*, disent-ils, *que les opinions contraires. Il est vrai*, dit ce livre en cent endroits, *que les casuistes tiennent ces maximes; mais il est vrai aussi qu'ils ont raison de les tenir.* Il va même quelquefois au-delà de ce qu'on leur avait reproché. *En effet*, dit-il, *nous soutenons cette proposition qu'on blâme si fort, et les casuistes vont encore plus avant.* Et ainsi il n'y a plus ici de question de fait; il demeure d'accord de tout; il confesse que, selon les casuistes, *il n'y a plus d'usure* dans les contrats les plus usuraires, par le moyen qu'il en donne pages 101, 107, 108, etc. Les bénéficiers seront exempts de *simonie*, quelque trafic qu'ils puissent faire, en dirigeant bien leur intention, page 62. Les blasphèmes, les parjures, les impuretés, *et enfin tous les crimes contre le Décalogue, ne sont plus péchés, si on les commet par ignorance, ou par emportement et passion, pages 26, 28. Les valets peuvent voler leurs maîtres pour égaler leurs gages à leurs peines,* selon le P. Bauny *qu'il confirme page 81. Les femmes peuvent prendre de l'argent à leurs maris pour jouer, page 152. Les juges ne sont pas obligés à restituer ce qu'ils auraient reçu pour faire une injustice, page 123. On ne sera point obligé de quitter les occasions et les professions où l'on court risque de se perdre, si on ne le peut facilement, page 49. On recevra dignement l'absolution et l'Eucharistie, sans avoir d'autre regret de ses péchés que pour le mal temporel qu'on en ressent, page 162 et 163. On pourra, sans crime, calomnier ceux qui médisent de nous, en leur imposant des crimes que nous savons être faux, pages 127, 128 et 129.*

Enfin tout sera permis, la loi de Dieu sera anéantie, et la seule raison naturelle deviendra notre lumière en toutes nos actions, et même pour discerner quand il sera permis aux particuliers de tuer leur prochain, ce qui est la chose du monde la plus pernicieuse, et dont les conséquences sont les plus terribles. *Qu'on me fasse voir*, dit-il, page 87, etc., *que nous ne nous devons pas conduire par la lumière naturelle, pour discerner quand il est permis ou défendu de tuer son prochain.* Et pour confirmer cette proposition : *Puisque les monarques se sont servis de la seule raison naturelle pour punir les malfaiteurs, ainsi la même raison naturelle doit servir pour juger si une personne particulière peut tuer celui qui l'attaque, non seulement en sa vie, mais encore en son honneur et en son bien.* Et pour répondre à ce que la loi de Dieu le défend, il dit au nom de tous les casuistes : *Nous croyons avoir raison d'exempter de ce commandement de Dieu ceux qui tuent pour conserver leur honneur, leur réputation et leur bien.*

Si on considère les conséquences de cette maxime, *que c'est à la raison naturelle à discerner quand il est permis ou défendu de tuer son prochain,* et qu'on y ajoute les maximes exécrables des docteurs très graves, qui, par leur raison naturelle, ont jugé qu'il était permis de commettre d'étranges parricides contre les personnes les plus inviolables, en de certaines occasions, on verra que, si nous nous taisions après cela, nous serions indignes de notre ministère; que nous serions les ennemis, et non pas les pasteurs de nos peuples; et que Dieu nous punirait justement d'un silence si criminel. Nous faisons donc notre devoir en avertissant les peuples et les juges de ces abominations; et nous espérons que les peuples et les juges feront le leur, les uns en les évitant, et les autres en les punissant comme l'importance de la chose le mérite.

Mais ce qui nous presse encore d'agir en cette sorte, est qu'il ne faut pas considérer ces propositions comme étant d'un livre anonyme et sans autorité, mais comme étant d'un livre soutenu et autorisé par un corps très considérable. Nous avons douleur de le dire, car, quoique nous n'ayons jamais ignoré les premiers moteurs de ces désordres, nous n'avons pas voulu les découvrir néanmoins; et nous ne le ferions pas encore, s'ils ne se découvraient eux-mêmes, et s'ils n'avaient affecté de se faire connaître à tout le monde. Mais puisqu'ils veulent qu'on le sache, il nous serait inutile de le cacher, puisque c'est chez eux-mêmes qu'ils ont fait débiter ce libelle; que c'est dans le Collège de Clermont que s'est fait ce trafic scandaleux; que ceux qui y ont porté leur argent ont rapporté autant qu'ils ont voulu d'*Apologies pour les casuistes*; que ces Pères l'ont portée chez leurs amis à Paris et dans les provinces; que le P. Brisacier, recteur de leur maison de Rouen, l'a donnée lui-même aux personnes de condition de la ville; qu'il l'a fait lire en plein réfectoire, comme une pièce d'édification et de piété; qu'il a demandé permission de la réimprimer à l'un des principaux magistrats ; que les Jésuites de Paris ont sollicité deux docteurs de Sorbonne pour en avoir l'approbation ; qu'ils en ont demandé le privilège à Monseigneur le Chancelier. Puisque enfin ils ont levé le masque, et qu'ils ont voulu se faire connaître en tant de manières, il est temps que nous agissions, et que, puisque les Jésuites se déclarent publiquement les protecteurs de l'Apologie des Casuistes, les curés s'en déclarent les dénonciateurs. Il faut que tout le monde sache que, comme c'est dans le Collège de Clermont qu'on débite ces maximes pernicieuses, c'est aussi dans nos paroisses qu'on enseigne les maximes chrétiennes qui y sont opposées, afin qu'il n'arrive pas que les personnes simples, entendant publier si hautement ces erreurs par une Compagnie si nombreuse, et ne voyant personne s'y opposer, les prennent pour des vérités, et s'y laissent insensiblement surprendre ; et que le jugement de Dieu s'exerce sur les peuples et sur leurs pasteurs, selon la doctrine des prophètes, qui déclarent contre ces nouvelles opinions, que les uns et les autres périront : les uns, manque d'avoir reçu les instructions nécessaires, et les autres, manque de les avoir données.

Nous sommes donc dans une obligation indispensable de parler en cette rencontre ; mais ce qui l'augmente encore de beaucoup, est la manière injurieuse dont les auteurs de cette Apologie y déchirent notre ministère ; car ce livre n'est proprement qu'un libelle diffamatoire contre les curés de Paris et des provinces, qui se sont opposés à leurs désordres. C'est une chose étrange de voir comment ils y parlent des Extraits que nous présentâmes au Clergé de leurs plus dangereuses propositions, et qu'ils ont la hardiesse de nous traiter pour ce sujet, pages 2 et 176, *d'ignorants, de factieux, d'hérétiques, de loups et de faux pasteurs. Il est bien sensible à la Compagnie des Jésuites,* disent-ils page 176, *de voir que les accusations se forment contre elle par des ignorants qui ne méritent pas d'être mis au nombre des chiens qui gardent le troupeau de l'Eglise, qui sont pris de plusieurs pour les vrais pasteurs, et sont suivis par les brebis qui se laissent conduire par ces loups.*

Voilà le comble de l'insolence où les Jésuites ont élevé les casuistes. Après avoir abusé de la modération des ministres de l'Eglise pour introduire leurs opinions impies, ils sont aujourd'hui arrivés à vouloir chasser du ministère de l'Eglise ceux qui refusent d'y consentir.

Cette entreprise séditieuse et schismatique, par laquelle

on essaye de jeter la division entre le peuple et ses pasteurs
légitimes, en l'incitant à les fuir comme des faux pasteurs
et des loups, par cette seule raison qu'ils s'opposent à une
morale toute impure, est d'une telle importance dans
l'Eglise, que nous n'y pourrions plus servir avec utilité,
si cette insolence n'était réprimée. Car enfin il faudrait
renoncer à nos charges et abandonner nos églises, si
au milieu de tous les tribunaux chrétiens établis pour
maintenir en vigueur les règles évangéliques, il ne nous
était permis, sans être diffamés comme des loups et de
faux pasteurs, de dire à ceux que nous sommes obligés
d'instruire, que c'est toujours un crime de calomnier son
prochain ; qu'il est plus sûr, en conscience, de tendre
l'autre joue après avoir reçu un soufflet, que de tuer celui
qui s'enfuit après l'avoir donné ; que le duel est toujours
un crime, et que c'est une fausseté horrible de dire *que
c'est à la raison naturelle de discerner quand il est permis
ou défendu de tuer son prochain*. Si nous n'avons la liberté
de parler en cette sorte, sans qu'on voie incontinent
paraître des livres soutenus publiquement par le corps des
Jésuites, qui nous traitent de factieux, d'ignorants, et de
faux pasteurs, il nous est impossible de gouverner fidèlement les troupeaux qui nous sont commis.

Il n'y a point de lieu, parmi les infidèles et les sauvages,
où il ne soit permis de dire que la calomnie est un crime,
qu'il n'est pas permis de tuer son prochain pour la seule
défense de son honneur : il n'y a que les lieux où sont les
Jésuites, où l'on n'ose parler ainsi. Il faut permettre les
calomnies, les homicides et la profanation des sacrements,
ou s'exposer aux effets de leur vengeance. Cependant
nous sommes ordonnés de Dieu pour porter les commandements à son peuple, et nous n'oserons lui obéir sans
ressentir la fureur de ces casuistes de chair et de sang. En
quel état sommes-nous donc réduits aujourd'hui ? Malheur
sur nous, dit l'Ecriture, si nous n'évangélisons, et malheur
sur nous, disent ces hommes, si nous évangélisons ! La
colère de Dieu nous menace d'une part, et l'audace de ces
hommes de l'autre ; ce qui nous met dans la nécessité,
ou de devenir en effet des faux pasteurs et des loups, ou
d'être déchirés comme tels par trente mille bouches qui
nous décrient.

C'est là le sujet de nos plaintes ; c'est ce qui nous oblige
à demander justice pour nous et pour la morale chrétienne, dont la cause nous est commune, et à redoubler
notre zèle pour la défendre, à mesure qu'on augmente

les efforts pour l'opprimer. Elle nous devient d'autant plus chère, qu'elle est plus puissamment combattue, et que nous sommes plus seuls à la défendre. Et, dans la joie que nous avons que Dieu daigne se servir de notre faiblesse pour y contribuer, nous osons lui dire, avec celui qui était selon son cœur : *Seigneur, il est temps que vous agissiez, ils ont dissipé votre loi ; c'est ce qui nous engage encore plus à aimer tous vos préceptes, et qui nous donne plus d'aversion pour toutes les voies de l'iniquité.*

C'est cependant une chose déplorable de nous voir abandonnés et traités avec tant d'outrages par ceux dont nous devrions le plus attendre de secours ; de sorte que nous ayons à combattre les passions des hommes, non seulement accompagnées de toute l'impétuosité qui leur est naturelle, mais encore enflées et soutenues par l'approbation d'un si grand corps de religieux : et qu'au lieu de nous pouvoir servir de leurs instructions pour corriger les égarements des peuples, nous soyons obligés de nous servir de ce qui reste de sentiment de piété dans les peuples pour leur faire abhorrer l'égarement de ces religieux.

Voilà où nous en sommes aujourd'hui. Mais nous espérons que Dieu inclinera le cœur de ceux qui peuvent nous rendre justice, à prendre en main notre défense, et qu'ils y seront d'autant plus portés, qu'on les rend eux-mêmes complices de ces corruptions. On y comprend le Pape, les évêques et le Parlement, par cette prétention extravagante, que les auteurs de ce libelle établissent en plusieurs pages, comme une chose très constante : *Que les Bulles des Papes contre les cinq propositions sont une approbation générale de la doctrine des casuistes.* Ce qui est la chose du monde la plus injurieuse à ces Bulles, et la plus impertinente en elle-même, puisqu'il n'y a aucun rapport d'une de ces matières à l'autre. Tout ce qu'il y a de commun entre ces cinq propositions et celles des casuistes, est qu'elles sont toutes hérétiques. Car, comme il y a des hérésies dans la foi, il y a aussi des hérésies dans les mœurs, selon les Pères et les Conciles, et qui sont d'autant plus dangereuses, qu'elles sont conformes aux passions de la nature, et à ce malheureux fond de concupiscence dont les plus saints ne sont pas exempts. Nous croyons donc que ceux qui ont tant témoigné de zèle contre les propositions condamnées, n'en auront pas un moindre en cette rencontre, puisque le bien de l'Eglise, qui a pu être leur seul objet, est ici d'autant plus intéressé, qu'au lieu que l'hérésie des cinq propositions n'est entendue que par les seuls théologiens, et que personne n'ose les soutenir, il se trouve ici, au contraire, que les hérésies des casuistes sont entendues de tout le monde, et que les Jésuites les soutiennent publiquement.

SECOND ÉCRIT

DES CURÉS DE PARIS, POUR SOUTENIR LEUR FACTUM, PAR
LEQUEL ILS ONT DEMANDÉ LA CENSURE DE L'APOLOGIE DES
CASUISTES, ET SERVIR DE RÉPONSE A UN ÉCRIT INTITULÉ :
RÉFUTATION DES CALOMNIES NOUVELLEMENT PUBLIÉES PAR
LES AUTEURS D'UN FACTUM SOUS LE NOM DE MESSIEURS LES
CURÉS DE PARIS.

Après la dénonciation solennelle que nous avons faite,
avec tant de justice et de raison, devant le tribunal ecclésiastique, de l'*Apologie des Casuistes*, dont nous avons
découvert les plus pernicieuses maximes et les étranges
égarements, qui ont rempli d'horreur tous les fidèles à qui
Dieu a donné quelque amour pour ses vérités, il y avait
lieu d'espérer que ceux qui s'étaient engagés à la défendre,
par un désir immodéré de soutenir leurs auteurs les plus
relâchés, dont ce livre n'est qu'un extrait fidèle, répa-
reraient, par leur humilité et par leur silence, le tort qu'ils
s'étaient fait auprès de toutes les personnes équitables,
par leur témérité et par leur aveuglement.

Mais nous venons de voir que rien n'est capable de
réprimer leur excès. Au lieu de se taire, ou de n'ouvrir la
bouche que pour désavouer des erreurs si insoutenables
et si visiblement opposées à la pureté de l'Evangile, ils
viennent de produire un écrit où ils soutiennent toutes ces
erreurs, et où ils déchirent, de la manière du monde la
plus outrageuse, le Factum que nous avons fait contre leur
doctrine corrompue.

C'est ce qui nous oblige à nous élever de nouveau contre
cette nouvelle hardiesse, afin qu'on ne puisse pas reprocher à notre siècle que les ennemis de la morale chrétienne aient été plus ardents à l'attaquer, que les pasteurs

de l'Eglise à la défendre; et qu'il n'arrive pas que pendant que les peuples se reposent sur notre vigilance, nous demeurions nous-mêmes dans cet assoupissement que l'Ecriture défend si sévèrement aux pasteurs.

Cet Ecrit, qui vient d'être publié contre notre Factum, est un nouveau stratagème des Jésuites, qui s'y sont nommés, et qui, pour se donner la liberté de le déchirer, sans paraître toutefois offenser nos personnes, disent qu'ils ne le considèrent pas comme venant de nous, mais comme une pièce qu'on nous suppose. Et encore qu'il ait été fait par nous, examiné et corrigé par huit de nos députés à cette fin, approuvé dans l'Assemblée générale de la Compagnie, imprimé en notre nom, présenté par nous juridiquement à MM. les vicaires généraux, distribué par nous-mêmes dans nos paroisses, et avoué en toutes les manières possibles, comme il paraît par les registres de notre Assemblée du 7 janvier, 4 février et 1ᵉʳ avril 1658; il leur plaît toutefois de dire que nous n'y avons point de part; et, sur cette ridicule supposition, ils traitent les auteurs du Factum avec les termes les plus injurieux dont la vérité puisse être outragée, et nous donnent en même temps les louanges les plus douces dont la simplicité puisse être surprise.

Ainsi ils ont bien changé de langage à notre égard. Dans l'Apologie des Casuistes, nous étions *de faux pasteurs;* ici nous sommes de véritables et dignes pasteurs. Dans l'Apologie, ils nous haïssaient comme *des loups ravissants;* ici ils nous aiment comme *des gens de piété et de vertu.* Dans l'Apologie, ils nous traitaient *d'ignorants;* ici nous sommes des esprits éclairés et pleins de lumière. Dans l'Apologie, ils nous traitaient *d'hérétiques et de schismatiques;* ici *ils ont en vénération non seulement notre caractère, mais aussi nos personnes.* Mais, dans l'un et dans l'autre, il y a cela de commun, qu'ils défendent, comme la vraie morale de l'Eglise, cette morale corrompue. Ce qui fait voir que, leur but n'étant autre que d'introduire leur pernicieuse doctrine, ils emploient indifféremment, pour y arriver, les moyens qu'ils y jugent les plus propres; et qu'ainsi ils disent de nous que nous sommes des loups ou de légitimes pasteurs, selon qu'ils le jugent plus utile pour autoriser ou pour défendre leurs erreurs : de sorte que le changement de leur style n'est pas l'effet de la conversion de leur cœur, mais une adresse de leur politique, qui leur fait prendre tant de différentes formes en demeurant toujours les mêmes, c'est-à-dire toujours ennemis de la vérité et de ceux qui la soutiennent.

Car il est certain qu'ils ne sont point en effet changés à notre égard, et que ce n'est pas nous qu'ils louent, mais qu'au contraire c'est nous qu'ils outragent, puisqu'ils ne louent que des curés qui n'ont point de part au Factum, ce qui ne touche aucun de nous, qui l'y avons toute entière ; et qu'ils en outragent ouvertement les auteurs et les approbateurs, ce qui nous touche tous visiblement : et ainsi tout le mal qu'ils semblent ne pas dire de nous comme curés, ils le disent de nous comme auteurs du Factum, et ils ne parlent avantageusement de nous en un sens, que pour avoir la liberté de nous déchirer plus injurieusement en l'autre.

C'est un artifice grossier, et une manière d'offenser plus lâche et plus piquante, que si elle était franche et ouverte ; et cependant ils ont la témérité d'en user, non seulement contre nous, mais encore contre ceux que Dieu a établis dans les plus éminentes dignités de son Eglise ; car ils traitent de même la Lettre circulaire que Nosseigneurs les prélats de l'Assemblée du Clergé ont adressée à tous Nosseigneurs les évêques de France pour préserver leurs diocèses de la corruption des casuistes : et ils disent de cette Lettre page 7, que c'est *une pièce subreptice, sans aveu, sans ordre et sans autorité,* quoiqu'elle soit véritablement publiée par l'ordre des prélats de l'Assemblée, composée par eux-mêmes, approuvée par eux, imprimée par leur commandement chez Vitré, imprimeur du Clergé de France, avec les Instructions de saint Charles et l'extrait du Procès-verbal du 1er février 1657, où ces Prélats condamnent les relâchements de ces casuistes, et se plaignent fortement *qu'on voit avancer en ce temps des maximes si pernicieuses et si contraires à celles de l'Evangile, et qui vont à la destruction de la morale chrétienne.*

Mais quoi ! cette Lettre n'approuve pas la doctrine des casuistes : c'en est assez pour être traitée par les Jésuites de fausse et de subreptice, quelque authentique qu'elle soit, et quelque vénérable que puisse être la dignité de ceux de qui elle part. Qui ne voit par là qu'ils veulent, à quelque prix que ce soit, être hors des atteintes et des corrections des ministres de l'Eglise, et qu'ils ne les reconnaissent qu'en ce qui leur est avantageux, comme s'ils tenaient la place de Dieu, quand ils leur sont favorables, et qu'ils cessassent de la tenir, quand ils s'opposent à leurs excès ? Voilà la hardiesse qui leur est propre. Parce qu'ils se sentent assez puissamment soutenus dans le monde pour être à couvert des justes châtiments qu'on

ferait sentir à tout autre qu'à eux, s'il tombait en de bien
moindres fautes, c'est de là qu'ils prennent la licence de ne
recevoir de l'Eglise que ce qui leur plaît. Car qu'est-ce
autre chose de dire comme ils font : Nous honorons
Nosseigneurs les prélats, et tout ce qui vient d'eux; mais
pour cette Lettre circulaire, envoyée par leur ordre et
sous leur nom à tous les prélats de France contre nos
casuistes, nous ne l'honorons point, et la rejetons, au
contraire, comme une pièce fausse, sans aveu et sans
autorité : et nous avons de même de la vénération pour
Messieurs les curés de Paris; mais pour ce Factum
imprimé sous leur nom, qu'ils ont présenté à Messieurs les
vicaires généraux, nous déclarons que c'est un écrit scandaleux, et que ceux qui l'ont fait sont des séditieux, des
hérétiques et schismatiques ? Qu'est-ce à dire autre chose
de parler ainsi, sinon de faire connaître qu'ils honorent les
ministres de l'Eglise quand ils ne les troublent point dans
leurs désordres; mais, que, quand ils osent l'entreprendre,
ils leur font sentir par leurs mépris, par leurs calomnies
et par leurs outrages, ce que c'est que de les attaquer ?

Ainsi, il leur sera permis de tout dire; et les prélats et
les pasteurs n'oseront jamais les contredire sans être
incontinent traités d'hérétiques ou de factieux, ou en leurs
personnes, ou en leurs ouvrages. Ils auront vendu dans
leur collège et semé dans toutes nos paroisses l'exécrable
Apologie des Casuistes, nous n'oserons faire un écrit pour
servir d'antidote à un venin si mortel.

Ils auront mis le poignard et le poison entre les mains
des furieux et des vindicatifs, en déclarant en propres
termes : *que les particuliers ont droit, aussi bien que les
souverains, de discerner par la seule lumière de la raison,
quand il sera permis ou défendu de tuer leur prochain;* et
nous n'oserons déférer aux juges ecclésiastiques ces
maximes meurtrières, et leur représenter, par un Factum,
les monstrueux effets de cette doctrine sanguinaire ?

Ils auront donné indifféremment à tous les hommes ce
droit de vie et de mort, qui est le plus illustre avantage des
souverains; et nous n'oserons avertir nos peuples que c'est
une fausseté horrible et diabolique de dire qu'il leur soit
permis de se faire justice à eux-mêmes, et principalement
quand il y va de la mort de leurs ennemis; et que bien loin
de pouvoir tuer en sûreté de conscience, par une autorité
particulière et par le discernement de la raison naturelle,
on ne le peut jamais, au contraire, que par une autorité et
par une lumière divine.

Ils auront mis en vente toutes les dignités de l'Eglise, et ouvert l'entrée de la maison de Dieu à tous les simoniaques, par la distinction imaginaire *de motif et de prix ;* et nous n'oserons publier qu'on ne peut entrer sans crime dans le ministère de l'Eglise que par l'unique porte, qui est Jésus-Christ, et que ceux qui veulent que l'argent donné comme motif en soit une autre, ne font pas une véritable porte par où puissent entrer de légitimes pasteurs, mais une véritable brèche, par où il n'entre que des loups, non pas pour paître, mais pour dévorer le troupeau qui lui est si cher. .

Ils auront exempté de crime les calomniateurs et, permis par l'autorité de Dicastillus, leur confrère, et de plus de vingt célèbres Jésuites, *d'imposer de faux crimes contre sa conscience propre, pour ruiner de réputation ceux qui nous en veulent ruiner nous-mêmes.*

Ils auront permis aux juges *de retenir ce qu'ils auront reçu pour faire une injustice ;* aux femmes, *de voler leurs maris ;* aux valets, *de voler leurs maîtres ;* aux mères, *de souhaiter la mort de leurs filles quand elles ne les peuvent marier ;* aux riches, *de ne rien donner de leur superflu ;* aux voluptueux, *de boire et de manger tout leur saoul pour la seule volupté, et de jouir des contentements des sens comme de choses indifférentes ;* à ceux qui sont dans les occasions prochaines des plus damnables péchés, *d'y demeurer, quand ils n'ont pas facilité de les quitter ;* à ceux qui ont vieilli dans l'habitude des vices les plus énormes, *de s'approcher des sacrements, quoique avec une résolution si faible de changer de vie, qu'ils croient eux-mêmes qu'ils sont pour retomber bientôt dans leurs crimes, et sans autre regret de les avoir commis que pour le seul mal temporel qui leur en est arrivé ;*

Enfin, ils auront permis aux Chrétiens tout ce que les Juifs, les Païens, les Mahométans et les Barbares auraient en exécration et ils auront répandu dans l'Eglise les ténèbres les plus épaisses qui soient jamais sorties du puits de l'abîme. Et nous n'oserons faire paraître, pour les dissiper, le moindre rayon de la lumière de l'Evangile, sans que la Société en corps s'élève et déclare : *que ce ne peuvent être que des séditieux et des hérétiques qui parlent de la sorte contre leur morale ;* que leur doctrine *étant la vraie doctrine de la foi, ils sont obligés en conscience, quelque dévoués qu'ils soient aux souffrances et à la croix, de décrier les factieux et les schismatiques qui l'attaquent ;* qu'en cela ils ne parlent pas contre nous, parce que nous avons trop de piété pour être auteurs d'une pièce qui les combat ; et qu'autrement nous serions coupables de troubler la paix et la tranquillité de l'Eglise, en les inquiétant dans la libre publication de leurs doctrines. C'est ainsi qu'ils essayent de nous décrier comme des adversaires de la tranquillité publique. *Qui pourrait croire*, disent-ils, *que Messieurs les curés, qui, par le devoir de leurs charges, sont les médiateurs de la paix entre les séculiers, soient les auteurs d'un écrit qui veut jeter le schisme et la division entre eux et les religieux ?* Et dans la suite : *L'esprit de Dieu et la piété chrétienne est-elle aujourd'hui réduite à porter les disciples de l'Agneau à s'entre-manger comme des loups ?* Et ainsi ils font de grands discours pour montrer qu'ils veulent la paix, et que c'est nous qui la troublons.

Que l'insolence a de hardiesse, quand elle est flattée par l'impunité; et que la témérité fait en peu de temps d'étranges progrès, quand elle ne rencontre rien qui réprime sa violence! Ces casuistes, après avoir troublé la paix de l'Eglise par leurs horribles doctrines, qui vont à la destruction de la doctrine de Jésus-Christ, comme disent Nosseigneurs les évêques, accusent maintenant ceux qui veulent rétablir la doctrine de Jésus-Christ, de troubler la paix de l'Eglise. Après avoir semé le désordre de toutes parts, par la publication de leur détestable morale, ils traitent de perturbateurs du repos public ceux qui ne se rendent pas complaisants à leurs desseins, et qui ne peuvent souffrir que ces *Pharisiens de la loi nouvelle*, comme ils se sont appelés eux-mêmes, établissent leurs traditions humaines sur la ruine des traditions divines.

Mais c'est en vain qu'ils emploient cet artifice. Notre amour pour la paix a assez paru par la longueur de notre silence. Nous n'avons parlé que quand nous n'eussions pu nous taire sans crime. Ils ont abusé de cette paix pour introduire leurs damnables opinions, et ils voudraient maintenant en prolonger la durée, pour les affermir de plus en plus. Mais les vrais enfants de l'Eglise savent bien discerner la véritable paix que le Sauveur peut seul donner, et qui est inconnue au monde, d'avec cette fausse paix que le monde peut bien donner, mais qui est en horreur au Sauveur du monde. Ils savent que la véritable paix est celle qui conserve la vérité en la possession de la créance des hommes, et que la fausse paix est celle qui conserve l'erreur en possession de la crédulité des hommes; ils savent que la véritable paix est inséparable de la vérité, qu'elle n'est jamais interrompue aux yeux de Dieu par les disputes qui semblent l'interrompre quelquefois aux yeux des hommes, quand l'ordre

de Dieu engage à défendre ses vérités injustement atta-
quées, et que ce qui serait alors une paix devant les hommes
serait une guerre devant Dieu. Ils savent aussi que, bien
loin de blesser la charité par ces corrections, on blesserait la
charité en ne les faisant pas, parce que la fausse charité est
celle qui laisse les méchants en repos dans les vices, au lieu
que la véritable charité est celle qui trouble ce malheureux
repos; et qu'ainsi, [au lieu] d'établir la charité de Dieu par
cette douceur apparente, ce serait la détruire, au contraire,
par une indulgence criminelle, comme les saints Pères
nous l'apprennent par ces paroles : *Hœc charitas destruit
charitatem.*

Aussi c'est pour cela que l'Ecriture nous enseigne que
Jésus-Christ est venu apporter au monde, non seulement
la paix, mais aussi *l'épée et la division*, parce que toutes
ces choses sont nécessaires chacune en leur temps pour le
bien de la vérité, qui est la dernière fin des fidèles; au lieu
que la paix et la guerre n'en sont que les moyens, et ne sont
légitimes qu'à proportion de l'avantage qui en revient à la
vérité. C'est pour cela que l'Ecriture dit *qu'il y a un temps
de paix et un temps de guerre*, au lieu qu'on ne peut pas dire
qu'il y a un temps de vérité et un temps de mensonge; et
les Pères de l'Eglise nous enseignent qu'il est meilleur qu'il
arrive des scandales, que non pas que la vérité soit abandonnée.

Il est donc indubitable que les personnes qui prennent
toujours ce prétexte de charité et de paix pour empêcher de
crier contre ceux qui détruisent la vérité, témoignent qu'ils
ne sont amis que d'une fausse paix, et qu'ils sont véritablement ennemis, et de la véritable paix, et de la vérité.
Aussi c'est toujours sous ce prétexte de paix que les persécuteurs de l'Eglise ont voilé leurs plus horribles violences,
et que les faux amis de la paix ont consenti à l'oppression
des vérités de la Religion et des saints qui les ont défendues.

C'est ainsi que saint Athanase, saint Hilaire et d'autres
saints évêques de leur temps ont été traités de rebelles, de
factieux, d'opiniâtres, et d'ennemis de la paix et de
l'union; qu'ils ont été déposés, proscrits et abandonnés de
presque tous les fidèles, qui prenaient pour un violement
de la paix le zèle qu'ils avaient pour la vérité. C'est ainsi
que le saint et fameux moine Etienne était accusé de
troubler la tranquillité de l'Eglise par les trois cent trente
évêques qui voulaient ôter les images des églises, ce qui
était un point qui assurément n'était pas des plus importants pour le salut; et néanmoins parce qu'on ne doit

jamais relâcher les moindres vérités sous prétexte de la paix, ce saint religieux leur résista en face, et ce fut par ce sujet qu'il fut enfin condamné, comme on voit dans les Annales de Baronius ann. 754.

C'est ainsi que les saints patriarches et les prophètes ont été accusés, comme fut Elie, *de troubler le repos d'Israël*, et que les apôtres et Jésus-Christ même ont été condamnés comme des auteurs de trouble et de dissension, parce qu'ils déclaraient une guerre salutaire aux passions corrompues et aux funestes égarements des Pharisiens hypocrites et des prêtres superbes de la Synagogue. Et c'est enfin ce que l'Ecriture nous représente généralement, lorsque, faisant la description de ces faux docteurs, qui appellent divines les choses qui sont diaboliques, comme les casuistes font aujourd'hui de leur morale, elle dit dans la Sagesse, chap. 14, qu'ils donnent aussi le nom de paix à un renversement si déplorable. *L'égarement des hommes*, dit le Sage, *va jusqu'à cet excès, qu'ils donnent le nom incommunicable de la Divinité à ce qui n'en a pas l'essence, pour flatter les inclinations des hommes, et se rendre complaisants aux volontés des Princes et des Rois ; et ne se contentant pas d'errer ainsi touchant les choses divines, et de vivre dans cette erreur qui est une véritable guerre, ils appellent paix un état si rempli de troubles et de désordres :* In magno viventes inscientiæ bello tot et tanta mala pacem appellant.

C'est donc une vérité capitale de notre religion, qu'il y a des temps où il faut troubler cette possession de l'erreur que les méchants appellent paix ; et on n'en peut douter, après tant d'autorités qui le confirment. Or, s'il y en eut jamais une occasion et une nécessité indispensable, examinons si ce n'est pas aujourd'hui qu'elle presse et qu'elle contraint d'agir.

Nous voyons la plus puissante Compagnie et la plus nombreuse de l'Eglise, qui gouverne les consciences presque de tous les grands, liguée et acharnée à soutenir les plus horribles maximes qui aient jamais fait gémir l'Eglise. Nous les voyons, malgré tous les avertissements charitables qu'on leur a donnés en public et en particulier, autoriser opiniâtrement la vengeance, l'avarice, la volupté, le faux honneur, l'amour-propre, et toutes les passions de la nature corrompue, la profanation des sacrements, l'avilissement des ministères de l'Eglise et le mépris des anciens Pères, pour y substituer les auteurs les plus ignorants et les plus aveugles ; et cependant voyant à nos yeux ce débordement de corruption prêt à submerger l'Eglise, nous n'oserons, de peur de troubler la paix, crier à ceux qui la conduisent : *Sauvez-nous, nous périssons!*

Les moindres vérités de la religion ont été défendues jusques à la mort; et nous en relâcherions les points les plus essentiels et les maximes les plus importantes et les plus nécessaires pour le salut, parce qu'il plaît, non pas à trois cents évêques, ni à un seul, ni au Pape, mais seulement à la Société des Jésuites, de les renverser.

Nous voulons, disent-ils, *conserver la paix avec ceux mêmes qui n'en veulent point.* Etranges conservateurs de la paix, qui n'ont jamais laissé passer le moindre écrit contre leur morale sans des réponses sanglantes, et qui, écrivant toujours les derniers, veulent qu'on demeure en paix, quand ils sont demeurés en possession de leurs injustes prétentions!

Nous avons cru à propos de réfuter un peu au long ce reproche qu'ils font tant valoir contre nous, parce qu'encore qu'il y ait peu de personnes à qui ils puissent persuader que les casuistes sont de saints auteurs, il peut néanmoins s'en rencontrer à qui ils fassent accroire que nous ne laissons pas d'avoir tort de troubler la paix par notre opposition; et c'est pour ceux-là que nous avons fait ce discours, afin de leur faire entendre qu'il n'y a pas deux questions à faire sur ce sujet, mais une seule; et qu'il est impossible qu'il soit vrai tout ensemble que la morale des casuistes soit abominable, et que nous soyons blâmables de troubler leur fausse paix en la combattant.

Nous n'abandonnerons donc jamais la morale chrétienne, nous aimons trop la vérité. Mais, pour leur témoigner aussi combien nous aimons la paix, nous leur en ouvrons la porte tout entière, et leur déclarons que nous les embrasserons de tout notre cœur, aussitôt qu'ils voudront abjurer les pernicieuses maximes de leur morale, que nous avons rapportées dans notre Factum et dans nos Extraits, après les avoir prises et lues nous-mêmes dans leurs auteurs en propres termes, et qu'ils voudront renoncer sincèrement à la pernicieuse Apologie des Casuistes, et à la méchante théologie d'Escobar, de Molina, de Sanchez, de Lessius, de Hurtado, de Bauny, de Lamy, de Mascarenhas, et de tous les livres semblables que Nosseigneurs les évêques appellent *la peste des consciences.* Voilà de quoi il s'agit entre nous. Car il n'est pas ici question, comme ils tâchent malicieusement de le faire croire, des différends que les curés peuvent avoir avec les religieux. Il n'est point ici question de contester les privilèges des Jésuites, ni de s'opposer aux usurpations continuelles qu'ils font sur l'autorité des curés. Quoique leurs livres fussent remplis de mauvaises maximes sur ce sujet, nous les avons dissi- mulées à dessein dans les Extraits que nous avons pré- sentés à l'Assemblée du Clergé, pour ne rien mêler dans la cause générale de l'Eglise qui nous regardât en parti- culier. Il ne s'agit donc ici que de la pureté de la morale chrétienne, que nous sommes résolus de ne pas laisser corrompre; et nous ne sommes pas seuls dans ce dessein : voilà les curés de Rouen qui, par l'autorité de Monseigneur leur prélat, nous secondent avec un zèle chrétien et véri- tablement pastoral; et nous avons en main grand nombre de procurations des curés des autres villes de France, qui, par la permission aussi de Nosseigneurs leurs prélats, s'opposeront avec vigueur à ces nouvelles corruptions, jusqu'à ce que ceux qui les soutiennent y aient renoncé.

Jusque-là, nous les poursuivrons toujours, quoi qu'ils puissent dire de nous en bien ou en mal; et nous ne renon- cerons point aux vérités que nous avons avancées dans notre Factum pour acheter à ce prix les louanges qu'ils nous donneraient alors. *Nous ne serons point détournés, ni par leurs malédictions, ni par leurs bénédictions*, selon la parole de l'Ecriture. Ils ne nous ont point intimidés comme ennemis, ils ne nous corrompront point comme flatteurs. Ils nous ont trouvés intrépides à leurs menaces, ils nous trouveront inflexibles à leurs caresses, nous serons insen- sibles à leurs injures et à leurs douceurs. Nous présenterons toujours un même visage à tous leurs visages différents, et nous n'opposerons à la duplicité des enfants du siècle que la simplicité des enfants de l'Evangile.

(Suivent les clausules et les signatures des huit curés-commissaires, en date du 1er avril 1658.)

CINQUIÈME ÉCRIT

DES CURÉS DE PARIS, SUR L'AVANTAGE QUE LES HÉRÉTIQUES PRENNENT CONTRE L'ÉGLISE, DE LA MORALE DES CASUISTES ET DES JÉSUITES.

C'est une entreprise bien ample et bien laborieuse, que celle où nous nous trouvons engagés de nous opposer à tous les maux qui naissent des livres des casuistes, et surtout de leur Apologie. Nous avons travaillé jusques ici à arrêter le plus considérable, en prévenant, par nos divers Écrits, les mauvaises impressions que ces maximes relâchées auraient pu donner aux fidèles qui sont dans l'Eglise. Mais voici un nouveau mal, d'une conséquence aussi grande, qui s'élève du dehors de l'Eglise et du milieu des hérétiques.

Ces ennemis de notre foi qui, ayant quitté l'Eglise Romaine, s'efforcent incessamment de justifier leur séparation, se prévalent extraordinairement de ce nouveau livre, comme ils ont fait de temps en temps des livres semblables. Voyez, disent-ils à leurs peuples, quelle est la croyance de ceux dont nous avons quitté la communion! La licence y règne de toutes parts : on en a banni l'amour de Dieu et du prochain. *On y croit*, dit le ministre Drelincourt, *que l'homme n'est point obligé d'aimer son Créateur; qu'on ne laissera pas d'être sauvé sans avoir jamais exercé aucun acte intérieur d'amour de Dieu en cette vie; et que Jésus-Christ même aurait pu mériter la rédemption du monde par des actions que la charité n'aurait point produites en lui, comme dit le P. Sirmond, On y croit*, dit un autre ministre, *qu'il est permis de tuer plutôt que de recevoir une injure; qu'on n'est point obligé de restituer, quand on ne le peut faire sans déshonneur; et qu'on peut recevoir et demander de l'argent pour le prix de sa prostitution, et non solum femina quæque, sed etiam mas, comme dit Emmanuel Sa, Jésuite.*

Enfin ces hérétiques travaillent de toutes leurs forces, depuis plusieurs années, à imputer à l'Eglise ces abominations des casuistes corrompus. Ce fut ce que le ministre Du Moulin entreprit des premiers dans ce livre qu'il en fit, et qu'il osa appeler *Traditions romaines.* Cela fut continué ensuite dans cette dispute qui s'éleva, il y a dix ou douze ans, à La Rochelle, entre le P. d'Estrade, jésuite, et le ministre Vincent, sur le sujet du bal, que ce ministre condamnait comme dangereux et contraire à l'esprit de pénitence du Christianisme, et pour lequel ce Père fit des Apologies publiques, qui furent imprimées alors. Mais le ministre Drelincourt renouvela ses efforts les années dernières, dans son livre intitulé : *Licence que les Casuistes de la Communion de Rome donnent à leurs dévots.* Et c'est enfin dans le même esprit, qu'ils produisent aujourd'hui par toute la France cette nouvelle Apologie des Casuistes en témoignage contre l'Eglise, et qu'ils se servent plus avantageusement que jamais de ce livre, le plus méchant de tous, pour confirmer leurs peuples dans l'éloignement de notre communion, en leur mettant devant les yeux ces horribles maximes, comme ils l'ont fait encore depuis peu à Charenton.

Voilà l'état où les Jésuites ont mis l'Eglise. Ils l'ont rendue le sujet du mépris et de l'horreur des hérétiques : elle, dont la sainteté devrait reluire avec tant d'éclat, qu'elle remplît tous les peuples de vénération et d'amour. De sorte qu'elle peut dire à ces Pères ce que Jacob disait à ses enfants cruels : *Vous m'avez rendu odieux aux peuples qui nous environnent;* ou ce que Dieu dit dans ses Prophètes à la Synagogue rebelle : *Vous avez rempli la terre de vos abominations, et vous êtes cause que mon saint est nom blasphémé parmi les Gentils, lorsqu'en voyant vos profanations ils disent de vous : C'est là le peuple du Seigneur, c'est celui qui est sorti de la terre d'Israël qu'il leur avait donnée en héritage.* C'est ainsi que les hérétiques parlent de nous, et qu'en voyant cette horrible morale, qui afflige le cœur de l'Eglise, ils comblent sa douleur, en disant, comme ils font tous les jours : C'est là la doctrine de l'Eglise Romaine, et que tous les Catholiques tiennent; ce qui est la proposition du monde la plus injurieuse à l'Eglise.

Mais ce qui la rend plus insupportable est qu'il ne faut pas la considérer comme venant simplement d'un corps d'hérétiques, qui, ayant refusé d'ouïr l'Eglise, ne sont plus dignes d'en être ouïs; mais comme venant encore d'un corps des plus nombreux de l'Eglise même, ce qui est horrible à penser. Car en même temps que les Calvinistes imputent à l'Eglise des maximes si détestables, et que tous les Catholiques devraient s'élever pour l'en défendre, il s'élève, au contraire, une Société entière pour soutenir que ces opinions appartiennent véritablement à l'Eglise. Et ainsi quand les ministres s'efforcent de faire croire que ce sont des traditions romaines, et qu'ils sont en peine d'en chercher des preuves, les Jésuites le déclarent, et l'enseignent dans leurs écrits, comme s'ils avaient pour objet de fournir aux Calvinistes tout le secours qu'ils peuvent souhaiter; et que sans avoir besoin de chercher dans leur propre invention de quoi combattre les Catholiques, ils n'eussent qu'à ouvrir les livres de ces Pères pour y trouver tout ce qui leur serait nécessaire.

Nous savons bien néanmoins que l'intention des Jésuites n'est pas telle en effet; et comme nous en parlons sans passion, bien loin de leur imputer de faux crimes, nous voulons les défendre de ceux dont ils pourraient être suspects, quand ils n'en sont point coupables : notre dessein n'étant que de faire connaître le mal qui est véritablement en eux, afin qu'on s'en puisse défendre. Nous savons donc que cette conformité qu'ils ont avec les Calvinistes ne vient d'aucune liaison qu'ils aient avec eux, puisqu'ils en sont au contraire les ennemis, et que ce n'est qu'un désir immodéré de flatter les passions des hommes qui les fait agir de la sorte; qu'ils voudraient que l'inclination du monde s'accordât avec la sévérité de l'Evangile, qu'ils ne corrompent que pour s'accommoder à la nature corrompue; et qu'ainsi quand ils attribuent ces erreurs à l'Eglise, c'est dans un dessein bien éloigné de celui des Calvinistes, puisque leur intention n'est que de faire croire par là qu'ils n'ont pas quitté les sentiments de l'Eglise; au lieu que l'intention des hérétiques est de faire croire que c'est avec raison qu'ils ont quitté les sentiments de l'Eglise.

Mais encore qu'il soit véritable qu'ils ont en cela des fins bien différentes, il est vrai néanmoins que leurs prétentions sont pareilles, et que le démon se sert de l'attache que les uns et les autres ont pour leurs divers intérêts, afin d'unir leurs efforts contre l'Eglise, et de les fortifier les uns par les autres dans le dessein qu'ils ont tous de persuader que l'Eglise est dans ces maximes. Car comme les Calvinistes se servent des écrits des Jésuites pour le

prouver en cette sorte : il faut bien, disent-ils, que ces
opinions soient celles de l'Eglise, puisque le corps entier
des Jésuites les soutient; de même les Jésuites se servent,
à leur tour, des écrits de ces hérétiques pour prouver la
même chose en cette sorte : il faut bien, disent-ils, que ces
opinions soient celles de l'Eglise, puisque les hérétiques,
qui sont ses ennemis, les combattent. C'est ce qu'ils disent
dans des écrits entiers qu'ils ont faits sur ce sujet. Et ainsi
on voit, par un prodige horrible, que ces deux corps,
quoique ennemis entre eux, se soutiennent réciproque-
ment, et se donnent la main l'un à l'autre pour engager
l'Eglise dans la corruption des casuistes; ce qui est une fausseté d'une conséquence effroyable, puisque si Dieu souffrait
que l'abomination fût ainsi en effet dans le sanctuaire, il
arriverait tout ensemble, et que les hérétiques n'y rentre-
raient jamais, et que les Catholiques s'y pervertiraient
tous : et qu'ainsi il n'y aurait plus de retour pour les uns,
ni de sainteté pour les autres, mais une perte générale
pour tous les hommes.

Il est donc d'une extrême importance de justifier l'Eglise
en cette rencontre, où elle est si cruellement outragée, et
encore par tant de côtés à la fois, puisqu'elle se trouve
attaquée non seulement par ses ennemis déclarés qui la
combattent au-dehors, mais encore par ses propres enfants
qui la déchirent au-dedans. Mais tant s'en faut que ces
divers efforts, qui s'unissent contre elle, rendent sa défense
plus difficile, qu'elle en sera plus aisée, au contraire : car
dans la nécessité où nous sommes de les combattre tous
ensemble, sur une calomnie qu'ils soutiennent ensemble,
nous le ferons avec plus d'avantage que s'ils étaient seuls;
parce que la vérité a cela de propre, que plus on assemble de
faussetés pour l'étouffer, plus elle éclate par l'opposition du
mensonge. Nous ne ferons donc qu'opposer la véritable
règle de l'Eglise aux fausses règles qu'ils lui imputent, et
toutes leurs impostures s'évanouiront. Nous demanderons
aux Calvinistes qui les a appris à tirer cette bizarre conséquence : les Jésuites sont dans cette opinion, donc l'Eglise
y est aussi; comme si sa règle était de ne suivre que les
maximes des Jésuites. Et nous dirons à ces Pères que c'est
mal prouver que l'Eglise est de leur sentiment, de ne
faire autre chose que montrer que les Calvinistes les
combattent, parce que sa règle n'est pas aussi de dire toujours le contraire des hérétiques. Nous n'avons donc pour
règle, ni d'être toujours contraires aux hérétiques, ni
d'être toujours conformes aux Jésuites. Dieu nous préserve

d'une telle règle, selon laquelle il faudrait croire mille erreurs, parce que ces Pères les enseignent; et ne pas croire des articles principaux de la foi, comme la Trinité et la Rédemption du monde, parce que les hérétiques les croient. Notre religion a de plus fermes fondements. Comme elle est toute divine, c'est en Dieu seul qu'elle s'appuie et n'a de doctrine que celle qu'elle a reçue de lui, par le canal de la tradition, qui est notre véritable règle, qui nous distingue de tous les hérétiques du monde, et nous préserve de toutes les erreurs qui naissent dans l'Eglise même : parce que, selon la pensée du grand saint Basile nous ne croyons aujourd'hui que les choses que nos évêques et nos pasteurs nous ont apprises, et qu'ils avaient eux-mêmes reçues de ceux qui les ont précédés, et dont ils avaient reçu leur mission : et les premiers qui ont été envoyés par les apôtres n'ont dit que ce qu'ils en avaient appris : et les apôtres qui ont été envoyés par le Saint-Esprit n'ont annoncé au monde que les paroles qu'il leur avait données : et le Saint-Esprit qui a été envoyé par le Fils a pris ses paroles du Fils, comme il est dit dans l'Evangile, et enfin le Fils, qui a été envoyé du Père, n'a dit que ce qu'il avait ouï du Père, comme il le dit aussi lui-même.

Qu'on nous examine maintenant là-dessus, et si on veut convaincre l'Eglise d'être dans ces méchantes maximes, qu'on montre que les Pères et les Conciles les ont tenues, et nous serons obligés de les reconnaître pour nôtres. Aussi c'est ce que les Jésuites ont voulu quelquefois entreprendre; mais c'est aussi ce que nous avons réfuté par notre troisième Ecrit, où nous les avons convaincus de fausseté sur tous les passages qu'ils en avaient rapportés. De sorte que si c'est sur cela que les Calvinistes se sont fondés pour accuser l'Eglise d'erreur, ils sont bien ignorants de n'avoir pas su que toutes ces citations sont fausses; et s'ils l'ont su, ils sont de bien mauvaise foi d'en tirer des conséquences contre l'Eglise, puisqu'ils n'en peuvent conclure autre chose, sinon que les Jésuites sont des faussaires, ce qui n'est aucunement en dispute; mais non pas que l'Eglise soit corrompue, ce qui est toute notre question.

Que feront-ils donc désormais, n'ayant rien à dire contre toute la suite de notre tradition ? Diront-ils que l'Eglise vient de tomber dans ces derniers temps, et de renoncer à ses anciennes vérités pour suivre les nouvelles opinions des casuistes modernes ? En vérité, ils auraient bien de la

peine à le persuader à personne en l'état présent des choses.
Si nous étions demeurés dans le silence, et que l'Apologie
des Casuistes eût été reçue partout sans opposition, c'eût
été quelque fondement à leur calomnie, quoiqu'on eût
pu encore leur répondre que le silence de l'Eglise n'est
pas toujours une marque de son consentement; et que cette
maxime, qui est encore commune aux Calvinistes et aux
Jésuites qui en remplissent tous leurs livres, est très fausse.
Car ce silence peut venir de plusieurs autres causes, et
ce n'est le plus souvent qu'un effet de la faiblesse des
pasteurs. Et on leur eût dit de plus, que l'Eglise ne s'est
point tue sur ces méchantes opinions, et qu'elle a fait
paraître l'horreur qu'elle en avait par les témoignages
publics des personnes de piété, et par la condamnation
formelle du Clergé de France, et des Facultés Catholiques
qui les ont censurées plusieurs fois.

Mais que nous sommes forts aujourd'hui sur ce sujet,
où toute l'Eglise est déclarée contre ces corruptions, et
où tous les pasteurs des plus considérables villes du royaume
s'élèvent plus fortement et plus sincèrement contre ces
excès, que les hérétiques ne peuvent faire! Car y a-t-il
quelqu'un qui n'ait entendu notre voix? N'avons-nous
pas publié de toutes parts que les casuistes et les Jésuites
sont dans des maximes impies et abominables? Avons-
nous rien omis de ce qui était en notre pouvoir pour
avertir nos peuples de s'en garder comme d'un venin
mortel? Et n'avons-nous pas déclaré dans notre Factum,
que les curés se rendaient publiquement les dénonciateurs des
excès publics de ces Pères, et que ce serait dans nos paroisses
qu'on trouverait les maximes évangéliques opposées à celles de
leur Société?

Peut-on dire après cela que l'Eglise consent à ces erreurs,
et ne faut-il pas avoir toute la malice des hérétiques pour
l'avancer, sous le seul prétexte qu'un corps qui n'est point
de la hiérarchie demeure opiniâtrement dans quelques
sentiments particuliers condamnés par ceux qui ont autorité dans le corps de la hiérarchie? On a donc sujet de
rendre grâces à Dieu de ce qu'il a fait naître en ce temps un
si grand nombre de témoignages authentiques de l'aversion
que l'Eglise a pour ces maximes, et de nous avoir donné
par là un moyen si facile de la défendre de cette calomnie,
et de renverser en même temps les avantages que les
Calvinistes et les Jésuites avaient espéré de tirer de leur
imposture. Car la prétention des hérétiques est absolument
renversée. Ils voulaient justifier leur sortie de l'Eglise par

les erreurs des Jésuites, et ce sont ces mêmes erreurs qui
montrent avec le plus d'évidence le crime de leur séparation; parce que l'égarement de ces Pères, aussi bien que
celui des hérétiques, ne venant que d'avoir quitté la doctrine de l'Eglise pour suivre leur esprit propre, tant s'en
faut que les excès où les Jésuites sont tombés pour avoir
abandonné la tradition, favorisent le refus que les hérétiques font de se soumettre à cette tradition; que rien n'en
prouve, au contraire, plus fortement la nécessité, et ne fait
mieux voir les malheurs qui viennent de s'en écarter. Et
la prétention des Jésuites n'est pas moins ruinée. Car
l'intention qu'ils avaient, en imputant leurs maximes à
l'Eglise, était de faire croire qu'ils n'en avaient point
d'autres que les siennes : et il est arrivé de là, au contraire,
que tout le monde a appris qu'elles y sont étrangement
opposées; parce que la hardiesse d'une telle entreprise a
excité un scandale si universel, et une opposition si éclatante, qu'il n'y a peut-être aucun lieu en tout le Christianisme où l'on ne connaisse aujourd'hui la contrariété de
sentiments qui est entre leur Société et l'Eglise, qui aurait
possible été longtemps ignorée en beaucoup de lieux, si
par un aveuglement incroyable ils n'avaient eux-mêmes
fait naître la nécessité de la rendre publique par tout le
monde.

C'est ainsi que la vérité de Dieu détruit ses ennemis, par
les efforts mêmes qu'ils font pour l'opprimer, et dans le
temps où ils l'attaquent avec le plus de violence. La leur
était enfin devenue insupportable, et menaçait l'Eglise d'un
renversement entier. Car les Jésuites en étaient venus à
traiter hautement de Calvinistes et d'hérétiques tous ceux
qui ne sont pas de leurs sentiments; et les Calvinistes, par
une hardiesse pareille, mettaient au rang des Jésuites tous
les Catholiques sans distinction; de sorte que ces entreprises allaient à faire entendre qu'il n'y avait point de
milieu, et qu'il fallait nécessairement choisir l'une de ces
extrémités, ou d'être de la communion de Genève, ou
d'être des sentiments de la Société. Les choses étant en cet
état, nous ne pouvions plus différer de travailler à y mettre
ordre, sans exposer l'honneur de l'Eglise et le salut d'une
infinité de personnes. Car il ne faut pas douter qu'il ne
s'en perde beaucoup parmi les Catholiques dans la pernicieuse conduite de ces Pères, s'imaginant que des religieux
soufferts dans l'Eglise n'ont que des sentiments conformes
à ceux de l'Eglise. Et il ne s'en perd pas moins parmi les
hérétiques, par la vue de cette même morale, qui les

confirme dans le schisme, et leur fait croire qu'ils doivent demeurer éloignés d'une Eglise où l'on publie des opinions si éloignées de la pureté évangélique.

Les Jésuites sont coupables de tous ces maux; et il n'y a que deux moyens d'y remédier : la réforme de la Société, ou le décri de la Société. Plût à Dieu qu'ils prissent la première voie! Nous serions les premiers à rendre leur changement si connu, que tout le monde en serait édifié. Mais tant qu'ils s'obstineront à se rendre la honte et le scandale de l'Eglise, il ne reste que de rendre leur corruption si connue, que personne ne s'y puisse méprendre, afin que ce soit une chose si publique, que l'Eglise ne les souffre que pour les guérir, que les fidèles n'en soient plus séduits; que les hérétiques n'en soient plus éloignés; et que tous puissent trouver leur salut dans la voie de l'Evangile : au lieu qu'on ne peut que s'en éloigner en suivant les erreurs des uns et des autres.

Mais encore qu'ils sont tous égarés, il est vrai néanmoins que les uns le sont plus que les autres; et c'est ce que nous voulons faire entendre exactement, afin de les représenter tous dans le juste degré de corruption qui leur est propre, et leur faire porter à chacun la mesure de la confusion qu'ils méritent. Or il est certain que les Jésuites auront de l'avantage dans son parallèle entier; et nous ne feindrons point d'en parler ouvertement, parce que l'humiliation des uns n'ira pas à l'honneur des autres, mais que la honte de tous reviendra uniquement à la gloire de l'Eglise, qui est aussi notre unique objet.

Nous ne voulons donc pas que ceux que Dieu nous a commis s'emportent tellement dans la vue des excès des Jésuites, qu'ils oublient qu'ils sont leurs frères, qu'ils sont dans l'unité de l'Eglise, qu'ils sont membres de notre corps, et qu'ainsi nous avons intérêt à les conserver; au lieu que les hérétiques sont des membres retranchés qui composent un corps ennemi du nôtre; ce qui met une distance infinie entre eux, parce que le schisme est un si grand mal, que non seulement il est le plus grand des maux, mais qu'il ne peut y avoir aucun bien où il se trouve, selon tous les Pères de l'Eglise.

Car ils déclarent que *ce crime surpasse tous les autres; que c'est le plus abominable de tous, qu'il est pire que l'embrasement des Ecritures Saintes, que le martyre ne le peut effacer, et que qui meurt martyr pour la foi de Jésus-Christ hors de l'Eglise, tombe dans la damnation*, comme dit saint Augustin. *Que ce mal ne peut être balancé par aucun bien*, selon saint

Irénée. *Que ceux qui ont percé le corps de Jésus-Christ n'ont pas mérité de plus énormes supplices que ceux qui divisent son Eglise, quelque bien qu'ils puissent faire d'ailleurs,* comme dit saint Chrysostome. Et enfin tous les saints ont toujours été si unis en ce point, que les Calvinistes sont absolument sans excuse, puisqu'on n'en doit recevoir aucune, et non pas même celle qu'ils allèguent si souvent, *que ce ne sont pas eux qui se sont retranchés, mais l'Eglise qui les a retranchés elle-même injustement.* Car outre que cette prétention est horriblement fausse en ses deux chefs, parce qu'ils ont commencé par la séparation, et qu'ils ont mérité d'être excommuniés pour leurs hérésies, on leur soutient de plus, pour les juger par leur propre bouche, que, quand cela serait véritable, ce ne serait point une raison, selon saint Augustin, d'élever autel contre autel comme ils ont fait ; et que, comme ce Père le dit généralement, *il n'y a jamais de juste nécessité de se séparer de l'unité de l'Eglise.*

Que si cette règle, qu'il n'est jamais permis de faire schisme, est si générale, qu'elle ne reçoit point d'exception, qui souffrira que les Calvinistes prétendent aujourd'hui de justifier le leur par cette raison, que les Jésuites ont des sentiments corrompus ? Comme si on ne pouvait pas être dans l'Eglise sans être dans leurs sentiments ; comme si nous n'en donnions pas l'exemple nous-mêmes qui sommes, par la grâce de Dieu, et aussi éloignés de leurs méchantes opinions, et aussi attachés à l'Eglise qu'on le peut être ; ou comme ci ce n'était pas une des principales règles de la conduite chrétienne, d'observer tout ensemble ces deux préceptes du même Apôtre, *et de ne point consentir aux maux des impies,* et néanmoins *de ne point faire de schisme, ut non sit schisma in corpore.*

Car c'est l'accomplissement de ces deux points qui fait l'exercice des saints en cette vie, où les élus sont confondus avec les réprouvés, jusqu'à ce que Dieu en fasse lui-même la séparation éternelle. Et c'est l'infraction d'un de ces deux points qui fait, ou le relâchement des Chrétiens qui ne séparent pas leur cœur des méchantes doctrines, ou le schisme des hérétiques qui se séparent de la communion de leurs frères, et, usurpant ainsi le jugement de Dieu, tombent dans le plus détestable de tous les crimes.

Il est donc indubitable que les Calvinistes sont tout autrement coupables que les Jésuites ; qu'ils sont d'un ordre tout différent, et qu'on ne peut les comparer, sans y trouver une disproportion extrême. Car on ne saurait nier qu'il n'y ait au moins un bien dans les Jésuites, puisqu'ils ont gardé l'unité; au lieu qu'il est certain, selon tous les Pères, qu'il n'y a aucun bien dans les hérétiques, quelque vertu qui y paraisse, puisqu'ils ont rompu l'unité. Aussi il n'est pas impossible que parmi tant de Jésuites, il ne s'en rencontre qui ne soient point dans leurs erreurs; et nous croyons qu'il y en a, quoiqu'ils soient rares, et bien faciles à reconnaître. Car ce sont ceux qui gémissent des désordres de leur Compagnie, et qui ne retiennent par leur gémissement. C'est pourquoi on les persécute, on les éloigne, on les fait disparaître, comme on en a assez d'exemples; et ainsi ce sont proprement ceux qu'on ne voit presque jamais. Mais parmi les hérétiques, nul n'est exempt d'erreur, et tous sont certainement hors de la charité, puisqu'ils sont hors de l'unité.

Les Jésuites ont encore cet avantage, qu'étant dans l'Eglise, ils ont part à tous ses sacrifices, de sorte qu'on en offre par tout le monde pour demander à Dieu qu'il les éclaire, comme le Clergé de France eut la charité de l'ordonner il y a quelques années, outre les prières publiques qui ont été faites quelquefois pour eux dans des diocèses particuliers. Mais les hérétiques, étant retranchés de son corps, sont aussi privés de ce bien; de sorte qu'il n'y a point de proportion entre eux, et qu'on peut dire, avec vérité, que les hérétiques sont en un si malheureux état, que pour leur bien, il serait à souhaiter qu'ils fussent semblables aux Jésuites.

On voit, par toutes ces raisons, combien on doit avoir d'éloignement pour les Calvinistes, et nous sommes persuadés que nos peuples se garantiront facilement de ce danger; car ils sont accoutumés à les fuir dès l'enfance, et élevés dans l'horreur de leur schisme. Mais il n'en est pas de même de ces opinions relâchées des Casuistes; et c'est pourquoi nous avons plus à craindre pour eux de ce côté-là. Car encore que ce soit un mal bien moindre que le schisme, il est néanmoins plus dangereux, en ce qu'il est plus conforme aux sentiments de la nature, et que les hommes y ont d'eux-mêmes une telle inclination, qu'il est besoin d'une vigilance continuelle pour les en garder; et c'est ce qui nous a obligés d'avertir ceux qui sont sous notre conduite, de ne pas étendre les sentiments de charité qu'ils doivent avoir pour les Jésuites, jusques à les suivre dans leurs erreurs, puisqu'il faut se souvenir qu'encore que ce soient des membres de notre corps, c'en sont des membres malades, dont nous devons éviter la contagion; et

observer en même temps, et de ne les pas retrancher d'avec
nous, puisque ce serait nous blesser nous-mêmes, et de ne
point prendre de part à leur corruption, puisque ce serait
nous rendre des membres corrompus et inutiles.

*(Suivent les clausules et les signatures des huit curés-com-
missaires, avec la date du 11 juin 1658.)*

SIXIÈME ÉCRIT
DES CURÉS DE PARIS

OU L'ON FAIT VOIR, PAR LA DERNIÈRE PIÈCE DES JÉSUITES, QUE LEUR SOCIÉTÉ ENTIÈRE EST RÉSOLUE DE NE POINT CONDAMNER L'APOLOGIE ; ET OU L'ON MONTRE PAR PLUSIEURS EXEMPLES, QUE C'EST UN PRINCIPE DES PLUS FERMES DE LA CONDUITE DE CES PÈRES DE DÉFENDRE EN CORPS LES SENTIMENTS DE LEURS DOCTEURS PARTICULIERS.

La poursuite que nous faisons depuis si longtemps contre l'Apologie des Casuistes, réussit avec tant de bonheur, que nous ne pouvons rendre assez d'actions de grâces à Dieu, en voyant la bénédiction qu'il donne au travail que le devoir de nos charges nous avait obligés d'entreprendre.

Nous avions désiré que les peuples s'éloignassent de cette morale corrompue, que les prélats et les docteurs la censurassent, et que les hérétiques fussent confondus dans le reproche qu'ils nous font d'y adhérer. Et nous voyons, par la miséricorde de Dieu, que les peules à qui nous étions premièrement redevables, ont conçu une telle horreur de ces maximes impies, que nous avons désormais peu à craindre les maux qu'elles eussent pu produire sans notre opposition ; que nos confrères des provinces s'élèvent de même avec tant de courage pour défendre leurs églises de ce venin, qu'il y a sujet d'espérer qu'il ne pourra infecter personne en aucun lieu du royaume : que tant de prélats se disposent aussi à le flétrir par leurs censures, comme a déjà fait Monseigneur l'évêque d'Orléans, qui a eu la gloire de commencer ; que leurs condamnations, quoique séparées, formeront comme un Concile contre ces corruptions. Et si Messieurs les vicaires généraux de Paris diffèrent encore de quelques jours leur censure, à laquelle

ils travaillent avec tant de soin, ce n'est que pour la faire
paraître avec plus de force et d'utilité. Enfin la Sorbonne,
malgré tant d'intrigues que les Jésuites y ont voulu former,
a terminé, conclu, relu, et confirmé la censure à laquelle la
dernière main fut mise le 16 de ce mois : de sorte qu'après
un consentement si général de tous les corps de l'Eglise, il
ne reste plus le moindre prétexte aux hérétiques de la
calomnier. Et ainsi nous pourrions dire que tous nos désirs
sont accomplis, s'il n'en restait un de ceux qui nous sont les
plus chers, mais dont nous commençons à désespérer
maintenant. Car un de nos principaux souhaits a été que les
Jésuites mêmes renonçassent à leurs erreurs, afin qu'étant
supprimées dans leur source, on n'eût plus à en craindre
les funestes ruisseaux qui se répandent dans tout le christianisme. C'était le moyen d'en purger l'Eglise le plus
prompt et le plus sûr ; et plût à Dieu qu'il eût été le plus
facile ! Mais bien loin de l'être en effet, nous y avons trouvé
des difficultés invincibles ; et il nous a été plus aisé d'exciter
tous les pasteurs, et de remuer toutes les puissances de
l'Eglise, que de porter ces Pères à renoncer à la moindre des
erreurs où ils se trouvent engagés.

Leur dernier écrit nous en ôte toute espérance. Ils y
parlent en leur propre nom, et de la part de tout le corps.
Ils l'ont intitulé : *Sentiments des Jésuites etc.*, et l'ont produit pour montrer ce qu'on devait attendre d'eux. Or nous
n'y voyons aucune marque de retour, ni qu'ils aient fait un
seul pas vers la vérité. Nous les y trouvons toujours disposés à se servir de ces maximes, dont nous demandons la
suppression, et nous n'y trouvons en effet que de véritables
sentiments de Jésuites. L'on y remarque la même résolution à demeurer dans ces méchantes opinions, quoiqu'ils en
parlent avec un peu plus de timidité, se trouvant embarrassés dans la manière de s'exprimer. Car comme ils
conduisent une infinité de personnes qui veulent vivre
dans le relâchement, et passer néanmoins pour dévots, ces
maximes leur sont absolument nécessaires ; et ainsi ils sont
déterminés à ne les jamais condamner. Mais comme ils
veulent d'ailleurs s'accommoder à la disposition présente
des esprits, et ne s'attirer pas l'horreur des peuples qui va
directement contre ces excès, ils n'osent plus les soutenir
si ouvertement, et ainsi pour se mettre en état de s'en
pouvoir servir au besoin, sans néanmoins heurter le monde
trop rudement, ils ont cru ne pouvoir mieux faire, que de
dire qu'ils ne s'engagent dans aucun parti ; mais qu'ils
veulent demeurer sans condamner ni approuver l'Apologie.

C'est sur ce projet que roule tout leur écrit; et, au lieu des discours naturels que la vérité ne manque jamais de fournir quand on la veut dire sincèrement, ils ne se servent que de discours artificieux et indéterminés, qui les laissent toujours en liberté de prendre tel parti qu'il leur plaira. S'ils avaient voulu renoncer aux maximes horribles de l'Apologie ils n'avaient qu'à dire en deux mots qu'ils y renoncent. Mais c'est ce qu'ils ont évité d'une étrange sorte : et au lieu de cela on ne voit autre chose sinon ces expressions répandues dans toutes les pages de leur écrit : *Il n'y a aucune de ces questions arbitraires où nous nous intéressons pour la combattre ou pour la défendre. Vous dites que cette doctrine est criminelle ; mais l'auteur dit qu'il l'a prise des docteurs qui sont tous excellents. Si elle est bonne, n'en ôtez pas la gloire à ceux qui l'ont enseignée. Si elle est mauvaise, c'est à vous à le montrer par de bonnes raisons, et à eux à se défendre. Ne blessez donc pas l'honneur qui est dû à ces grands hommes. Pour nous, nous ne voulons ni l'autoriser, ni la condamner.*

Voilà leur caractère. Par là ils demeurent en pouvoir de contenter tout le monde. Ils diront à ceux qui seront scandalisés de ces maximes, qu'ils ont raison, et qu'aussi ils ont déclaré dans leurs SENTIMENTS, *qu'ils ne voulaient point approuver ces opinions*. Et ils diront à ceux qui voudront vivre selon ces maximes, qu'ils le peuvent, et qu'aussi ils ont déclaré dans leurs SENTIMENTS, *qu'ils ne condamnent point ces opinions*. Et ainsi ils produiront leurs SENTIMENTS équivoques pour satisfaire toutes sortes d'inclinations selon leur méthode ordinaire.

Et ils osent, après cela, s'élever comme les personnes du monde les plus irrépréhensibles, et nous demander, page 8 : *Pourquoi nous attaquez-vous sur une doctrine que nous ne voulons ni autoriser ni condamner ?* Mais nous leur répondons : C'est pour cela même que nous vous combattons; parce que vous ne voulez pas condamner une doctrine si condamnable qui est sortie de chez vous, et que vous voulez qu'on se satisfasse de ce que vous dites, *que vous n'approuvez pas cette Apologie*. Ce n'est rien faire que cela. Ce n'est pas reconnaître que ce livre est pernicieux et plein d'erreurs, ni se déclarer contre un ouvrage, que de dire simplement qu'on ne l'approuve pas, une infinité d'intérêts personnels, ou de légères circonstances indépendantes du fond de la matière, étant capables de faire qu'on n'approuve pas un bon livre; et c'est pourquoi nous nous plaignons de vous. C'est cela que nous vous reprochons. Il s'agit entre

nous de savoir si on peut faire son salut sans aimer Dieu,
et en persécutant son prochain jusqu'à le calomnier et le
tuer; et vous dites là-dessus, *que vous ne vous intéressez ni à
défendre ni à combattre aucune de ces opinions arbitraires!*
Qui peut souffrir cette indifférence affectée, qui ne
témoigne autre chose, sinon que vous voudriez et que vous
n'oseriez les défendre; mais que vous êtes au moins
résolus à ne les point condamner ?

Quoi, mes Pères, toute l'Eglise est en rumeur dans la
dispute présente. L'Evangile est d'un côté, et l'Apologie
des casuistes est de l'autre. Les prélats, les pasteurs, les
docteurs, et les peuples sont ensemble d'une part; et les
Jésuites pressés de choisir déclarent, page 7, *qu'ils ne
prennent point de parti dans cette guerre.* Criminelle neutra-
lité! Est-ce donc là tout le fruit de nos travaux que d'avoir
obtenu des Jésuites qu'ils demeureraient dans l'indifférence entre l'erreur et la vérité, entre l'Evangile et l'Apologie, sans condamner ni l'un ni l'autre ? Si tout le monde
était en ces termes, l'Eglise n'aurait guère profité, et les
Jésuites n'auraient rien perdu. Car ils n'ont jamais
demandé la suppression de l'Evangile. Ils y perdraient. Ils
en ont affaire pour les gens de bien. Ils s'en servent quelquefois aussi utilement que des casuistes. Mais ils perdraient aussi, si on leur ôtait l'Apologie qui leur est si
souvent nécessaire. Leur théologie va uniquement à
n'exclure ni l'un ni l'autre, et à se conserver un libre usage
de tout. Ainsi on ne peut dire ni de l'Evangile seul, ni de
l'Apologie seule, qu'ils contiennent leurs sentiments. Le
dérèglement qu'on leur reproche consiste dans cet assemblage, et leur justification ne peut consister qu'à en faire la
séparation, et à prononcer nettement qu'ils reçoivent l'un,
et qu'ils renoncent à l'autre : de sorte qu'il n'y a rien qui les
justifie moins, et qui les confonde davantage, que de ne nous
répondre autre chose, lorsque tout le fort de notre accusation est qu'ils unissent par une alliance horrible Jésus-Christ
avec Belial, sinon qu'ils ne renoncent pas à Jésus-Christ,
sans dire en aucune manière qu'ils renoncent à Belial.

Tout ce qu'ils ont donc gagné par leur écrit, est qu'ils
ont fait connaître eux-mêmes à ceux qui n'osaient se
l'imaginer, que cet esprit d'indifférence et d'indécision
entre les vérités les plus nécessaires pour le salut, et les
faussetés les plus capitales, est l'esprit non seulement de
quelques-uns de ces Pères, mais de la Société entière, et
que c'est en cela proprement que consistent, par leur
propre aveu, *les sentiments des Jésuites.*

Ainsi c'est par un aveuglement étrange, où la providence de Dieu les a justement abandonnés, qu'après qu'ils nous ont tant accusés d'injustice, d'imputer à toute leur Compagnie les opinions des particuliers, et que *pour se faire reconnaître* ils ont voulu présenter au monde *leur vrai portrait*, ils se sont en effet représentés dans leur forme la plus horrible : de sorte qu'après leur déclaration nous pouvons dire que ce n'est plus nous mais que ce sont eux-mêmes qui publient que leur Compagnie en corps a résolu de ne condamner ni combattre ces impiétés.

Et en effet, si cette Société était partagée, on en verrait au moins quelques-uns se déclarer contre ces erreurs : mais il faut que la corruption y soit bien universelle, puisqu'il n'en est sorti aucun écrit pour les condamner, et qu'il en a tant paru pour les soutenir. Il n'y a point d'exemple dans l'Eglise d'un pareil consentement de tout un corps à l'erreur. Il n'est pas étrange que des particuliers s'égarent; mais qu'ils ne reviennent jamais, et que le corps déclare qu'il ne les veut point corriger, c'est ce qui est digne d'étonnement, et ce qui doit porter ceux à qui Dieu en a donné l'autorité, à en arrêter les périlleuses conséquences. Car ce n'est point une chose secrète : elle est publique, ils en font gloire et affectent de faire connaître à tout le monde qu'ils font profession de défendre tous ensemble les sentiments de chacun d'eux. Ils espèrent par là se rendre redoutables et hors d'atteinte en faisant sentir que qui en attaque un, les attaque tous. Et en effet cela leur a souvent réussi. Mais c'est néanmoins une mauvaise politique : car il n'y a rien de plus capable de le décrier à la fin, et de faire qu'au lieu d'autoriser par là les particuliers, ils décréditent tout le corps, aussitôt que le monde sera informé de ce principe de leur conduite.

C'est pourquoi il importe de le bien faire entendre aujourd'hui. Car puisque ces Pères sont absolument déterminés à ne point rétracter les erreurs de l'Apologie, il ne reste plus, pour la sûreté des fidèles, et pour la défense de la vérité, que de faire connaître à tout le monde, que c'est par une profession ouverte et générale que les Jésuites ne quittent jamais une opinion dès qu'ils l'ont une fois imprimée, comme on verra dans la suite qu'ils le disent en propres termes; afin que cette connaissance étant aussi publique que leur endurcissement, ils ne puissent plus surprendre ni corrompre personne, et que leur obstination ne produise plus d'autre effet, que de faire plaindre leur aveuglement.

Nous donnerons donc ici quelques exemples de leur conduite, où l'on verra que pour horribles que soient les opinions que leurs auteurs ont une fois enseignées, ils les soutiennent éternellement : qu'ils remuent toute sorte de machines pour en empêcher la censure : qu'il faut joindre toutes les forces de l'Eglise et de l'Etat pour les faire condamner; qu'alors même ils éludent ces censures par des déclarations équivoques; et que si on les force à en donner de précises, ils les violent aussitôt après.

Nous en avons un insigne exemple en ce qui se passa sur le sujet du livre de leur P. Becan, si préjudiciable à l'Etat, et même à la personne de nos rois. Car quand ils en virent la Sorbonne émue, ils pensèrent à empêcher qu'elle ne le censurât en faisant en sorte qu'on lui mandât que leur censure n'était pas nécessaire, parce qu'il en devait bientôt venir une du Pape. Et comme on en eut en effet envoyé une de Rome quelque temps après, portant qu'il y avait dans ce livre plusieurs propositions *fausses et séditieuses*, etc., avec ordre de le corriger, ce P. Becan faisant semblant d'obéir à l'ordre qu'il avait de retrancher cette multitude de propositions criminelles, ne fit autre chose que d'en ôter un seul article, et le dédia au Pape en cet état, comme l'ayant purgé de toutes ces erreurs selon son intention : de sorte que ce livre, qui a maintenant un cours tout libre, contient ces propositions, outre plusieurs autres furieuses qu'il n'est pas temps de rapporter maintenant, *Que le roi doit être excommunié et déposé s'il l'a mérité; que pour savoir s'il l'a mérité, il faut en juger par le prudent avis de gens de piété et de doctrine; et qu'il doit être excommunié et privé de ses Etats, s'il viole les privilèges accordés aux religieux.* Ainsi la Sorbonne s'étant soulevée contre ces maximes détestables, et contre les autres qui y sont encore, ils la jouèrent insensiblement, premièrement en faisant, par leurs artifices, qu'elle ne prît point connaissance de cette affaire sous prétexte d'une censure de Rome, et en éludant ensuite cette censure en la manière que nous venons de dire, qui est si familière aux Jésuites.

Ils en usèrent de la même sorte sur la condamnation que la Faculté de Louvain fit de cette proposition, *qu'il est permis à un religieux de tuer ceux qui sont prêts à médire ou de lui, ou de sa communauté, s'il n'y a que ce moyen de l'éviter.* Ce fut ce que le P. Lamy, Jésuite, osa avancer dans la théologie qu'il composa *selon la méthode présente de l'Ecole de la Société de Jésus : Juxta scolasticam hujus temporis Societatis methodum.* Car au lieu que ces Pères devaient être portés non seulement par piété, mais encore par prudence, à supprimer cette doctrine, et à en prévenir la censure, bien loin d'agir de la sorte, ils résistèrent de toutes leurs forces et à la Faculté qui le censura *comme pernicieuse à tout le genre humain*, et au Conseil souverain de Brabant, qui l'y avait déférée. Il n'y eut point de voie qu'ils ne tentassent. Ils écrivirent incontinent de tous côtés pour avoir des approbateurs, et les opposer à cette Faculté. Ce qui rendit cette question *célèbre par toute l'Europe*, comme dit Caramuel, Fund. 55, page 542, où il rapporte cette lettre, que leur Père Zergol lui en écrivit en ces termes : *Cette doctrine*, dit ce Jésuite, *a été censurée bien rudement, et on a même défendu de la publier. Ainsi j'ai été prié de m'adresser aux savants et aux illustres de ma connaissance. J'écris donc à plusieurs docteurs, afin que s'il s'en trouve beaucoup qui approuvent ce sentiment, ce juge sévère qui n'a pu être éclairé par la solidité des raisons, le soit par la multitude des docteurs. Mais je me suis voulu d'abord approcher de la lumière du grand Caramuel, espérant que si ce flambeau des esprits approuve cette doctrine, ses adversaires seront couverts de confusion*, rubore suffundendos, *d'avoir osé condamner une opinions dont le grand Caramuel aura embrassé la protection.*

On voit en cela l'esprit de ces Pères, et les bassesses où ils se portent, pour trouver les moyens de résister aux condamnations les plus justes et les plus authentiques. Mais cette première résistance leur fut inutile. On ne s'arrêta point à la multitude de ces docteurs qui les secoururent en foule; et encore que Caramuel eût décidé nettement en ces termes : *La doctrine du Père Lamy est seule véritable, et le contraire n'est pas seulement probable, c'est l'avis de tout ce que nous sommes de doctes;* malgré tout cela le livre du Père Lamy demeura condamné; et l'ordre fut si exactement donné par le Conseil de Brabant d'en ôter cet article, que ces Pères n'eurent plus de moyen de s'en défendre. Ne pouvant donc plus s'en sauver par une désobéissance ouverte, ils pensèrent à l'éluder par une obéissance feinte, en ne faisant autre chose que retrancher la fin de cette proposition, et laissant le commencement qui la comprend tout entière : de sorte que malgré la première Faculté de Flandres, et le Conseil souverain du roi d'Espagne, on voit encore aujourd'hui dans le livre de ce Père Lamy cette doctrine horrible : *Qu'un religieux peut défendre son véritable honneur, même par la mort de celui qui le veut déshonorer*, etiam cum morte invasoris, *s'il ne peut l'empêcher autrement.* Ce qui n'est que la même chose que la première proposition que nous avons rapportée, *qu'un religieux peut tuer celui qui veut médire de lui ou de sa communauté,* laquelle subsiste ainsi dans le premier membre et y subsistera toujours. Car qui entreprendrait pour cela une nouvelle guerre contre des gens si rebelles et si artificieux ?

Voilà comment ils échappent aux condamnations de leurs plus détestables maximes, par des soumissions feintes et imaginaires. Et c'est pourquoi quand Nosseigneurs les prélats de France leur ont voulu faire donner des déclarations sur des points importants, ils ont observé soigneusement de ne laisser point de lieu à leurs fuites et à leurs équivoques. Mais s'ils ont bien eu le pouvoir de leur en faire donner d'exactes, ils n'ont pas eu celui de les empêcher de les violer. Les exemples en seraient trop longs à rapporter. Tout le monde sait leur procédé sur les livres d'Angleterre contre la hiérarchie, qu'ils furent obligés de désavouer par leurs Pères de la Salle, Haineuve, Maillart, etc. et qu'ils ont depuis reconnus publiquement et avec éloge dans un livre célèbre approuvé par leur Général où ils traitent les évêques d'opiniâtres et de novateurs, *contumaces, novatores.* Et quelque solennelle que fut cette autre déclaration qu'ils signèrent en présence de feu M. le Cardinal de Richelieu, qu'ils ne pouvaient, ni ne devaient confesser sans l'approbation des évêques, ce qui est formellement décidé par le Concile de Trente, ils la violèrent aussi solennellement dans le livre du P. Bauny, et ensuite plus insolemment dans celui du P. Cellot, lequel ayant été forcé de se rétracter, il fut bientôt soutenu de nouveau par le P. Pinthereau dans sa Réponse à leur Théologie Morale, 2e part., p. 87, où il dit, *que les Jésuites n'ont pu et n'ont dû renoncer au droit qu'ils ont de confesser sans avoir obtenu l'approbation des évêques; et que le P. Bauny et les autres sont louables de maintenir par leurs écrits ce pouvoir, qu'on ne leur dispute que par jalousie.* Et nos confrères d'Amiens viennent de présenter requête le 5 de ce mois à Monseigneur leur évêque, où ils se plaignent entre autres choses de ce que le P. Poignant a enseigné depuis peu dans leur collège cette même doctrine, qu'on les a obligés tant de fois de rétracter, tant il est impossible à l'Eglise d'arracher de ces Pères une erreur où ils sont une fois entrés, et tant ce principe est vivant dans leur Société, qu'ils doivent tous défendre ce qu'un des leurs a mis une fois dans ses livres.

L'exemple que *leur grand flambeau* Caramuel en rapporte en pensant leur faire honneur est remarquable. C'est sur un cas effroyable de la doctrine du même Père Lamy savoir *si un religieux, cédant à la fragilité, abuse d'une femme de basse condition, laquelle tenant à honneur de s'être prostituée à un si grand personnage,* honori ducens se prostituisse tanto viro, *publie ce qui s'est passé, et ainsi le déshonore : si ce Religieux la peut tuer pour éviter cette honte ?* Ne sont-ce pas là de belles questions de la morale de Jésus-Christ ? Et ne doit-on pas gémir de voir la théologie entre les mains de cette sorte de gens, qui la profanent si indignement par des propositions si infâmes ? Et qui pourra souffrir que toute cette Société s'arme pour les défendre par cette seule raison que leurs Pères les ont avancées ? C'est cependant ce qu'ils ne feignent point de déclarer, comme on le voit dans Caramuel Fund. 55. p. 551, où il rapporte l'opinion d'un de ces Pères sur ce cas horrible, qui mérite d'être considérée : la voici. *Le Père Lamy eût pu omettre cette résolution ; mais puisqu'il l'a une fois imprimée, il doit la soutenir,* ET NOUS DEVONS LA DÉFENDRE, *comme étant probable ; de sorte que ce religieux s'en peut servir pour tuer cette femme, et se conserver en honneur :* Potuisset Amicus hanc resolutionem omississe ; at semel impressam debet illam tueri, ET NOS EAMDEM DEFENDERE, etc. Si l'on pèse le sens de ces paroles, et qu'on en considère les conséquences, on verra combien nous avons de raison de nous opposer à une Compagnie si étendue, si remplie de méchantes maximes, et si ferme dans le dessein de ne s'en départir jamais.

Nous avons voulu faire paraître cette étrange liaison qui est entre eux par plusieurs exemples, afin qu'on voie que ce qu'ils font aujourd'hui pour l'Apologie n'est pas un emportement particulier où ils se soient laissé aller par légèreté ; mais l'effet d'une conduite constante et bien méditée, qu'ils gardent régulièrement en toutes rencontres ; et qu'ainsi c'est en suivant l'esprit général qui les anime, que le P. de Lingendes, qui a eu la principale direction de la défense de l'Apologie, a fait tant de démarches pour la soutenir et en Sorbonne, et ailleurs ; et qu'en sollicitant Messieurs les Vicaires généraux pour éviter la censure de ce livre, et leur présentant une déclaration captieuse qui fut rejetée, il ne feignit pas de leur dire tout haut ce qu'il a dit en tant d'autres lieux, *qu'ils étaient fâchés du bruit que ce livre causait ; mais que maintenant ils étaient engagés, et que puisque ce livre avait été fait pour la défense de leurs casuistes, ils étaient obligés de le soutenir.*

Il faudrait avoir bien peu de lumière pour ne pas voir de quelle conséquence est cette maxime dans une Société qui est remplie de tant d'opinions condamnées; qui, malgré toutes les censures et les défenses des puissances spirituelles et temporelles, est résolue de ne les rétracter jamais; qui fait gloire de souffrir plutôt toutes sortes de violences, que de le désavouer; et qui se raidit tellement contre le mal qui lui en arrive, qu'elle prend sujet de là de comparer ses souffrances à celles de Jésus-Christ et de ses martyrs. C'est là le comble de la hardiesse, mais qui leur est devenu ordinaire, et qu'ils renouvellent dans leur dernier écrit. *Notre Société,* disent-ils p. 2, *ne souffre qu'après le Fils de Dieu, que les Pharisiens accusaient de violer la loi. Il est honorable aux Jésuites de partager ces opprobres avec Jésus-Christ; et les disciples ne doivent pas avoir de honte d'être traités comme le maître.*

Voilà comme cette superbe Compagnie tire sa vanité de sa confusion et de sa honte. Mais il faut réprimer cette audace tout à fait impie, d'oser mettre en parallèle son obstination criminelle à défendre ses erreurs, avec la sainte et divine constance de Jésus-Chrsit et des martyrs à souffrir pour la vérité. Car quelle proportion y a-t-il entre deux choses si éloignées? Le Fils de Dieu et ses martyrs n'ont fait autre chose qu'établir les vérités évangéliques, et ont enduré les plus cruels supplices et la mort même par la violence de ceux qui ont mieux aimé le mensonge. Et les Jésuites ne travaillent qu'à détruire ces mêmes vérités, et ne souffrent pas la moindre peine par une opiniâtreté si punissable. Il est vrai que les peuples commencent à les connaître; que leurs amis en gémissent; que cela leur en ôte quelques-uns, et que leur crédit diminue de jour en jour. Mais appellent-ils cela persécution? Et ne le devraient-ils pas plutôt considérer comme une grâce de Dieu, qui les appelle à quitter tant d'intrigues et tant d'engagements dans le monde que leur crédit leur procurait; et à rentrer dans une vie de retraite plus conforme à des religieux, pour y pratiquer les exercices de la pénitence, dont ils [dispensent] si facilement les autres.

S'ils étaient chassés de leurs maisons, privés de leurs biens, poursuivis, emprisonnés, persécutés (ce que nous ne souhaitons pas, sachant que ces rigueurs sont éloignées de la douceur de l'Eglise) ils pourraient dire alors qu'ils souffrent, mais non pas *comme chrétiens,* selon la parole de saint Pierre; et ils n'auraient droit de s'appeler ni bienheureux, ni martyrs pour ce sujet : puisque le même apôtre ne déclare heureux ceux qui souffrent, que lorsqu'ils souffrent pour la justice : *si propter justitiam, beati;* et que, selon un grand Père de l'Eglise, et grand martyr lui-même, ce n'est pas la peine, mais la cause pour laquelle on endure qui fait les martyrs, *non pœna, sed causa,* saint Cypr.

Mais les Jésuites sont si aveuglés en leurs erreurs, qu'ils les prennent pour des vérités, et qu'ils s'imaginent ne pouvoir souffrir pour une meilleure cause. C'est l'extrême degré d'endurcissement. Le premier est de publier des maximes détestables. Le second de déclarer, *qu'on ne veut point les condamner,* lors même que tout le monde les condamne. Et le dernier, de vouloir faire passer pour saints et pour compagnons des martyrs, ceux qui souffrent la confusion publique pour s'obstiner à les défendre. Les Jésuites sont aujourd'hui arrivés à cet état. Nous ne croyons pas qu'on puisse avoir des sentiments de piété dans le cœur, sans avoir une sainte indignation contre une disposition si criminelle et si dangereuse. Il est question en cette dispute d'erreurs qui renversent la morale chrétienne dans les points les plus importants; et une Société entière de prêtres qui gouvernent une infinité de consciences, prétend qu'il lui est glorieux de souffrir pour ne s'en rétracter jamais. Il faut assurément être tout à fait insensible aux intérêts de l'Eglise, pour ne s'en point émouvoir. Ceux qui n'ont point de connaissance de ces désordres, et qui regardent seulement en général le bien de la paix, peuvent peut-être s'imaginer qu'elle serait préférable à ces disputes. Mais d'ouvrir les yeux à ces désordres et, les envisageant en leur entier, vouloir demeurer en repos sans en arrêter le cours, c'est ce que nous croyons incompatible avec l'amour de la religion et de l'Eglise. Si nous ne regardions que notre intérêt, les choses sont à notre égard dans un état si avantageux, que nous aurions tout sujet d'être satisfaits. Mais comme la vérité ne l'est pas, nous devons solliciter pour elle, et nous avons sujet de craindre, selon la parole de saint Augustin, qu'au lieu que ceux qui sont insensibles à sa défense, peuvent accuser notre zèle d'excès, elle ne l'accuse de tiédeur, et ne crie que ce n'est pas encore là assez pour elle : *Hoc illi nimium dicunt esse : ipsa autem veritas fortasse adhuc dicat, nondum est satis.*

Et en effet, si on compare ce que nous avons dit à ce qu'ont dit ceux qui ont eu le plus de charité pour ces Pères, lorsqu'ils ont été obligés de parler contre leurs égarements, on y trouvera une différence extrême.

Quand on proposa à la Faculté de théologie de Paris leur établissement en France, et qu'elle en eut considéré les conséquences, elle en parla d'une manière si forte, que je ne sais si nous sommes excusables de n'en parler que comme nous faisons, en l'état où ils sont devenus aujourd'hui. Et leurs propres Généraux, qui ont eu tant d'amour pour eux, mais qui ont vu aussi la corruption qui s'y glissait, leur ont écrit d'une telle sorte, que si nous étions jamais obligés de le faire paraître, on verrait ce que la charité fait dire, et comment elle sait soutenir avec vigueur la cause de la vérité blessée. Personne n'en est mieux informé que ces Pères mêmes, et c'est pourquoi il y a apparence qu'ils ne nous engageront pas à nous justifier sur cela. Mais pour nous justifier envers Dieu, nous sommes obligés de demeurer dans nos premiers sentiments, et de leur répéter ici ce que nous leur avons dit dans un de nos écrits : Qu'aussitôt qu'ils voudront renoncer à l'Apologie, nous les embrasserons de tout notre cœur : Qu'il ne suffit pas qu'ils reconnaissent qu'on est obligé d'aimer Dieu, et qu'il ne faut pas calomnier son prochain. Ils le diront tant qu'on voudra; parce qu'ils embrassent toutes les opinions vraies ou fausses. C'est par là qu'ils amusent ceux qui ne sont pas instruits du fin de leurs maximes, et c'est ce que nous voulons que tout le monde connaisse, afin qu'on ne se laisse pas surprendre à leurs rétractations équivoques; mais qu'il faut qu'ils déclarent que les opinions de ceux qui disent qu'on peut être sauvé sans aimer Dieu, qu'on peut tuer, calomnier, etc. sont fausses et détestables; et qu'enfin ils condamnent la doctrine de la probabilité, qui les enferme toutes ensemble. Et alors nous quitterons nos poursuites; mais jamais autrement. Car ils doivent s'attendre de trouver en nous une constance aussi infatigable à les presser de renoncer à ces erreurs, qu'ils auront d'obstination à les défendre, et qu'avec la grâce de Dieu ce dessein sera toujours celui des pasteurs de l'Eglise, tant que ces méchantes opinions seront *les sentiments des Jésuites*.

Arrêté le 24 juillet 1658, par les Députés soussignés, suivant la conclusion de l'Assemblée Synodale du dernier avril 1658.
        (Suivent les signatures des huit curés-commis-saires.)
On ne répond point à ce que les Jésuites disent touchant M. Du Val parce que l'Université y a entièrement satisfait en la Réponse à l'Apol. du P. Caussin, c. 13. p. 176.

TABLE DES MATIÈRES

LES PROVINCIALES

GF — TEXTE INTÉGRAL — GF

9057-1982. — Mame, Tours.
Nº d'édition 11238. — 3ᵉ trimestre 1967. — Printed in France.